將前期五月廿五日塚地規例曉諭中明、益隆謝退、

楊甲

林甲 病不到 當事庚戌七月二

八月十一日拜三

黃甲總官病不到

林九觀叫

江天觀

削

視彩長再生

林九供得九前出洲府有賒去江天之貨共子紗枝後有寄財副葉海之

手帶去甘蔗、淨糖、大小磁、廈粗布、交指、綢、竹仔、香三箱、計共值托為代交

江天入還欠項、并有鈸壹言明、今已隔三年、而天方有閒單、說他口、收

乾隆丁未九月廿二日和吧年十月三十一日拜三

王甲 [illegible] 當事

唐甲

張甯現叫　許浪生 不到

羅左娘叫　廖亞華　胡四滿

胡亞理　胡視　許頻才

羅左娘供謂廖亞華有欠伊〻去王拾陸文一錢四分廖亞華不還[illegible]

廖亞青在公堂叫伊此時當方至今何不活討此部票[illegible]

華欠廖亞青〻三胡八月廿二日已往果去討[illegible]

王賽現叫　羅華現　和息

本輯出版獲

曹永和文教基金會

全額資助

吧城華人公館（吧國公堂）檔案叢書

公案簿

第十三輯

（1873年8月1日—1884年9月19日）

（中）聶德寧
（中）吳鳳斌　　校注
（荷）包樂史（Leonard Blussé）

厦门大学出版社 XIAMEN UNIVERSITY PRESS
国家一级出版社
全国百佳图书出版单位

前　言

《公案簿》第十三輯，由《公案簿》原檔第十九冊（1873年8月1日至1874年12月29日）和原檔第二十冊（1875年1月21日至1876年12月23日），以及原檔第二十一冊（1881年1月19日至1884年9月19日）組成，時間跨度達十一年之久。其中，1877年至1880年四年的案簿軼失。在本輯檔案所包含的十一年中，經歷了陳濬哲瑪腰後期（1873年至1878年），以及李子鳳瑪腰初期（1879年至1884年）主政時代。雖然前後兩任瑪腰主政的內容大體相同，但也略有差異。

本輯檔案的主要內容大體如下：一、承應包入建築、物件、食品雜貨擔保案；二、入欠熾昌銀擔保案；三、婚姻案；四、關於塚地及默氏蔭地；五、關於義學明誠書院；六、有關寺廟的記載；七、房屋典當與遺產案；八、瑪腰李子鳳上任初期的舉措。

一、承應包入建築、物件、食品雜貨擔保案

此項承包擔保案的記載截止1876年5月，此後未有記載，在李子鳳瑪腰主政初期亦無。從其承包擔保的內容來看，承應包入的項目有：造橋、兵營建造、公班衙物件洗滌、建築材料、桌椅、眠床、織物、衣褲、貨物、鋪路石、籐器、木器、鐵器，以及油鹽米糧等食品雜貨。其中，以承包醫院、監獄、兵營、學校的日用所需，以及邦加錫礦區的油米供應為最多。

在承包擔保案中，較為突出的事例有如下幾則。

（一）唐人承包，和（荷蘭）人擔保者。例如，1874年6月12日，陳亞誥援二和人為擔保，要包入蚊甲（邦加）米120000擔。公堂酌量，“陳亞誥現時可堪。其安呾人，本堂不知也。謹詳副挨實嚏裁奪”。1874年8月22日，連益昌懇要應入米油等價銀20萬盾，援援徐亞六及和人為擔保。公堂酌量，“連益昌現時可堪，徐亞六不堪擔戴。”

（二）唐人承包，番人（土著）擔保者。例如，1875年7月13日，吳長和援番人為安呾，懇要入藤竹、茄樟等件用裝貨物，計三年約價銀8000盾。公堂酌量，“承應人及安呾人，俱各可堪。惟二番人，本堂不知也。謹詳副挨實嚏裁奪”。

（三）承應人及擔保人均不堪擔戴者。例如，1875年7月16日，“彭元仁住真郎安為小生理，安呾人張辛郎住珍為車貓氏，及溫捷安住仝上為小生理，懇要入盤碗及茄令器，約每年價銀20000盾，三年為限。”公堂會議：“彭元仁及其安呾人皆不堪擔戴。”

二、入欠熾昌銀擔保案

本輯檔案中的入欠熾昌銀擔保案，在1876年11月9日的案卷中，熾昌干刀所寄達公堂的諸入欠熾昌銀者共126名，對入欠人姓名、擔保人姓名，入欠數目，以及可堪與否，均有明確的記載。而在1883年2月17日的案卷中，李子鳳瑪腰任內一改以前的慣例，對此前負欠熾昌銀者，不再一一記錄在案簿。所以，熾昌干刀1883年2月23日來函，懇請公堂細勘其所錄諸人之有欠熾昌銀者，祇存空文一紙。

在本輯入欠燭昌銀擔保案中,有三個方面的情形值得關注。

(一)唐人、和(荷蘭)人相互擔保入欠燭昌銀。例如,1874年4月21日,陳全郎及劉清淵二人要安呾和人緞安多哖,懇入欠燭昌干刀銀3000盾。公堂酌量,陳全郎為龜里頭,不堪擔戴。1874年11月21日,"連福全援和人為安呾,懇入欠燭昌銀4000盾"。公堂酌量,"連福全現時可堪,其安呾人,本堂不知也。謹詳燭昌干刀裁奪。"同年11月24日,又有陳任瑞援和人為安呾,懇入欠燭昌銀10000盾。1876年6月29日,李都援和人為安呾,懇入欠燭昌銀2000盾。對此,公堂酌量,入欠人均可堪,"其和人,本堂不知也。謹詳燭昌干刀裁奪。"

(二)唐人擔保番人入欠燭昌銀者。例如,1874年12月19日,張仕元要擔保番盒到嘮欣,懇入欠燭昌干刀銀1000盾。公堂會議:"已勘張仕元要安呾番仔,懇入欠燭昌干刀銀1000盾。本堂酌量,張仕元現時可堪。其番仔,本堂不知也。謹詳燭昌干刀裁奪。"

(三)入欠人及擔保人三人均不堪入欠及擔戴者增多。例如,1873年12月15日,陳邦順援余坤、余秦為安呾,懇入欠燭昌干刀銀4000盾。公堂審議認為:"陳邦順及余坤前倒生理(生意破產),今始欲再興商,未知其實。余秦惟做小生理,以此三人不堪擔戴。"1876年2月17日,陳蓮心及其擔保人陳菜布及謝太元俱住珍為小生理,懇入欠燭昌銀2000盾。公堂審議後認為:"陳蓮心及其安呾人,俱小生理,三人皆不堪。"1882年9月8日,黃亞社及其安呾人,所懇入欠熾昌銀 3000 盾。本堂酌量,此三人現時未堪擔戴。1883 年 3 月 9 日,葉振生懇入熾昌限至銀 2000 盾。列台會議:"葉振生及其保認,雖各有所業,然經紀微小,現時未堪。"1883 年 10 月 19 日,蔡吾速懇入欠限至銀 3000 盾,援保認人黃成道、呂添。公堂會議:"蔡吾速小可生意,呂添亦小可生意,黃成道因生意不遂……此三人現時皆不堪。"1884 年 5 月 30 日,梁淡松懇入欠限至銀 2000 盾,援保認人施清華、王百端。公堂會議:"已勘梁淡松所援保認人施清華、王百端,現時未堪。"1884 年 7 月 11 日,沈順興前入欠熾昌,保認人林昆良、洪江水。公堂會議:"已勘此三人,皆無生業。"

三、婚姻案

在本輯檔案中,婚姻案有 107 件次,其中離婚案有 101 件次,成婚註冊與抄婚字 6 件次。

(一)離婚案

在 101 件次的離婚案件中,1874 年有 15 件次,1875 年有 14 件次,1876 年有 16 件次,而其中 1874 年 8 月至 12 月的五個月就有 15 件次。從 1875 年至 1884 年的十年間,平均每年 10.7 件次。有結婚僅數月就離婚者,如 1875 年 7 月 6 日,鄭雹、陳同娘交寅五個月即離婚。也有結婚長達 15 年以上而離婚者,頗為引入注目,茲列舉如下:

1874 年 10 月 6 日,洪溫山與陳瑞娘,交寅 17 年,生有一女。因家庭不和,其妻氣憤在外,行不節之事,公堂判離。同年 11 月 21 日,邱亞三與葉辛娘,交寅 15 年生有二女。由於其夫回唐,其妻行為不端,公堂判離。1876 年 4 月 20 日,黃源益與吳登娘,交寅 18 年生有二女。其妻與人私通,且生下一女，公堂判離。同年 9 月 28 日，張茂與莊尾娘，交寅 15 年，生有三男二女。其夫在外經商，其妻則在家與堂弟亂倫，公堂判離。1881 年 1 月 19 日，詹東秀與張炳娘，結髮 16 年，生有一男。其妻與鄰家通姦，公堂判離。以上四件離婚案的共同點是妻子有外遇。

實際上，導致離婚的因素是多方面的，本輯檔案中的離婚案件也是如此。其中，以貧困無著而離婚者不在少數。在 1873 年 8 月 15 日案卷中的"邱經娘、張信夫婦求離一案"，1873 年 11 月 7 日案卷中的"許金娘、巫賜道求離一案"，以及 1873 年 11 月 27 日案卷中的"何三娘、蔡宗順求離一案"。此三件離婚案，均為由於丈夫貧困無利路而導致的離婚案件。

因丈夫棄妻寵妾而離婚者有之。例如，1873 年 8 月 15 日案卷中的"莊清安、藍曾娘夫婦求離一案"，1875 年 7 月 30 日案卷中的"陳永祿、吳金娘求離一案"，1876 年 10 月 5 日案卷中的"陳紅娘、甘雙泰夫妻求離一案"，等等。因妻子性墮放蕩而離婚者亦有之。例如，1873 年 12 月 15 日案卷中的"黃庚娘、張漏秀夫婦求離一案"，1874 年 7 月 11 日案卷中的"林玉海、葉白娘求離一案"，1876 年 12 月 9 日案卷中的"張壹娘、莊清賢求離一案"，1881 年 4 月 8 日案卷中的"藍亞錦、李乙娘夫婦求離一案"等。

有因患病而離婚者。例如，1873 年 10 月 7 日"林登興、楊龍娘夫婦求離一案"中的癲病，1874 年 12 月 12 日"杜戊娘、周亞六求離一案"中的瘡毒，1875 年 7 月 6 日"林德光、李萬丹娘求離一案"中的身染久痼，1881 年 7 月 29

日"連長生、王乙娘求離一案"中的身患痼疾等。也有因犯罪入獄而離婚者。例如,1873 年 11 月 14 日案卷中的"鄭春榮、黄荔娘夫婦求離一案",1874 年 1 月 14 日案卷中的"李白兎、黄枝娘求離一案",1881 年 11 月 11 日案卷中的"溫曾賢、陳福娘求離一案",1883 年 1 月 11 日案卷中的"陳順福、沈新娘求離一案",以及 1884 年 8 月 8 日案卷中的"陳清娘與其夫蔡澄淵離異一案",等等。

至於因家庭不和,口角、毆打、不孝、性情暴躁等原因,也是導致離婚的誘因。

四、關於塚地及默氏蔭地的記載

(一)與塚地相關的記載

1869 年,因荷印政府在牛郎沙里塚地內開路以行煙車(火車)而遷墳共計 70 餘穴。到 1881 年,荷印政府又開路于牛郎沙里,使得牛郎沙里塚地的範圍日益縮小。

1876 年 1 月 6 日,荷印政府屢次向公堂提出要在式里陂及惹致塚地的範圍內開港。到三、四月間,議定了開港所需之地。1881 年 11 月 11 日,式里陂捨施地已滿。公堂於 3 月 11 日議定捨施地規例,設立捨施地數簿,編立號頭。此為單列塚地數簿捨施地之始。

在 1883 年 12 月 28 日"公堂回覆副淡致問西醫所陳有關唐人清潔衛生及喪葬之事"的條目中,對吧城華人殯葬規例,諸如入棺,棺木的釘棺、油漆,停柩的天數,以及過期納銀諸事項均有詳細的規定。

(二)默氏的蔭地

公堂對於默氏蔭地早有定制。1883 年 11 月 21 日公堂重申:"自今以後,各在任默氏,惟自己身故,不論任事久暫,合依常例蔭穴。他若其妻先故,必須經任四年足額。又必有上人優獎文憑,方准依例蔭穴,俾先葬妻,後併合伊雙壙之墳。"

在本輯檔案中,關於默氏蔭地的案例甚多。1873 年有丹絨副默望妍、西門默氏陳鹹生。1874 年有西門默氏陳吉泉、陳長溪,八茶罐默氏張意誠,八廚沃間副默陳陽茂,五腳橋默氏鍾欽五,烏布土庫默氏楊些鈁,大港墘副默楊秀賢。1875 年有文丁雷珍蘭林宗興甲,洪溪舢板寮默氏劉永山,公司後默氏馮元力。1876 年有大使廟副默吳崑生,公司後副默劉祝,班芝蘭默氏嚴德郎,亭仔腳副默鄭成福,廿六間中港仔副默鄭元周,毛吣甲默氏張南壽,冬基默氏李佛勝,蕉仔街默氏鍾癸清。1881 年有烏布土庫默氏劉添淵,直勞低默氏王瑞光,亭仔腳副默陳和尚,蕉仔街默氏葉亞森,惹牙蘭副默曾玉利,惹牙蘭默氏陳章順,新厝仔默氏葉金山,大使廟默氏黃添福等。

五、關於義學明誠書院的記載

本輯檔案中有關義學明誠書院的記載有 31 件次,內容包括義學明誠書院假期的制定,書院的修理,桌椅的添置,教師的束金與聘請,增設義學副師,增設廣屬人為義學師,以及訂立明誠書院學規等等。以下擇其要者分述之。

(一)義學師入稟掌教事

義學師高大雅、蔣清懷自 1874 年 1 月開始掌教於明誠書院。1875 年 6 月 21 日高大雅身故。1875 年 7 月 6 日,公堂審議方文標、王鵬飛、陳喜會入稟掌教事,暫時選擇其中“稟帖文雅通達”的方文標掌教。到 1876 年 1 月 16 日，公堂對方文標、高嘉谷的入稟掌教事宜進行評議，方文標再次入選掌教明誠書院，以一年為期，並發給其下半冬之束金四佰盾。1883 年 11 月 23 日，公堂再次審議方文標、蔡澄秋、林文塾、楊詒谷呈稟懇掌教義塾事，列台認為“方文標已老耄矣，而林文塾係福州人氏，音語與我漳大不同。唯蔡澄秋、楊詒穀學問皆堪取”。其中，“蔡澄秋自本年九月公堂已用其權理義塾，至今亦無甚可嫌”。為此，公堂即定奪蔡澄秋為義塾正師，並議定義學正師年束金 1200 盾，副師 500 盾。

（二）訂立明誠書院學規

1881 年 1 月 19 日，公堂訂立明誠書院學規十條：(1) 公堂逐年請先生一位，開公堂款項 1200 盾為束脩銀，包括春秋二祭在內。學童不得過三十人，儻有過三十人或至五十人者，公堂當另請一位先生以為之副，每年束脩若干，公堂另開。(2) 若學童家事果屬清淡，則准其入院讀書，免還束脩；若學童家資饒裕，亦當查該學童所讀深淺，以定其束脩若干，將項交公堂收入。(3) 逐年春秋二祭、期考如處，先生以作詩文定甲乙，僚友公賞。(4) 逐月朔日，考院內學童所作詩文、對句、寫字、演算法、字說、世事，通則有賞。(5) 學童背誦書不清三句，即略責之□□□至熟。(6) 儻學童不循規矩，玩戲無度，背誦不明，當罰其寫幾十百字，或掌責，或罰紙筆，或留館一二點鐘久，始放出院。(7) 若學童讀書勤謹，事事循規蹈矩者，賞以紙筆什物以勉之。(8) 公堂逐月委員考察院中諸事。(9) 凡學師者，宜在院中居住。若有事故欲往別處，當先請明於司理院人。(10) 為學師者，必照此條規，逐款而行。

（三）大瑪腰李子鳳建議增設廣屬人士為義學師

1884 年 3 月 7 日，大瑪腰李子鳳提議，廣屬貧家諸人子弟願就義塾讀書，若果係貧寒無力酬師，"鄙意謂合增廣屬人在義塾為師教之列"。公堂列台"齊聲稱善。以義塾正師為長，酌議脩金，皆曰每年須開 600 盾"。

六、關於寺廟的記載

（一）祭祀與題緣

公堂慣例，每年有清明、七夕春秋二祭，分別在牛郎沙里塚地和丹絨塚地舉行。1874 年 3 月 8 日，公堂為清明節將臨，丹絨義塚及牛郎沙里之祭祀，議定照常求開公堂櫃項，由瑪腰與二朱押號，秋季祭祀亦然。每年春秋二祭的費用為 800 盾。1873 年 9 月 1 日，八茶貫爐主吳天因中元節緣銀題少懇公堂主裁。公堂會議對此祭祀費用做出了原則性的規定，指出"普渡之事，奠祭為重。既緣銀題少，不必奢用，可以從省是也"。

（二）廟宇及道路的修建

1874 年 3 月 8 日，觀音亭象被漏雨所傷，經著人修飾。到 8 月 25 日，已令修理完竣。"其工銀 1000 盾，本擬募題順作慶成。礙是歲不利，須待來年方可議舉題緣，以為慶成之事。"1881 年 1 月 28 日，公堂為修牛郎沙里完劫寺題緣銀計 9960 盾。但實際上，包修廟宇、祠堂以及護厝的實際開支達 10185 盾，與所題之銀尚欠 225 盾，再加上油漆並祭費等約 2275 盾，共欠銀 2500 盾。公堂會議：當懇大淡（吧城當局）案奪，開公堂櫃項以補其缺。同年 4 月 8 日，大淡定奪，“准公堂開櫃項 2500 盾，以為添補修理牛郎沙里完劫寺”。1882 年 4 月 14 日，瑪腰提議，今丹絨及上帝爺（廟）兩條路俱已齊壞，公堂合當修理。

（三）金德院（觀音亭）住持僧犯戒

1875 年 11 月 4 日，因金德院住持僧建寅身故，僧允巖、啓順，志願入稟為懇恩准掌理金德院。公堂審議認為：“允巖雖年少新到，察其人品才情，可堪暫理東家事。至於啓順，可使暫理首座。其志願仍舊幫理亭事。”然而不到一年，“金德院金德院董家允巖，所行顛倒，不守僧道，放僻邪侈，無所不為。其餘衆僧，亦無一清靜者，但無如允巖之大犯釋教更甚矣”。1876 年 10 月 19 日，公堂會議：“允巖所行，絕無僧規，甚然可惡，現時就可革出。暫令啓順攝理董家務，以待後日若唐山有新來者，就中擇其善者，立為董家是也。”1882 年 6 月 23 日，金德院住持僧麒麟等一干僧人怠慢公堂之令，未按時到牛郎沙里以赴祭骨骸之事。據說，僧麒麟在外又有娶妻，及在亭內又有吃亞片菸。6 月 26 日，公堂會議：“僧麒麟，一則不遵公堂之令；二則顯然有娶妻。出家人犯此二罪，律所不容，宜即革出，以警其餘。至於亭內諸事，暫可與麟鏗僧及安忍僧掌理。”

（四）公堂首次甄選嘉應州（客家）僧人為金德院住持

在 1884 年 2 月 16 日案卷中，公堂會議：“因金德院住持僧麟鏗辭出，薦三個和尚以自代。經僉議取僧名量進為住持，文德為首座。”據說，量進為嘉應（客家）籍僧人。對此，甲必丹陳文貴有云：“住持乃董理院內，固當擇一些有才能兼文墨者。而三和尚之中，惟此嘉應頗有文墨，且均是出家人。即嘉應、福建,又何論焉?”

七、有關房屋典當與遺產繼承案

(一)房屋典當

本輯檔案中記載將房屋典當給公堂者有:李永祿、徐秉章、陳光華、楊伯宗、蔡梧速等人。1881年4月8日,徐秉章當厝價7000盾,可當銀5000盾。其之所以當厝的原因是因為父母年老多病,而自己則子女不斷夭折,家庭生活困難。同年5月13日,陳光華甲將其在班芝蘭的宅邸當銀15000盾,半年利息銀450盾。其典當房屋的原因是其長女陳清娘丈夫蔡澄淵負債入獄。陳光華甲為此憂慮不堪,三年後去世,終年55歲。

(二)遺產繼承

本輯檔案中有關遺產繼承的案件有11件次。其中,荷印當局詢問公堂有關唐人遺產繼承之規例者有6件次。至於遺產繼承糾紛的案件則有:1873年10月7日,以及12月30日的林泰山遺產繼承案;1874年11月24日的劉亞四遺產繼承案;1881年2月18日以及3月11日的陳景同遺產繼承案;1883年3月27日的蔡森林遺產繼承案;1883年5月11日的黃開和告其子黃壬春不孝一案。

八、瑪腰李子鳳上任初期的舉措

1878年陳濬哲仍擔任吧城唐人瑪腰時期,公堂官員名次如下:甲必丹黃清淵、連文清、李子鳳、陳文炳,雷珍蘭李子昌、林元壽、黃福章、許煥章。到1879年李子鳳升任吧城唐人瑪腰之後,公堂官員的名次已有所變動,甲必丹有:陳文炳、黃福章、許煥章、陳亞浩。雷珍蘭有:林元壽、張朝福、李亞二。本輯檔案中，有關李子鳳出任瑪腰初期所採取的一些舉措大體有如下記述。

1881 年 1 月 19 日，公堂整頓義學學規，擬定明誠書院學規十條。3 月 11 日，公堂議定義塚"捨施地"之例，設立捨施地數簿，進行專項管理。7 月 5 日及 9 月 3 日，公堂議定在唐人鑒光設置路燈 63 支。11 月 22 日，公堂議定，請求荷印當局將娼間擇別地安置，遠離牛郎沙里塚地，以免"我唐人婦女或有時謁墓，或清明祭祀，迫近娼間，殊為不便。"

1882 年 6 月 23 日，瑪腰提請商議值公館之員兼理律事並值夜事。議定："今諸僚員免逐日坐律"，改為"值公館之員兼理律事並值夜"。11 月 27 日，公堂議決接受吧城當局提議"更易我唐人欲歸唐頭人掌管"，認為此事若成，"亦是有益於唐人"。

1883 年 3 月 27 日、4 月 26 日，大瑪腰建議將公堂蓄積購買爪哇典當公司股份。大淡(吧城當局)"准依公堂所議，將所存現銀 140000 盾置買爪鴉當股份單，或吧城熾昌闢都大當單限至銀 100000 盾"。11 月 23 日，公堂訂立新規，"凡公議案前列台論事，彼此不同，務須一一筆之於書，庶無遺言漏義之弊"。12 月 3 日，公堂議定："自今後倘外揚機密事，不論誰人，一經察出，必申詳大淡，決不姑寬。"12 月 28 日的公堂會議，對有關唐人鑒光清潔衛生及唐人喪葬事宜也做了進一步的規範和說明。

1884 年 2 月 16 日，公堂議決金德院住持僧人選，首次甄選嘉應州(客家)僧人為金德院住持。3 月 7 日，大瑪腰建議增設廣屬人為義塾教師。6 月 13 日，大瑪腰提請公館官員推薦人選，以補一位公堂雷珍蘭之缺，“蓋因鄉親諸人甚難合選，請上書大淡或可更例，不必拘定鄉親，但求其能合選者補之”。

《公案簿》第十三輯校注出版過程中，始終得到海內外有關機構、著名專家學者以及諸多熱心人士的熱忱關注和大力支持，尤其得到中國教育部國際司歐洲處、荷蘭皇家科學院國際合作局中國處、荷蘭萊頓大學外事辦公室、中國廈門大學國際合作與交流處、廈門大學社科處、廈門大學東南亞研究中心、廈門大學國際關係學院/南洋研究院、廈門大學出版社、荷蘭萊頓大學歷史系、萊頓大學漢學院、歐陽春梅女士、曹永和教授、劉翠溶教授、斯波義信教授、曹昌平先生、陳萌紅女士等諸位的鼎力支持。為此我們心存感激，特此鳴謝！

《公案簿》第十三輯的校注出版，得到曹永和文教基金會的全額資助，我們謹致謝忱！

囿於學識與時間，本輯《公案簿》校注必有所誤，敬祈方家指正！

本輯校注者

2014 年 6 月

於中國廈門大學、荷蘭萊頓大學

校注凡例

一、忠實於檔案原文，絕不妄改。

二、檔案正文原以毛筆楷書、行楷、行草、草書漢字書寫，雜以古今字、異體字、俗字、當時通行的簡體字，本次校注徑改爲中國大陸現代規範的繁體字。

三、檔案原文中，凡公元紀年皆使用蘇州碼，公元紀月、紀日皆使用漢字，本次校注按照中國大陸古籍整理慣例，皆以阿拉伯數字統一之；檔案原文中，凡中國農曆紀年、紀月、紀日皆使用漢字，本次校注按照中國大陸古籍整理慣例，一仍其舊。

四、檔案原文中，錢款額、物品數額、人數等往往混用大、小寫漢字或蘇州碼，本次校注對於凡可能帶小數（即非整數）或百位數以上的貨幣、度量衡數據，一律改用阿拉伯數字表示之；對於其中帶有多級計量單位的貨幣、度量衡數據，本次校注一律改用阿拉伯數字表示之。

五、檔案原文無標點，本次校注皆施以新式標點。

六、本次校注，按照中國大陸古籍整理慣例，凡漢語或外語人名、地名、國名、年號等，皆施以專名線；凡政府機構、學校、出版社（或其他出版機構）、商業組織、社會群體等，皆不施專名線。

七、檔案原文段落往往有欠規範，本次校注酌情分段。

八、本次校注中的注釋形式，以腳注爲主，兼用隨文注。隨文注，識以帶（　）的五號仿宋體字。

九、檔案原文中的注文，本次校注皆以五號楷體字區別之。

十、檔案原文中，某些案件或人事變動等記錄原無標題，本次校注爲之代擬標題，並以小四號黑體字與（　）識之。

十一、本輯不使用尾注。本輯中有些詞條的注釋，請參閱《公案簿》第九輯的尾注。

目　　錄

《公案簿》原檔第十九冊
（1873 年 8 月 1 日—1874 年 12 月 24 日）

《公案簿》原檔第二十冊
（1875 年 1 月 21 日—1876 年 12 月 23 日）

《公案簿》原檔第二十一冊
（1881 年 1 月 19 日—1884 年 9 月 19 日）

《公案簿》原檔第十九冊

（1873 年 8 月 1 日—1874 年 12 月 24 日）

和[1] 1873[2] 年 8 月 1 日，拜五

公堂設嘧喳嘮[3]。

瑪腰陳濬哲官，仝甲必丹高西川舍、甲必丹黃清淵舍、甲必丹連文清官、甲必丹陳江流官、雷珍蘭韓懷然舍、朱葛礁陳玉長官俱在座。吳榮輝甲、陳光華[4]甲、李子昌甲、李子鳳甲、陳文炳甲五位，不到。

(朱斗四懇懇要應入物件於珍和藥間擔保案)

承副挨實嚏[5]和 1873 年 7 月 31 日附乙人入字[6]，祈公堂查勘可堪與否？詳覆。

朱斗四住珍[7]開裁縫店，安呾[8]人許燦、陳連社俱住珍為

---

① 和：和蘭(荷蘭)之簡稱。

② 1873：原文寫作"〡〣〤〥"，為舊時商界通用的蘇州碼字。吧城 華人公館檔案的西曆年份及數字，均採用蘇州碼字。

③ 嘧喳嘮：亦作密喳嘮，馬來語 Bicara，意爲訴訟、審判、議事、會議。

④ 陳光華：Tan Kong Hoa，1866 年 11 月 7 日任雷珍蘭，1878 年 9 月 13 日為欽賜雷珍蘭。據《婚簿》載，1847 年 12 月 21 日，住薄面街 18 歲陳光華，與 17 歲連寶娘成婚。媒妁郭一娘，男方主婚陳密(父)，女方主婚連鳳池(父)，陰曆十二月十六日交寅(成婚)。1881 年，陳光華典當其住宅還債。1884 年 4 月 25 日逝世，享年 55 岁。其子陈维衡料理葬事。

⑤ 副挨實嚏：亦作亞實顛挨實嚏(Assistent resident)。荷印時代省或州的副行政長官，或譯作副駐紮官、副統監，副省長，副州長。又稱為"副淡"。

⑥ 入字：閩南話，呈文。

⑦ 珍：結石珍(Senen)之簡稱，吧城地名。

⑧ 安呾：馬來語 Antar，擔保。許雲樵校注《開吧歷代史記校注本弁言》："擔保曰安呾，巫語 Hantar 之對音。"

商，懇要應入各物件於珍 和藥間[①]，一年至三年為限，約每年價銀 2500 盾。

公堂會議：已勘朱斗四援許燦、陳連社為安呾，懇要應入物件於珍和藥間，一年至三年為限，約每年價銀 2500 盾。本堂酌量，承應人及安呾人現時可堪。謹詳副挨實嗹裁奪。

（嫢哮厘嫣懇再抨還母銀 1500 盾）

瑪腰請曰：前嫢哮厘嫣當地頭銀 8000 盾，已抨還母銀[②] 5000 盾。今懇再抨還母銀 1500 盾。列台意見如何？

列台議曰：前嫢哮厘嫣已抨還二次 5000 盾，今要再抨還銀 1500 盾，合當承受。但須申詳挨實嗹裁奪。

（瑪腰、甲必丹、雷珍蘭、朱葛礁爲本期記錄簽名：馬來文草書）

Tan Tjoentiat（陳濬哲）

Oeij Tjengian（黄清淵）

Tan Konglioe（陳江流）

Tan Gioktiang（陳玉長）

Ko Setjian（高西川）

Ni Boentjiang（連文清）

Han Hoai Djian（韓懷然）

和 1873 年 8 月 4 日，拜乙

公堂設嘧喳嘮。

瑪腰陳濬哲官，仝甲必丹高西川舍、甲必丹黄清淵舍、

① 和藥間：閩南話，荷蘭藥店。

② 母銀：亦作母艮，閩南話，本金。

甲必丹陳江流官、雷珍蘭陳光華官、雷珍蘭李子昌舍、雷珍蘭李子鳳舍、朱葛礁陳玉長官俱在座。連(文清)甲大、吳榮輝甲、韓懷然甲、陳文炳甲四位,不到。

(薛文秀懇承應入牛皮於武營擔保案)

承副挨實嗹和 1873 年 8 月 1 日附一人入字,祈公堂查勘可堪與否? 詳覆。

薛文秀住珍為商,安呾人吳秀文住珍為商,莊玉水住珍為地頭主,懇要應入牛皮於武營[1],約全年價銀 8000 盾。

公堂會議:已勘薛文秀援吳秀文、莊玉水為安呾,懇要應入牛皮於武營,約全年價銀 8000 盾。本堂酌量,承應人及安呾人現時可堪。謹詳副挨實嗹裁奪。

(瑪腰、甲必丹、雷珍蘭、朱葛礁爲本期記錄簽名:馬來文草書)

Tan Tjoentiat(陳濬哲)

Oeij Tjengian(黃清淵)

Tan Konghoa(陳光華)

Lie Tjoe Hong(李子鳳)

Ko Setjian(高西川)

Tan Konglioe(陳江流)

Lie Tjoe Tjiang(李子昌)

Tan Gioktiang(陳玉長)

和 1873 年 8 月 8 日,拜五

公堂設嘧喳嘮。

---

① 武營:兵營。

瑪腰陳濬哲官，仝甲必丹高西川舍、甲必丹黃清淵舍、甲必丹陳江流官、雷珍蘭陳光華官、雷珍蘭李子昌舍、雷珍蘭韓懷然舍、雷珍蘭陳文炳舍、朱葛礁陳玉長官俱在座。連(文清)甲大、吳榮輝甲、李子鳳甲三位，不到。

(葉庚裕懇要應入伙食於海嶼鍊間擔保案)

承挨實嗹和 1873 年 8 月 7 日附一人入字，祈公堂查勘可堪與否？詳覆。

葉庚裕住鑒光毛吠甲①為商，安呾人饒奕才、饒火郎俱住仝上為商，懇要應入伙食於海嶼鍊間②，約全年價銀 2500 盾。

公堂會議：已勘葉庚裕援饒奕才、饒火郎為安呾，懇要應入牛皮於海嶼鍊間，約全年價銀 2500 盾。本堂酌量，承應人及安呾人現時可堪。謹詳挨實嗹裁奪。

(挨實嗹案奪准婁哮厘媽懇要抨還母銀 1500 盾)

承挨實嗹和 1873 年 8 月 6 日第 5880 號逸字③ 18(號)致書，為閱和本月 1 日第 91 號公堂所詳，婁哮厘媽懇要抨還母銀 1500 盾，已經案奪④准其所懇。

列台閱畢，議曰：挨實嗹既已准婁哮厘媽抨還母銀 1500 盾，即可將項入和 8 月 1 日之數⑤。存案。

---

① 鑒光毛吠甲：亦作甘光毛吠甲，Kampong Melaka，吧城地名。

② 鍊間：亦作“練間”，閩南話，監獄。

③ 逸字：荷蘭語字母 L 的閩南話音譯。

④ 案奪：裁決、判決、定案。

⑤ 數：閩南話，賬目。

（瑪腰、甲必丹、雷珍蘭、朱葛礁爲本期記錄簽名：馬來文草書）

Tan Tjoentiat（陳濬哲）

Ko Setjian（高西川）

Oeij Tjengian（黄清淵）

Tan Konglioe（陳江流）

Tan Konghoa（陳光華）

Lie Tjoe Tjiang（李子昌）

Han Hoai Djian（韓懷然）

Tan Boen Peng（陳文炳）

Tan Giokti ang（陳玉長）

和1873年8月9日，拜六

公堂設嘧喳嘮。

瑪腰陳濬哲官，仝甲必丹高西川舍、甲必丹黄清淵舍、甲必丹連文清官、甲必丹陳江流官、雷珍蘭李子昌舍、雷珍蘭韓懷然舍、朱葛礁陳玉長官俱在座。吳榮輝甲、陳光華甲、李子鳳甲、陳文炳甲四位，不到。

（甘長文、梁漢和懇要懇應入伙食物件於兵營、海嶼病厝擔保案）

承副挨實嗹和1873年8月9日附二人入字，祈公堂查勘可堪與否？詳覆。

一、甘長文住珍為商，安咀人陳山景、趙炎興俱住仝上為商，懇要應入茂物①兵營三丕②肉，約仝年價銀12000盾。

① 茂物：Bogor，地名，位於吧城以南約50公里處，荷蘭語作Buitenzorg，意爲“無憂之鄉”。

② 三丕：馬來語Sampi音譯，牛（黄牛）。

又要入牛乳約全年價銀 6000 盾。

二、梁漢和住大南門[①]為商，安呾人梁德水住仝上為商，陳湘敬住洪溪[②]為商，懇要懇應入伙食於海嶼病厝[③]，約全年價銀 25000 盾。

公堂會議：已勘，一、甘長文援陳山景、趙炎興為安呾。二、梁漢和援梁德水、陳湘敬為安呾。以上所懇入諸物件，本堂酌量，承應人及安呾人現時俱各可堪。謹詳副挨實嗹裁奪。

(瑪腰、甲必丹、雷珍蘭、朱葛礁爲本期記錄簽名：馬來文草書)

Tan Tjoentiat(陳濬哲)　　Ko Setjian(高西川)

Oeij Tjengian(黄清淵)　　Ni Boentjiang(連文清)

Tan Konglioe(陳江流)　　Lie Tjoe Tjiang(李子昌)

Han Hoai Djian(韓懷然)　　Tan Gioktiang(陳玉長)

和 1873 年 8 月 15 日，拜五

公堂設嘧喳嘮。

瑪腰陳濬哲官，仝甲必丹高西川舍、甲必丹黄清淵舍、甲必丹連文清官、甲必丹陳江流官、雷珍蘭陳光華官、雷珍

① 大南門：吧城最早的城門之一，馬來語 Pintu Besar，建於 1631—1632 年，荷蘭人稱之爲新門(Nieuwe Poort)，為吧城華人的主要居住區之一。

② 洪溪：亦作紅溪，Angke，地名，位於吧城城西，今雅加達市西北部。

③ 病厝：閩南話，醫院。

蘭李子昌舍、雷珍蘭李子鳳舍、雷珍蘭韓懷然舍、雷珍蘭陳文炳舍、朱葛礁陳獎禮官俱在座。吳榮輝甲一位,不到。

(萬律邱枝頭薦舉一人名東以補丹絨副默之缺)

萬律[①]邱枝頭到堂請知:丹絨[②]副默[③]名望妍身故,今晚[④]舉一人名東,其人良善而且能幹,可補副默之任。乞公堂裁奪。

列台議曰:論丹絨副默既經身故,而萬律邱枝頭薦舉一人名東,以補其任。然枝頭熟知其為人良善能幹,本堂合當選立。從第51、52、54、55號和1836年國例第19號之例而行。謹詳副挨實嗹裁奪。

(挨實嗹致書祈公堂繳和1874年之和蘭圖)

承挨實嗹和1873年8月6日第5882號逸字12號致書,祈公堂繳和1874年之和蘭圖[⑤]。又另附大因申柔[⑥]之書,問曰:和1873年即同治十二年乎?又曰:十天干:甲、乙、丙、丁、戊、己、庚、辛、壬、癸。十二地支:即子、丑、寅、

---

① 萬律:亦作鑾律、閩律、曼律,馬來語 Mandor 音譯,頭目、督工者。

② 丹絨:亦作“丹戎”,地名,Tandjong,吧城華人塚地之一,在雅加達西南部。

③ 副默:副默氏之簡稱。默氏,亦作默事、默是,簡稱“默”。馬來語 Bek,荷蘭語 Wijkmeester 的簡略音譯,意爲街長、區長。有“正默”、“副默”之分。

④ 晚:自謙之第一人稱代詞“晚生”、“晚輩”、“晚弟”之類的簡稱。

⑤ 和蘭圖:荷蘭年曆、日曆。

⑥ 大因申柔:因申柔,亦作因申揉,荷蘭語 Ingenieur,工程師。所谓“大因申柔”,即总工程师。

卯、辰、巳、午、未、申、酉、戌、亥。又十二生相[①]：鼠、牛、虎、蛇、馬、羊、猴、雞、狗、豬，獨有二相不識。未知以上所錄皆是乎？祈可詳覆。

列台議曰：二朱[②]陳獎禮官已查明年唐節日仝和蘭日列下：

和1874年1月18日，禮拜，即唐十二月初一日，月大。

和2月17日，即唐正月初一日，月小。

和3月18日，即唐二月初一日，月小。

和4月16日，即唐三月初一日，月大。

和5月16日，即唐四月初一日，月小。

和6月14日，即唐五月初一日，月大。

和7月14日，即唐六月初一日，月小。

和8月12日，即唐七月初一日，月大。

和9月11日，即唐八月初一日，月小。

和10月10日，即唐九月初一日，月大。

和11月9日，即唐十月初一日，月大。

和12月9日，即唐十一月初一日，月大。

又唐節日仝和蘭日列下：

和2月11日，即唐元旦。

和3月3日，即唐元宵。

和4月5日，即唐清明日。

---

① 生相：閩南話，生肖。

② 二朱：第二朱葛礁或副朱葛礁的俗稱。朱葛礁，荷蘭語 Secretaris 音譯，書記官。

和 6 月 18 日，即唐五月初五日遊龍舟。

和 8 月 26 日，即唐七月半[①]普渡[②]。

和 11 月 22 日，即唐冬節日。

謹詳挨實嗹電鑒。

列台再議曰：據大因申柔來書，所寫十天干、十二地支，皆無差錯。但所寫乃是官話，其音與福建話[③]不同矣。又所錄十二生相，乏兎、龍二相。謹錄如下：鼠、牛、虎、兎、龍、蛇、馬、羊、猴、雞、狗、豬。申詳大因申柔電鑒。

（莊清安、藍曾娘夫婦求離一案）

公勃低[④]連（文清）、李（子鳳）詳。

藍曾娘年 32 歲，住大港墘[⑤]，請伊夫莊清安[⑥]："為交寅[⑦]七個月，未孕。因拙夫棄妻寵妾，常嫌氏身帶凶衰。入門未久，即被厭絕。拙夫不肯受留，寄氏在大姆之家，而他與其

---

① 七月半：中國農曆七月十五日，俗稱"中元節"、"盂蘭節、"鬼節"。

② 普渡：亦作"普度"，亦稱"中元普渡"。盛行於華南地區的一種民俗文化現象，糅合農曆七月十五（七月半）的道教中元節和佛教盂蘭盆會而形成的民俗節日。

③ 福建話：即閩南話。

④ 公勃低：荷蘭語 Gecommitteerde 音譯，意爲代理人、受委託人，理事，監事。此指受吧國公堂（公館）委託每月輪值的甲必丹、雷珍蘭、署理公堂（公館）事務的名譽雷珍蘭等。

⑤ 大港墘：亦作大港唇，Kali Besar，吧城地名，位於小南門外，為吧城華人居住區之一。

⑥ 莊清安：據《婚簿》載，1872 年 12 月 7 日，住望牙賴 37 歲莊清安（吧生），與 31 歲藍曾娘成婚。媒妁朱水娘，男方主婚莊沙郎（宗兄），女方主婚藍牛（宗叔），陰曆十一月十一日交寅。

⑦ 交寅：馬來語 Kawin 音譯，結婚。

妾同室。綠衣黄裏,甚無道理。惟乞分離。”

吊訊莊清安年37歲,住抽奎橋,供云:“晚病,拙妻歸寧,使番婆喚回,他不肯從。非晚不相愛,是他欲自絕。至於拙妻欲離,晚固願從。”

台使清安邀妻同歸。答曰:“若要自歸,晚則受之。如令再叫,晚實不願。”台令自歸,而曾娘亦不肯從。將情申詳公堂大嘧[①]內裁奪。

覆訊莊清安,供云:“拙妻告欲往聖墓,誰知去而不返,至第三日,晚寄十盾為費。及後晚染病,着人邀之不回,因此無給資費。娶妻原要照顧中饋,甚至疾病不肯回顧,何以妻為?”台駁曰:“爾既愛妾,娶妻何為? 豈無誤人青春乎?”答曰:“妾從已久,何忍棄之?”

覆訊藍曾娘,供云:“自氏歸寧,拙夫果係寄十盾,至今六個月絕無音問。況拙夫甚寵妾,勢難和合。乞望早離。”

公堂會議:論莊清安、藍曾娘夫婦求離一案。細察夫妻供詞,據曾娘言,其夫棄妻寵妾,不給資費。而清安供稱,伊妻不理中饋,不顧其病。又自言其妾相從許久,不忍離捨。娶妻未幾,輒生怨棄。推其情理,終難和合。因是本堂聽其分離,二比甘願。各花押在簿。存案。

(邱經娘、張信夫婦求離一案)

邱經娘年33歲,住五腳橋[②],請伊夫張信:“為交寅八年,

---

① 公堂大嘧:指公堂全體官員出席參加的會審或會商會議。

② 五腳橋:Djambatan Lima,吧城地名。

並無產育。因拙夫棄妻寵妾，氏之衣食絕無給顧。氏無奈買亞朗[①]飯而食，既受凍餒之苦，又無故常被詬駡趕逐。拙夫惟顧其妾，視氏如糞土。氏之苦情，難以盡言。萬乞判離。”

吊訊張信年 39 歲，住磗仔橋[②]，供云：“誠如拙妻所言。但晚貧窮無利路，不能養妻。雖有受妾，他願自謀食，晚亦無給費。至於拙妻要求分離，晚固願從。”

台觀夫妻各已離心，勢難強合。將情申詳公堂大𠺘內裁奪。

覆訊邱經娘、張信夫婦，供如公勃低所詳。

公堂會議：論邱經娘、張信夫婦求離一案，據經娘言，其夫不顧衣食，凍餒難堪。張信亦自認貧窮無利路，不能養妻，各已絕情。當堂即判離遏，各花押在簿。存案。

（瑪腰、甲必丹、雷珍蘭、朱葛礁爲本期記錄簽名：馬來文草書）

Tan Tjoentiat（陳濬哲）	Ko Setjian（高西川）
Oeij Tjengian（黄清淵）	Ni Boentjiang（連文清）
Tan Konglioe（陳江流）	Tan Konghoa（陳光華）
Lie Tjoe Tjiang（李子昌）	Lie Tjoe Hong（李子鳳）
Han Hoai Djian（韓懷然）	Tan Boen Peng（陳文炳）
Tan Tjiang Lee（陳獎禮）	

---

① 亞朗：亦作亞廊、亞弄、鴉廊，馬來語 Warong，小店鋪，零售店、小攤販。

② 磗仔橋：Djambatan Batu，吧城地名。

和 1873 年 8 月 22 日，拜五

公堂設嘧喳嘮。

瑪腰欠安。甲必丹高西川舍攝理，仝甲必丹陳江流官、雷珍蘭陳光華官、雷珍蘭李子昌舍、雷珍蘭李子鳳舍、雷珍蘭韓懷然舍、朱葛礁陳獎禮官俱在座。黃(清淵)甲大、連(文清)甲大、吳榮輝甲、陳文炳甲四位，不到。

(連益昌懇要應入米粟等物件擔保案)

承挨實嗹和 1873 年 8 月 21 日附一人入字，祈公堂查勘可堪與否？詳覆。

連益昌住洪溪為商，安呾人徐亞六住廿六間[①]為商，又和人緞多嗎，懇要應入米粟粒、椰油、戈丕[②]、鹽、胡椒，約價銀 200000 盾之左。

公堂會議：已勘連益昌援徐亞六及和人為安呾，懇要應入米粟粒、椰油、戈丕、胡椒、鹽，約價銀 200000 盾之左。本堂酌量，連益昌現時可堪，徐亞六不堪擔戴。據亞六云，將范亞傳之掛些[③]遺業欲為安呾。本堂酌量，亦不得承受。謹詳挨實嗹裁奪。

---

① 廿六間：Jilakian，吧城華人居住區之一，位於小南門外。

② 戈丕：亦作“高丕”，馬來語 Kopi 音譯，咖啡。

③ 掛些：亦作“掛吔”、“掛沙”，馬來語 Kuasa 對音，源自梵語，意爲委託、代理。

(瑪腰、甲必丹、雷珍蘭、朱葛礁爲本期記錄簽名：馬來文草書)

Ko Setjian(高西川) Tan Konglioe(陳江流)
Tan Konghoa(陳光華) Lie Tjoe Tjiang(李子昌)
Lie Tjoe Hong(李子鳳) Han Hoai Djian(韓懷然)
Tan Tjiang Lee(陳獎禮)

和1873年8月23日,拜六

公堂設嘧喳嘮。

瑪腰欠安。甲必丹高西川舍攝理,仝甲必丹連文清官、甲必丹陳江流官、雷珍蘭李子昌舍、雷珍蘭李子鳳舍、雷珍蘭韓懷然舍、朱葛礁陳獎禮官俱在座。黄(清淵)甲大、吳榮輝甲、陳光華甲、陳文炳甲四位,不到。

(梁漢和懇要應入三丕擔保案)

承副挨實嗹和1873年8月22日附一人入字,祈公堂查勘可堪與否?詳覆。

梁漢和住大南門為商,安呾人梁德水住仝上為商,又和人緞班實律丹。懇要應入三丕1500隻,約價銀250000盾。

公堂會議:已勘梁漢和援梁德水及和人為安呾,懇要應入三丕1500隻,約價銀250000盾。本堂酌量,現時可堪。其和人,本堂不知也。謹詳副挨實嗹裁奪。

(瑪腰、甲必丹、雷珍蘭、朱葛礁爲本期記錄簽名：馬來文草書)

Ko Setjian(高西川)	Ni Boentjiang(連文清)
Tan Konglioe(陳江流)	Lie Tjoe Tjiang(李子昌)
Lie Tjoe Hong(李子鳳)	Han Hoai Djian(韓懷然)
Tan Tjiang Lee(陳獎禮)	

和1873年9月1日,拜乙

公堂設嘧喳嘮。

瑪腰陳濬哲官,仝甲必丹高西川舍、甲必丹黃清淵舍、甲必丹連文清官、雷珍蘭陳光華官、雷珍蘭李子昌舍、雷珍蘭韓懷然舍、雷珍蘭陳文炳舍、朱葛礁陳獎禮官俱在座。陳(江流)甲大、吳榮輝甲、李子鳳甲三位,不到。

(王文生懇入欠熾昌銀擔保案)

承熾昌干刀附下一口詞,祈公堂查勘可堪與否?詳覆。

王文生住丹仔望①為商,安呾人黃癸巳住新把殺②為商,王坤住珍為商,懇入欠熾昌干刀③銀4000盾。

公堂會議:已勘王文生援黃癸巳、王坤為安呾,懇入欠熾昌干刀銀4000盾。本堂酌量,入欠人及安呾人,現時俱各可堪。謹詳熾昌干刀裁奪。

---

① 丹仔望:亦作"丹那望"、"丹藍望",Tanah Abang,地名,位於吧城西南郊外,爲一大市鎮。

② 新把殺:亦作"新巴虱"、"新巴殺",Kampong Pasar Baru,吧城地名。

③ 熾昌干刀:亦作"熾昌關都",簡稱"熾昌",吧城借貸機構。

(葉庚意、朱東斗懇要應包縫戰船水首之衣服擔保案)

承大挨實嗹[1]和 1873 年 8 月 26 日第 6398 號逸字 43 號附二人入字。祈公堂查勘可堪與否？詳覆。

一、葉庚意住鑒光毛吶甲為安黎末[2]，安呾人饒奕才、饒火郎俱住仝上為商，懇要應包縫戰船水首[3]之衣服，約價銀 12000 盾之左。

二、朱東斗，安呾人朱斗四仝住珍開裁縫店，許燦住珍為商，懇應仝上。

公堂會議：已勘，一、葉庚意援饒奕才、饒火郎為安呾。二、朱東斗援朱斗四、許燦為安呾，俱要應包縫戰船水首之衣服，約價銀 12000 盾。本堂酌量，承應人及安呾人，現時可堪。謹詳大挨實嗹裁奪。

(陳保章、廖亞連懇要應入食物於和大學擔保案)

承副挨實嗹和 1873 年 8 月 31 日附二人入字，祈公堂查勘可堪與否？詳覆。

一、陳保章住珍為些鈁[4]茄實[5]，自有厝宅，安呾人黃再生、

---

① 大挨實嗹：挨實嗹，亦作"挨實寧"，荷蘭語、英語 Resident，荷印時代為省或州以及的最高行政長官，直譯爲駐紮官，或譯作統監、省長、州長。又稱為"大淡"。

② 安黎末：亦作"安泥馬"、"安尼抹"、"安咩嗎"，均為荷蘭語 Aannemer 音譯，意為承包人，承應人。

③ 水首：水手、水兵。

④ 些鈁：亦作"卅鈁"、"啉鈁"、"啉方"。荷蘭語 Shahbandarijen 或 Sjahbandarijen，營業稅。

⑤ 茄實：荷蘭語 Kassier，出納員。

薛文秀仝住珍為商，懇要應入食物於和大學，約價銀十餘千盾。

二、廖亞連住冬基做勞致[1]，安呾人李能住大南門為木匠，胡幹祿住大南門為商，懇要應入勞致於和大學，約價銀三千盾。

公堂會議：已勘一、陳保章援黄再生、薛文秀為安呾，懇要應入食物於和大學，約價銀十餘千盾；二、廖亞連援胡幹祿、李能為安呾，懇要應入勞致於和大學，約價銀三千盾。本堂酌量，承應人及安呾人，現時俱各可堪。謹詳副挨實嗹裁奪。

（大因申柔致書公堂询问和 1874 年为同治十三年否，及十天干之意）

承大因申柔於和 1873 年 8 月 24 日第 66 號致書云：已閱公堂和本月 15 日第 100 號所詳，甲子日俱已悉知。今復請問：一、明年和 1874 年未知即同治十三年乎，抑或有別皇帝登極乎？二、祈將十天干再寫福建話[2]。又此十天干其意如何？祈再詳聞。

列台閱畢，議曰："明年若無換皇帝就是同治十三年。至於十天干，福建話即甲、乙、丙、丁、戊、己、庚、辛、壬、癸。然十天干其意甚廣，難以盡解。今就屬五行而論，甲乙屬木，丙丁屬火，戊己屬土，庚辛屬金，壬癸屬水。謹詳大因申柔裁奪。"

---

① 勞致：亦作"勞智"、"羅致"，馬來語 Roti 音譯，麵包，源出梵語。

② 福建話：此指閩南話。

(八茶罐爐主吳天因中元緣銀題少懇公堂主裁)

吳天到堂請曰:"晚本年任八茶罐[①]爐主[②]。奈此中元[③]緣銀題少,欲依常例開用不敷,懇公堂主裁。"

列台議曰:"普渡之事,奠祭為重。既緣銀題少,不必奢用,可以從省是也。當堂諭知吳天,就地取樑而行可也。存案。

(李大有、莊金娘夫婦求離一案)

公勃低吳(榮輝)、陳(光華)詳。

李大有[④]年 38 歲,住舊把殺[⑤],請伊妻莊金娘:"為交寅五年,生一女名水娘,年 4 歲。因拙妻於去年十二月初九日早歸外家[⑥],至下午使人叫巫讓[⑦]是玉。晚欲先使往把殺買菜而後去,是玉驕然強去。至夜,拙妻旋回,遂發怒向晚直指,詬罵萬端,逼要分離。即將衣褸包裹復轉外家,至今數月並

---

① 八茶罐:亦作八茶罐、八茶礶、八茶貫,馬來語 Patekoan 或 Patekoan,吧城地名,以賣茶得名,位於小南門外,相傳爲華人在吧城最早的交易之所。

② 爐主:閩南話,指華人神廟、廟會每年輪值主祭之人,負責收集祭祀費用、準備祭品、聘請僧道及戲班等所有與祭事活動相關的事務。通常每年選舉一次,在神誕之日,由候選人依次在神明前擲筊,以擲出聖筊(一陰一陽)次數最多者擔任。爐主之下,通常設一副爐主及若干頭家作爲助手,俗稱"會副"。

③ 中元:中國農曆七月十五日,俗稱七月半、中元節。

④ 李大有:據《婚簿》載,1868 年 11 月 12 日,住大港墘 34 歲李大有(唐生),與 24 歲莊金娘成婚。媒妁楊端娘,男方主婚李沃(宗叔),女方主婚莊瑞居(宗叔)。陰曆十月十一日交寅。原注:獻案奪字 1868 年 11 月 8 日第 11 號准居吧。公堂 1873 年 9 月 1 日判離。

⑤ 舊把殺:Pasar tua,吧城地名,位於大南門外。

⑥ 外家:閩南話,娘家。

⑦ 巫讓:亦作"務讓",馬來語 Bujang,僕人,尤指男僕。

無音耗。如此悍婦，要他何用？乞判分離。”

召訊莊金娘年28歲，住八戈然[①]，供云：“因小女水娘有疾，乏人使役，故叫是玉以便驅遣。據是玉訴云，拙夫不悅，然氏亦疑其詐。至回家，則見拙夫滿面怒氣。氏薄言往愬，逢彼之怒，不容分會，立即趕逐。且云，可將爾之衣襶搬出，吾不願與爾為夫妻矣。氏不得已，收拾而行。但氏懷孕七個月，一旦臨盆，如何安置？氏自推無過。今拙夫求離，氏不願從。伏乞明判。”

台勸李大有曰：“夫妻口角，人之常情，各宜含忍。”奈大有堅欲分離，將情申詳公堂大嚹內裁奪。

覆訊莊金娘，供云：“拙夫在若些[②]面前言氏之懷孕，他推為不知，故意羞辱。今氏已生男，拙夫在前既不肯認，氏願自撫養。至於欲離，即願從之。”

覆訊李大有，供云：“拙妻自歸北戈然時，娠孕纔兩個月，晚實未知覺，故對若些面前但云不知，非不認也。後察無外私，就是晚之子也。祈列憲明判。”

公堂會議：論李大有、莊金娘夫婦求離一案。察兩邊之供詞，灼見金娘任性驕悍，失婦隨之道。而李大有冤家[③]未幾，其妻尚懷六甲，不能待其生產，輒向干刀推迫判離。如此絕情，固難強合。於是，本堂聽其離遏。其初生一男，大有該貼生費銀壹百盾。其子女暫付金娘撫養。逐月大有出養銀

---

① 八戈然：北戈然、八高然，Pakojan，地名，位於吧城西區。

② 若些：亦作“若沙”、“喏哳”、“惹撒”，馬來語 Jaksa，檢察官。

③ 冤家：閩南話，吵架、口角。

12盾，待至七歲方皆歸父。二比情願，各花押在簿。存案。

（瑪腰、甲必丹、雷珍蘭、朱葛礁爲本期記錄簽名：馬來文草書）

Tan Tjoentiat（陳濬哲）　Ko Setjian（高西川）

Oeij Tjengian（黃清淵）　Ni Boentjiang（連文清）

Tan Konghoa（陳光華）　Lie Tjoe Tjiang（李子昌）

Han Hoai Djian（韓懷然）　Tan Boen Peng（陳文炳）

Tan Tjiang Lee（陳獎禮）

和1873年9月2日，拜二

公堂設嘧喳嘮。

瑪腰陳濬哲官，仝甲必丹連文清官、雷珍蘭陳光華官、雷珍蘭李子鳳舍、雷珍蘭韓懷然舍、朱葛礁陳獎禮官俱在座。高（西川）甲大、黃（清淵）甲大、陳（江流）甲大、吳榮輝甲、李子昌甲、陳文炳甲六位，不到。

（張世隆懇要應包入草厝料要創兵寨擔保案）

承副挨實嗹和1873年9月1日附一人入字，祈公堂查勘可堪與否？詳覆。

張世隆住大南門為安黎末，安呾人張肇燮住小南門[①]為商，

---

① 小南門：吧城城門之一，馬來語 Pintu Kecil，荷蘭語 Diestpoort，為吧城華人居住區之一。

李亞二住小南門為商，懇要應包入草厝料[①]，要創兵寨，約價銀6000盾之左。

公堂會議：已勘張世隆援張肇燮、李亞二為安呾，懇要應包入草厝料要創兵寨，約價銀6000盾。本堂酌量，承應人及安呾人，現時俱各可堪。謹詳副挨實嗹裁奪。

（瑪腰、甲必丹、雷珍蘭、朱葛礁爲本期記錄簽名：馬來文草書）

Tan Tjoentiat（陳濬哲） Ni Boentjiang（連文清）
Tan Konghoa（陳光華） Lie Tjoe Hong（李子鳳）
Han Hoai Djian（韓懷然） Tan Tjiang Lee（陳獎禮）

和1873年9月4日，拜四

公堂設嘧喳嘮。

瑪腰陳濬哲官，仝甲必丹黄清淵舍、甲必丹連文清官、甲必丹陳江流官、雷珍蘭陳光華官、雷珍蘭李子鳳舍、雷珍蘭陳文炳舍、朱葛礁陳玉長官俱在座。高（西川）甲大、吳榮輝甲、李子昌甲、韓懷然甲四位，不到。

（賴長輝、甘長文懇要應包入食物於和學館擔保案）

承大挨實嗹和1873年9月2日第6514號又28號，附二人入字，祈公堂查勘可堪與否？詳覆。

---

① 厝料：閩南話，房屋建材。

一、賴長輝，安呾人賴保生、趙清水俱住新把殺為商，懇要應包入食物於和學館①，一份至六份，約全年價銀 40000 盾。

二、甘長文，安呾人陳山景、趙炎興俱住珍為商，懇要應包入食物於和學館，一份至三份額，約全年價銀 20000 盾。

公堂會議：已勘，一、賴長輝援賴保生、趙清水為安呾，懇要應包入食（物）於和學館，約全年價銀 40000 盾。二、甘長文援陳山景、趙炎興為安呾，懇要應包入食物於和學館，約全年價銀 20000 盾。本堂酌量，承應人及安呾人，現時俱各可堪。謹詳大挨實嗹裁奪。

（王文生懇要換擔保人入欠熾昌銀案）

承熾昌干刀附一口詞，祈公堂查勘可堪與否？詳覆。

王文生住丹仔望為商，原入熾昌銀 4000 盾，援王文成、王必積為安呾。今其安呾人要換黃癸巳住新把殺為商，王坤住珍為商，為安呾。

公堂會議：已勘王文生原入欠熾昌銀 4000 盾，今換黃癸巳、王坤為安呾。本堂酌量，現時俱各可堪。謹詳熾昌干刀裁奪。

（瑪腰、甲必丹、雷珍蘭、朱葛礁爲本期記錄簽名：馬來文草書）

Tan Tjoentiat（陳濬哲）　　Oeij Tjengian（黃清淵）

Ni Boentjiang（連文清）　　Tan Konglioe（陳江流）

Tan Konghoa（陳光華）　　Lie Tjoe Hong（李子鳳）

① 和學館：荷蘭語學校。

Tan Boen Peng(陳文炳)　　Tan Gioktiang(陳玉長)

和 1873 年 9 月 6 日，拜六

公堂設嘧喳嘮。

瑪腰陳濬哲官，仝甲必丹黃清淵舍、甲必丹連文清官、甲必丹陳江流官、雷珍蘭陳光華官、雷珍蘭李子鳳舍、雷珍蘭陳文炳舍、朱葛礁陳玉長官俱在座。高(西川)甲大、吳榮輝甲、李子昌甲、韓懷然甲四位，不到。

(李榮懷懇要應包裁縫嗎令那干刀水手衣褲擔保案)

承大挨實嗹和 1873 年 9 月 4 日第 6574 號逸字 28 號，附一人入字，祈公堂查勘可堪與否？詳覆。

李榮懷，安呾人李榮文、李榮生俱住珍為商，懇要應包裁縫嗎令那[1]干刀水手衣褲，於和 1874 年全年約價銀 12000 盾。

公堂會議：已勘李榮懷援李榮文、李榮生為安呾，懇要應包裁縫嗎令那干刀水手衣褲，於和 1874 年全年約價銀 12000 盾。本堂酌量，承應人及安呾人，現時俱各可堪。謹詳大挨實嗹裁奪。

---

① 嗎令那：亦作"馬裏那"、"嗎厘那"、"嗎里那"、"嗎粦那"，荷蘭語 Marine，荷印海軍部門。

(瑪腰、甲必丹、雷珍蘭、朱葛礁爲本期記錄簽名：馬來文草書)

Tan Tjoentiat(陳濬哲)　Oeij Tjengian(黄清淵)
Ni Boentjiang(連文清)　Tan Konglioe(陳江流)
Tan Konghoa(陳光華)　Lie Tjoe Hong(李子鳳)
Tan Boen Peng(陳文炳)　Tan Gioktiang(陳玉長)

和1873年9月20日,拜六

公堂設嘧喳嘮。

瑪腰往茄菩[1]。甲必丹高西川舍攝理,仝甲必丹連文清官、雷珍蘭吳榮輝官、雷珍蘭陳光華官、雷珍蘭李子鳳舍、朱葛礁陳獎禮官俱在座。黄(清淵)甲大、陳(江流)甲大、李子昌甲、韓懷然甲、陳文炳甲五位,不到。

(李亞二懇要包入病厝糞椅擔保案)

承副挨實嗹和1873年9月18日附一人入字,祈公堂查勘可堪與否?詳覆。

李亞二住小南門為商,安咀人李盛能住八廚沃干[2]為商,張亞廣住鑒光美色近[3]為商,懇要包入病厝糞椅,三年為限,約每年價銀5000盾。

---

① 茄菩:亦作"黎北"、"禮泊",Depok,又譯作"德波",地名,位於雅加達(吧城)南郊。

② 八廚沃干:亦作八廚沃間,Petuakan,地名,位於吧城西。

③ 鑒光美色近:亦作"甘光美色近",Kampong Miskin,吧城地名。

公堂會議:已勘李亞二援李盛能、張亞廣為安呾,懇要應包入病厝糞椅,三年為限,每年約價銀 5000 盾。本堂酌量,現時可堪。謹詳副挨實嗹裁奪。

(瑪腰、甲必丹、雷珍蘭、朱葛礁爲本期記錄簽名:馬來文草書)

Ko Setjian(高西川)　　Ni Boentjiang(連文清)

Gouw Eng Hoei (吳榮輝)　　Tan Konghoa(陳光華)

Lie Tjoe Hong(李子鳳)　　Tan Tjiang Lee(陳奬禮)

和 1873 年 9 月 24 日,拜三

公堂設嘧喳嘮。

瑪腰陳濬哲官,仝甲必丹高西川舍、甲必丹連文清官、雷珍蘭吳榮輝官、雷珍蘭李子昌舍、雷珍蘭李子鳳舍、雷珍蘭陳文炳舍、朱葛礁陳玉長官俱在座。黃(清淵)甲大、陳(江流)甲大、陳光華甲、韓懷然甲四位,不到。

(陳榮秀、饒賀郎懇要應包載兵營物件及應入海嶼龜里工擔保案)

承副挨實嗹和 1873 年 9 月 23 日附二人入字,祈公堂查勘可堪與否？詳覆。

陳榮秀，安呾人陳榮添仝住中港仔[①]為土庫[②]茄實，吳其亨住大南門為商，懇要應包載兵營物件，和1874年全年約價銀5000盾。

饒賀郎，安呾人饒奕才、陳乙郎俱住鑒光毛吖甲為商，懇要應包入海嶼龜里[③]工，和1874年全年約價銀150000盾。

公堂會議：已勘陳榮秀援陳榮添、吳其亨為安呾，懇要應入載兵營物件，全年約價銀5000盾；饒賀郎援饒奕才、陳乙郎為安呾，懇要應入海嶼龜里工，全年約價銀150000盾。本堂酌量，承應人及安呾人，現時俱各可堪。謹詳副挨實嗹裁奪。

（瑪腰、甲必丹、雷珍蘭、朱葛礁爲本期記錄簽名：馬來文草書）

Tan Tjoentiat（陳濬哲）　　Ko Setjian（高西川）

Ni Boentjiang（連文清）　　Gouw Eng Hoei（吳榮輝）

Lie Tjoe Tjiang（李子昌）　　Lie Tjoe Hong（李子鳳）

Tan Boen Peng（陳文炳）　　Tan Gioktiang（陳玉長）

---

① 中港仔：Tongkangan，吧城地名，位於吧城小南門外，爲吧城城南輻集之衝，亦為吧城華人居住區之一。

② 土庫：亦作"都庫"，閩南話，貨棧，倉庫。

③ 龜里：閩南話，亦作龜理。潮州話作咕哩、咕唎。馬來語Kuli，英語Coolie。源自印地語Koli。皆指"苦力"，雇工，重體力勞動者。

和1873年10月7日，拜二

公堂設嚓喳嘮。

瑪腰陳濬哲官，仝甲必丹黃清淵舍、甲必丹連文清官、甲必丹陳江流官、雷珍蘭陳光華官、雷珍蘭李子昌舍、雷珍蘭李子鳳舍、雷珍蘭韓懷然舍、雷珍蘭陳文炳舍、朱葛礁陳獎禮官俱在座。高(西川)甲大、吳榮輝甲二位，不到。

(胡甘陽懇入欠爔昌銀擔保案)

承爔昌干刀附下一口詞，祈公堂查勘可堪與否？詳覆。

胡甘陽 干冬圩[①]人，安呾人陳和進 干冬圩人、陳文貴住三間土庫[②]為地頭主，懇入欠爔昌干刀銀2000盾。

公堂會議：已勘陳文貴要安呾胡甘陽懇入欠爔昌干刀銀2000盾。本堂酌量，現時可堪。至於胡甘陽及陳和進，俱干冬圩人，本堂不知也。謹詳爔昌干刀裁奪。

(二朱陳獎禮官繳入和1873年丹絨義塚七夕祭費錄單)

據二朱陳獎禮官繳入和1873年丹絨義塚七夕[③]祭費錄單，共銀307.05盾。請開公堂出數。

---

① 干冬圩：亦作杆柊圩、江東圩，Meester Cornelis，吧城地名，位於吧城大南門郊外東南。因干冬圩是安汶人Cornelis Senen所闢，故以命名。後拓展成吧城城外的一大市鎮，成爲巴達維亞州的一個縣。

② 三間土庫：亦作“三間都庫”，Toko Tiga，吧城 華人居住區之一。

③ 七夕：即七夕節，農曆七月初七日。

列台閱畢，議曰：即可就單開數是也。存案。

（范亞旋懇公堂給一婚字與其姪女高祿娘）

據范亞旋到堂請曰：家兄范亞傳之女名高祿娘，父喪未闋。今唐美色甘[①]倒案[②]，准其婚嫁。故懇公堂給一婚字[③]。

公堂議曰：遵唐人之例，凡父母喪未闋，不得嫁娶。況唐美色甘室[④]高瓊瑤甲近日致書於公堂言，范亞傳之女高祿娘，父喪未至三，繼之母喪未及兩個月。今要給婚字，大礙《律例》[⑤]。因是，所懇不得承受。存案。

（林登興、楊龍娘夫婦求離一案）

據公勃低陳（江流）、李（子昌）詳。

楊龍娘年25歲，住洪溪，請伊夫林登興："為交寅三年，有生不育。氏因有恙，被拙夫趕歸母家，而家姑亦使氏暫歸調養，氏不得不從命。不意自辛未九月至今，並無給費，亦無存問。藥費皆家母支理。而拙夫與其妾共樂，無情無義，伏乞分離。"

召訊林登興年32歲，住公司，供云："拙妻因心神不定，自求歸寧，並帶枕頭席而去，晚實無趕逐。晚逐月亦常給其費，惟前月及本月因遭外媽喪事，多用喪費，乏項應用，故無供

---

① 美色甘：亦作美惜甘，荷蘭語 Weeskamer，孤貧養濟院。

② 倒案：閩南話，裁决，裁定。

③ 婚字：閩南話，結婚證書。

④ 室：荷蘭語 lid，委員會委員、參議員。

⑤ 《律例》：此指《大清律例》。

給。晚亦親自招回,奈他不從。況他癲病,日常舉火為戲,恐致失火之患。今拙妻堅意欲離,屢叫不回。惟從其離。”

林登興和 1873 年 8 月 9 日再請云:“遵公館甲必丹所令,屢叫拙妻回家,他絕不願從。晚給付費銀,亦不肯收。足見其情絕甚,勢難偕老。伏乞明判。”

吊訊胡春娘年 60 歲,即龍娘之母,供云:“前小女病,氏為之調治,今已痊癒。氏勸歸夫家,其夫亦有喚回,而小女因忌其夫有受妾,故不肯回。及其夫所給費銀,小女亦不願受,氏無可奈何。他夫妻之事,氏不與焉。”

台審林登興夫婦,自去年屢到公館,勸和不聽,難以強合。將情申詳公堂大嚕內裁奪。

覆訊林登興,供云:“前拙妻心神不定,歸岳母家後已平復。晚親叫不回,給費不受,無法可治。願乞分離。”

公堂會議:林登興、楊龍娘夫婦求離一案,審其事體,不得分離。但自和 1871 年離居至今,經兩載矣。事宿已久,夫叫不回,費銀不受,婦情絕甚。而其夫亦生離心,況屢屢到堂,終無了局。因是,本堂聽其離逷。二比甘願,各花押在簿。存案。

(唐美色甘致書懇查勘林泰山遺業之虛實)

承唐美色甘和 1873 年 8 月 25 日第 1434 號,又 1709 號致書公堂,並附林碧生、林文琛之口詞一張,證人之梁礁字[①]二張。為林碧生、林文琛有掛些林光垂、林光漏、林光

① 梁礁字:梁礁,荷蘭語 Notaris,公證人。梁礁字,公證人出具的公證書。

前，欲領伊父林泰山之遺業，立四人為證，林金帶、林善、林茂、林曲。據證人之供詞，皆深知林光垂、林光漏、林光前果係故林泰山之子，但其證人林曲、林茂，唐美色甘諸窒不識其人，恐有訛誤。故懇公堂查勘二人之虛實及所供，未知可以取信乎？具詞詳覆。

據梁礁字，林金帶、林善供云：“晚住窯內做杉板①，深知林光垂、林光漏、林光前三人果係故林泰山之子。晚等常聞三子言，伊父在吧②有遺業，唐美色甘收掌。晚等與他父子乃屬至親，故知其實。

據梁礁字，林曲住大使廟③為龜里，林茂住八茶礶為木匠。二人供云：“晚實知林光垂、林光漏、林光前係林泰山之子。泰山於和 1858 於在吧身故，晚等自識三子於幼時，及知年年林泰山所寄銀項，並親覽其書。及廈門做公率字④之時，林曲同在。林茂曾與三子同學。

召訊林碧生年 28 歲，住窯內，供云：“晚係林泰山之子，吧生長，逐年惟與家叔並兄弟批劄⑤往來。其餘唐母並媽及諸該親皆不知也。三兄弟雖未嘗會面，聞在唐俱已完婚。

---

① 杉板：亦作舢舨，小船的一種。

② 吧：噶喇吧國、巴達維亞、吧國、吧城的簡稱。

③ 大使廟：Toasebio，亦作鳳山廟，今名“多磨維賈亞廟”（Wihara Dharma Wijaya），奉祭清元真君，吧城華人寺廟之一。約 1751 年由吧城的漳州府長泰縣籍華人集體捐金建置，位於觀音亭（又名金德院）附近。

④ 公率字：公率，荷蘭語 Consulaat，馬來語 Konsulat，領事、領事館，此指荷蘭駐廈門領事館。所謂“公率字”，指在領事館或領事官員見證下所做的證言或證詞。

⑤ 批劄：閩南話，書信。

今在廈做公率字，附晚仝文琛哥掛些領先父之業。至其證人林善、林金帶，唐美色甘已勘不肯承受，不必再問。林茂不知去向，惟有林曲一人在焉。

召訊林文琛年34歲，供云："林泰山是晚之胞伯，其子林光垂年30歲，林光漏年28歲，林光前年26歲，與晚堂兄弟也，自幼仝居。晚自十二歲來吧，至庚午年回唐，後再來吧，至和1870年再回唐。光垂兄弟，晚略不識認，乃泰山姆邱萬娘指示方知。現時泰山姆年63歲尚健，祖媽[1]王乃娘自六年前身故。三弟之婚也，晚回唐時皆知三弟之婚。光垂和1871年辛未年四月完婚，娶余嬀娘。光漏 和1872年壬申年二月完婚，娶陳悌娘。光前 和1872年壬申八月完婚，娶黃福娘。泰山伯為長房，兄弟計六人。至於證人林曲，與晚堂兄弟。去年在唐招他同向公率做字為證，並無押號[2]。去年光前弟完婚，林曲亦知之。至去年尾，晚仝林曲來吧。所供是實。"

召訊林曲年50歲，供云："晚叫泰山堂叔，與光垂等從堂兄弟也，在唐鄰居，光垂等晚自幼相識。及後和1865年晚外出，前年經一回唐，再來吧。至去年三月間回唐，十一月間再來吧。晚所知泰山伯兄弟五人，曰泰山、曰天福、曰詩、曰攀、曰典。晚回唐時，光垂等並不識認，乃光垂自言之，及引其二弟，方能覺知。至於泰山嬸名邱萬娘，今已身故。惟存伊媽王乃娘年70歲同居。晚在唐逢文琛及光垂等要做公

① 祖媽：閩南話，祖母。

② 押號：簽字或畫押。

率字,招晚仝往為證,同文琛押號。至於三子之婚,晚不知也。但聞皆已娶妻。所供是實。”

公堂會議:細勘林文琛之供詞,林泰山之妻邱萬娘今年63歲尚健,泰山之母王乃娘六年前已故,又林光前去年八月婚娶。而林曲所供對,反言邱萬娘已故,王乃娘尚在。況去年八月間,林曲尚在唐山①而不知林光前之婚。以此推之,林曲之供詞似屬不明,難以取信。將情申詳唐美色甘裁奪。

(瑪腰、甲必丹、雷珍蘭、朱葛礁爲本期記錄簽名:馬來文草書)

Tan Tjoentiat(陳濬哲)

Ni Boentjiang(連文清)

Tan Konghoa(陳光華)

Lie Tjoe Hong(李子鳳)

Tan Boen Peng(陳文炳)

Oeij Tjengian(黃清淵)

Tan Konglioe(陳江流)

Lie Tjoe Tjiang(李子昌)

Han Hoai Djian(韓懷然)

Tan Tjiang Lee(陳獎禮)

和1873年10月15日,拜三

公堂設嘧喳嘮。

瑪腰陳濬哲官,仝甲必丹黃清淵舍、甲必丹連文清官、甲必丹陳江流官、雷珍蘭陳光華官、雷珍蘭李子昌舍、雷珍蘭李子鳳舍、韓懷然舍、雷珍蘭陳文炳舍、朱葛礁陳獎禮官俱在座。高(西川)甲大、吳榮輝甲二位,不到。

---

① 唐山:簡稱“唐”。海外華人對祖國(中國)的習慣稱呼。

（陳金梅為其父默氏陳鹹身故懇蔭地風水事）

具稟人晚生陳金梅住西門[1]外，切為家父陳鹹自和1854年曾任理默事[2]，至和1864年退任，計拾年矣。今不幸身故，膽懇蔭地風水[3]在式里陂[4]一穴，闊12距、長24距，為葬身雙壙之墳。伏乞恩賜，存沒均感不休矣。

列台閱畢，議曰：陳鹹曾任默事十年，今身故。伊子陳金梅懇蔭地風水一穴，為葬身之墳。本堂原有此例，合當准懇。存案。

（陳騰雲、吳春娘求離一案）

公勃低高（西川）、陳（文炳）詳。

陳騰雲年26歲，住新把殺，請伊妻吳春娘："為交寅五年，生下一男一女，男曰瑞章，年五歲；女曰鳳娘，年三歲。因拙妻不順婦道，所行不節。晚投告岳父，冀其約束。奈岳父重富欺貧，致之度外，反護其女之短，叫女同居。及去年唐三月間，岳父身故，拙妻益無忌憚。晚目雖無見，奈外言流傳，

---

① 西門：荷蘭語 Utrechtse poort（烏特勒支門），吧城城門之一，修建於1652年。

② 默事：亦作"默氏"，簡稱"默"。馬來語 Bek，荷蘭語 Wijkmeester 的簡略音譯，意爲街區負責人。有"正默"、"副默"之別。

③ 蔭地風水：簡稱"蔭風水"。此指免費墓地。按吧國公堂的相關規定，在一定的年限內履行了職守的默氏，可以免費享受在吧城華人公共墓區丹絨或式里卑的標準面積墓地一穴。

④ 式里陂：亦作式厘卑、式厘皮、式厘陂、式里坡、式厘坡、系里卑，Selipi，吧城華人公共墓地之一，位於吧城西南。

敗辱家風，莫此為甚。況晚稅厝[①]招與同居，他不願從。若不早離，恐生禍端。伏乞明判。”

召訊吳春娘年 20 歲，住新把殺，供云：“拙夫已娶新妾，棄舊就新，故誣言亂請。自拙夫進贅一年，即姦表妹在閨女之中。氏為之周旋，貼女銀 100 盾，與拙夫暫受為側室，幸遂無事。繼後要開亞朗，氏竭奩中之資，出本銀 2000 盾。他乃放蕩淫邪，至血本費盡。不意遂生負心，再受寡婦，與之同居。棄氏獨守生寡，至今兩載，絕無回顧，並無給費。無恥之輩，豺狼之心。今欲離之，固所願也。”

台察夫妻之供詞，互揚其醜，難以強合。將情申詳公堂大嚓內裁奪。

覆訊陳騰雲、吳春娘，供如公勃低所言。

公堂會議：論陳騰雲、吳春娘求離一案。勘其供詞，夫妻互發其私恥，彼此各埋痛恨，情兩絕矣，斷難和合。因是，本堂判其離過。二比稱願，各花押在簿。存案。

（瑪腰、甲必丹、雷珍蘭、朱葛礁爲本期記錄簽名：馬來文草書）

Tan Tjoentiat（陳濬哲）	Oeij Tjengian（黃清淵）
Ni Boentjiang（連文清）	Tan Konglioe（陳江流）
Tan Konghoa（陳光華）	Lie Tjoe Tjiang（李子昌）
Lie Tjoe Hong（李子鳳）	Han Hoai Djian（韓懷然）
Tan Boen Peng（陳文炳）	Tan Tjiang Lee（陳獎禮）

① 稅厝：閩南話，租房子。

和1873年10月29日,拜三

公堂設嗹喳嘮。

瑪腰陳濬哲官,仝甲必丹高西川舍、甲必丹連文清官、甲必丹陳江流官、雷珍蘭吳榮輝官、雷珍蘭李子昌舍、雷珍蘭李子鳳舍、雷珍蘭韓懷然舍、雷珍蘭陳文炳舍、朱葛礁陳獎禮官俱在座。黄(清淵)甲大、陳光華甲二位,不到。

(鄭春榮、黄荔娘夫婦求離一案)

承副挨實嗹和1873年10月2日第5459號致書公堂,為鄭春榮之妻黄荔娘求離一案。荔娘來請,因他夫妻離居已久,故懇公堂速為裁奪。

列台閱畢,議曰:鄭春榮現腳疾不能到堂,宜委公勃低韓懷然甲、陳文炳甲同到其處訊勘詳覆。

(公堂回覆訟師緞高稽哖致問唐例分業事)

承大挨實嗹和1873年10月7日第7320號致書公堂,並附訟師緞高稽哖之書,懇公堂依唐例,酌量詳覆。

訟師緞高稽哖書問曰:一、有一唐人尚未長成而死,無做達心眠字[①]。從唐例,誰該領業?二、承業人如何分派?三、如無承業人,其業歸誰?四、是何因故家業方可充公?五、若尚有母親、姑母、舅,依唐例其業能充公否?祈具詞詳覆。

---

① 達心眠字:亦作達心蠻字、達心民字,荷蘭語 Testament,遺囑、遺書。

公堂會議：已查《大清律例》，一、若童子有產業未長成而死，無遺書者，其伯叔合當為擇昭穆[①]相當者，立為繼嗣之子。二、若絕戶並無親戚者，方可充公。三、若尚有母親、姑親、母舅，其母可掌其業，亦當為立嗣如上；若母改嫁，家業仍歸夫家該親者執掌。將情申詳大挨實嗹裁奪。

（連敬才、陳係娘求離一案）

公勃低高（西川）、陳（文炳）詳。

陳係娘年 19 歲，住大南門，請伊夫連敬才[②]："為交寅二年，並無產育。唐三月初二日，氏告夫往視大姊之病，至暮旋回。拙夫憤然曰：汝可再去不可踵吾門矣。氏不得已再回姊家，至今五六個月，拙夫並無給費，亦無音問，已見其絕情。惟乞離之。"

召訊連敬才年 33 歲，住烏布土庫[③]，供云："拙妻於三月初二早，告欲往姊家。晚答曰：汝欲去則去矣。至午拙妻請默，言晚及家母俱不肯與他交語。至初四日，伊姊送拙妻回歸。因拙妻無故請默，是以不敢受納。況拙妻不孝家母，屢屢迕逆，稍嫌之，則以口相敵，與晚亦不能和睦，逐日生端，無法可治。既欲分離，固所願也。"

---

① 昭穆：古宗廟之制。始宗廟居中，以下皆為父為昭，子為穆；昭居左，穆居右。非惟宗廟，葬墓亦然。源出《周禮》。

② 連敬才：據《婚簿》載，1871 年 7 月 10 日，住烏布土庫 31 歲連敬才（吧生），與 17 歲陳溪娘成婚。媒妁陳生娘，男方主婚黃懷娘（母），女方主婚陳樹源（宗兄）。陰曆六月初八日交寅。

③ 烏布土庫：亦作"烏褒土庫"，Opotoko，吧城華人居住區之一。

召訊黃懷娘年61歲，即敬才之母，供云："媳婦性悍不孝，全無婦道，稍嫌則以口相敵。前他請默，在默面前向氏大聲曰：我誓不回汝家。當眾之所，爾我相稱，怠慢無禮。有婦如此，氏實恥焉。至於離事，非氏所能干涉。惟公堂明判。"

召訊默王德森住烏布土庫，供云："於三月初二日，陳係娘果來，供稱伊夫及伊大家[①]皆怨恨，不肯與語。晚叫敬才母子對質。彼時夫婦、姑媳互相口敵，係娘與大姑果有爾我相稱。"將情申詳公堂大嚹內裁奪。

覆訊連敬才、陳係娘夫婦，供如公勃低所詳。

公堂會議：論連敬才、陳係娘求離一案，據連敬才之母供稱，係娘不孝，且夫妻各相乖迕，終難和合。因是，本堂判離。二比甘願，各花押在簿。存案。

(劉亞祿、侯日娘求離一案)

公勃低高(西川)、陳(文炳)詳。

侯日娘年22歲，住班芝蘭[②]，再請伊夫劉亞祿[③]。為交寅四年，有生不育。供云："自和1873年4月28日請公館，為拙夫屢打趕逐，給費又無定着[④]，時有時無。前請公館，拙

① 大家：閩南話，婆婆。

② 班芝蘭：Pancuran，地名，位於吧城之城南，南與戈勞屈(Glodok)相接，東與蚊茄頼(Mangga Dua)相鄰，爲吧城華人居住區之一。

③ 劉亞祿：據《婚簿》載，1870年10月4日，住班芝蘭30歲劉亞祿(唐生)，與19歲侯日娘成婚。媒妁羅丁娘，男方主婚劉亞三(堂兄)，女方主婚侯亞臨(堂伯)。陰曆九月十五日交寅。原注：獻案奪字1867年5月24日第26號准居吧。

④ 無定著：閩南話，不固定、不確定。

夫言欲給費每月伍盾,至今並無半文。且前唐三月間,他毆打致目青腫,氏無奈趨到干刀請副淡[1]。氏思日食不足,常被毆辱,是誰能堪?如此無良,至死不願再合。伏乞分離。”

吊訊劉亞祿年33歲,住班芝蘭,供云:“和4月28日,拙妻請公館,甲必丹令晚夫妻同歸,議約每月給費伍盾。但自公館歸後,拙妻仍歸岳父之處,不肯與晚同聚,故無給費。今若肯同歸,晚即現交伍盾。至於家費,暨晚支理。前拙妻請干刀,晚實無打,乃自跌倒。但所以屢次口角者,蓋拙妻逐夜在門首,至十點或十一點。晚戒之不聽,且每每不辭歸寧。晚尚有力可以養畜,不願離矣。”

將情申詳公堂大嚓內裁奪。

覆訊侯日娘,供稱:“拙夫無故常生虐端,又強取氏之金硂耳鍹,及衫仔[2]一件,且已控到干刀。拙夫外雖假慈,而內實怨恨,連及氏之父母,他亦白眼相視,絕無半子[3]之禮,終難和合。伏乞明鑒。”

覆訊劉亞祿,供如公勃低所詳,切不願離。

公堂會議:論劉亞祿、侯日娘求離一案,但夫妻屢屢生端,竟至干刀控訟,況彼此分居許久,各無關情,何以白首?因是,本堂判離,礙亞祿強不願從。將情申詳仰,祈副挨實嗹將本堂所判重為定奪。

(瑪腰、甲必丹、雷珍蘭、朱葛礁爲本期記錄簽名:馬來文草書)

---

① 副淡:副挨實嗹(副州長)之俗稱。

② 衫仔:閩南話,上衣或衣服。

③ 半子:女堉之別稱。

Tan Tjoentiat(陳濬哲)
Ni Boentjiang(連文清)
Gouw Eng Hoei (吳榮輝)
Lie Tjoe Hong(李子鳳)
Tan Boen Peng(陳文炳)
Ko Setjian(高西川)
Tan Konglioe(陳江流)
Lie Tjoe Tjiang(李子昌)
Han Hoai Djian(韓懷然)
Tan Tjiang Lee(陳獎禮)

和 1873 年 10 月 30 日,拜四

公堂設嘧喳嘮。

瑪腰陳濬哲官,仝甲必丹高西川舍、甲必丹陳江流官、雷珍蘭韓懷然舍、雷珍蘭陳文炳舍、朱葛礁陳獎禮官俱在座。黃(清淵)甲大、連(文清)甲大、吳榮輝甲、陳光華甲、李子昌甲、李子鳳甲六位,不到。

(陳深郎懇要應包修理磨嘮間後之厝擔保案)

承副挨實嗹和 1873 年 10 月 27 日附一人入字,祈公堂查勘可堪與否? 詳覆。

陳深郎住八廚沃干為商,安呾人陳強增住五腳橋為望茄實,自己有厝宅,連益章住洪溪為商,懇要應包修理磨嘮間①後之厝,約價銀 31000 盾。

公堂會議:已勘陳深郎援陳強增、連益章為安呾,懇要應包修理磨嘮間後之厝,約價銀 31000 盾。本堂酌量,現時

---

① 磨嘮間:磨嘮亦作"帽老"、"茂老",荷蘭語 Procureur,訴訟代理人。所謂磨嘮間,即訴訟代理人辦事處。

可堪。謹詳副挨實嗹裁奪。

（瑪腰、甲必丹、雷珍蘭、朱葛礁爲本期記錄簽名：馬來文草書）

Tan Tjoentiat（陳濬哲） Ko Setjian（高西川）

Tan Konglioe（陳江流） Han Hoai Djian（韓懷然）

Tan Boen Peng（陳文炳） Tan Tjiang Lee（陳獎禮）

和 1873 年 11 月 4 日，拜一

公堂設嘧喳嘮。

瑪腰陳濬哲官，仝甲必丹高西川舍、甲必丹黃清淵舍、雷珍蘭李子昌舍、雷珍蘭陳文炳舍、朱葛礁陳獎禮官俱在座。連（文清）甲大、陳（江流）甲大、吳榮輝甲、陳光華甲、李子鳳甲、韓懷然甲六位，不到。

（饒火郎懇要應包入海嶼龜里工擔保案）

承大挨實嗹和 1873 年 11 月 1 日第 7987 號附一人入字，祈公堂查勘可堪與否？詳覆。

饒火郎，安呾人饒奕才仝住鑾光毛吖甲為商，陳乙郎住仝上為稅地主，懇要應包入海嶼龜里工，約全年價銀 15000 盾。

公堂會議：已勘饒火郎援饒奕才、陳乙郎為安呾，懇要應包入海嶼龜里工，約全年價銀 15000 盾。本堂酌量，承應人及安呾人，現時可堪。謹詳挨實嗹裁奪。

（瑪腰、甲必丹、雷珍蘭、朱葛礁爲本期記錄簽名：馬來文草書）

Tan Tjoentiat（陳濬哲） Ko Setjian（高西川）
Oeij Tjengian（黄清淵） Lie Tjoe Tjiang（李子昌）
Tan Boen Peng（陳文炳） Tan Tjiang Lee（陳獎禮）

和 1873 年 11 月 7 日，拜五

公堂設嘧喳嘮。

瑪腰陳濬哲官，仝甲必丹高西川舍、甲必丹黄清淵舍、甲必丹連文清官、雷珍蘭李子昌舍、雷珍蘭李子鳳舍、朱葛礁陳獎禮官俱在座。陳（江流）甲大、吳榮輝甲、陳光華甲、韓懷然甲、陳文炳甲五位，不到。

（朱福興懇要應包入什物於珍武營擔保案）

承副挨實嗹和 1873 年 11 月 6 日附一人入字，祈公堂查勘可堪與否？詳覆。

朱福興住監光貓厘[①]為漆司[②]，安呾人楊成根住仝上稅監光貓厘，吳秀文住結石珍[③]為商，懇要應包入什物於珍武營，全年約價銀 11911 盾。

公堂會議：已勘朱福興援楊成根、吳秀文為安呾，懇要

① 監光貓厘：亦作監光貓汝，Kampong Bali，吧城地名。

② 漆司：閩南話，油漆師傅。

③ 結石珍：亦作吉石珍、結石珍墟，Pasar Senen，簡稱珍，位於吧城的新市區（Weltevreden）。

應包入什物於珍武營，全年約價銀11911盾。本堂酌量，承應人及安咀人俱各可堪。謹詳副挨實嗹裁奪。

（副挨實嗹致書公堂祈修理牛郎沙里鐵門路至吧昂些安事）

承副挨實嗹和1873年11月3日第6250號致書公堂，因聞有人入高蘭字[1]言，牛郎沙里[2]鐵門[3]路至吧昂些安[4]已經毀壞，祈公堂作速修理。

列台閱畢，議曰：此事宜委外務公勃低高（西川）甲大、陳文炳甲先往查察詳覆。

（瑪腰提請於12月1日招標承租牛郎沙里並丹絨園地事）

瑪腰請曰：牛郎沙里並丹絨園地，今稅期已滿。第意俟和12月1日發叫[5]，宜先入字請知挨實嗹。列台意見如何？

列台曰：如此亦妥。存案。

（許金娘、巫賜道求離一案）

---

① 高蘭字：亦作“戈蘭字”，荷蘭語Courant，新聞，報紙。

② 牛郎沙里：Gunung Sari，亦作牛啷哵里、牛郎些里、古農沙里，吧城華人墓地之一，位於吧城東南郊外。

③ 鐵門：Pintu Besi，吧城地名，位于吧城東南郊外。

④ 吧昂些安：Pegangsaan，吧城地名，位于吧城東南郊外，現雅加達中央區。

⑤ 發叫：閩南話，招標拍賣。

公勃低高（西川）、陳（文炳）詳。

許金娘年25歲，住打鐵街[1]，請伊夫巫賜道[2]："為交寅六年，產下二男。大曰筠松，年五歲；次曰周祥，年三歲；又一女，昨夜夭殂。因拙夫今不得志，反嫌氏帶衰，無端常怒，欲賣子女，無故趕逐，罵及父母。氏羞愧難堪，不得已歸寧。至七日，父母迫氏復回夫家，而拙夫閉門不納。及後小女病在危急，着人達知，他亦不以為意。且云我非醫生，何能為力？有病無病，吾不與知。殘忍之徒，禽獸之心。伏乞分離。"

吊訊巫賜道年31歲，住五腳橋，供云："口角冤家，乃夫婦之常事。欲兌子女，嫌他帶衰是一時激氣[3]，何足為實言。但妻既驕夫而去，從無再納之理。況小女死，晚託家嬸往視，而岳父揚言，欲殺晚全家方能甘心。不若早離，以絕後患。"

台勸夫婦：既已生子，冤家小事，各宜含忍。乃賜道切意欲離。將情申詳公堂大嚈內裁奪。

覆訊許金娘，供如公勃低所詳。覆訊巫賜道，供云："晚現無利路，不能給養妻子。"

公堂會議：論許金娘、巫賜道求離一案。察兩邊之供詞，俱已絕情，且賜道自云現無利路，不能養妻畜子，何以強合？

---

① 打鐵街：Patike，吧城地名。

② 巫賜道：據《婚簿》載，1868年10月15日，住八廚沃間26歲巫賜道，與20歲許金娘成婚。媒妁曾貞娘，男方主婚巫賜發（胞兄），女方主婚許亞三（父）。原注：默氏鍾欽五獻案奪字1864年8月27日第3049號又1號准居吧。

③ 激氣：閩南話，氣憤、生氣。

因是，本堂判離，其二子暫付金娘撫養，賜道如有利路，逐月當給多少養費，俟七歲方歸伊父。二比押號，唯退。存案。

（瑪腰、甲必丹、雷珍蘭、朱葛礁爲本期記錄簽名：馬來文草書）

Tan Tjoentiat（陳濬哲）

Ko Setjian（高西川）

Oeij Tjengian（黃清淵）

Ni Boentjiang（連文清）

Lie Tjoe Tjiang（李子昌）

Lie Tjoe Hong（李子鳳）

Tan Tjiang Lee（陳獎禮）

和 1873 年 11 月 14 日，拜五

公堂設嘧喳嘮。

瑪腰陳濬哲官，甲必丹高西川舍、甲必丹黃清淵舍、甲必丹連文清官、甲必丹陳江流官、雷珍蘭吳榮輝官、雷珍蘭李子昌舍、雷珍蘭李子鳳舍、朱葛礁陳獎禮官俱在座。陳光華甲、韓懷然甲、陳文炳甲三位，不到。

（續：鄭春榮、黃荔娘夫婦求離一案）

公勃低韓（懷然）、陳（文炳）詳。

黃荔娘[1]年 28 歲，住聖望港[2]，請伊夫鄭俊榮：為交寅十

① 黃荔娘：甲必丹黃燎光之孫女。據《婚簿》載，1863 年 1 月 8 日，17 歲黃荔娘與 22 歲鄭春榮成婚時，黃甲大任女方主婚人，媒妁郭一娘，甲必丹陳濬哲、陳江水任主事人。

② 聖望港：亦作聖墓港，Blandonan，地名，位於吧城以南郊外。

二年，生一女名娘那，年八歲。供云："拙夫自進贅以來，未常給費，且屢屢乖迕。自結婚祇有六年，同聚內中無三年和好。拙夫有時討項，若付之則善，不付則怒，驕然外宿。昔祖父在時，每月發拙夫辛金[1] 375 盾。及祖父辭世，家父亦繼發如數，未常有半文分給，氏永依父母而食。又前欲買厝，其項不足，求氏助銀，我足其數。及後其厝發賣，亦無半文分繳，其項皆被用盡。又前拙夫出獄時，要稅伊繼母之地，使氏為安咀。氏言安則可矣，但虧本何以賠還？因是，又怒而去，至今絕無音問。種種無情，惟乞判離。"

公堂因鄭俊榮腳痺不能行，委韓懷然甲仝二朱到其家訊，其供詞如左(下)：

訊鄭俊榮年 33 歲，住廿六間，供云："拙妻所供俱是虛謬。晚未犯事未染足疾之時，每月常給一二拾盾。及後晚犯事，又腳痺不能行謀利路。是時也，晚自顧不遑，何有餘資以給妻子？至於拙妻決意求離，晚固願從。但此時晚不能行到公館，惟望列台酌量裁奪，晚無不從命。將情申詳公堂大嗒內裁奪。"

覆訊黃荔娘、鄭春榮[2]夫婦，供如公勃低所詳。

公堂會議：論鄭春榮、黃荔娘夫婦求離一案。自結婚以來，屢屢乖迕，況分居已久，音問闊絕。夫不肯喚妻，而妻不顧夫病，且二比皆願分離。是故，本堂聽其離遏，其女娘那判歸其父。二比甘願，各花押在薄。存案。

---

① 辛金：亦作身勞、辛勞、薪勞，閩南話，薪金，工錢。

② 鄭春榮：原檔如此，即鄭俊榮。

(公勃低高西川甲大仝李子昌甲查報吧昂些安乃非本堂之地)

據公勃低高(西川)甲大、李子昌甲詳云：已查吧昂些安乃非公堂之地，惟鐵門路稍有圮壞，然內中多與別人之地相連。將情申詳，惟祈裁奪。

公堂會議：經委公勃低高(西川)甲大仝李子昌甲查報言，吧昂些安乃非本堂之地，惟鐵門路稍有圮壞，然內中多與別人之地相連。自和 1872 年 3 月 19 日第 132 號，及和 1870 年 3 月 1 日第 161 號，本堂經有詳明。且和 1872 年 11 月間，挨實嗹朱[①]諭知本堂，謂鐵門路挨實嗹要為入字，懇公班衙[②]修理。本堂於和 1872 年 11 月 28 日第 142 號已經詳覆。謹詳副挨實嗹裁奪。

(瑪腰、甲必丹、雷珍蘭、朱葛礁爲本期記錄簽名：馬來文草書)

Tan Tjoentiat(陳濬哲)
Ko Setjian(高西川)
Oeij Tjengian(黃清淵)
Ni Boentjiang(連文清)
Tan Konglioe(陳江流)
Gouw Eng Hoei (吳榮輝)
Lie Tjoe Tjiang(李子昌)
Lie Tjoe Hong(李子鳳)
Tan Tjiang Lee(陳獎禮)

---

① 挨實嗹朱：挨實嗹朱葛礁之簡稱，駐紥管或州長秘書。此指吧城行政長官之秘書。

② 公班衙：亦作“公班牙”，荷蘭語 Compagnie (意爲“公司”)音譯，“荷蘭東印度公司” Verenigde Oost-Indische Compagnie(簡稱 VOC，創建於 1602 年)的簡稱，後引申指荷印政府。

和 1873 年 11 月 19 日,拜三

公堂設嘧喳嘮。

瑪腰陳濬哲官,仝甲必丹高西川舍、甲必丹黃清淵舍、甲必丹連文清官、甲必丹陳江流官、雷珍蘭李子昌舍、雷珍蘭李子鳳舍、雷珍蘭韓懷然舍、朱葛礁陳獎禮官俱在座。吳榮輝甲、陳光華甲、陳文炳甲三位,不到。

(葉清溪、賴保生、余亞鉅、徐亞六懇要應入鍊人之衣服擔保案)

承副挨實嗹和 1873 年 11 月□日附四人入字,祈公堂查勘可堪與否? 詳覆。

一、葉清溪住小南門為商,安呾人葉純住小南門為商,朱斗四住珍開裁縫店,懇要應包入鍊人[①]衣服,一年至三年為限,約每年價銀 60000 盾。

二、賴保生,安呾人黃淮水、趙清水住新把殺為商,懇應仝上。

三、余亞鉅住小南門為商,安呾人李亞二住小南門為商,李盛能住八廚沃干為商,懇應仝上。

四、徐亞六住廿六間為商,安呾人邱亞書住小南門為商,溫亞三住三間土庫為商,懇應仝上。

公堂會議:已勘,一、葉清溪援葉純、朱斗四為安呾;二、

---

① 鍊人:閩南話,鍊間(監獄)之犯人。

賴保生援黄淮水、趙清水為安呾;三、余亞鉅援李亞二、李盛能為安呾;四、徐亞六援邱亞書、溫亞三為安呾。以上俱懇要應入鍊人之衣服,一年至三年為限,每年約價銀60000盾。本堂酌量,承應人及安呾人,現時俱各可堪。謹詳副挨實嗹裁奪。

(林銀娘、葉軍后求離一案)

據公勃低高(西川)、陳(文炳)詳。

林銀娘年17歲,住八茶礸,請伊夫葉軍后[①]。為交寅年餘,未有生育。供云:“拙夫不謀生活,家常無米,氏至典衣裳以為食。後氏因病,拙夫無照顧,亦不延醫,是以歸母家調養,至今八個月。拙夫絕無臨存,亦無給費。似此薄情,惟乞分離。”

召訊葉軍后年21歲,住監光貓汝[②],供云:“誠如拙妻言,但晚貧窮,現無利路,不能養妻。既要分離,晚固願從。”

台勸夫婦各自協力,勤圖生活。礙二比堅執不從。將情申詳公堂大嗹內裁奪。

覆訊林銀娘、葉軍后夫婦,供如公勃低所詳。

公堂會議:論林銀娘、葉軍后求離一案。據林銀娘所供,其夫不謀生活,家常絕糧,難以度日;而軍后亦自認貧窮,無利路可以養妻,自甘離絕。於是,本堂聽其離遏,各從

---

① 葉軍后:據《婚簿》載,1872年9月7日,住美色近21歲葉軍后(吧生),與16歲林銀娘成婚。媒妁陳辛娘,男方主婚葉建(堂叔),女方主婚李芬娘(母)。陰曆八月二十日交寅。

② 監光貓汝:亦作監光貓厘,Kampong Bali,吧城地名。

别適。二比花押在簿。存案。

(挨實嗹致書公堂准於 12 月 1 日招標承租牛郎沙里並丹絨園地事)

承挨實嗹和 1873 年 11 月 15 日第 8367 號致書,從公堂和本月 8 日第 144 號所詳。茲經案奪,准公堂於和 12 月 1 日黎壟[1],付人稅丹絨、牛郎沙里之地產。但當先佈諭知各人知悉。

列台閱畢。存案。

(查勘張仕元懇補西壟甲必丹之職事)

承副挨實嗹和 1873 年 11 月 13 日第 5805 號致書公堂,並附張仕元入字,懇補西壟[2]甲必丹以代林溪勝之缺。祈查勘張仕元可當此職否? 速具詳覆。

張仕元住吧入字云:晚聞西壟甲必丹林溪勝有入字辭任。竊晚今移住西壟貿易,是故膽敢懇補其職。倘蒙拔擢,晚自當兢兢効勞,庶幾裨益於公務,以安境內唐人。萬望恩賜,晚不勝翹切之至!

公堂會議:勘得張仕元住洪溪,現時所行良善,其才可堪任西壟甲必丹之職。然他自云,今在吧為掛些哵鈁膜[3],每月辛金 50 盾,並有出稅馬車二頂,餘無別業。將情申詳

---

① 黎壟:馬來語 Lelang,拍賣。源自葡萄牙語 Leilão,拍賣。

② 西壟:亦稱西冷,Serang,地名,位於西爪哇 萬丹西北部。

③ 掛些哵鈁膜:營業稅承包代理人。

副挨實嗹裁奪。

（瑪腰、甲必丹、雷珍蘭、朱葛礁爲本期記錄簽名：馬來文草書）

Tan Tjoentiat（陳濬哲）

Oeij Tjengian（黄清淵）

Tan Konglioe（陳江流）

Lie Tjoe Hong（李子鳳）

Tan Tjiang Lee（陳獎禮）

Ko Setjian（高西川）

Ni Boentjiang（連文清）

Lie Tjoe Tjiang（李子昌）

Han Hoai Djian（韓懷然）

和 1873 年 11 月 24 日，拜乙

公堂設嘧喳嘮。

瑪腰陳濬哲官，仝甲必丹高西川舍、甲必丹連文清官、雷珍蘭韓懷然舍、雷珍蘭陳文炳舍、朱葛礁陳獎禮官俱在座。黄（清淵）甲大、陳（江流）甲大、吳榮輝甲、陳光華甲、李子昌甲、李子鳳甲六位，不到。

（陳亞四懇要應包入柴器具擔保案）

承副挨實嗹和 1873 年 11 月 24 日附一人入字，祈公堂查勘可堪與否？詳覆。

陳亞四住望對面為木匠，援二和人為安呾，懇要應包入柴器具，約價銀肆百盾。

公堂會議：已勘陳亞四援二和人為安呾，懇要應包入柴器具，約價銀四百盾。本堂酌量，陳亞四現時可堪，二和人

本堂不知也。謹詳副挨實嗹裁奪。

(王春魁懇入欠熾昌干刀銀擔保案)

承熾昌干刀附下一口詞,祈公堂查勘可堪與否?詳覆。

王春魁住丹仔望為商,安呾人陳全益住仝上為商,林長生住仝上為地頭主,懇入欠熾昌干刀銀 2000 盾。

公堂會議:已勘王春魁援陳全益、林長生為安呾,懇入欠熾昌銀 2000 盾。本堂酌量,入欠人及安人現時可堪。謹詳熾昌干刀裁奪。

(副挨實嗹致書公堂修理惹致峇汝巷橋路事)

承副挨實嗹和 1873 年 11 月 20 日第 6682 號致書公堂,已閱和本年 3 月 17 日第 149 號所詳。但惹致峇汝巷係屬惹致地[①],其橋路圮壞,合該公堂修顧。故仰公堂立速修理。若修竣,祈即詳覆。

公堂會議:惹致峇汝巷橋路圮壞,副挨實嗹令本堂修理。然此地經付緞吉寧哰承稅[②],從合約字,凡有官吏差役事,稅主[③]合當支理。可將此事達知稅主,使他修理,順將此情申詳副挨實嗹知悉。

(瑪腰、甲必丹、雷珍蘭、朱葛礁爲本期記錄簽名:馬來文草書)

---

① 惹致地:亦作喏致地,Djati,惹致塚地之簡稱,在丹絨塚地之南。該處原為柚木(Djati)產地,故名。

② 承稅:閩南話,承租。

③ 稅主:閩南話,承租人。

Tan Tjoentiat(陳濬哲)　Ko Setjian(高西川)
Ni Boentjiang(連文清)　Han Hoai Djian(韓懷然)
Tan Boen Peng(陳文炳)　Tan Tjiang Lee(陳獎禮)

和1873年11月27日,拜四

公堂設嚒喳嘮。

瑪腰陳濬哲官,仝甲必丹高西川舍、甲必丹黃清淵舍、甲必丹連文清官、雷珍蘭陳光華官、雷珍蘭李子昌舍、雷珍蘭韓懷然舍、雷珍蘭陳文炳舍、朱葛礁陳獎禮官俱在座。陳(江流)甲大、吳榮輝甲、李子鳳甲三位,不到。

(高梓盛懇要應入嗎粦那干刀所用之物件擔保案)

承副挨實嗹和1873年11月26日附一人入字,祈公堂查勘可堪與否?詳覆。

高梓盛住鑒光美色近為商,安呾人黃標輝、黃我仝住小南門為商,懇要應入嗎粦那干刀所用之物件,約每年價銀11000盾。

公堂會議:已勘高梓盛援黃標輝、黃我為安呾,懇要應入嗎粦那干刀所用之物件,全年價銀11000盾。本堂酌量,現時可堪。謹詳副挨實嗹裁奪。

(何三娘、蔡宗順求離一案)

據公勃低高(西川)、陳(文炳)詳。

何三娘年30歲，住五腳橋，請伊夫蔡宗順："為交寅十三年，生一男名內興，年12歲。因拙夫向氏云，我現無利路，厝稅[1]每月五盾不能支還。爾可暫寓爾表兄之厝，俟我有利路，稅鑒光[2]厝招爾同居。氏無奈聽從，而拙夫自與家姑同住。約有兩個月之久，並無消息，又無給費。氏親往問之，拙夫變色曰，莫言我不能稅厝，縱或能之，我亦不願稅，任爾自便，我不與知。自新正[3]以來，音問俱絕。氏難度日，慘苦難堪。惟乞分離。"

召訊蔡宗順年33歲，住八茶罐，供云："晚現貧無利路，一身不能自保，仰母給食，何以為養妻？況拙妻不能安貧，逐日較鬧，不能和睦，終無了時。況晚原係壟人[4]在吧，既無利路，今欲歸壟，不復旋吧矣。既欲分離，晚固願從。"

台百般勸諭，夫妻強執不肯合。將情申詳公堂大嗻內裁奪。

覆訊何三娘、蔡宗順夫婦，供如公勃低所詳。

公堂會議：論何三娘、蔡宗順求離一案。細察夫妻之供詞，各相絕情，且其夫原係壟人，自云在吧無利路，不能畜妻子。今欲回壟，不復旋吧。其妻又不願相從，不得不離。於是，本堂聽其分離，其子判歸其父。二比甘願，各花押在簿。存案。

---

① 厝稅：閩南話，房租。

② 鑒光：亦作鑒光、監江、甘光，馬來語 Kampong 音譯，意爲村莊、居民區。

③ 新正：中國農曆新年正月初一日、新年正月。

④ 壟人：三寶壟(Semarang)人之簡稱。

（瑪腰、甲必丹、雷珍蘭、朱葛礁爲本期記錄簽名：馬來文草書）

Tan Tjoentiat（陳濬哲）

Oeij Tjengian（黄清淵）

Tan Konghoa（陳光華）

Han Hoai Djian（韓懷然）

Tan Tjiang Lee（陳獎禮）

Ko Setjian（高西川）

Ni Boentjiang（連文清）

Lie Tjoe Tjiang（李子昌）

Tan Boen Peng（陳文炳）

和 1873 年 11 月 29 日，拜六

公堂設嘮喳嘮。

瑪腰陳濬哲官，仝甲必丹高西川舍、甲必丹黄清淵舍、甲必丹連文清官、雷珍蘭陳光華官、雷珍蘭李子昌舍、雷珍蘭韓懷然舍、朱葛礁陳獎禮官俱在座。陳（江流）甲大、吳榮輝甲、李子鳳甲、陳文炳甲四位，不到。

（陳悌元要安吧阮文和應贌牛傌仔擔保案）

承副挨實嗹和 1873 年 11 月 28 日附一口詞，祈公堂查勘可堪與否？詳覆。

陳悌元住觀音亭[①]為土庫茄實，要安吧井里汶[②]人阮文和在汶欲應贌牛傌仔[③]，約全年銀 12000 盾。

公堂會議：已勘陳悌元要安吧阮文和應贌牛傌仔，每年

① 觀音亭：Klenteng，地名，指位於吧城城内觀音亭廟附近地段。

② 井里汶：簡稱“汶”，Cirebon，地名，在今印度尼西亞爪哇島北岸。

③ 傌仔：亦作傌餉、馬餉、餉傌、餉，馬來語 Béa，稅收，源於梵文。

12000 盾。本堂酌量，現時可堪。謹詳副挨實嗹裁奪。

（瑪腰、甲必丹、雷珍蘭、朱葛礁爲本期記錄簽名：馬來文草書）

Tan Tjoentiat（陳濬哲）　　Ko Setjian（高西川）

Oeij Tjengian（黄清淵）　　Ni Boentjiang（連文清）

Tan Konghoa（陳光華）　　Lie Tjoe Tjiang（李子昌）

Han Hoai Djian（韓懷然）　　Tan Tjiang Lee（陳獎禮）

和 1873 年 12 月 1 日，拜乙

瑪腰陳濬哲官，仝甲必丹高西川舍、甲必丹黄清淵舍、甲必丹連文清官、雷珍蘭陳光華官、雷珍蘭李子昌舍、雷珍蘭李子鳳舍、雷珍蘭韓懷然舍、雷珍蘭陳文炳舍、朱葛礁陳獎禮官俱在座。陳（江流）甲大、吳榮輝甲二位，不到。梁礁緞吉寧在座。

（公堂招标拍卖丹絨、式里陂田園及牛郎沙里塚地内草流並椰欉取息）

公堂發叫黎壟，付人承稅和 1874 年、1875 年、1876 年丹絨、式里陂田園取息，及牛郎沙里塚地内草流並椰欉取息。

即叫丹絨、式里陂二地田取息，承應人邱思珍，全年價銀貳仟零伍拾盾；安呾人：邱枝頭並陳泰山。

即叫丹絨、式里陂二地園取息，承應人邱思珍，全年價

銀三佰盾；安呾人：邱枝頭並陳泰山。

即叫惹致地田園取息，承應人緞吉寧哖，全年價銀伍佰乙拾五盾；安呾人：番西逸亞雷亞達氏並盒到吣蠻答仁。

即叫牛郎沙里塚地內草流及椰欉取息，承應人陳豹，全年價銀捌佰乙拾五盾；安呾人：陳瑞梧並陳旺。

公堂會議：今黎壟已畢。即勘其承應人及安呾人，俱各妥當。宜即申詳與挨實嗹知情，冀賜案奪，方可押號其合約字。存案。

（劉金水懇要應賥豬傌仔擔保案）

承副挨實嗹和 1873 年 11 月 27 日附一人入字，祈公堂查勘可堪與否？詳覆。

劉金水住觀音亭販魚，援林水賢、王庸壽為安呾。懇要應賥豬傌仔。

公堂會議：已勘劉金水援林水賢、王庸壽為安呾，懇要應賥豬傌仔。本堂酌量，承應人及安呾人，現時不足擔戴。謹詳副挨實嗹裁奪。

（瑪腰、甲必丹、雷珍蘭、朱葛礁爲本期記錄簽名：馬來文草書）

Tan Tjoentiat（陳濬哲）　Ko Setjian（高西川）

Oeij Tjengian（黃清淵）　Ni Boentjiang（連文清）

Tan Konghoa（陳光華）　Lie Tjoe Tjiang（李子昌）

Lie Tjoe Hong（李子鳳）　Han Hoai Djian（韓懷然）

Tan Boen Peng（陳文炳）　Tan Tjiang Lee（陳獎禮）

和1873年12月12日,拜五

公堂設嘧喳嘮。

瑪腰陳濬哲官,仝甲必丹高西川舍、甲必丹黄清淵舍、甲必丹連文清官、甲必丹陳江流官、雷珍蘭吴榮輝官、雷珍蘭李子昌舍、雷珍蘭李子鳳舍、雷珍蘭韓懷然舍、雷珍蘭陳文炳舍、朱葛礁陳奬禮官俱在座。陳光華甲一位,不到。

(實叻人林振宇欲承贌物理洞亞片傌仔擔保案)

承副挨實嗹和1873年12月11日第6286號致書,因有實叻[①]人林振宇要承贌物理洞[②]亞片傌仔,全年價銀110000盾,援吧人林斗並林裕綽為安呾。祈公堂查勘詳覆。

公堂會議:已勘林斗及林裕綽要安呾叻人林振宇欲承應物理洞亞片贌,全年價銀110000盾。本堂酌量,林斗現時可堪。據林裕綽自云,在吧生理[③]與林振宇合夥,以此不足。至於林振宇,叻人,本堂不知也。謹詳副挨實嗹裁奪。

---

① 實叻:亦作實力、石叻、叻,新加坡古名,馬來語Selat音譯,原意爲"海峽"。

② 物理洞:Belitung,勿裏洞島,以錫礦業聞名。位於南海與爪哇海之間,婆羅洲西南、邦加島以東。

③ 生理:閩南話,生意、買賣。

（吳章興、江明娘夫婦求離一案）

據公勃低連（文清）、李（子鳳）詳。

江明娘年19歲，住觀音亭，請伊夫吳章興[1]："為交寅一年，未有產育。因大姑怨妬，氏夫妻在房常被窺覘，甚至氏與拙夫交語，他亦忿恨。氏之進退，俱被誹嫌。以此告歸母家，而拙夫不一存問，亦無給費。氏臨行之時，夫曰爾此去吾即離之。氏一身全家不能相容，惟乞早離。"

召訊吳章興年24歲，住芝寧貞[2]，供云："拙妻驕悍怠惰，日上三竿方纔睡起，待食便饌，不肯做作，常與家母迕逆不孝，稍嫌則以口角相敵，舉動顛倒，絕無婦道，故一家不能和睦。今既欲離，固所願也。"

台觀夫妻不能相容，不得強合。將情申詳公堂大嚹內裁奪。

覆訊江明娘、吳章興夫婦，供如公勃低所詳。

公堂會議：論吳章興、江明娘夫婦求離一案。婦既不孝姑嫜[3]，例當離之。況夫妻各已絕情，全家不能相容，勢難復合。於是，本堂判其離異。二比甘願，各花押在簿。存案。

---

① 吳章興：據《婚簿》載，1872年12月13日，住芝令精22歲吳章興（吧生），與18歲江明娘成婚。媒妁薛七娘，男方主婚吳合成（父），女方主婚江水生（父）。陰曆十一月十五日交寅。

② 芝寧貞：亦作質寧貞、職寧貞，Cilincing，吧城地名。位於現雅加達北區。

③ 姑嫜：中國古代稱丈夫的母親和父親。

（瑪腰、甲必丹、雷珍蘭、朱葛礁爲本期記錄簽名：馬來文草書）

Tan Tjoentiat（陳濬哲）
Oeij Tjengian（黃清淵）
Tan Konglioe（陳江流）
Lie Tjoe Tjiang（李子昌）
Han Hoai Djian（韓懷然）
Tan Tjiang Lee（陳獎禮）
Ko Setjian（高西川）
Ni Boentjiang（連文清）
Gouw Eng Hoei（吳榮輝）
Lie Tjoe Hong（李子鳳）
Tan Boen Peng（陳文炳）

和1873年12月15日，拜乙

公堂設嘧喳嘮。

瑪腰陳濬哲官，仝甲必丹高西川舍、甲必丹連文清官、甲必丹陳江流官、雷珍蘭吳榮輝官、雷珍蘭陳光華官、雷珍蘭李子昌舍、雷珍蘭李子鳳舍、雷珍蘭韓懷然舍、雷珍蘭陳文炳舍、朱葛礁陳獎禮官俱在座。黃（清淵）甲大乙位，不到。

（潘獅、陳邦順懇入欠熾昌干刀銀擔保案）

承熾昌干刀附下二口詞，祈公堂查勘可堪與否？詳覆。

潘獅住小南門為商，安咀人茂物人潘景煥、潘景輝，懇入欠熾昌干刀銀2000盾。

陳邦順住公司後[①]為商，安咀人余坤住亭仔腳[②]為商，余秦

① 公司後：Belakang Kongsi，地名，吧城華人居住區之一。
② 亭仔腳：Pasar Glap，亦稱暗把殺（夜市），吧城地名。

住甕菜河為小生理，懇入欠熾昌干刀銀 4000 盾。

公堂會議：已勘潘獅援潘景煥、潘景輝為安咀，懇入欠熾昌干刀銀 2000 盾；陳邦順援余坤、余秦為安咀，懇入欠熾昌干刀銀 4000 盾。本堂酌量，潘獅現時可堪，其安咀茂物人，本堂不知也。陳邦順及余坤前倒生理[①]，今始欲再興商，未知其實。余秦惟做小生理，以此三人不堪擔戴。謹詳熾昌干刀裁奪。

（黃庚娘、張漏秀夫婦求離一案）

據公勃低連（文清）、李（子鳳）詳。

黃庚娘年 24 歲，住觀音亭，請伊夫張漏秀[②]："為交寅八載，生下一男一女。男名亞宗，年七歲；女名宇力，年四歲。氏因向夫討刀仔[③]，無故被夫怒打，碎破衫仔。繼之趕逐，毒罵萬端，誣氏竊取其項，使氏愧恥，無以自容。如此絕情，伏乞分離。"

召訊張漏秀年 38 歲，住干冬圩，供云："拙妻不守閨戒，不順婦道，時時與淫邪之婦同遊鑒光。禁之不聽，反起爭端。晚時或落城[④]買茶回來，常見家門輕閉，拙妻不知何往？如此之行，已經屢屢三個月。前拙妻粉黛梳妝，意欲外遊，晚

---

① 倒生理：閩南話，生意失敗或破產。

② 張漏秀：據《婚簿》載，1866 年 4 月 18 日，住小南門 36 歲張漏秀，與 17 歲黃庚娘成婚。媒妁王曲娘，男方主婚張鼎揚（宗叔），女方主婚黃西斗（父）。陰曆三月二十二日交寅。獻案奪字 1846 年 4 月 23 日第 1389 號准居吧。

③ 刀仔：，閩南話，小刀。

④ 落城：閩南話，進城、入城。

挽衣勸止,他強然力行,其衣被門釘礙破,非晚折破矣。且因小事,即搬物落城,強迫欲離,已經數次。遇此惡婦,不勝愧恥,早離為幸。"

台勸夫婦再歸和好。礙二比強執欲離。將情申詳公堂大嗒內裁奪。

覆訊張漏秀,供云:"拙妻放蕩不羈,常往屠戶張聯遠之家,内中必有私情。若再合,恐置毒藥。惟祈判離。"

公堂會議:論黃庚娘、張漏壽[1]夫婦求離一案。據庚娘所供,被夫誣竊項為辱,堅不相從。況漏壽疑妻有外私,各揚短醜,勢難撮合。於是,本堂判其分離,其子判歸父,其女暫依母,養待至七歲,然後歸父。漏壽每月當給三盾為養費。二比甘願,各花押在簿。存案。

(瑪腰、甲必丹、雷珍蘭、朱葛礁爲本期記錄簽名:馬來文草書)

Tan Tjoentiat(陳濬哲)

Ni Boentjiang(連文清)

Gouw Eng Hoei (吳榮輝)

Lie Tjoe Tjiang(李子昌)

Han Hoai Djian(韓懷然)

Tan Tjiang Lee(陳獎禮)

Ko Setjian(高西川)

Tan Konglioe(陳江流)

Tan Konghoa(陳光華)

Lie Tjoe Hong(李子鳳)

Tan Boen Peng(陳文炳)

---

① 張漏壽:原檔如此。在閩南話中,"壽"與"秀"同音。

和 1873 年 12 月 18 日，拜四

公堂設嘧嗒嘮。

瑪腰陳濬哲官，仝甲必丹高西川舍、甲必丹黃清淵舍、甲必丹連文清官、甲必丹陳江流官、雷珍蘭吳榮輝官、雷珍蘭陳光華官、雷珍蘭李子昌舍、雷珍蘭李子鳳舍、雷珍蘭韓懷然舍、雷珍蘭陳文炳舍、朱葛礁陳奬禮官俱在座。

(張聰觀懇要應包入牛瓏厝料什物擔保案)

承挨實嗹和 1873 年 12 月□日附壹人入字，祈公堂查勘可堪與否？詳覆。

張聰觀住臭橋為木匠貓氏[①]，安呾人梁漢和住大南門為商，陳英傑住洪溪為商，懇要應包入申哖干刀牛瓏[②]厝料，及干冬圩牛瓏什物，全年約價銀 17500 盾。

公堂會議：已勘張聰觀援梁漢和、陳英傑為安呾，懇要應包入申哖干刀牛瓏厝料，及干冬圩牛瓏什物，全年約價銀 17500 盾。本堂酌量，承應人及安呾人，現時可堪。謹詳挨實嗹裁奪。

（瑪腰、甲必丹、雷珍蘭、朱葛礁爲本期記錄簽名：馬來文草書）

Tan Tjoentiat（陳濬哲）　　Ko Setjian（高西川）

---

① 貓氏：亦作"峇氏"，荷蘭語 Baas 音譯，頭人，工頭。

② 牛瓏：馬來语 Gudang，倉庫。

Oeij Tjengian(黃清淵)　　Ni Boentjiang(連文清)
Tan Konglioe(陳江流)　　Gouw Eng Hoei (吳榮輝)
Tan Konghoa(陳光華)　　Lie Tjoe Tjiang(李子昌)
Lie Tjoe Hong(李子鳳)　　Han Hoai Djian(韓懷然)
Tan Boen Peng(陳文炳)　　Tan Tjiang Lee(陳奬禮)

和 1873 年 12 月 22 日,拜乙

公堂設嘧喳嘮。

瑪腰陳濬哲官,仝甲必丹高西川舍、甲必丹黃清淵舍、甲必丹連文清官、雷珍蘭吳榮輝官、雷珍蘭韓懷然舍、朱葛礁陳奬禮官俱在座。陳(江流)甲大、陳光華甲、李子昌甲、李子鳳甲、陳文炳甲五位,不到。

(查勘黃再生、湯如素、李伯達三位擔保人資格案)

承副挨實嗹和 1873 年 12 月 22 日附二人入字,祈公堂查勘可堪與否? 詳覆。

黃再生住珍為商,要安呾 200000 盾。

湯如素甲住鑒光毛吰甲為商,李伯達甲住中港仔為唐美色甘室,同要安呾 200000 盾。

公堂會議:已勘黃再生要安呾 200000 盾,湯如素甲、李伯達甲要安呾 200000 盾。本堂酌量,黃再生、湯如素甲,現時俱各可堪。惟李伯達甲不足擔戴。謹詳副挨實嗹裁奪。

（瑪腰、甲必丹、雷珍蘭、朱葛礁爲本期記錄簽名：馬來文草書）

Tan Tjoentiat（陳濬哲） Ko Setjian（高西川）
Oeij Tjengian（黄清淵） Ni Boentjiang（連文清）
Gouw Eng Hoei（吳榮輝） Han Hoai Djian（韓懷然）
Tan Tjiang Lee（陳獎禮）

和 1873 年 12 月 23 日，拜二

公堂設嘧喳嘮。

瑪腰陳濬哲官，仝甲必丹高西川舍、雷珍蘭李子昌舍、雷珍蘭李子鳳舍、雷珍蘭韓懷然舍、朱葛礁陳獎禮官俱在座。黄（清淵）甲大、連（文清）甲大、陳（江流）甲大、吳榮輝甲、陳光華甲、陳文炳甲六位，不到。

（陳深郎懇要應包入石蛋仔擔保案）

承副挨實嗹和 1873 年 12 月 23 日附一人入字，祈公堂查勘可堪與否？詳覆。

陳深郎住八廚沃干為商，安呾人連益章住洪溪為商，陳強增住五腳橋為商，懇要應包入石蛋仔①，全年約價銀 9000 盾，二年為限。

公堂會議：已勘陳深郎援連益章、陳強增為安呾，懇要應包入石蛋仔，全年約價銀 9000 盾，二年為限。本堂酌量，

① 石蛋仔：閩南話，小鵝卵石。

承應人及安咀人，現時可堪。謹詳副挨實嗹裁奪。

（瑪腰、甲必丹、雷珍蘭、朱葛礁爲本期記錄簽名：馬來文草書）

Tan Tjoentiat（陳濬哲）	Ko Setjian（高西川）
Lie Tjoe Tjiang（李子昌）	Lie Tjoe Hong（李子鳳）
Han Hoai Djian（韓懷然）	Tan Tjiang Lee（陳獎禮）

和 1873 年 12 月 30 日，拜二

公堂設嘧喳嘮。

瑪腰陳濬哲官，仝甲必丹高西川舍、甲必丹黃清淵舍、甲必丹連文清官、雷珍蘭吳榮輝官、雷珍蘭李子昌舍、雷珍蘭李子鳳舍、雷珍蘭韓懷然舍、雷珍蘭陳文炳舍、朱葛礁陳獎禮官俱在座。陳（江流）甲大、陳光華甲二位，不到。

（挨實嗹致書公堂祈推薦妥當者一人以補西甕甲必丹之職事）

承大挨實嗹和 1873 年 12 月 19 日第 9103 號致書公堂，為張仕元所懇要補西甕甲必丹之職，而西甕挨實嗹嫌未得妥。祈公堂推薦妥當者一人。

公堂會議：已經徧訪在吧城堪任西甕甲必丹職者，無一人要承是任矣。將情申詳大挨實嗹裁奪。

（續：唐美色甘致書懇查勘林泰山遺業之虛實）

承唐美色甘和1873年12月18八日第5210號又2467號致書,追查和8月23日第1434號又1709號,為林文琛、林碧生掛些林光垂、林光漏、林光前領業事,及諸證人。祈公堂再勘詳覆。

列台閱畢,議曰:此事前已逐一細勘,仍從和10月14日第597號本堂所詳是也。耑此申詳唐美色甘裁奪。

(楊水生、張桂娘夫婦求離一案)

據公勃低高(西川)、陳(文炳)詳。

張桂娘年23歲,住冬基,請伊夫楊水生:"為交寅六年,生下二男,長名永順,年六歲;次名永全,年二歲。因拙夫未嘗回家,不顧家用,氏無奈棲身於大姊之家,甚至賤體有恙,着人通知拙夫,亦不臨顧。至今月餘,竟絕音跡。如此絕情,伏乞判離。"

召訊楊水生年27歲,住幹質巷,供云:"晚販魚為業。近日從漁出海,宿有四夜。及至回家,拙妻竟不告而投伊姊家,喚之不回,故無給費。妻言身病,晚並無聞知,乃拙妻素懷異志,屢次生端。既欲分離,晚固願從。"

台勸夫婦無甚大故,不若重整琴瑟。礙二比堅執不從。將情申詳公堂大嗒內裁奪。

覆訊楊水生,供云:"家母之金器被拙妻收去,如金器已還,晚則願離之。"

覆訊張桂娘,供云:"物與家姊典當以為費用。但懇即離,願將金器繳還。

公堂會議:論楊水生、張桂娘夫婦求離一案。審二比之供詞，各已絕情。其夫但知欲討金器，立願離之；其妻亦願繳還，惟懇速決，可見其不能復合。於是，本堂聽其離遏，其二子今已從父，順從其便。二比甘願，各花押在簿。存案。

（瑪腰、甲必丹、雷珍蘭、朱葛礁爲本期記錄簽名：馬來文草書）

Tan Tjoentiat（陳濬哲）
Oeij Tjengian（黃清淵）
Gouw Eng Hoei（吳榮輝）
Lie Tjoe Hong（李子鳳）
Tan Boen Peng（陳文炳）
Ko Setjian（高西川）
Ni Boentjiang（連文清）
Lie Tjoe Tjiang（李子昌）
Han Hoai Djian（韓懷然）
Tan Tjiang Lee（陳獎禮）

和1874年1月13日，拜三

公堂設嘧嗜嘮。

瑪腰陳濬哲官，仝甲必丹高西川舍、甲必丹連文清官、甲必丹陳江流官、雷珍蘭陳光華官、雷珍蘭李子昌舍、雷珍蘭韓懷然舍、雷珍蘭陳文炳舍、朱葛礁陳獎禮官俱在座。黃（清淵）甲大、吳榮輝甲、李子鳳甲三位，不到。

（朱先福、張聰觀懇包入大商干刀家器擔保案）

承挨實嗹和1874年1月10日附二人入字，祈公堂查勘可堪與否？詳覆。

一、朱先福住大南門開桶店，安咀人李泉瑞住仝上為商，黃亞八住珍為木匠，懇包入大商[1]干刀家器，約價銀 3000 餘盾。

二、張聰觀住臭橋為木匠，安呾人梁漢和住大南門為商，陳英傑住洪溪為商，懇應仝上。

公堂會議：一、已勘朱先福援李泉瑞、黃亞八為安呾。二、張聰觀援梁漢和、陳英傑為安呾，俱懇包入大商干刀家器，約價銀 3000 餘盾。本堂酌量，承應人及安呾人俱各可堪。謹詳挨實嗹裁奪。

(番盒到嘮民毛蚶末入字公堂懇在鐵門 牛郎沙里要築厝立壁地基事)

據番盒到嘮民毛蚶末入字於公堂云，懇在鐵門 牛郎沙里要築厝立壁地基，伏祈恩准。

列台閱畢，議曰：番盒到嘮民毛蚶末所懇，在鐵門 牛郎沙里要築厝立壁地基[2]，既無傷礙，合當准懇，但創厝須自知其例而行。又若公堂要用此地者，其厝立當折(拆)起，所費[3]彼自支理。存案。

(瑪腰、甲必丹、雷珍蘭、朱葛礁爲本期記錄簽名：馬來文草書)

Tan Tjoentiat(陳濬哲)	Ko Setjian(高西川)
Ni Boentjiang(連文清)	Tan Konglioe(陳江流)
Tan Konghoa(陳光華)	Lie Tjoe Tjiang(李子昌)

---

① 大商：亦作“大雙”，是“大雙柄”(亦作“大相柄”)的簡稱，Raad Van Indië, Council of the Indies，荷属东印度評議院。

② 壁地基：閩南話，房屋磚牆地基。

③ 所費：閩南話，費用、花費。

Han Hoai Djian(韓懷然)　　Tan Boen Peng(陳文炳)
Tan Tjiang Lee(陳獎禮)

和 1874 年 1 月 14 日,拜三

公堂設嘧喳嘮。

瑪腰陳濬哲官,仝甲必丹陳江流官、雷珍蘭吳榮輝官、雷珍蘭陳光華官、雷珍蘭李子昌舍、雷珍蘭李子鳳舍、雷珍蘭韓懷然舍、雷珍蘭陳文炳舍、朱葛礁陳獎禮官俱在座。高(西川)甲大、黃(清淵)甲大、連(文清)甲大三位,不到。

(查勘連絲娘欲擔保伊夫林啓雲掌酒甕事)

承挨實嗹和 1874 年 1 月 13 日第 270 號又 43 號致書公堂,為連絲娘要安呾伊夫林啓雲掌酒甕[①] 25000 盾。祈公堂查勘可堪與否? 詳覆。

公堂會議:已勘連絲娘欲安呾伊夫林啓雲掌酒甕銀 25000 盾。查連絲娘自有厝宅並有現項放利息,又有酒甕,即令林啓雲料理。本堂酌量,現時可堪。謹詳挨實嗹裁奪。

(李白兎、黃枝娘求離一案)

據公勃低黃(清淵)、韓(懷然)詳。

---

① 酒甕:閩南話,釀酒作坊。

李白兎[1]年 20 歲，住蕉仔街[2]，請伊妻黃枝娘："為交寅三年，並無產育。因拙妻所行不端，常竊取雷項[3]，與家姊不睦。自歸伊父家，邀之不回。拙妻既不守廉介，晚願即離之。"

召訊黃枝娘年 22 歲，住西門，供云："氏無故被大姑誣竊其項，加之毆撻，故不敢與同居。拙夫若另稅厝，氏則願從。不然，惟願離之。"以訊李白兎，供云："不願稅厝，特懇離之。"將情申詳公堂大嘧內裁奪。

覆訊李白兎，供云："因拙妻常欲盜項，所行已虧。晚堅意欲離之。"

覆訊黃枝娘，供云："氏無故常被大姑撻楚，且氏與家父被拙夫隔絕，不許相見。既受怨於大姑，又不合於丈夫。氏不勝慘苦，乞望分離。"

公堂會議：論李白兎、黃枝娘求離一案。據白兎嫌伊妻常行竊項，堅意不肯再合；而枝娘既受大姑酷楚，又被丈夫阻絕父女之情，進退無以自容，情屬可憐。於是，本堂判其離逷。二比甘願，各花押在簿。存案。

（賴禎祥、柯森娘求離一案）

據公勃低連（文清）、李（子鳳）詳。

---

① 李白兎：據《婚簿》載，1871 年 8 月 5 日，住蕉仔街 18 歲李白兎（吧生），與 19 歲黃枝娘成婚。媒妁湯吉娘，男方主婚李子招（宗兄），女方主婚黃泉（父）。陰曆七月十二日交寅。

② 蕉仔街：Pasar Pisang，吧城地名。

③ 雷項：指錢款。雷，同"鐳"，泛指錢款。

柯森娘年 23 歲，住八茶磘，請伊夫賴禎祥[1]。為交寅四年，生下二女，長名俊娘，年四歲；次名周娘，年一歲。供云："拙夫現無利路，阿翁不肯盼顧，氏孤身被妯娌及小姑逐日欺侮，一家不能相容。氏進退受苦，惟望離之。"

召訊賴禎祥年 25 歲，供云："拙妻因與大嫂及小妹不睦，自歸岳母家，招之不回。拙妻不能安分，晚現無利路。若從妻外居，何以為生活？況娶妻欲為父母之養，今既不肯回，不如離之。"

台勸森娘忍耐安分，仍歸同聚。礙森娘堅執不從，將情申詳公堂大嗒內裁奪。

覆訊柯森娘，供云："氏竟被阿翁逐出，拙夫又不給費，現無利路，氏難自存活。惟乞分離。"

覆訊賴禎祥，供云："拙妻性悍不孝，無法可治。況晚無利路，難以給養，願即離之。"

公堂會議：論賴禎祥、柯森娘求離一案。據森娘供云，被阿翁逐出，已明其不孝。況禎祥現無利路，自云不能給養，勢難強合。因是，本堂聽其離遏，二女暫依母養，待至七歲則當歸父。二比甘願，各花押在簿。存案。

（瑪腰、甲必丹、雷珍蘭、朱葛礁爲本期記錄簽名：馬來文草書）

Tan Tjoentiat（陳濬哲）　　Tan Konglioe（陳江流）

Gouw Eng Hoei（吳榮輝）　　Tan Konghoa（陳光華）

---

① 賴禎祥：據《婚簿》載，1869 年 10 月 13 日，21 歲賴楨祥與 19 歲柯森娘成婚。媒妁蔡勤娘，男方主婚賴沉香（父），女方主婚林東娘（母）。陰曆九月十四日交寅。默氏張意誠來單云係吧生。

Lie Tjoe Tjiang(李子昌)　　Lie Tjoe Hong(李子鳳)
Han Hoai Djian(韓懷然)　　Tan Boen Peng(陳文炳)
Tan Tjiang Lee(陳獎禮)

和1874年1月27日,拜二

公堂設嗹喳嘮。

瑪腰陳濬哲官,仝甲必丹高西川舍、甲必丹黃清淵舍、雷珍蘭吳榮輝官、雷珍蘭陳光華官、雷珍蘭李子昌舍、雷珍蘭韓懷然舍、朱葛礁陳獎禮官俱在座。連(文清)甲大、陳(江流)甲大、李子鳳甲、陳文炳甲四位,不到。

(義學師高大雅、蔣清懷入稟告義學放暇生徒事)

具稟人晚生高大雅、蔣清懷,為虔告義學放暇生徒事。切雅等叨蒙公堂列憲不棄魯劣,恩准在院掌教,福蔭無疆,協力竭愚,各盡厥職。際此歲晚務閒之時,送臘迎春之候,擇於十二月十二日撤館。未敢擅便,理合稟呈。伏乞鈞鑒,不盡瞻仰。

列台閱畢,議曰:際此年終歲暮,正生徒放暇之時也。義學師入稟告於十二月十二日撤館,宜聽其便。順開公堂櫃項,給發下半冬之束金銀陸佰盾正。存案。

(西門默氏陳吉泉其妻身故懇蔭地風水以為後來合葬之墳事)

具稟人晚生陳吉泉,為懇蔭地風水事。切晚現任西門內默事,於今四年,不幸拙荊楊益娘謝世。晚家貧,葬事難持。膽乞公堂列憲憐賜風水地一穴,闊12距、長24距以為後來合葬之域。生死均感!

列台閱畢,議曰:陳吉泉現任西門社默,其妻身故,懇蔭地風水以為後來合葬之墳。本堂原有此例,合當准懇。此事因急迫不待設嘧[1],本月23日先寫簿付列台押號,准其所懇。批照。

(瑪腰、甲必丹、雷珍蘭、朱葛礁爲本期記錄簽名:馬來文草書)

Tan Tjoentiat(陳濬哲) Ko Setjian(高西川)
Oeij Tjengian(黃清淵) Gouw Eng Hoei (吳榮輝)
Tan Konghoa(陳光華) Lie Tjoe Tjiang(李子昌)
Han Hoai Djian(韓懷然) Tan Tjiang Lee(陳奬禮)

和1874年2月6日,即唐癸酉十二月二十日,拜五

公堂封印大吉

風調雨順,國泰民安。

瑪腰陳濬哲官,仝甲必丹高西川舍、甲必丹黃清淵舍、甲必丹連文清官、甲必丹陳江流官、雷珍蘭吳榮輝官、雷珍蘭陳光華官、雷珍蘭李子昌舍、雷珍蘭李子鳳舍、雷珍蘭韓

① 設嘧:設嘧喳嘮之簡稱。

懷然舍、朱葛礁陳玉長官、陳獎禮官俱在座。陳文炳甲一位,不到。

其有諸例,悉皆依舊而行。

(公勃低吳榮輝、陳光華繳入和 1873 年公堂櫃項出入全年結冊)

據應值公勃低吳(榮輝)、陳(光華)繳入和 1873 年公堂櫃項出入,1 月 1 日起 12 月終止,全年結冊。

列台閱畢議,即傳和字[①],呈上挨實嗹電鑒。

承和 1872 年 12 月終結,存現銀三萬捌仟七佰肆拾七盾捌方[②] 9.5 占[③]。

錄和 1873 年全年兌式里陂地風水條目

3 月 8 日,兌陳福娘壹穴,闊 12 距、長 24 距,收來銀 67.7 盾。10 日,兌魏長水壹穴,闊長仝上,收來銀 67.7 盾。18 日,兌林亞四壹穴,闊長仝上,收來銀 67.7 盾。22 日,收陳炳耀對韓懷仁甲之地壹穴,闊長仝上,收來銀 67.7 盾。25 日,兌蔡圓官壹穴,闊長仝上,收來銀 67.7 盾。

4 月 2 日,兌高梓盛壹穴,闊長仝上,收來銀 67.7 盾。8 日,兌施天送壹穴,闊長仝上,收來銀 67.7 盾。

5 月 3 日,兌林若山壹穴,闊長仝上,收來銀 67.7 盾。

---

① 傳和字:閩南話,翻譯成荷蘭文字。

② 方:亦作"鈁",荷蘭語 Stuiver、馬來語 kupang 簡略音譯,指荷蘭小額輔幣,也泛指金錢。

③ 占:貨幣單位,分,源自荷蘭語 Cent。閩南話稱一分錢為"一占錢"、"一占"。

26 日，兌薛啓雲壹穴，闊長仝上，收來銀 67.7 盾。27 日，兌陳三奇壹穴，闊長仝上，收來銀 67.7 盾。

6 月 24 日，兌張體仁壹穴，闊長仝上，收來銀 67.7 盾。25 日，兌徐添花壹穴，闊長仝上，收來銀 67.7 盾。26 日，兌許清波甲壹穴，闊長仝上，收來銀 67.7 盾。28 日，兌林啓川壹穴，闊長仝上，收來銀 67.7 盾。

7 月 19 日，兌林和成壹穴，闊長仝上，收來銀 67.7 盾。28 日，兌陳茂官壹穴，闊長仝上，收來銀 67.7 盾。29 日，兌余亞熕壹穴，闊長仝上，收來銀 67.7 盾。30 日，兌王深官壹穴，闊長仝上，收來銀 67.7 盾。

8 月 1 日，兌陳強增壹穴，闊長仝上，收來銀 67.7 盾；又兌潘賓娘壹穴，闊長仝上，收來銀 67.7 盾。

9 月 1 日，兌蔡水生壹穴，闊長仝上，收來銀 67.7 盾。6 日，兌李雙裕壹穴，闊長仝上，收來銀 67.7 盾。

11 月 6 日，兌謝存義壹穴，闊長仝上，收來銀 67.7 盾。12 日，兌陳英傑壹穴，闊長仝上，收來銀 67.7 盾。13 日，兌鄭佐官壹穴，闊長仝上，收來銀 67.7 盾。26 日，兌吳宏基壹穴，闊長仝上，收來銀 67.7 盾；又兌蔡連好壹穴，闊長仝上，收來銀 67.7 盾。29 日，兌吳唇官壹穴，闊長仝上，收來銀 67.7 盾。

補 10 月 1 日，兌黃九娘壹穴，闊長仝上，收來銀 67.7 盾；又 3 日，兌陳吉娘壹穴，闊長仝上，收來銀 67.7 盾。

計 30 條，共收來銀貳仟零三拾壹盾正。

錄和 1873 年全年收園稅取息及利息條目

1 月 1 日，高瓊瑤甲還和 1872 年 7 月 1 日起至 12 月終止，從和 1866 年 10 月 22 日坐欠字[1]所陳，來利息銀 1500 盾。31 日，陳豹舍還和 1872 年 7 月 1 日起至 12 月終止牛郎沙里草流、椰欉取息，來銀 810 盾；又邱思珍還和 1972 年 7 月 1 日起至 12 月終止丹絨、式里陂園稅取息，來銀 1220 盾。

5 月 8 日，緞吉寧吽還惹致地稅[2]和 1873 年 1 月份起 6 月份終止，來銀 345 盾。

7 月 1 日，陳豹舍還和 1873 年 1 月份起 6 月份終止，牛郎沙里草流、椰欉取息，來銀 810 盾。

8 月 1 日，嫛哮里嗎還和 1973 年 1 月 1 日起至 7 月終止計七個月，來利息銀 105 盾。又當地頭銀 3000 盾，抨還來母銀 1500 盾。

8 月 25 日，高瓊瑤甲還和 1873 年 1 月 1 日起至 6 月終止，從和 1866 年 10 月 22 日坐欠字所陳，來利息銀 1500 盾。

11 月 6 日，邱思珍還和 1873 年 1 月 1 日起至 6 月終止，丹絨、式里陂園地取息，來銀 1220 盾。12 日，緞吉寧吽還惹致地稅，和 1873 年 7 月 1 日起至 12 月終止，來銀 345 盾。

計 10 條，共來銀玖仟叁佰伍拾伍盾正。

錄和 1873 年全年(支出)條目

1 月 21 日，開義學師和 1873 全年束金，從公堂和 1872 年 12 月 20 日嘧內案奪，遵挨實嗹和 1871 年 3 月 14 日案

① 坐欠字：閩南話，借據、借條。

② 地稅：閩南話，地租。

奪，去銀 1000 盾。31 日，開造丹絨、揀揀二水閘，並修理牛郎沙里完劫寺[①]，從挨實嗹和 1872 年 11 月 7 日第 7788 號案奪，去銀 1400 盾；又開唐磨老[②]二名，鑾律[③]一名，嗎礁[④]六名，從和 1866 年 7 月 13 日第 17 號案奪，和 1 月份辛金，去銀 156 盾。

2 月 28 日，開唐磨老二名，番鑾律一名，嗎礁六名，從仝上案奪，和 2 月份辛金，去銀 156 盾。

3 月 31 日，開唐磨老二名，番鑾律一名，嗎礁六名，從仝上案奪，和 3 月份辛金，去銀 156 盾。

4 月 30 日，開唐磨老二名，番鑾律一名，嗎礁六名，從仝上案奪，和 4 月份辛金，去銀 156 盾。又開清明牛郎沙里義塚祭費，從和 1873 年 2 月 26 日第 1359 號案奪，去銀 392.95 盾。

5 月 31 日，開唐磨老二名，番鑾律一名，嗎礁六名，從和 1866 年 7 月 13 日第 17 號案奪，和 5 月份辛金，去銀 156 盾；又開漆公館並買櫥二隻，從和 1873 年 4 月 18 日第 2547 號逸字 12 號案奪，去銀 600 盾。

6 月 30 日，開唐磨老二名，番鑾律一名，嗎礁六名，從和 1866 年 7 月 13 日第 17 號案奪，和 6 月份辛金，去銀 156

① 完劫寺：亦稱報恩寺，吧城 華人四大神廟之一，祀觀音。1760 年甲必丹林緝哥率衆雷珍蘭、唐人諸船主、富翁捐題購置，位於牛郎沙里（Gunung Sari）塚地內。

② 磨老：亦作“帽老”、“茂老”，荷蘭語 Procureur，訴訟代理人，檢察官。

③ 鑾律：亦作閩律、曼律、萬律，馬來語 Mandor 音譯，頭目、督工者。

④ 嗎礁：亦作“傌礁”，馬來語 Mata Mata，偵探、巡警。

盾；又開還丹絨上帝廟[①]和 1873 年全年八仙第 8135 號，去銀 15.3 盾；又開還丹絨地和 1873 年全年八仙第 2387 號，去銀 7.35 盾；又開還式里陂地和 1873 年全年八仙第 5961 號，去銀 191.25 盾；又開還公館厝和 1873 年全年八仙第 924 號，去銀 9.18 盾；又開還公館正厝和 1873 年全年八仙第 6719 號；去銀 45.9 盾；又開還惹致地和 1873 年全年八仙第 7552 號，去銀 122.4 盾。

7 月 30 日，開唐磨老二名，番鑾律一名，嗎礁六名，和 1866 年 7 月 13 日第 17 號案奪，和 7 月份辛金，去銀 156 盾；又開義學師和 1873 年上半載束金，從公堂和 1873 年 7 月 29 日嗒內，遵挨實嗹和 1871 年 3 月 14 日第 1565 號案奪，去銀 600 盾。

8 月 31 日，開唐磨老二名，番鑾律一名，嗎礁六名，從和 1866 年 6 月 13 日第 17 號案奪，和 8 月份辛金，去銀 156 盾。

9 月 30 日，開唐磨老二名，番鑾律一名，嗎礁六名，從仝上案奪，和 9 月份辛金，去銀 156 盾。

10 月 7 日，開七夕丹絨義塚祭費，從和 1873 年 2 月 26 日第 1359 號案奪，去銀 307.05 盾。31 日，開唐磨老二名，番鑾律一名，嗎礁六名，從和 1866 年 7 月 13 日第 17 號案奪，和 10 月份辛金，去銀 156 盾。

11 月 30 日，開唐磨老二名，番鑾律一名，嗎礁六名，從仝上案奪，和 11 月份辛金，去銀 156 盾。

---

① 上帝廟：亦稱上帝爺廟、玄天上帝廟、玄天廟，位於丹絨，供奉玄天上帝。玄天上帝，又稱北極大帝、真武大帝，俗稱上帝公、上帝爺。

12 月 31 日，開唐磨老二名，番鸞律一名，嗎礁六名，從仝上案奪，和 12 月份辛金，去銀 156 盾。

計 24 條，共出去銀陸仟伍佰陸拾叁盾叁方捌拾占。

承和 1872 年原銀 38747.895 盾，收銀 11386 盾，出銀 6563.38 盾，存銀肆萬叁仟伍佰柒拾盾零 5.15 方。

滿面春風。

（瑪腰、甲必丹、雷珍蘭、朱葛礁爲本期記錄簽名：馬來文草書）

Tan Tjoentiat（陳濬哲）

Oeij Tjengian（黃清淵）

Tan Konglioe（陳江流）

Tan Konghoa（陳光華）

Lie Tjoe Hong（李子鳳）

Tan Tjiang Lee（陳獎禮）

Ko Setjian（高西川）

Ni Boentjiang（連文清）

Gouw Eng Hoei（吳榮輝）

Lie Tjoe Tjiang（李子昌）

Han Hoai Djian（韓懷然）

和 1874 年 3 月 6 日，拜五

公堂設嘧喳嘮。

瑪腰陳濬哲官，仝甲必丹高西川舍、甲必丹黃清淵舍、甲必丹連文清官、雷珍蘭吳榮輝官、雷珍蘭李子昌舍、雷珍蘭韓懷然舍、朱葛礁陳獎禮官俱在座。陳（江流）甲大、陳光華甲、李子鳳甲、陳文炳甲四位，不到。

(劉文義懇要包造干冬圩轄下二橋擔保案)

挨實嗹和1874年3月6日附一人入字,祈公堂查勘可堪與否? 詳覆。

劉文義住珍開茄令店[1],安呾人劉亞三住鑾光貓厘為小生理,林桑樹住窯內掌窯,懇要包創干冬圩轄下芝礁力驛亭路之橋,又壟仔萬郎之橋,約價銀十四、十五千盾之左。

公堂會議:已勘劉文義援劉亞三、林桑樹為安呾,懇要包造干冬圩轄下二橋,約價銀十四、十五千盾之左。本堂酌量,劉文義及劉亞三不堪擔戴,林桑樹現時可堪。謹詳挨實嗹裁奪。

(瑪腰、甲必丹、雷珍蘭、朱葛礁爲本期記錄簽名:馬來文草書)

Tan Tjoentiat(陳濬哲)　Ko Setjian(高西川)
Oeij Tjengian(黃清淵)　Ni Boentjiang(連文清)
Gouw Eng Hoei (吳榮輝)　Lie Tjoe Tjiang(李子昌)
Han Hoai Djian(韓懷然)　Tan Tjiang Lee(陳獎禮)

和1874年3月8日,即甲戌元月廿日,禮拜

公堂開印大吉

風調雨順,國泰民安。

順設嘧喳嘮。

① 茄令店:茄令,亦作茄鈴,馬來語 Jalin,編織,編織物、藤器。茄令店,即藤器店。

瑪腰陳濬哲官，仝甲必丹高西川舍、甲必丹黃清淵舍、甲必丹陳江流官、雷珍蘭吳榮輝官、雷珍蘭陳光華官、雷珍蘭李子昌舍、雷珍蘭韓懷然舍、朱葛礁陳玉長官、陳獎禮官俱在座。連（文清）甲大、李子鳳甲、陳文炳甲三位，不到。

定應值公勃低鬮聲，依鬮而行，週而復始

壹鬮：甲必丹高西川舍、雷珍蘭陳文炳舍。公館：三月、八月；外務：四月、九月；干刀：五月、十月；間月：正月、六月、十一月；蘭得叻[①]及挨實嗹司叻：二月、七月、十二月。

貳鬮：甲必丹黃清淵舍、雷珍蘭韓懷然舍。公館：四月、九月；外務：五月、十月；干刀：正月、六月、十一月；間月：二月、七月、十二月；蘭得叻及挨實嗹司叻：三月、八月。

三鬮：甲必丹連文清官、雷珍蘭李子鳳舍。公館：五月、十月；外務：正月、六月、十一月；干刀：二月、七月、十二月；間月：三月、八月；蘭得叻及挨實嗹司叻：四月、九月。

肆鬮：甲必丹陳江流官、雷珍蘭李子昌舍。公館：正月、六月、十一月；外務：二月、七月、十二月；干刀：三月、八月；間月：四月、九月；蘭得叻及挨實嗹司叻：五月、十月。

伍鬮：雷珍蘭吳榮輝官、雷珍蘭陳光華官。公館：二月、七月、十二月；外務：三月、八月；干刀：四月、九月；間月：五月、十月；蘭得叻及挨實嗹司叻：正月、六月、十一月。

上錄諸公勃低分為五鬮，每鬮二員，輪流而行。如首月

---

① 蘭得叻：亦作蘭得力、蘭值力、蘭直力、蘭直叻，荷蘭語 Landraad，荷印地方法院。

值公館，次月則值外務，第三月則值干刀，第四月則值閒月，以代有闕，第五月則值蘭得叻及挨實嗹司叻。由此互推輪遍而行。應值之人，各有上下半月之分，而各員值闟二人同理其事。倘應值各員有事故者，然後值閒月者代之，次則值干刀之閒者代之，次則值公館之閒者代之，其次則值蘭得叻之閒者代之。如此輪代，不得推諉。若逢有急務，則在公館之員者行理其事。惟值外務，免得輪代。即此為照。

定掌塚公勃低：一、三、五、七、九①。

定掌廟宇公勃低：二、四、六、八、十②。

定各掌公勃低：一、二，水淬③；三、四，買辦；五、六，工役；七、八，代理各掌事；九、十，掌街衢。

（高大雅入稟為明誠書院擇於二月初一日欲啓讀事）

具稟人晚生高大雅稟，為明誠書院④擇於二月初一日欲啓讀事。預先拜稟。耑此奉聞。

列台閱畢，議曰：義學師高大雅懇於二月初一日要啓讀，合當准懇。存案。

---

① 一、三、五、七、九：此序號係指在公堂中排位第一、第三、第五、第七、第九的官員。

② 二、四、六、八、十：此序號係指在公堂中排位第二、第四、第六、第八、第十的官員。

③ 水淬：消防滅火機、救火機、滅火器。此指消防滅火事宜。

④ 據許雲樵校注《開吧歷代史記》1775 年條記載，該書院為吧城前任雷珍蘭高根觀於 1775 年倡首，向甲大（黃珩觀）議舉觀音亭後地，營建義學一所，為雷珍蘭之大學，崇祀紫陽祿位，額曰“明誠書院”，城內南江書院，崇祀紫陽聖像，令作甲大學。各延師住內，教授貧窮生徒，歲設春秋二丁祭祀，暢飲以文會友。

(瑪腰提請修理觀音亭佛像事)

瑪腰請曰：觀音亭[1]佛像今被漏雨所傷，經着人修飾。若修完好，宜作慶成。但修飾之貲及慶成之費，此項未知。當題緣於眾人，或入字求開公堂之櫃項乎？列台如何計議？

列台議曰：自昔以來，凡觀音亭佛祖乃公眾立置，有該修理以及慶成，此亦公眾之事，務必題緣，遂人喜捐。如開用不敷，然後上字求開公堂櫃項，方為合式。目下要先用工貲諸費，可暫撥公堂櫃項是也。存案。

(瑪腰提請照常求開公堂櫃項以為丹絨及牛郎沙里清明祭費)

瑪腰請曰：今清明節將臨，丹絨義塚及牛郎沙里之祭祀，當入字照常求開公堂櫃項。晚弟與二朱押號。

列台曰：照常是也。存案。

(瑪腰、甲必丹、雷珍蘭、朱葛礁爲本期記錄簽名：馬來文草書)

Tan Tjoentiat(陳濬哲)

Oeij Tjengian(黃清淵)

Gouw Eng Hoei (吳榮輝)

Lie Tjoe Tjiang(李子昌)

Tan Tjiang Lee(陳獎禮)

Ko Setjian(高西川)

Tan Konglioe(陳江流)

Tan Konghoa(陳光華)

Han Hoai Djian(韓懷然)

---

① 觀音亭：又名金德院。據許雲樵校注《開吧歷代史記》1669年條載，觀音亭建於順治七年(1650)，由時任雷珍蘭的郭訓觀與其兄郭喬觀倡捐，至康熙八年(1669)郭郡觀任甲必丹時始成。該亭正座祀佛祖，右爲關帝君，左爲天后聖母，並祀衆神，僧人禮佛誦經，調護神像潔淨。亭之後進，崇祀郭六爺(郭郡觀)。

和1874年4月2日,拜四

公堂設嘧喳嘮。

瑪腰陳濬哲官,仝甲必丹高西川舍、甲必丹黃清淵舍、甲必丹連文清官、雷珍蘭李子昌舍、雷珍蘭李子鳳舍、雷珍蘭陳文炳舍、朱葛礁陳獎禮官俱在座。陳(江流)甲大、吳榮輝甲、陳光華甲、韓懷然甲四位,不到。

(林金山懇入欠熾昌干刀銀擔保案)

承熾昌干刀和1874年3月24日附下一口詞,祈公堂查勘可堪與否?詳覆。

林金山住導郎新厝仔,安呾人林芳祥住仝上,紀益順住吃郎班讓①,懇入欠熾昌干刀銀1000盾。

公堂會議:已勘林金山援林芳祥、紀益順為安呾,懇要入欠熾昌銀1000盾。今懇將口詞抽回。謹詳熾昌干刀裁奪。

(挨實嗹致書公堂准開公堂櫃項以為丹絨及牛郎沙里清明祭費)

承挨實嗹和1874年3月24日第1867號致書公堂,已閱和本月9日第28號所詳。即准開公堂櫃項柒佰盾,以為丹絨及牛郎沙里清明祭費。

列台閱畢。存案。

---

① 吃郎班讓:Jalan Panjang,吧城華人最早的居住區之一。

(葉婹娘入稟為懇蔭地風水事)

補葉婹娘入稟,為懇蔭地風水事。緣氏之夫王春元自和 1842 年任理磚仔橋默事,至和 1857 年因年邁,蒙挨實嗹恩准,優意告退。今於唐十二月不幸身歿。膽懇公堂大瑪腰列位憲台大人台前,恩准給賜蔭地風水一穴,闊 12 距、長 24 距,為後來雙壙之墳。則幽明均沾大德矣!

列台閱畢,議曰:勘得王春元果係曾理磚仔橋默十餘年,今不幸身故。伊妻葉婹娘懇蔭地風水壹穴,闊 12 距、長 24 距,為後來雙壙之墳。本堂原有此例,合當准懇此。條不及設嘧,經於和 2 月 7 日寫數簿[1],付列台押號。批照。

(瑪腰、甲必丹、雷珍蘭、朱葛礁爲本期記錄簽名:馬來文草書)

Tan Tjoentiat(陳濬哲) Ko Setjian(高西川)

Oeij Tjengian(黃清淵) Ni Boentjiang(連文清)

Lie Tjoe Tjiang(李子昌) Lie Tjoe Hong(李子鳳)

Tan Boen Peng(陳文炳) Tan Tjiang Lee(陳獎禮)

和 1874 年 4 月 11 日,拜六

公堂設嘧嗟嘮。

瑪腰陳濬哲官,仝甲必丹黃清淵舍、甲必丹連文清官、雷珍蘭吳榮輝官、雷珍蘭陳光華官、雷珍蘭陳文炳舍、朱葛

① 數簿:閩南話,賬簿。

礁陳獎禮官俱在座。高(西川)甲大、陳(江流)甲大、李子昌甲、李子鳳甲、韓懷然甲五位,不到。

(查勘黃得鸞懇入犯人衣服事)

承大挨實嗹和1874年4月11日第2205號致書公堂,為黃得鸞要入犯人衣服,逐件列下:衫5549領,褲5549條,頭帕[①]1115條,沙郎[②]2685條,蓆410皮,枕2283。限一個月入完,約價銀萬餘盾。祈查勘可堪與否?詳覆。

公堂會議:已勘黃得鸞懇入犯人衣服,約價銀萬餘盾。查黃得鸞惟做稱口,餘無別業。本堂酌量,不堪擔戴。謹詳大挨實嗹裁奪。

(瑪腰、甲必丹、雷珍蘭、朱葛礁爲本期記錄簽名:馬來文草書)

Tan Tjoentiat(陳濬哲)　Oeij Tjengian(黃清淵)

Ni Boentjiang(連文清)　Gouw Eng Hoei (吳榮輝)

Tan Konghoa(陳光華)　Tan Boen Peng(陳文炳)

Tan Tjiang Lee(陳獎禮)

和1874年4月21日,拜二

公堂設嘧喳嘮。

① 頭帕:閩南話,頭巾。

② 沙郎:亦作"紗郎"、"紗囊",馬來語 Sarung 音譯,馬來群島土著男女常穿的一種花裙,主要由蠟染的峇澤布(Batik)製成。

瑪腰陳濬哲官，仝甲必丹黄清淵舍、甲必丹連文清官、雷珍蘭吳榮輝官、雷珍蘭陳光華官、雷珍蘭陳文炳舍、朱葛礁陳獎禮官俱在座。高(西川)甲大、陳(江流)甲大、李子昌甲、李子鳳甲、韓懷然甲五位，不到。

(陳全郎懇入欠爉昌干刀銀擔保案)

承爉昌干刀和1874年4月4日第267號附一口詞，祈公堂查勘可堪與否？詳覆。

陳全郎住戈勞屈[①]臭橋為當長龜里[②]，又劉清淵住甘光貓厘[③]開當店，二人要安呾和人緞安多哖，懇入欠爉昌干刀銀3000盾。

公堂會議：已勘陳全郎及劉清淵，要安呾和人緞安多哖，懇入欠爉昌干刀銀3000盾。本堂酌量，陳全郎不堪擔戴，其劉清淵現時可堪。謹詳爉昌干刀裁奪。

(大朱陳玉長繳入和1874年牛郎沙里清明祭費清单)

據大朱陳玉長繳入和1874年在牛郎沙里清明祭費列單一紙，計18條，該銀399.45盾。祈開入公堂數内。

列台閱畢，議曰：就單即可開數是也。存案。

---

① 戈勞屈：亦作高羅屈、訖勞洛，Glodok，地名，位於吧城小南門外華人居住區。

② 當長龜里：苦力工頭。長，頭字的簡寫。

③ 甘光貓厘：Kampong Bali，吧城地名。

(葉貴生、潘巳娘求離一案)

公勃低(西川)、陳(文炳)詳。

潘巳娘年21歲,住惹呀蘭,請伊夫葉貴生[①]:"為交寅二年,未有產育。因拙夫初婚一個月,遂往西壟為傭。及後有寄項40盾而已,至今並無分文相給。後氏染病,寄書通知,拙夫亦無消息。至年內拙夫回吧,別居吃啷班讓,並不入氏之門。氏探訪,始知拙夫已再娶別婦。氏往問拙夫,答曰不必多言,可往請默,以了夫妻之事。如此不良,乞判分離。"

召訊葉貴生年36歲,住吃啷班讓,供云:"拙妻所言是實。前晚在西壟寄銀40盾,後晚染病,故無再寄。前接家岳之書,召晚回吧。內中誚讓之語,令人羞辱,故回吧不敢到其家。況晚現無利路,不能畜妻子。既拙妻求離,晚願從其便。"

台察其兩意俱絕,難以強合。將情申詳公堂大嚕內裁奪。

覆訊潘巳娘、葉貴生夫婦,供如公勃低所詳。

公堂會議:細勘葉貴生、潘巳娘求離一案。初婚才一個月,即分別東西。及夫回吧,又不相顧。且貴生自言無利路,不能養妻。由此觀之,情義已絕,強合不能也。因是,本堂判其離異。二比甘願,各花押在簿。存案。

---

① 葉貴生:據《婚簿》載,1872年11月6日,住西門外34歲葉貴生(吧生),與19歲潘巳娘成婚。媒妁蔡申娘,男方主婚葉亞任(胞叔),女方主婚潘亞德(叔公)。陰曆十月十六日交寅。

(葉長安懇要包入帆布擔保案)

承大挨實嗹和 1874 年 4 月 21 日第 2514 號附一人入字,祈查勘可堪與否? 詳覆。

葉長安住珍為行醫,安咀人周樂山及戴艮山俱住珍為小生理,要包入帆布於山頂[1]病厝,約價銀二佰餘盾。

公堂會議:已勘葉長安援周樂山、戴艮山為安咀,要包入帆布,約價銀貳佰餘盾。本堂酌量,此乃小事,其二安咀人,現時可堪。謹詳大挨實嗹裁奪。

(瑪腰、甲必丹、雷珍蘭、朱葛礁爲本期記錄簽名:馬來文草書)

Tan Tjoentiat(陳濬哲)

Oeij Tjengian(黃清淵)

Ni Boentjiang(連文清)

Gouw Eng Hoei (吳榮輝)

Tan Konghoa(陳光華)

DTan Boen Peng(陳文炳)

Tan Tjiang Lee(陳獎禮)

和 1874 年 5 月 7 日,拜四

公堂設嘧喳嘮。

瑪腰陳濬哲官,仝甲必丹高西川舍、甲必丹黃清淵舍、甲必丹連文清官、甲必丹陳江流官、雷珍蘭吳榮輝官、雷珍蘭李子昌舍、雷珍蘭韓懷然舍、朱葛礁陳獎禮官俱在座。陳光華甲、李子鳳甲、陳文炳甲三位,不到。

---

① 山頂:閩南話,指城外的山上、郊區。

(嬖哮厘媽懇將母利一概清還事)

嬖哮厘媽到堂,為前有典當地頭一所,當銀8000盾,已經抨還母銀6500盾,尚欠母銀1500盾。今將所存1500盾,及其利息銀要一概清還。

公堂會議:據嬖哮厘媽所欠,尚存1500盾。今將母利[1]要一概清還,合當承受。將情申詳大挨實嗹裁奪。

(公堂回覆訟師緞高稽哖為問唐人分業常例事)

承大挨實嗹和1874年4月24日第2608號,附訟師緞高稽哖之口詞,為問分業事。懇公堂按唐人常例,斷其分派。

陳亞有做達心眠字與二子陳迷、陳西,均承遺業。但迷先亡,其父不久亦卒,而迷有遺下正室生一女,及在前有過繼二子,顧如己出。未知此業是全歸於陳西,或一半仍歸陳迷之子女耶?若然,則陳迷之過房[2]嗣與嫡生之女如何分派?祈公堂具詞詳覆。

公堂會議:據訟師緞高稽哖之口詞,問及分業事。按唐人常例,陳迷雖先父而歿,然已娶婦生女,又有過繼二子。照陳亞之達心眠字,陳西得一半,其餘一半額合歸陳迷之繼嗣均分。其女長成,宜酌配其妝奩,但業須母掌,所獲產息,為養子女以至成人焉。將情申詳大挨實嗹裁奪。

---

① 母利:閩南話,本金與利息。

② 過房:閩南話,過繼。

（瑪腰、甲必丹、雷珍蘭、朱葛礁爲本期記錄簽名：馬來文草書）

Tan Tjoentiat（陳濬哲）
Ko Setjian（高西川）
Oeij Tjengian（黃清淵）
Ni Boentjiang（連文清）
Tan Konglioe（陳江流）
Gouw Eng Hoei（吳榮輝）
Lie Tjoe Tjiang（李子昌）
Han Hoai Djian（韓懷然）
Tan Tjiang Lee（陳奬禮）

和1874年5月28日，拜四

公堂設嘧喳嘮。

瑪腰陳濬哲官，仝甲必丹高西川舍、甲必丹黃清淵舍、雷珍蘭吳榮輝官、雷珍蘭陳光華官、雷珍蘭李子昌舍、雷珍蘭李子鳳舍、雷珍蘭韓懷然舍、朱葛礁陳奬禮官俱在座。連（文清）甲大、陳（江流）甲大、陳文炳甲三位，不到。

（挨實噠致書公堂准婁哮厘嗎所欠典銀1500盾母利清楚）

承挨實噠和1874年5月15日第3038號又43號致書，從公堂和本月7日第56號所詳，准婁哮厘嗎所欠典銀1500盾母利清楚。

公堂會議曰：既挨實噠已案奪，准婁哮厘嗎還其所欠典銀1500盾，並十個月之利息銀75盾一齊繳楚，即可檢收其項入數①是也。宜委公勃低李子鳳甲，仝大朱②陳玉長官向

① 入數：閩南話，登入、記入賬簿。

② 大朱：大朱葛礁簡稱。朱葛礁，荷蘭語 Secretaris 音譯，書記官。

小商[1]干刀將其當契打死[2]。謹詳挨實嗹裁奪。

(瑪腰、甲必丹、雷珍蘭、朱葛礁爲本期記錄簽名:馬來文草書)

Tan Tjoentiat(陳濬哲)
Oeij Tjengian(黃清淵)
Tan Konghoa(陳光華)
Lie Tjoe Hong(李子鳳)
Tan Tjiang Lee(陳獎禮)
Ko Setjian(高西川)
Gouw Eng Hoei (吳榮輝)
Lie Tjoe Tjiang(李子昌)
Han Hoai Djian(韓懷然)

和 1874 年 6 月 12 日,拜五

公堂設嘧喳嘮。

瑪腰陳濬哲官,仝甲必丹黃清淵官、甲必丹連文清官、甲必丹陳江流官、雷珍蘭陳光華官、雷珍蘭李子昌舍、雷珍蘭李子鳳舍、雷珍蘭韓懷然舍、朱葛礁陳獎禮官俱在座。高(西川)甲大、吳榮輝甲、陳文炳甲三位,不到。

(陳亞詰懇要包入蚊甲米擔保案)

承副挨實嗹和 1874 年 6 月 11 日附乙人入字,祈公堂查勘可堪與否?詳覆。

---

① 小商:同"小雙"。小雙:亦作"小商",是"小雙柄"(亦作"小相柄")的簡稱,荷印地方評議院。

② 打死:閩南話,了結,結賬。

陳亞誥住小南門為商，安呾人二和人。懇要包入蚊甲[1]米 120000 擔。

公堂會議：已勘陳亞誥援二和人為安呾，要包入蚊甲米 120000 擔。本堂酌量，陳亞誥現時可堪。其安呾人，本堂不知也。謹詳副挨實嗹裁奪。

(楊秀賢懇要入蚊甲生油擔保案)

承挨實嗹和 1874 年 6 月 12 日第 3639 號附一人入字，祈公堂查勘可堪與否？詳覆。

楊秀賢住大港墘為商，安呾人徐亞六住廿六間為商，及溫福三住小南門為商，懇要入蚊甲生油 580 擔、椰油 145 擔。

公堂會議：已勘楊秀賢援徐亞六及溫福三為安呾，要入蚊甲生油 580 擔、椰油 145 擔。本堂酌量，承應人及安呾人，現時俱各可堪。謹詳挨實嗹裁奪。

(陳長溪入稟為懇蔭地風水事)

具稟人雷珍蘭陳長溪[2]於和 1847 年蒙上人舉為默氏，日夜勤勞，後舉而加諸茄嘮旺[3]雷珍蘭，無忝厥職。茲本月廿四日，髮妻蔡氏以疾終於內寢。懇從默氏之例，乞公堂一

---

① 蚊甲：亦作"望甲"、"蚊膠"，Banka，邦加島，位於蘇門答臘島東南面，著名的錫礦產地之一。

② 陳長溪：Tan Tiang Ke，1811 年生於吧城，商人，1853 年 6 月任茄嘮旺雷珍蘭。

③ 茄嘮旺：亦作茄荖旺、茄老旺、茄荖王、茄荖望、膠荖旺、加拉旺、加拉横、克拉旺，Krawang 音譯。地名，位於吧城以東，茂物東北。

區蔭地十二腳距為雙壙之域,則幽明均感靡涯矣!

列台閱畢,議曰:論陳長溪前任茄老旺雷珍蘭,乃屬外界,不得蔭 24 距闊之域。然在吧昔任默事,今其妻身故,自懇從默例十二腳距闊為雙壙之墳,合當准懇。存案。

(瑪腰、甲必丹、雷珍蘭、朱葛礁爲本期記錄簽名:馬來文草書)

Tan Tjoentiat(陳濬哲)

Oeij Tjengian(黃清淵)

Ni Boentjiang(連文清)

Tan Konglioe(陳江流)

Tan Konghoa(陳光華)

Lie Tjoe Tjiang(李子昌)

Lie Tjoe Hong(李子鳳)

Han Hoai Djian(韓懷然)

Tan Tjiang Lee(陳獎禮)

和 1874 年 6 月 27 日,拜六

公堂設嘧喳嘮。

瑪腰陳濬哲官,仝甲必丹高西川舍、甲必丹連文清官、甲必丹陳江流官、雷珍蘭李子昌舍、雷珍蘭李子鳳舍、朱葛礁陳獎禮官俱在座。黃(清淵)甲大、吳榮輝甲、陳光華甲、韓懷然甲、陳文炳甲五位,不到。

(王活水懇入熾昌干刀銀擔保案)

承熾昌干刀附一口詞,祈公堂查勘可堪與否?詳覆。

王活水住亭仔腳為商,安呾人陳碧僯住中港仔为商,及洪

俊傑住亭仔腳為才副[1],懇入爍昌干刀銀 6000 盾。

公堂會議:已勘王活水援陳碧儯、洪俊傑為安呾,懇入爍昌銀 6000 盾。本堂酌量,王活水及陳碧儯現時可堪。據洪俊傑供云,自己並無別業,惟作才副為生。以此不堪擔戴。謹詳爍昌干刀裁奪。

(沈春娘入稟為懇再抄婚字事)

具稟人氏沈春娘[2],為懇再抄婚字事。氏自和 1857 年咸豐七年歲次丁巳七月間,與劉亞四結髮成親。今因其婚字失落,膽懇公堂列憲大人憐賜重抄一紙,庶免致無憑之難。冒瀆之罪,伏蒙寬宥,則感德不淺矣!至懇謹稟。

列台閱畢,議曰:據沈春娘所懇重抄婚字,此事並無干礙,宜委公勃低查勘,沈春娘如果係劉亞四之妻,就可查婚簿,為抄一張與春娘收存是也。存案。

(瑪腰、甲必丹、雷珍蘭、朱葛礁爲本期記錄簽名:馬來文草書)

Tan Tjoentiat(陳濬哲)　Ko Setjian(高西川)

Ni Boentjiang(連文清)　Tan Konglioe(陳江流)

Lie Tjoe Tjiang(李子昌)　Lie Tjoe Hong(李子鳳)

Tan Tjiang Lee(陳奬禮)

① 才副:亦作"財副"。閩南話,主賬目及器具者。

② 沈春娘:據《婚簿》載,1857 年 9 月 3 日,住小南門 40 歲劉亞四,與 20 歲沈春娘成婚。媒妁吳敬娘,男方主婚劉昌伯(堂兄),女方主婚沈橋(父)。

和1874年7月2日，拜四

公堂設嘧喳嘮。

瑪腰陳濬哲官，仝甲必丹高西川舍、甲必丹黃清淵舍、甲必丹連文清官、雷珍蘭李子昌舍、雷珍蘭李子鳳舍、雷珍蘭韓懷然舍、朱葛礁陳獎禮官俱在座。陳(江流)甲大、吳榮輝甲、陳光華甲、陳文炳甲四位，不到。

(詹茂隆懇入欠熾昌銀擔保案)

承熾昌干刀附一口詞，祈公堂查勘可堪與否？詳覆。

詹茂隆原有入熾昌銀1000盾，援詹標水及陳山景為安呾，將此1000盾要抽出。今懇再入欠銀3000盾，援詹標水及薛文東為安呾。

公堂會議：已勘詹茂隆援詹標水及薛文東為安呾，懇入欠熾昌銀3000盾，前所入1000盾要抽出。本堂酌量，入欠人及安呾人，現時可堪。謹詳熾昌干刀裁奪。

(續：陳長溪入稟為懇蔭地風水事)

具稟人陳長溪為近日經入稟，求默氏應得12距闊之蔭地一穴，業已在案定奪恩典。茲因過小，欲廣16距。懇更添四腳距，願納還152.3盾。倘蒙俞允，則存沒均感矣！

公堂會議：據陳長溪甲入稟，近日經准蔭地12距，就蔭地懇添買四卩巨[①]，計 16 距，扣蔭地費 67.7 盾，願再納還 152.3 盾。本堂酌量，此事無所干礙，合當准懇。存案。

（鍾珠娘、劉文德求離一案）

公勃低連（文清）、李（子鳳）詳。

鍾珠娘年 31 歲，住舊把殺，請伊夫劉文德："為交寅十三年，生一男名奎，年 13 歲。因拙夫六七年以來在外遊蕩，且有娶妾，置氏不顧，並無半文給費。有時歸來不上一月，反身又去。氏隱忍至今，依父親而食。近日小兒疾病，着人達知，亦置不聞。人之無良，莫此為甚。伏乞判離。"

召訊劉文德年 34 歲，住竹寮，供云："拙妻所請俱謬。若晚無給費，何至今日？蓋因岳母不屬目，嘖嘖怨言，故不安贅居。晚有稅厝，但願邀妻共居，自當照顧得宜，不願分離。"

台覆訊珠娘曰："爾夫稅厝招爾同居，合當相從。如無照顧得宜，方可再請。"珠娘答曰："前氏亦經從他外居，衣食不顧，是以至今尚寄口腹於父母。且數年以來，氏母子不給半文，況現時無利路，那有稅厝而理家事乎？氏實難相從，惟望判離。"將情申詳公堂大嗎內裁奪。

覆訊鍾珠娘、劉文德夫婦，供如公勃低所詳。

公堂會議：論鍾珠娘、劉文德求離一案。據珠娘所供，其夫六七年流蕩，並無半文給費。然文德云，其妻所言皆

① 卩巨：亦作腳距、腳矩，腳巨，或簡寫作"距"、"矩"、"巨"、"戈"。長度單位，馬來語 kaki，腳或尺。一腳距（kaki）約等於 0.5 米。

謬。況他願稅厝同居,照顧得宜,理應相從。勘其事情,不得決離。因是,本堂不准分離,仍令珠娘從夫。二比唯退。存案。

(瑪腰、甲必丹、雷珍蘭、朱葛礁爲本期記錄簽名:馬來文草書)

Tan Tjoentiat(陳濬哲)	Ko Setjian(高西川)
Oeij Tjengian(黃清淵)	Ni Boentjiang(連文清)
Lie Tjoe Tjiang(李子昌)	Lie Tjoe Hong(李子鳳)
Han Hoai Djian(韓懷然)	Tan Tjiang Lee(陳獎禮)

和 1874 年 7 月 11 日,拜六

公堂設嘮喳嘮。

瑪腰陳濬哲官,仝甲必丹高西川舍、甲必丹黃清淵舍、甲必丹連文清官、雷珍蘭吳榮輝官、雷珍蘭陳光華官、雷珍蘭李子昌舍、雷珍蘭李子鳳舍、雷珍蘭韓懷然舍、朱葛礁陳獎禮官俱在座。陳(江流)甲大、陳文炳甲二位,不到。

(余亞鉅、張肇爕、薛攀龍、張世隆、楊長宗懇入三丕肉於武營擔保案)

承副挨實嗹和 1874 年 7 月 8 日附五人入字,祈公堂查勘可堪與否?詳覆。

一、余亞鉅住小南門為商,安呾人李亞二住仝上為商,李盛能之掛些李亞感住八廚沃間為商,懇要入三丕肉於干冬圩武

營，一年至三年為限，每年約價銀 800000 盾。

二、張肇燮住小南門為商，安呾人仝上第一條。懇要入三丕肉於珍武營，一年至三年為限，每年約價銀 150000 盾。

三、薛攀龍住新把殺為安黎末，安呾人黃淮水及賴保生俱住仝上為商，懇要入三丕肉於珍武營及干冬圩武營，三年為限，約價銀仝上第一、二條。

四、張世隆住大南門為安黎抹，安呾人李亞二住小南門為商，及張亞習住喳光干冬圩地，懇要包洗珍武營之兵服，約每年價銀 20000 餘盾；又干冬圩之兵服，每年約價銀 10000 盾，俱三年為限。

五、楊長宗住珍為商，安呾人黃宗標甲住丹仔望為稅地主，及林宗興甲住八茶礩為地主，懇應仝上第四條。

公堂會議：據五人入字所懇，要應入三丕肉及包洗兵服於珍及干冬圩武營。本堂已經逐一查勘酌量，其承應人及安呾人，現時俱各可堪。惟張亞習係別界之人，本堂不知也。及李盛能之掛些字，若能為安呾，則亦可堪。謹詳副挨實嗹裁奪。

（李伯達及高瓊瑤賜加甲必丹智廚禮職銜）

承挨實嗹和 1874 年 7 月 6 日第 4177 號逸字 11 號致書，達知公堂遵王上[①]和 1874 年 6 月 25 日第 23 號案奪，為

① 王上：亦作大王，簡稱“王”，指荷屬東印度總督，荷蘭語 Gouverneur-generaal。

閱厘力突柔實知詩[①]和 1874 年 3 月 27 日第 1076 號又 1886 號所詳；又閱挨實嗹和 1874 年 6 月 13 日第 3360 號逸字 11 號所詳；又閱王朱[②]和 1874 年 5 月 15 日第 945 號所詳；又從和 1869 年 9 月 2 日第 21 號案奪國例第 2338 號。凡任公班衙事已久而行善者，合當賜加職銜。今李伯達及高瓊瑤，現任美色甘室，欽加雷珍蘭之職。茲又賜加銜甲必丹智廚禮[③]之職。據挨實嗹所詳，李伯達及高瓊瑤堪還案奪字[④]之印仔紙費。

列台閱畢。存案。

（張心正、陳玉金入稟為故胞兄乞葬地事）

具稟人晚生張心正為故胞兄乞葬地事。切晚胞兄張意誠，自和 1860 年蒙公堂列憲不棄菲才，委以八茶礶界內任理社事，以至於今。家門不祚，不幸本月廿三日因傷暑而卒。竊念十四年僶勉就範，倖無貽玷。伏乞大媽腰大人暨公堂列憲，念其無過所事，懇賜葬地以掩其形，則存沒均感於靡涯矣！

又：具稟人晚生陳玉金為故胞兄乞葬地事。切晚胞兄陽茂，自和 1867 年蒙上人不棄陋劣，委以八廚沃間[⑤]副默

---

① 厘力突柔實知詩：亦作厘力突叻柔實低司，荷蘭語 Directeur Justitie，荷印高等法院。

② 王朱：王上（荷印總督）朱葛礁之簡稱。

③ 智廚禮：荷蘭語 Titulair 音譯，意爲名譽的、榮譽的。

④ 案奪字：閩南話，裁決書、判決書。

⑤ 八廚沃間：亦作八廚沃干，Petuakan。地名，位於吧城西。

之任，以至於今。不幸本月廿二日身故。竊念七年勤勞，倖無貽玷。膽乞公堂憐賜一穴蔭地，以掩其形，則存沒均感於靡涯矣！

列台閱畢，議曰：論陳陽茂及張意誠，俱現任默事。今二人不幸身故，懇蔭地風水以為葬身之墳。本堂原有十二腳巨蔭地之例，合當准懇。存案。

（林玉海、葉白娘求離一案）

公勃低吳（榮輝）、陳（光華）詳。

葉白娘年21歲，住甕菜河，請伊夫林玉海："為交寅四年，生一男名絨吉，年二歲。前氏從拙夫同居萬落間，被地主趕逐，因是回城。拙夫自返萬落間九個月，音費俱絕。此事已請干刀，欲討氏之金硂器，而拙夫俱不招認，事遂罷。近日氏請公館，但求拙夫為稅厝並給月費，而拙夫暨已允從，至今並不踐約，費厝俱無。足見情愛已絕，惟乞判離。"

召訊林玉海年22歲，住甘光毛�甲①，供云："拙妻性悍多端。前晚往壟貿易，他在家不守規矩，吃亞片煙以及賭博，無所不至。所留家資，俱被蕩盡。況經到干刀，屢踵公館，無恥惡婦，要他何用？早離甚幸。

台勘夫妻各已絕情，強合無益。將情申詳公堂大嚁內裁奪。

覆訊林玉海，供云："拙妻遊蕩無度，小兒置之不顧，至

① 甘光毛吺甲：亦作鑒光毛吺甲，Kampong Melaka，吧城地名。

多疾病。若付拙妻撫養，恐被苦毒①。晚必欲現時抱養，如其不然，晚不願從離。

覆訊葉白娘，供云："小兒乃氏親生，何云不顧？况尚乳哺，何能放心？待至七歲還父未遲。伏乞明判。"

公堂會議：論林玉海、葉白娘求離一案。察勘夫妻所供之詞，玉海嫌妻好遊、賭博、吃亞片菸，且不肯為稅厝，亦不肯給費。而白娘經請干刀，較討金硂器，屢到公館迫求分離。審其兩情，實難再合。因是，當堂判離，其子暫付母養，待至七歲，方還其父。每月玉海當給其兒費三盾。礙玉海强欲現時取回其子，不遵公堂所判。將情申詳，仰祈副挨實嗹定奪，以固公堂判案。

承副挨實嗹和1874年7月30日第5341號致書瑪腰諭知，已閲公堂於和本月18日第442號所詳為林玉海、葉白娘離事。茲從公堂案奪即可，宣諭彼夫婦知情是也。存案。

（瑪腰、甲必丹、雷珍蘭、朱葛礁爲本期記錄簽名：馬來文草書）

Tan Tjoentiat（陳濬哲）
Ko Setjian（高西川）
Oeij Tjengian（黄清淵）
Ni Boentjiang（連文清）
Gouw Eng Hoei（吳榮輝）
Tan Konghoa（陳光華）
Lie Tjoe Tjiang（李子昌）
Lie Tjoe Hong（李子鳳）
Han Hoai Djian（韓懷然）
Tan Tjiang Lee（陳奬禮）

① 苦毒：閩南話，折磨、虐待，使受苦難。

和 1874 年 7 月 13 日，拜乙

公堂設嘧喳嘮。

瑪腰陳濬哲官，仝甲必丹高西川舍、甲必丹陳江流官、雷珍蘭吳榮輝官、雷珍蘭陳光華官、雷珍蘭李子昌舍、雷珍蘭李子鳳舍、朱葛礁陳獎禮官俱在座。黃(清淵)甲大、連(文清)甲大、韓懷然甲、陳文炳甲四位，不到。

(連益章懇要入三丕肉於武營擔保案)

承副挨實嗹和 1874 年 7 月 6 日附一人入字，祈公堂查勘可堪與否？詳覆。

連益章住洪溪為商，安呾人連文清甲住仝上為商，及黃清淵甲住八廚沃干為地頭主，懇要入三丕肉於珍及干冬圩武營，三年為限；在珍每年價銀 150000 盾，在圩價銀 80000 盾。

公堂會議：已勘連益章援連文清甲、黃清淵甲為安呾，懇入三丕肉於珍及干冬圩武營，每年在珍價銀 150000 盾，在圩價銀 80000 盾。本堂酌量，承應人及安呾人，現時可堪。謹詳副挨實嗹裁奪。

(瑪腰、甲必丹、雷珍蘭、朱葛礁爲本期記錄簽名：馬來文草書)

Tan Tjoentiat(陳濬哲)　Ko Setjian(高西川)
Tan Konglioe(陳江流)　Gouw Eng Hoei (吳榮輝)
Tan Konghoa(陳光華)　Lie Tjoe Tjiang(李子昌)
Lie Tjoe Hong(李子鳳)　Tan Tjiang Lee(陳獎禮)

和1874年7月16日，拜四

公堂設嘧喳嘮。

瑪腰陳濬哲官，仝甲必丹高西川舍、甲必丹黃清淵舍、甲必丹連文清官、甲必丹陳江流官、雷珍蘭吳榮輝官、雷珍蘭李子昌舍、朱葛礁陳獎禮官俱在座。陳光華甲、李子鳳甲、韓懷然甲、陳文炳甲四位，不到。

（王活水懇要入欠爍昌銀擔保案）

承爍昌干刀附一口詞，祈公堂查勘可堪與否？詳覆。

王活水住亭仔腳開鞋店，安呾人陳碧磷住中港仔為商，及林坤佑住亭仔腳為商，懇要入欠爍昌銀1000盾。

公堂會議：已勘王活水援陳碧磷及林坤佑為安呾，懇入欠爍昌銀1000盾。本堂酌量，入欠人及安呾人，現時可堪。謹詳爍昌干刀裁奪。

（默氏鍾欽五入稟為結髮妻陳丙娘乞葬地事）

具稟人晚生鍾欽五為結髮妻陳丙娘乞葬地事：切晚蒙上人委以五腳橋界內任理默事，於今十有五年。和本月13日，拙荊不幸身故。伏望公堂憐賜蔭地風水一穴，以為後來雙壙之墳。乞蒙恩典，存沒均感！謹穎拜稟。

列台閱畢，議曰：勘得鍾欽五現任五腳橋默，其髮妻身故，懇蔭地風水一穴為後來雙壙之墳。本堂原有12距蔭地之例，宜即准懇。存案。

(緞王邦曷致書公堂祈為稿批故溫乙生之婚字事)

承緞王邦曷 和 1874 年 7 月 14 日致書,祈公堂為稿批故溫乙生[1]之婚字,其妻名蔡福娘或蔡掬娘。因要安頓分業事。

公堂會議:已查婚簿於和 1857 年 1 月 16 日,即咸豐六年十二月廿一日,溫乙生年 32 歲,妻蔡福娘年 22 歲,已給婚字。即此謄抄。詳覆。

(瑪腰、甲必丹、雷珍蘭、朱葛礁爲本期記錄簽名:馬來文草書)

Tan Tjoentiat(陳濬哲)	Ko Setjian(高西川)
Oeij Tjengian(黄清淵)	Ni Boentjiang(連文清)
Tan Konglioe(陳江流)	Gouw Eng Hoei (吴榮輝)
Lie Tjoe Tjiang(李子昌)	Tan Tjiang Lee(陳獎禮)

和 1874 年 7 月 25 日,拜六

公堂設嘧喳嘮。

瑪腰陳濬哲官,仝甲必丹黄清淵舍、甲必丹連文清官、雷珍蘭吴榮輝官、雷珍蘭陳光華官、雷珍蘭李子鳳舍、朱葛礁陳獎禮官俱在座。高(西川)甲大、陳(江流)甲大、韓懷然甲、陳文炳甲五位[2],不到。

---

① 溫乙生:據《婚簿》載,1857 年 1 月 16 日,住東居 溫一生與 22 歲蔡福娘成婚。媒妁陳寶娘,男方主婚溫亞五(宗兄),女方主婚蔡蒼(堂叔)。

② 五位:原档如此。漏写一位李子昌甲。

(義學師高大雅入稟為明誠書院啓讀事)

具稟人晚生高大雅稟:為領教書院經已半載,此六月十三日吉日,暫停數日,至廿日再欲啓讀。預先拜稟。耑此奉聞。

列台閱畢,議曰:義學師高大雅入稟,於唐六月十三日懇放暇生徒,至二十日欲再啓讀。本堂原有此例,合當准懇。順開公堂櫃項,發上半冬之束金銀肆佰盾正。存案。

(蕭光源、蔡葛娘求離一案)

公勃低吳(榮輝)、陳(光華)詳。

蕭光源[①]年 40 歲,住洪溪,請伊繼室蔡葛娘:"為交寅貳年餘,未有生育。拙妻悍妬,不理家務,不顧繼子,日日生端,每怒時則罵及父母。又屢屢搬其眠床[②]物件,憤歸外家。岳母已經二次送回,今又再去。如此不賢,無法可治。況晚與外家不睦,勢難久合。惟望離之。"

召訊蔡葛娘年 22 歲,住亞森圩[③],供云:"拙夫與氏竟不合意。氏在家艱苦,故屢屢歸寧。既欲離之,氏固願從。"

台勸光源曰:爾妻年尚少,當徐徐而教之,今可招回。奈光源堅要分離。將情申詳公堂大噒內裁奪。

---

① 蕭光源:據《婚簿》載,1872 年 9 月 23 日,住戈奢園 40 歲蕭光元,與 24 歲蔡葛娘再婚。媒妁李執娘,男方主婚蕭秩德(堂兄),女方主婚蔡志俾(堂叔)。陰曆八月二十六日交寅。按:此二人年齡均有差。

② 眠床:閩南話,床鋪。

③ 亞森圩:亦作把殺亞森、亞森腳、Pasar Asem、Asemka,位於吧城 小南門外華人居住區內。

覆訊蕭光源:"爾妻有甚何罪,至如此切意欲離耶?"光源答曰:"拙妻之不賢太甚,全無婦道,亦無一毫婦情。近日小兒疾病,拙妻歸寧,無人照顧。晚自稅馬車苦求回家,他遷延不從,忍心害理,何以妻為如此? 頑婦要他何用?"

覆訊蔡葛娘,供云:"拙夫果有稅車[①]迎歸,氏限另日要自回。"台駁曰:"爾在外家有何事干,故不即從爾夫回家耶?"葛娘默然不答。但稱願離。

公堂會議:論蕭光源、蔡葛娘求離一案。細勘光源所供,其妻不理家務,不顧繼子,屢次搬物歸寧,婦道已乖。況兒病而車迎不回,忍心害理,情義俱絕,有可離之道矣。且葛娘供云,伊夫已經厭棄,情願分離。於是,本堂聽其離異。二比甘願,各花押在薄。存案。

(黃水娘、胡辛全求離一案)

公勃低黃(清淵)、韓(懷然)詳。

黃水娘年 28 歲,住鑒光貓汝,請伊夫胡辛金[②]:"為交寅十年,生一女名溫娘,年七歲。因家姑使小叔往亞朗,而小叔逗留不去。氏因嫌小叔曰:爾但要食不肯做作。因此家姑涕泣,拙夫聞母泣,不暇審察,用碗擲氏之腳,傷至烏青。氏前請公館,亦因拙夫痛打目畔,傷至青腫。拙夫屢屢動手,恐傷性命,惟乞分離。"

---

① 稅車:閩南話,租車。

② 胡辛金:據《婚簿》載,1864 年 11 月 24 日,18 歲胡辛金與 16 歲黃水娘成婚。媒妁葉二娘,男方主婚胡大興(父),女方主婚黃鐳(胞叔)。陰曆十月二十七日交寅。

召訊胡辛全年28歲，住真郎安，供云："拙妻不孝，家母故以掌批之。且日夜四遊，常至暗十點方歸。不顧家事，不理中饋，要他何用？願即離之。"

召訊胡辛全之母李江娘年45歲，供云："媳婦果然不孝，氏稍嫌之，則惡語相侵，且逐日未嘗在家。家事煮食，皆氏任理。所供是實，惟望鑒察。"

台觀夫妻各已絕情。申詳公堂大嘧內裁奪。

覆訊黃水娘、胡辛全，供如公勃低所詳。

公堂會議：論黃水娘、胡辛全求離一案。察其兩邊之情，夫常以毆打相加，妻亦悍頑迕逆，且其母供稱不孝焉。況屢到公館爭端不已，夫恩絕矣，妻義亡矣，不得不判其離遏，其女歸父。二比甘願，花押在簿。存案。

（瑪腰、甲必丹、雷珍蘭、朱葛礁爲本期記錄簽名：馬來文草書）

Tan Tjoentiat（陳濬哲）
Oeij Tjengian（黃清淵）
Ni Boentjiang（連文清）
Gouw Eng Hoei（吳榮輝）
Tan Konghoa（陳光華）
Lie Tjoe Hong（李子鳳）
Tan Tjiang Lee（陳獎禮）

和1874年8月1日，拜六

公堂設嘧喳嘮。

瑪腰陳濬哲官，仝甲必丹高西川舍、甲必丹陳江流官、雷珍蘭陳光華官、雷珍蘭李子昌舍、雷珍蘭李子鳳舍、雷珍蘭韓懷然舍、朱葛礁陳獎禮官俱在座。黃(清淵)甲大、連(文清)甲大、吳榮輝甲、陳文炳甲四位,不到。

(林兎懇要入欠燭昌干刀銀擔保案)

承燭昌干刀和 1874 年 7 月 27 日附一口詞,祈公堂查勘可堪與否? 詳覆。

林兎住班芝蘭為商,安呾人謝允貼及林裕綽俱住舊把殺為商,懇要入欠燭昌干刀銀 4000 盾。

公堂會議:已勘林兎援謝允貼、林裕綽為安呾,懇要入欠燭昌干刀銀 4000 盾。本堂酌量,入欠人林兎及安呾人林裕綽,現時可堪;至於謝允貼,前經為楊江安呾燭昌銀 3000 盾,今要再安呾 4000 盾,則亦可堪。謹詳燭昌干刀裁奪。

(林炳輝、蔡萬娘求離一案)

公勃低吳(榮輝)、陳(光華)詳。

蔡萬娘年 20 歲,住新把殺,請伊夫林炳輝[①]:"為交寅二年,生一男名松榮,年一歲。因要點香,氏泡茶過時,拙夫即怒,腳踢手打,且逐且罵曰:爾若不速去,必被雷擊。又屢屢使氏請公館。及氏歸寧,拙夫即使人抱兒而歸,言思一見,即要送回。孰知遂留不還,又倩乳母以示相絕。如此絕情,惟乞判離。"

---

① 林炳輝:據《婚簿》載,1872 年 9 月 17 日,住聖望港窯內 20 歲林炳輝,與 18 歲蔡萬娘成婚。媒妁陳辛娘,男方主婚林杏生(堂叔),女方主婚蔡風(父)。原注:舊婚。

召訊林炳輝年22歲，住窯內，供云："因拙妻不理中饋，故責之曰，爾若不肯理饌，不如出去，他驕然遂歸寧。後人往喚，他堅不肯回。晚故意將小兒抱歸，欲引拙妻念兒而從歸矣。不意心如鐵石，斷然不顧。拙妻驕悍成性，況婦人已踵公館，貽辱家風。晚不願再合，乞即判離。"

台勘夫妻各執其性，難強再合。將情申詳公堂大嚹內裁奪。

覆訊林炳輝，供云："拙妻如要自回，晚固願承受。若使迎歸，晚實恥之，蓋拙妻去後，經屢屢託人喚回，竟然不從。今無人可使再迎矣。"

覆訊蔡萬娘，供云："如拙夫着人迎歸，氏則願從。若使自歸，實無厚顏可以見人耳。"

公堂會議：勘得林炳輝、蔡萬娘求離一案。察其兩邊供詞，惟各執己見，互相氣，實無可離之情。本堂判斷：林炳輝當使人迎接，而萬娘亦宜相從，仍歸和好，不得違逆。二比唯退。存案。

(瑪腰、甲必丹、雷珍蘭、朱葛礁爲本期記錄簽名：馬來文草書)

Tan Tjoentiat(陳濬哲)　Ko Setjian(高西川)
Tan Konglioe(陳江流)　Tan Konghoa(陳光華)
Lie Tjoe Tjiang(李子昌)　Lie Tjoe Hong(李子鳳)
Han Hoai Djian(韓懷然)　Tan Tjiang Lee(陳奬禮)

和 1874 年 8 月 8 日,拜六

公堂設嘧喳嘮。

瑪腰陳濬哲官,仝甲必丹高西川舍、甲必丹連文清官、雷珍蘭吳榮輝官、雷珍蘭陳光華官、雷珍蘭李子昌舍、雷珍蘭韓懷然舍、朱葛礁陳獎禮官俱在座。黃(清淵)甲大、陳(江流)甲大、李子鳳甲、陳文炳甲四位,不到。

(楊其進入稟為乞葬地事)

具稟人晚生楊其進為乞葬地事,竊晚家父楊些鈁於和1862 年荷蒙大瑪腰暨列憲大人格外雅愛,拔舉為鑒光烏布土庫默氏,奉公無玷。至和 1874 年,因疾病相纏,優意告退。茲和 8 月 2 日不幸身故。乞念十二年勤勞於公務,懇賜蔭地風水一穴,以為葬身之壙。伏望憐浩,則舉家感激,而故父亦啣環於九泉之下矣! 肅此叩稟。

列台閱畢,議曰:論楊些鈁曾任默十二年,今不幸身故。本堂原有蔭地十二卩巨之例,理合准懇。存案。

(瑪腰、甲必丹、雷珍蘭、朱葛礁爲本期記錄簽名:馬來文草書)

Tan Tjoentiat(陳濬哲)　Ko Setjian(高西川)

Ni Boentjiang(連文清)　Gouw Eng Hoei (吳榮輝)

Tan Konghoa(陳光華)　Lie Tjoe Tjiang(李子昌)

Han Hoai Djian(韓懷然)　Tan Tjiang Lee(陳獎禮)

和 1874 年 8 月 20 日，拜四

公堂設嘧喳嘮。

瑪腰陳濬哲官，仝甲必丹高西川舍、甲必丹連文清官、雷珍蘭吳榮輝官、雷珍蘭陳光華官、雷珍蘭韓懷然舍、朱葛礁陳獎禮官（俱在座）。黄（清淵）甲大、陳（江流）甲大、李子昌甲、李子鳳甲、陳文炳甲五位，不到。

（賴亞郎懇要包入伙食物件於戰船擔保案）

承挨實嗹和 1874 年 8 月 17 日附一人入字，祈公堂查勘可堪與否？詳覆。

賴亞郎住小南門為小生理，安呾人陳亞誥住仝上為商，及甘明住新把殺為商，懇要包入伙食物件於戰船，三年為限，約每年價銀 130000 盾。

公堂會議：已勘賴亞郎援陳亞誥、甘明為安呾，要應包入伙食物件於戰船，三年為限，約每年價 130000 盾。本堂酌量，承應人不足，但二安呾人現時可堪。謹詳挨實嗹裁奪。

（副挨實嗹致書公堂為鐵門公班衙地唐塚如何安頓事）

承副挨實嗹和 1874 年 8 月 15 日第 5753 號致書，為鐵門公班衙地現多唐塚，然此地當兑於今之居者，而居者諸人因多塚墳，故不肯買耳。未知如何安頓？祈公堂速速詳覆。

列台閱畢，議曰：此事宜委高（西川）甲大、黄（清淵）甲

大、連(文清)甲大、吳榮輝甲四位,全到鐵門查視。如何意見,立即詳覆,然後當堂計議得妥而行。存案。

(瑪腰、甲必丹、雷珍蘭、朱葛礁爲本期記錄簽名:馬來文草書)

Tan Tjoentiat(陳濬哲) Ko Setjian(高西川)
Ni Boentjiang(連文清) Gouw Eng Hoei (吳榮輝)
Tan Konghoa(陳光華) Han Hoai Djian(韓懷然)
Tan Tjiang Lee(陳獎禮)

和1874年8月25日,拜二

公堂設嘧喳嘮。

瑪腰陳濬哲官,仝甲必丹高西川舍、甲必丹連文清官、甲必丹陳江流官、雷珍蘭陳光華官、雷珍蘭李子鳳舍、雷珍蘭韓懷然舍、朱葛礁陳獎禮官(俱在座)。黃(清淵)甲大、吳榮輝甲、李子昌甲、陳文炳甲四位,不到。

(張聰觀等七人懇應入安黎抹諸物件及修理路車擔保案)

承副挨實嗹和1874年8月22日、24日附七人入字,祈公堂酌量可堪與否?詳覆。

一、張聰觀住臭橋開桶店,安呾人陳英傑住洪溪為商,又梁漢和住大南門為商,懇要應修理在吧轄內之路車,一年至三年為限，每年價銀 4000 餘盾；又要入貯路批之皮袋 200 卩[①]，約價銀 5000 盾；又要入盟誓雞[②]，三年為限，約每年價銀 1000 餘盾。

二、張世隆住大南門為安黎抹，安呾人張肇燮住小南門為安黎抹，又李亞二住仝上為商，懇要應入貯路批之皮袋 200 卩，價銀仝上；又要入盟誓雞，價銀仝上。

三、張辛郎住珍為馬車貓氏，安呾人薛文秀住珍為商，又許亞三住珍開藥店，懇要修理路車，二年為限，價銀仝上；又要入貯路批之皮袋 200 卩，價銀仝上。

四、林長生住臭橋為車貓氏，安呾人顏德富住大南門開鐵店，又張福三住仝上開茄令店，懇要修理路車，二年為限，價銀仝上。

五、許文巳，安呾人詹炳茂、莊玉水仝住珍為商，懇應仝上第四條。

六、許文全住珍料理[③]許文巳之亞郎，安呾人許文巳及朱斗四住珍開裁縫店，懇要應入伙食於清港之甲板船，三年為限，每年價銀 2000 盾；又要入盟誓雞，價銀仝上。

七、林貫生住洪溪為龜里，安呾人陳英傑，又梁漢和，懇要應入伙食於清港之甲板船，三年為限，價銀仝上第六條。

公堂會議：據七人入字，懇應入安黎抹諸物件及修理路車，已經逐一查勘。本堂酌量，承應人及安呾人，現時俱各

① 卩：同“腳”，在此作量詞。

② 盟誓雞：盟神罰誓時斬雞頭所用之雞。

③ 料理：閩南話，照看、管理。

可堪。惟張福三及許文全、林貫生三人，因作小經紀，不堪擔戴。謹詳副挨實嗹裁奪。

（小商翻譯李佛勝賜加雷珍蘭智廚禮之職）

承挨實嗹和1874年8月20日第5183號逸字11號致書，達知公堂遵王上和1874年8月6日第50號案奪，為閱美色葛和本年4月24日第776號、1603號所詳；又厘力突柔知詩[①]5月6日第1613號、3596號；又厘力突民蘭美實直[②]6月1日第4898號；又大商6月30日第211號、2030號；又王朱6月23日第1254號一一所詳；又從叻班因里[③]並閱和1869年9月2日國例第21號所定，茲小商繙譯李佛勝因任事盡職，今賜雷珍蘭智廚禮之職，且免還600盾案奪字之印紙費矣。

列台閱畢。存案。

（瑪腰提議待來年議舉題緣以為金德院慶成之事）

瑪腰請曰：前金德院[④]佛像被壞，已令修理完竣。其工銀1000盾，本擬募題順作慶成。礙是歲不利，須待來年方可議舉題緣，以為慶成之事。今此1000盾，不若上字懇開

---

① 厘力突柔知詩：亦作厘力突柔實知詩、厘力突叻柔實低司，荷蘭語Directeur Justitie，荷印高等法院主管。

② 厘力突民蘭美實直：荷蘭語Directeur Binnenlandsch Bestuur，荷印政府内政部門主管。

③ 叻班因里：荷蘭語Raad van Indië荷屬東印度參議院。

④ 金德院：即觀音亭，建於順治七年（1650），吧城華人最早的廟宇之一。

公堂櫃項，設使後來題有餘資，自有開用之路。列台意見如何？

列台曰：瑪腰意見甚妙。即可將情詳字與挨實嗹是也。存案。

（瑪腰、甲必丹、雷珍蘭、朱葛礁爲本期記錄簽名：馬來文草書）

Tan Tjoentiat（陳濬哲） Ko Setjian（高西川）
Ni Boentjiang（連文清） Tan Konglioe（陳江流）
Tan Konghoa（陳光華） Lie Tjoe Hong（李子鳳）
Han Hoai Djian（韓懷然） Tan Tjiang Lee（陳獎禮）

和 1874 年 8 月 27 日，拜四

公堂設嘧喳嘮。

瑪腰陳濬哲官，仝甲必丹高西川舍、甲必丹連文清官、甲必丹陳江流官、雷珍蘭韓懷然舍、朱葛礁陳獎禮官俱在座。黃（清淵）甲大、吳榮輝甲、陳光華甲、李子昌甲、李子鳳甲、陳文炳甲六位，不到。

（陳冷水、楊亞永懇應入諸物件及修理路車擔保案）

承副挨實嗹和 1874 年 8 月 26 日第 5282 號致書附二人入字。祈公堂查勘可堪與否？詳覆。

一、陳冷水住北戈然為商，安咀人徐亞六住廿六間為商，又

楊秀賢住大港墘為商，懇要應入伙食於清港之甲板船[1]，三年為限，約每年價銀 2000 盾；又要入盟誓雞，三年為限，約每年價銀 1000 餘盾。

二、楊亞永住新把殺為車貓氏，安呾人賴彛觀住仝上開米店，又楊秀賢，懇要應包修理在吧轄內之路車，二年為限，約每年價銀 4000 餘盾。

公堂會議：已勘陳冷水援徐亞六、楊秀賢為安呾，要入伙食於清港之甲板船併入盟誓雞，三年為限，每年共價銀三千餘盾。楊亞永援賴令觀、楊秀賢為安呾，要修理路車，二年為限，每年價銀 4000 餘盾。本堂酌量，承應人及安呾人，現時俱各可堪。謹詳副挨實嚏裁奪。

（瑪腰、甲必丹、雷珍蘭、朱葛礁爲本期記錄簽名：馬來文草書）

Tan Tjoentiat（陳濬哲） Ko Setjian（高西川）
Ni Boentjiang（連文清） Tan Konglioe（陳江流）
Han Hoai Djian（韓懷然） Tan Tjiang Lee（陳獎禮）

和 1874 年 9 月 10 日，拜四

公堂設嘧喳嘮。

瑪腰陳濬哲官，仝甲必丹高西川舍、甲必丹連文清官、

---

① 甲板船：亦作甲舨船、舺舨船、呷板船、夾板船，簡稱甲板，馬來語 Kapal，泛指西洋船。（清）周凱《廈門志》卷五《船政略・番船》："呷板船，又稱夾板船，以其船底用夾板也…… 內地統呼夷船爲呷板船。"

雷珍蘭吳榮輝官、雷珍蘭陳光華官、雷珍蘭韓懷然舍、雷珍蘭陳文炳舍、朱葛礁陳獎禮官俱在座。黃(清淵)甲大、陳(江流)甲大、李子昌甲、李子鳳甲四位,不到。連(文清)甲大於令弟連炎照入熾昌之案,避議。

(連炎照懇入欠熾昌銀擔保案)

熾昌干刀附下一口詞,祈公堂查勘可堪與否?詳覆。

連炎照住洪溪為商,安呾人連極真住仝上為商,又陳深郎住八廚沃間掌灰窯,懇欠熾昌干刀銀6000盾。

公堂會議:已勘連炎照援連極真、陳深郎為安呾,懇入欠熾昌銀6000盾。本堂酌量,入欠人及安呾人,現時可堪。陳深郎自言已安呾曾亞二1500盾,今亦尚可堪。謹詳熾昌干刀裁奪。

(大朱陳玉長官繳入和1874年丹絨義塚祭費錄單一紙)

據大朱陳玉長官繳入和1874年丹絨義塚祭費錄單一紙,共銀300盾。請開公堂出數。

列台閱畢,議曰:即可就單開數是也。

(挨實嗹致書公堂准開公堂櫃項為修理金德院佛像事)

承挨實嗹和1874年9月1日第5423號致書,已閱公堂和本年8月27日第99號所詳,為修理佛像該用費銀1000盾。茲即准開公堂櫃項。

列台閱畢,議曰:既挨實嗹已經准懇,立可開公堂出數是也。存案。

(瑪腰仝公眉司往牛郎沙里 鐵門勘察塚地)

瑪腰仝緞奇八,及高(西川)甲大、吳榮輝甲、韓懷然甲,往公眉司[①]鐵門 牛郎沙里地。據緞奇八所指之處,有三區塚墳,内中惟一大墳有墓牌,自乾隆卅二年戊子[②]至今一百有餘年。以此推之,足見此處原是塚地,所以及今諸墓無人敢搖動耳。

公堂會議:就公眉司所見,即可申詳副挨實嗹裁奪。

(瑪腰、甲必丹、雷珍蘭、朱葛礁爲本期記錄簽名:馬來文草書)

Tan Tjoentiat(陳濬哲)　　Ko Setjian(高西川)

Ni Boentjiang(連文清)　　Gouw Eng Hoei (吳榮輝)

Tan Konghoa(陳光華)　　Han Hoai Djian(韓懷然)

Tan Boen Peng(陳文炳)　　Tan Tjiang Lee(陳獎禮)

和 1874 年 9 月 19 日,拜六

公堂設嘧喳嘮。

瑪腰陳濬哲官,仝甲必丹高西川舍、雷珍蘭陳光華官、雷珍蘭李子昌舍、雷珍蘭韓懷然舍、雷珍蘭陳文炳舍、朱葛

---

① 公眉司:亦作君眉司,荷蘭語 Commissie,馬來語 Komisi,到某地調查,檢查,督查。

② 乾隆卅二年戊子:應為"乾隆卅三年戊子",西元 1768 年。

礁陳獎禮官俱在座。黃(清淵)甲大、連(文清)甲大、陳(江流)甲大、吳榮輝甲、李子鳳甲五位,不到。

(黎孟浩懇要應入帆布於病厝擔保案)

承副挨實嗹和1874年9月19日附一人入字,祈公堂查勘可堪與否?詳覆。

黎孟浩住珍為商,安呾人黎亞維住新把殺為商,及陳亞樽住珍為商,懇要應入帆布25疋於病厝,約價銀600餘盾。

公堂會議:已勘黎孟浩援黎亞維、陳亞樽為安呾,要入帆布25疋,價銀600餘盾。本堂酌量,承應人及安呾人,現時俱各可堪。謹詳副挨實嗹裁奪。

(瑪腰、甲必丹、雷珍蘭、朱葛礁爲本期記錄簽名:馬來文草書)

Tan Tjoentiat(陳濬哲)

Tan Konghoa(陳光華)

Han Hoai Djian(韓懷然)

Tan Tjiang Lee(陳獎禮)

Ko Setjian(高西川)

Lie Tjoe Tjiang(李子昌)

Tan Boen Peng(陳文炳)

和1874年9月22日,拜二

公堂設嘧喳嘮。

瑪腰陳濬哲官,仝甲必丹高西川舍、甲必丹連文清官、雷珍蘭陳光華官、雷珍蘭李子昌舍、朱葛礁陳獎禮官俱在座。黃(清淵)甲大、陳(江流)甲大、吳榮輝甲、李子鳳甲、韓懷然甲、陳文炳甲六位，不到。

（葉元和、林奇觀、鍾仲二懇要入火油及和數簿等物擔保案）

承副挨實嗹和 1874 年 9 月 21 日、22 日附三人入字，祈公堂查勘可堪與否？詳覆。

一、葉元和住鑒光美色近兌和簿，安呾人許文巳住珍為商，及謝日生住珍為商，懇要包入和數簿[1]於番學醫，約價銀 800 盾。

二、林奇觀住窯內未有經紀，安呾人陳炳耀住仝上掌內，及郭榮傳住觀音亭為和才副，要應包入火油[2]於守更寮[3]約三年，價銀 10000 盾。

三、鍾仲二，安呾人鍾三龜及吳水臨俱住新把殺為商，懇應仝上第二條。

公堂會議：據三人入字，要入火油及和數簿等物，已經逐一查勘。本堂酌量，承應人及安呾人，現時俱各可堪。惟林奇觀及郭榮傳不堪擔戴。謹詳副挨實嗹裁奪。

（唐瑞生入稟為乞葬地事）

具稟人晚生唐瑞生為乞葬地事：竊晚表兄劉水生現任丹那實嗹[4]默事，今不幸身故。伏乞公堂憐念其在任而卒，

① 和數簿：荷蘭文賬簿。
② 火油：煤油。
③ 更寮：閩南話，爲防範匪盜而設的守夜打更崗哨。
④ 丹那實嗹：Tanah Sera，吧城華人居住區之一。

懇賜十二卩巨蔭地風水以為葬身之墳。存沒均感，晚不勝懇切之至！謹穎奉稟。

列台閱畢，議曰：論劉水生現任丹那實嗹默，卒於任事。本堂原有十二卩巨蔭地之例，合當准懇。存案。

（瑪腰、甲必丹、雷珍蘭、朱葛礁爲本期記錄簽名：馬來文草書）

Tan Tjoentiat（陳濬哲）　Ko Setjian（高西川）

Ni Boentjiang（連文清）　Tan Konghoa（陳光華）

Lie Tjoe Tjiang（李子昌）　Tan Tjiang Lee（陳奬禮）

和 1874 年 10 月 1 日，拜四

公堂設嘧喳嘮。

瑪腰陳濬哲官，仝甲必丹高西川舍、甲必丹連文清官、雷珍蘭吳榮輝官、雷珍蘭陳光華官、雷珍蘭韓懷然舍、雷珍蘭陳文炳舍、朱葛礁陳奬禮官俱在座。黄（清淵）甲大、陳（江流）甲大、李子昌甲、李子鳳甲四位，不到。

（林兎懇入欠熾昌銀擔保案）

承熾昌干刀和 1874 年 9 月 30 日附一口詞，祈公堂查勘可堪與否？詳覆。

林兎住班芝蘭為商，安呾人林裕綽及温紹熙俱住舊把殺為商，懇入欠熾昌干刀銀 4000 盾。

公堂會議：已勘林兎援林裕綽、温紹熙為安呾，懇入欠

熾昌銀 4000 盾。本堂酌量，入欠人及安咀人，俱各可堪。謹詳熾昌干刀裁奪。

(副挨實嗹致書公堂祈指明牛郎沙里塚地之界址事)

承副挨實嗹和 1874 年 9 月 16 日第 6540 號致書公堂，為閱和本月 10 日第 542 號所詳，為牛郎沙里塚地事，祈速速指明公堂地之界址，及新把殺公班衙地之界址，方知七壙之處屬誰之界矣。

公堂會議：論牛郎沙里塚地，公堂掌理相傳至今，依舊而行。據長老居人言，有塚壙之所，係屬公堂之地。況觀其墓碑之歲月，至今百有餘年。若欲細知其界址之處，惟量地官方能指明。謹詳副挨實嗹裁奪。

(劉文德、鍾珠娘求離一案)①

公勃低高(西川)、陳(文炳)詳。

鍾珠娘再請，供云："自和本年 7 月 3 日蒙公堂判氏夫妻仍歸和好，而拙夫欲稅厝招氏同居。但歸後數日，氏不幸染病。及後拙夫使人相邀，奈氏尚病不得遂從。至今遂無音問，亦無一文以助藥費。如果有夫妻之念，豈有若是之絕情？其不肯分離及欲稅厝養顧者，實欲與氏刁難，非出其真情況。現今無利路，亦無稅厝，蓋欲誤氏一生艱難而已。昔者氏經從其外居，亦不得溫飽，以至於今依父母而食。伏乞明鑒。"

---

① 此案前文見於 1872 年 7 月 2 日。

召訊劉文德,供云:“晚使人招拙妻欲暫與繼母同居,拙妻特云身病,並無討費。”台駁曰:“爾若存妻子之情,當自知給顧,何待求討? 爾現無利路,又兼娶妾,何以養妻子?”文德答曰:“晚與郭福慶幫理藥店,每月辛金 25 盾。”

台訊郭福慶,答曰:“劉文德自己有行醫,有時來藥店幫理店務。晚常多少助其費用,無定其辛金。所供是實。”

台見夫婦勢難久合,將情申詳公堂大嗒內裁奪。

覆訊劉文德,供云:“自唐二月至今,因不合於岳母,是故不歸亦不給費。但求拙妻寓於繼母,不願分離。”

覆訊鍾珠娘,供云:“拙夫之流蕩在外,留戀其妾者經六七年。雖或有時惠,然肯來乃如宿客,數日之間反身又去。自二月至今,則音跡俱絕矣。非氏謬告,實鄰右所共知也。他雖不歸,若尚顧妻子之費,亦情有可耐。雖衣食不繼,若夫無外蕩無娶妾,亦情有可原,而可以相安於命也。今皆不然,故不得已屢踵公門,不避醜辱。乞垂明判。”

公堂會議:細勘劉文德、鍾珠娘求離一案。前劉文德言不合於岳母,以致音跡費用皆不相及,切求外居,另欲稅厝。本堂論從夫之義,妻合相隨,故前案判妻歸夫矣。觀判歸之後,仍與妾居,不肯稅厝,婦病不臨顧,藥費不相給。又前經招妻外居,家事遺棄,以致不能相安。復歸外家,豈非夫綱有缺而然耶? 據社長所言,文德不入舊把殺戶籍已四五年矣,而在外無利路,往來不定,子病不顧,甘心寵戀一婢妾,豈復有一毫妻子之念乎? 推其情理,文德之自絕於妻子已在前年矣。其不肯即離,招妻與繼母居者,明知其不行而外假飾詞,欲置妻子於孤寡以為刁難之計也。況珠娘積恨已久,今日強合,明日生端,勢無了局。因是,公堂判離。礙文德不從判案,將情申詳副挨實嗹定奪,以固公堂判案。

(副挨實嗹致書公堂達知鍾珠娘、劉文德離遏一案已從公堂所詳判離)

承副挨實嗹和 1874 年 10 月 16 日第 7507 號致書公堂達知,為閱和本月 6 日第 584 號所詳,鍾珠娘與其夫劉文德離遏一案,已從公堂所詳判離矣。存案。

(瑪腰、甲必丹、雷珍蘭、朱葛礁爲本期記錄簽名:馬來文草書)

Tan Tjoentiat(陳濬哲)

Ni Boentjiang(連文清)

Tan Konghoa(陳光華)

Tan Boen Peng(陳文炳)

Ko Setjian(高西川)

Gouw Eng Hoei (吳榮輝)

Han Hoai Djian(韓懷然)

Tan Tjiang Lee(陳獎禮)

和 1874 年 10 月 6 日,拜二

公堂設嘧喳嘮。

瑪腰陳濬哲官,仝甲必丹高西川舍、甲必丹黃清淵舍、甲必丹連文清官、雷珍蘭吳榮輝官、雷珍蘭陳光華官、雷珍蘭李子昌舍、雷珍蘭韓懷然舍、朱葛礁陳獎禮官俱在座。陳(江流)甲大、李子鳳甲、陳文炳甲三位,不到。

(葉清溪懇要應入犯人衣服擔保案)

承大挨實嗹和 1874 年 10 月 5 日附一人入字,祈查勘可堪與否? 詳覆。

葉清溪住小南門為商,安咀人葉純住仝上為商,及朱斗四住珍開裁縫店,懇要應入犯人衣服,三年為限,約每年價銀 60000 盾。

公堂會議:已勘葉清溪援葉純、朱斗四為安咀,懇入犯人之衣,一年至三年,約每年價銀 60000 盾。本堂酌量,承應人及安咀人,現時可堪。謹詳大挨實嗹裁奪。

(林溫山、陳瑞娘求離一案)

公勃低連(文清)、李(子鳳)詳。

林溫山[1]年 35 歲,住洪溪,請伊妻陳瑞娘。為交寅十七年,生一女名勞致,年 13 歲。供云:"拙妻經八年在外,行不節之事,晚甚恥之。伏乞判離。"

召訊陳瑞娘年 32 歲,住八戈然,供云:"誠如拙夫所言。初因不合於家姑,與拙夫又不能和睦,因此氏憤氣而行不節焉。拙夫欲離,固所願也。"

台觀瑞娘自認行醜,合當離之。將情申詳公堂大嚕內裁奪。

覆訊林溫山、陳瑞娘,供如公勃低所詳。

---

① 林溫山:據《婚簿》載,1858 年 11 月 20 日,住戈奢園 19 歲林溫三,與 15 歲陳瑞娘成婚。媒妁吳敬娘,男方主婚林春福(父),女方主婚陳福生(胞叔)。陰曆十月二十二日交寅。默氏蕭江源來單云係吧生。

公堂會議：論林溫山、陳瑞娘求離一案。據林溫山指其妻已八年在外，行不節之事；而瑞娘亦自認其醜行，不得不離。即日，公堂判其離遏，其女歸父。夫妻甘願。唯退。存案。

(瑪腰、甲必丹、雷珍蘭、朱葛礁爲本期記錄簽名：馬來文草書)

Tan Tjoentiat(陳濬哲)
Oeij Tjengian(黃清淵)
Gouw Eng Hoei (吳榮輝)
Lie Tjoe Tjiang(李子昌)
Tan Tjiang Lee(陳獎禮)
Ko Setjian(高西川)
Ni Boentjiang(連文清)
Tan Konghoa(陳光華)
Han Hoai Djian(韓懷然)

和 1874 年 10 月 20 日，拜二

公堂設嘧喳嘮。

瑪腰陳濬哲官，仝甲必丹高西川舍、甲必丹黃清淵舍、甲必丹連文清官、甲必丹陳江流官、雷珍蘭陳光華官、雷珍蘭李子昌舍、雷珍蘭李子鳳舍、雷珍蘭陳文炳舍、朱葛礁陳獎禮官俱在座。吳榮輝甲、韓懷然甲二位，不到。

(副挨實嗹致書公堂可請丈地官丈量牛郎沙里地界址事)

承副挨實嗹和 1874 年 10 月 10 日第 7306 號，為閱和

本月 2 日第 579 號公堂所詳，今可將牛郎沙里地與量地仔[1]先量其界址，而後將量地字寄來干刀。

列台閱畢，議曰：據副挨實嗹之書，將牛郎沙里地使公堂量其界址。如不從命，塚地之界終難會明。宜委高(西川)甲大仝黃(清淵)甲大向量地官請即行量，其所費，後日上塚請開公堂櫃項是也。存案。

(瑪腰、甲必丹、雷珍蘭、朱葛礁爲本期記錄簽名：馬來文草書)

Tan Tjoentiat(陳濬哲) Ko Setjian(高西川)

Oeij Tjengian(黃清淵) Ni Boentjiang(連文清)

Tan Konglioe(陳江流) Tan Konghoa(陳光華)

Lie Tjoe Tjiang(李子昌) Lie Tjoe Hong(李子鳳)

Tan Boen Peng(陳文炳) Tan Tjiang Lee(陳獎禮)

和 1874 年 11 月 3 日，拜二

公堂設嘧喳嘮。

瑪腰陳濬哲官，仝甲必丹黃清淵舍、甲必丹連文清官、甲必丹陳江流官、雷珍蘭陳光華官、雷珍蘭李子鳳舍、雷珍蘭韓懷然舍、朱葛礁陳獎禮官俱在座。高(西川)甲大、吳榮輝甲、李子昌甲、陳文炳甲四位，不到。

---

① 量地仔：閩南話，土地丈量員。

（林天壽、洪榮茂懇入欠熾昌銀擔保案）

承熾昌干刀和 1874 年 10 月 26 日第 875 號、876 號附二口詞，祈公堂查勘可堪與否？詳覆。

一、林天壽住廿六間為商，援和人為安呾，懇入欠熾昌干刀銀 4000 盾。

二、洪榮茂住廿六間為商，安呾人朱玉娘住大巷內開亞朗，及戴有生住仝上為小生理，懇入欠熾昌干刀銀 2000 盾。

公堂會議：已勘林天壽援和人為安呾，要入欠熾昌銀 4000 盾。洪榮茂援朱玉娘、戴有生為安呾，要入熾昌銀 2000 盾。本堂酌量，林天壽及朱玉娘現時可堪，洪榮茂及戴有生祇小生理，不堪擔戴。其和人，本堂不知也。謹詳熾昌干刀裁奪。

（李伯達、高瓊瑤所懇免還印紙銀 1900 盾不得承受）

承挨實嗹和 1874 年 11 月 2 日第 6587 號又 11 號致書，達知公堂遵王上和 1874 年 10 月 20 日案奪，為閱美色甘室李伯達甲及高瓊瑤甲和 1874 年 8 月 20 日所詳，因經授欽賜甲必丹，該還印紙銀 1900 盾，今求免還。如不得免，懇要彭還[①]李伯達甲每月 25 盾，高瓊瑤甲每月 100 盾。已閱厘力突柔知詩和 1874 年 10 月 7 日第 3161 號又 7849 號所詳，又挨實嗹 9 月 29 日第 5972 號又 11 號所寄，與厘力突柔知詩之書，明見二人皆堪清還此項。以上所懇，不得承受。

---

① 彭還：亦作“抨還”，閩南話，償還。

列台閱畢。存案。

(公勃低高西川、黃清淵詳覆牛郎沙里地丈量之事)

據公勃低高(西川)甲大同黃(清淵)甲大詳覆,為要量牛郎沙里地之事。晚弟等已向量地官求行丈量,他云現時別務甚煩,該當先理。容俟異日遑暇,即要行量。將情申詳。

列台議曰:就二位公勃低回覆之詞,可以申詳副挨實嗹裁奪。

(朱貴娘、劉清秀求離一案)

公勃低高(西川)、陳(文炳)詳。

朱貴娘年 33 歲,住臭橋朱亞四之家,請伊夫劉清秀[1]:"為交寅八載,生一男名崙山,年乙歲。拙夫經六七年間遊浪蕩,不謀利路。家中伙食並無給顧,厝稅亦不能還。東遷西移,屢被厝主趕逐。氏十指自活,及賣奩物以為度日。氏常勸夫曰,汝為男子,不圖生計,奈妻子何?他憤然曰,我現不能謀生活,任爾出去。至去年十月間,氏染病而拙夫置之不顧,無奈歸寧養病。拙夫二次探視,亦無給費。氏耐餒忍寒以至於今,不為不苦矣。奈拙夫終無憐念,何以相從?惟乞判離。"

召訊劉清秀年 40 歲,住聖望港,供云:"拙妻請晚六七年

---

① 劉清秀:據《婚簿》載,1866 年 11 月 22 日,32 歲劉清秀與 25 歲朱貴娘成婚。媒妁曾貞娘,男方主婚劉亞蘭(父),女方主婚朱恩壽(胞兄)。陰曆十月十九日交寅。

無利路，此言太過。因命途不遂，二三年無利路，故不能給費。去年拙妻染病，自求歸寧。晚往視二次，奈囊中如洗，雖欲給費，實難應心。況近來晚亦染病二個月，自顧不暇，何以顧妻子？若拙妻不堪貧苦，欲求分離，晚固願從。”

台勸曰：貧富命也。夫妻各宜安分，勤圖生活。礙貴娘堅欲分離。將情申詳公堂大嗒內裁奪。

覆訊朱貴娘、劉清秀夫婦，供如公勃低所詳。

公堂會議：論朱貴娘、劉清秀求離一案。細察貴娘之供，意祇因夫蕩無計，家費久缺，難自存活；而清秀自認困窮難顧妻子，情願離之。況屢到公館，屢勸不從，勢無了局。因是，本堂聽其分離。其子暫付母養，待至七歲還歸其父。令清秀逐月多給其子費。二比甘願，花押在簿。存案。

（瑪腰、甲必丹、雷珍蘭、朱葛礁爲本期記錄簽名：馬來文草書）

Tan Tjoentiat（陳濬哲）	Oeij Tjengian（黃清淵）
Ni Boentjiang（連文清）	Tan Konglioe（陳江流）
Tan Konghoa（陳光華）	Lie Tjoe Hong（李子鳳）
Han Hoai Djian（韓懷然）	Tan Tjiang Lee（陳獎禮）

和 1874 年 11 月 21 日，拜六

公堂設嘧喳嘮。

瑪腰陳濬哲官，仝甲必丹高西川舍、甲必丹黃清淵舍、甲必丹連文清官、雷珍蘭吳榮輝官、雷珍蘭李子昌舍、雷珍

蘭李子鳳舍、雷珍蘭韓懷然舍、雷珍蘭陳文炳舍、朱葛礁陳獎禮官俱在座。陳(江流)甲大、陳光華甲二位,不到。連(文清)甲大於令郎連福(全)之案,避議。

(連福全懇入欠熾昌銀擔保案)

承熾昌干刀和1874年11月16日第933號附一口詞,祈公堂查勘可堪與否? 詳覆。

連福全住洪溪為商,援和人為安呾,懇入欠熾昌銀4000盾。

公堂會議:已勘連福全援和人為安呾,懇入欠熾昌銀4000盾。本堂酌量,連福全現時可堪,其安呾人,本堂不知也。謹詳熾昌干刀裁奪。

(葉辛娘、邱亞二求離一案)

公勃低黃(清淵)、韓(懷然)詳。

葉辛娘年34歲,住磚仔橋,請伊夫邱亞二。為交寅十五年,生二女,長名沓汝娘,年15歲;次貞娘,年13歲。供云:"拙夫將小南門厝宅並其生理做字[1],暗賣其弟邱亞書,氏並不知覺,惟每月亞書給費銀20盾。近來邱亞書身故,因掛些人與氏不合,故暫移磚仔橋,以待拙夫來吧。今拙夫到吧,氏即尋與相見,誰知拙夫信聽外言,不肯領納,堅欲離之。氏自推無過,拙夫今已富裕,遂懷僥心,欲棄氏無容身之地。今拙夫欲再回唐,業已絕情。氏亦願離之,但求二女

① 做字:閩南話,起草、簽訂文書。字,此指文書、文件、證件。

留吧，早晚為伴是也。”

召訊邱亞二年53歲，住小南門，供云：“拙妻所行不端。晚回唐時，外人紛紛傳言，拙妻所行不正，常在外遊蕩，在外留宿至半個月，或十日八日，或五日方回。在家時亦日夜税車仔出去，至半夜方歸。醜名流傳，晚實恥之。又聞唐七月十五日，亞書弟病體稍愈，使新客[1]燉燕窩，亞書弟仝舍姪及店內才副食之，皆嘔焉，知非他之作為耶？又近日亞書弟身故，將搬舖之帳幔折開，暴露其屍。夫死人何罪而殘忍辱及其屍乎？晚厭此惡婦，恥聞外言，不願居吧。俟亞書弟喪事明白，即要回唐，不復來吧，乞早離之。至於二女。聽其所欲。若要從晚，則帶回唐；如要從母，則留在吧。惟望明判。”

台觀邱亞二意切，難勸其合。將情申詳公堂大嗸內裁奪。

覆訊葉辛娘、邱亞二夫妻，供如公勃低所詳。

公堂會議：論葉辛娘、邱亞二求離一案。據辛娘稱，其夫自唐再吧，他尋往相見，拒而不納。邱亞二云，其妻行止不端，豺狼成性，殘忍辱小叔之屍。且亞二云不願居吧，恥聞外言，可見其情義絕矣。於是，當堂判其離遏。至於二女，例當歸父。然亞二言，願從其所欲。以此，本堂聽其二女之意也。存案。

---

① 新客：指剛從中國或南洋各地移民到吧城的華人，相對“舊客”而言。馬來語爲 Singkeh 或 Singkek。

（瑪腰、甲必丹、雷珍蘭、朱葛礁爲本期記錄簽名：馬來文草書）

Tan Tjoentiat（陳濬哲） Ko Setjian（高西川）

Oeij Tjengian（黃清淵） Ni Boentjiang（連文清）

Gouw Eng Hoei（吳榮輝） Lie Tjoe Tjiang（李子昌）

Lie Tjoe Hong（李子鳳） Han Hoai Djian（韓懷然）

Tan Boen Peng（陳文炳） Tan Tjiang Lee（陳獎禮）

和 1874 年 11 月 24 日，拜二

公堂設嘧喳嘮。

瑪腰陳濬哲官，仝甲必丹高西川舍、甲必丹黃清淵舍、甲必丹連文清官、雷珍蘭李子昌舍、雷珍蘭李子鳳舍、雷珍蘭韓懷然舍、雷珍蘭陳文炳舍、朱葛礁陳獎禮官俱在座。陳（江流）甲大、吳榮輝甲、陳光華甲三位，不到。

（陳任瑞懇入欠燭昌銀擔保案）

承燭昌干刀和 1874 年 11 月 23 日第 946 號附一口詞，祈公堂查勘可堪與否？詳覆。

陳任瑞住小南門為商，援和人為安呾。懇要入欠燭昌銀 10000 盾。

公堂會議：已勘陳任瑞援和人為安呾，懇入欠燭昌銀 10000 盾。本堂酌量，陳任瑞現時可堪，其安呾人，本堂不知也。謹詳燭昌干刀裁奪。

（公堂回覆訟師之書所問故劉亞四之業事）

承挨實嗹和1874年10月29日第6495號附訟師之書，懇公堂酌量詳覆。

訟師緞興哖致書公堂云：為劉亞四前妻何水娘，生下三女，曰金娘、曰二不老、曰沙郎，已做達心眠字付妻掛些其業，與三女均分。及前妻歿，劉亞四再娶沈春娘，生二男四女，男曰德興、曰生根，女曰孝娘、曰來娘、曰文質、曰沙郎，俱未長成。今劉亞四身故，無再做字，惟留前之達心眠字，將所遺之業與三女均分；而後生二男，皆無所得。故懇公堂酌量，按在吧之唐例，此男該得業否？如該得業，則如何分派？祈具詞詳覆。

公堂會議：已閱訟師之書所問故劉亞四之業事。按在吧唐人常例，如父母死後有遺書者，則從其遺書分業，但男子若無因故，不得忘致分外。況《律例》陳明，凡男子者合當為承業，其女子皆無得業，父母惟配其嫁妝而已。本堂酌量，二男子合宜得業，蓋劉亞四立遺書之時，尚未生男故也。至於四女之未長成者，承業人均為撫養，至後日長成，擔支其出嫁妝奩。謹詳挨實嗹裁奪。

（蔡水生、白和娘求離一案）

公勃低黃（清淵）、韓（懷然）詳。

白和娘年26歲，住結石珍，請伊夫蔡水生。交寅八年，有生不育。供云："拙夫經一個月不給分文，在外遊蕩，未嘗回家。或有時暫歸，更衣遂出，不與氏相見，夜則外宿戲妓，有夫宛如寡婦。似此絕情，惟願分離。"

召訊蔡水生年28歲，住觀音亭，供云："誠如拙妻所言，但父喪二個月，衹因口角，拙妻遂將包袱枕頭俱搬歸外家，晚即追回，約在家十日，復再去。晚又招回，他獨一身相隨，將包袱皆留於外家。晚問何故不並帶來，他云如再不和，徒勞攜搬，何用帶來？又父喪未期年，拙妻擅自闋服。似此舉動，已見絕情絕義。況晚貧窮，拙妻愛賭博，斷難長久，不如早離，以成其志。伏乞明判。"

台百般勸解，乃夫婦堅欲分離。將情申詳公堂大嗒內裁奪。

覆訊白和娘，供云："拙夫厭絕已甚，在外遊蕩，家費不顧，何可相從？惟望早離。"

覆訊蔡水生，供云："拙妻父喪兩月，擅自闋服，妝奩枕頭攜歸外家，不肯取回，心已外向，於此可見。晚不願再合。"

公堂會議：論蔡水生、白和娘求離一案。察其夫妻供詞，兩邊互相謗嫌，各執求離，已見其恩愛皆絕矣。況無子女牽連，強合無益。因是，本堂聽其離逷，各從別適。二比甘願，花押在簿。存案。

（瑪腰、甲必丹、雷珍蘭、朱葛礁爲本期記錄簽名：馬來文草書）

Tan Tjoentiat（陳濬哲）
Oeij Tjengian（黃清淵）
Lie Tjoe Tjiang（李子昌）
Han Hoai Djian（韓懷然）
Tan Tjiang Lee（陳獎禮）
Ko Setjian（高西川）
Ni Boentjiang（連文清）
Lie Tjoe Hong（李子鳳）
Tan Boen Peng（陳文炳）

和1874年12月12日，拜六

公堂設嘮嗟嘮。

瑪腰陳濬哲官，全甲必丹連文清官、雷珍蘭陳光華官、雷珍蘭韓懷然舍、雷珍蘭陳文炳舍、朱葛礁陳獎禮官俱在座。高(西川)甲大、黃(清淵)甲大、陳(江流)甲大、吳榮輝甲、李子昌甲、李子鳳甲六位，不到。

(楊秀賢入稟為乞葬地事)

具稟人晚生楊秀賢為乞葬地事：切晚蒙公堂不棄菲才，命委現任大港墘副默事。今家門不祚，本月初二日拙荊鍾酉娘不幸身故。伏望列位憲台恩賜一區蔭域以為後來與晚為雙壙之墳。萬乞允准，生死感激靡涯矣！謹穎奉稟。

列台閱畢，議曰：據楊秀賢伊妻身故，懇蔭地風水以為後來雙壙之墳。凡任默原有十二卩巨蔭墳之例，合宜准懇。存案。

(杜戊娘、周亞六求離一案)

公勃低黃(清淵)、韓(懷然)詳。

杜戊娘年17歲，住臭橋，請伊夫周亞六[①]，為交寅四個月

---

① 周亞六：據《婚簿》載，1874年6月1日，37歲周亞六與17歲杜戊娘成婚。媒妁謝七娘，男方主婚周亞福(堂兄)，女方主婚林亞二(父)。陰曆四月十九日交寅。默氏余亞二單云係吧生，獻案奪字1852年5月15日第1250號准居。

未孕。供云："自初婚五日，氏即患溲痛。據醫生云，係拙夫瘡毒傳染。然拙夫不加憐憫，反言氏在閨中時與人私通，故有此症。況氏疾痛未愈，拙夫不察苦情，反縱其淫欲，求歡不已。氏尚患陰痛，強求雞姦，氏堅拒不從，遂觸其怒，踢氏之腰，以致病綿不痊。又使氏帶病守亞朗，適繼母及弟來探病，氏因身疲入室休臥，託母及弟代守亞朗。拙夫看氏不在亞朗，忿然追入房中，捽氏之髮牽出而打。母弟猶在，尚敢施兇，豈復有天理人倫存乎其心哉？氏歸寧至今半個月，拙夫俱絕音問，足見娶妻欲取一時之樂，非為長久之計也。若不早絕，恐遭毒手。伏明判切懇離之。"

召訊周亞六年 37 歲，住八多磘，供云："拙妻自新婚五日，屢屢涕泣求歸外家，晚留至一個月方許歸寧。至兩宿回來，言得溲痛，實不知疾從何來？及後痊癒，懈怠不洗衣服。至於打踢諸情，晚敢盟誓以證其無。至七月十六日他收拾衣褸，欲行逃歸，晚實有批其腮二次。至歸二三日，岳父引回，再二三日復去。似此屢屢，晚不堪其煩。況拙妻曾竊取錢筒銀 20 盾，如此不賢，惟從其離。"

台勸戊娘歸夫家醫治，或暫在外家養病，待其平復，再整琴瑟。礙戊娘俱不肯從，切求分離。將情申詳公堂大嗎內裁奪。

覆訊杜戊娘、周亞六，供如公勃低所詳。

公堂會議：論杜戊娘、周亞六求離一案。新婚才四個月，各嫌其短，互發陰私。況夫妻皆願離絕，強合無益。於是，公堂聽其離遏，各從別適。二比稱願，花押在簿，存案。

（瑪腰、甲必丹、雷珍蘭、朱葛礁爲本期記錄簽名：馬來文草書）

Tan Tjoentiat（陳濬哲） Ni Boentjiang（連文清）
Tan Konghoa（陳光華） Han Hoai Djian（韓懷然）
Tan Boen Peng（陳文炳） Tan Tjiang Lee（陳獎禮）

和1874年12月17日，拜四

公堂設嗹喳嘮。

瑪腰陳濬哲官，仝甲必丹高西川舍、甲必丹黃清淵舍、甲必丹連文清官、雷珍蘭吳榮輝官、雷珍蘭李子昌舍、雷珍蘭李子鳳舍、雷珍蘭陳文炳舍、朱葛礁陳獎禮官俱在座。陳（江流）甲大、陳光華甲、韓懷然甲三位，不到。

（楊七娘、鄭德祿求離一案）

公勃低吳（榮輝）、陳（光華）詳。

楊七娘年26歲，住茄里瑪智，請伊夫鄭德祿[1]："為交寅年餘，有生不育。拙夫經三個月不給分文，且使氏向姊夫借項，為買亞片。氏不從，他即怒罵，且打執刀欲刺。似此兇惡，氏決不敢相從。伏乞判離。"

台曰："爾夫使借項及執刀欲刺，有人見否？"答曰："有

① 鄭德祿：據《婚簿》載，1873年5月16日，住班芝蘭23歲鄭德祿，與24歲楊七娘成婚。媒妁湯吉娘，男方主婚鄭秉（堂叔），女方主婚楊一富（胞兄）。默氏蔡連好單云係舊客。壟路字1871年5月27日第853號，5月31日第590號到吧。

番婦名亞氏知嘮並音娘二人知之。如不見信,請召而問之,便知虛實。”

召訊鄭德祿年24歲,住仝上,供云:“拙妻所請皆謬。晚每日常給費5方,後晚因病,惟給2.5方。晚尚有外合生理,那肯使妻向外人借項為買亞片?又所請罵打執刀等事,亦皆枉屈。晚尚有力可以養妻,況妻無過失,不願分離。”

召訊證人番婦亞氏知嘮年30歲,住竹樹巷傭洗衣服,供云:“賤欲為洗衣,往娘仔[①]七娘之處,逢其夫鄭德祿向妻曰:爾可代借項於爾姊夫,我若安心,爾亦快意。其妻曰:我與姊夫未嘗挪借,實難啓齒。因此,鄭德祿發怒罵打,以刀欲刺,賤同娘仔音娘從中解救。所供是實。”

召訊證人楊音娘年52歲,住茄里瑪智,供云:“氏係鄰居,聞鄭德祿與其妻喧鬧,氏往探之。見鄭德祿執刀欲刺其妻,且云爾死我亦死。氏慌忙搶救。所供是實。”

台勸七娘曰:“爾夫尚愛,又有合夥生理,欲養顧得宜,可以相從。”七娘答曰:“拙夫兇惡無耻之徒,在此說得好聽,心懷不良。氏誓死不敢相從。將情申詳公堂大嚓內裁奪。

覆訊楊七娘、鄭德祿,供如公勃低所詳。

公堂會議:論楊七娘、鄭德祿求離一案,又勘其證人娘仔音娘並番婦亞氏知嘮所供言,德祿欲以刀行兇。且七娘屢到公館,請伊夫無給資費,而德祿屢召不到。查德祿浮蕩無宅,利路無定,若不離恐生後患。故當堂即判離

① 娘仔:亦作娘囝,閩南話,指青年或中年婦女;馬來語作Nyonya,源自閩南話“娘仔”,是對已婚婦女的稱呼,猶如太太、夫人。

遏，礙德祿不從公判。將情申詳雷珍蘭挨實嗹定奪，以固公堂判案。

（瑪腰、甲必丹、雷珍蘭、朱葛礁爲本期記錄簽名：馬來文草書）

Tan Tjoentiat（陳濬哲）

Oeij Tjengian（黃清淵）

Gouw Eng Hoei（吳榮輝）

Lie Tjoe Hong（李子鳳）

Tan Tjiang Lee（陳獎禮）

Ko Setjian（高西川）

Ni Boentjiang（連文清）

Lie Tjoe Tjiang（李子昌）

Tan Boen Peng（陳文炳）

和 1874 年 12 月 19 日，拜六

公堂設嘮喳嘮。

瑪腰陳濬哲官，仝甲必丹高西川舍、甲必丹黃清淵舍、甲必丹連文清官、雷珍蘭吳榮輝官、雷珍蘭李子昌舍、雷珍蘭陳文炳舍、朱葛礁陳獎禮官俱在座。陳（江流）甲大、李子鳳甲、韓懷然甲三位，不到。

（饒奕才等四人懇入船及修吊鏡臺擔保案）

承副挨實嗹和 1874 年 12 月 19 日附四人入字，祈公堂查勘詳覆。

一、饒奕才住甘光毛吶甲為商，安咀人饒火郎住仝上，及梁德水住大南門為商，懇要包入船以為載公班衙貨，自芝礁南港至茄老旺管轄，約價銀 800 盾之左。

二、張聰觀住臭橋開桶店，安咀人陳英傑、陳貴發俱住洪溪為商，懇應仝上。

三、張世隆住大南門為安黎末，安咀人張肇燮、李亞二仝住小南門為商，懇應仝上。

四、陳貴發，安咀人陳英傑、梁德水，懇要修理吊鏡臺①，約價銀 2000 盾之左。

公堂會議：已勘饒奕才、張聰觀、張世隆、陳貴發所懇入船及修吊鏡臺。本堂酌量，承應人及安咀人，俱各可堪。謹詳副挨實嗹裁奪。

(張仕元要擔保番仔入欠熾昌干刀銀案)

承熾昌干刀和 1874 年 12 月 5 日第 993 號附一口詞，祈公堂查勘可堪與否？詳覆。

張仕元住洪溪料理當店，要安咀番盒到嘮欣，懇入欠熾昌干刀銀 1000 盾。

公堂會議：已勘張仕元要安咀番仔②，懇入欠熾昌干刀銀 1000 盾。本堂酌量，張仕元現時可堪。其番仔，本堂不知也。謹詳熾昌干刀裁奪。

---

① 吊鏡臺：亦作"水鏡關"、"水鏡臺"，吧城地名。馬來語 Pintu Air，荷蘭語 Waterpoort，位於吧城北門附近。程遜我（程日炌）《噶喇吧紀略》有云：自海上入吧城，"由西岸進，近北門有磨橋亭，以稽查漏稅。晝則磨其橋以通來往，夜轉磨縮入亭中。旁有水鏡臺，高十餘丈，望海上往來之船，可瞻三百里，此北門之鎖鑰也。"

② 番仔：閩南話，外國人，此指當地土著。

（瑪腰、甲必丹、雷珍蘭、朱葛礁爲本期記錄簽名：馬來文草書）

Tan Tjoentiat（陳濬哲）

Oeij Tjengian（黃清淵）

Gouw Eng Hoei（吳榮輝）

Lie Tjoe Tjiang（李子昌）

Tan Tjiang Lee（陳獎禮）

Ko Setjian（高西川）

Ni Boentjiang（連文清）

Tan Konghoa（陳光華）

Tan Boen Peng（陳文炳）

和1874年12月24日，拜四

公堂設嘧喳嘮。

瑪腰陳濬哲官，仝甲必丹高西川舍、甲必丹連文清官、雷珍蘭吳榮輝官、雷珍蘭陳光華官、雷珍蘭李子昌舍、雷珍蘭李子鳳舍、朱葛礁陳獎禮官俱在座。黃（清淵）甲大、陳（江流）甲大、韓懷然甲、陳文炳甲四位，不到。

（洪榮茂懇入欠熾昌銀擔保案）

承熾昌干刀和1884年12月19日第1057號附一口詞，祈查勘可堪與否？詳覆。

洪榮茂住廿六間，初欲做生理，安呾人陳溫陽娘及朱玉娘仝住亭仔腳，懇要入欠熾昌干刀銀2000盾。

公堂會議：已勘洪榮茂援陳溫陽娘、朱玉娘為安呾，懇入欠熾昌銀2000盾。本堂酌量，洪榮茂之安呾人俱有厝宅，現時可堪。謹詳熾昌干刀裁奪。

（瑪腰、甲必丹、雷珍蘭、朱葛礁爲本期記錄簽名：馬來文草書）

Tan Tjoentiat（陳濬哲）

Ni Boentjiang（連文清）

Tan Konghoa（陳光華）

Lie Tjoe Hong（李子鳳）

Ko Setjian（高西川）

Gouw Eng Hoei（吳榮輝）

Lie Tjoe Tjiang（李子昌）

Tan Tjiang Lee（陳獎禮）

《公案簿》原檔第二十冊

（1875 年 1 月 21 日—1876 年 12 月 23 日）

和 1875 年 1 月 21 日，拜四

公堂設嘧喳嘮。

瑪腰陳濬哲官，仝甲必丹高西川舍、甲必丹連文清官、雷珍蘭吳榮輝官、雷珍蘭陳光華官、雷珍蘭李子昌舍、雷珍蘭陳文炳舍、朱葛礁陳獎禮官俱在座。黃(清淵)甲大、陳(江流)甲大、李子鳳甲、韓懷然甲四位，不到。

(義學師高大雅為稟撤館事)

具稟人晚生高大雅為稟撤館事：切晚掌教義學，今已年終歲暮，擬擇唐十二月十五日懇要停教。晚不敢擅專，預先拜稟。伏望恩准，不勝欣幸之至！

列台閱畢，議曰：今已年終歲暮，義學師求欲停教，合當准懇。順發下半年之束金銀四佰盾。存案。

(張白娘、黃長山求離一案)

公勃低高(西川)、陳(文炳)詳。

張白娘年 24 歲，住甘光貓厘，請伊夫黃長山[1]："為交寅八年，生一女名淡娘，年五歲。拙夫往甘光貓厘貿易，至今五年矣。聞其生理不就，而在彼娶妾，棄氏母女不顧，又無半

---

① 黃長山：據《婚簿》載，1867 年 10 月 10 日，住觀音亭 21 歲黃長山，與 17 歲張白娘成婚。媒妁蔡勤娘，男方主婚黃開祚(堂叔)，女方主婚張蘭新(父)。陰曆九月二十日交寅。默氏郭紹洲來單云係吧生。公堂 1875 年 1 月 21 日判離。

文給費。氏親往招歸，祇望夫妻同居，願以女工以助生活，雖貧窮，所甘受也。柰拙夫堅不肯回，如此許久，所費既無，夫跡又絕。是誰能堪？伏乞明察。"

召訊黃長山年28歲，住甘光貓厘，供云："晚因生理不就，故留連在甘光貓厘，羞見妻子。今在彼從為販役，日得無幾，以充口腹。若從妻落城，何以為活？徒有束手之歎！彼此無益，不若拙妻暫依岳母同居，晚時常往來，每月願給拾盾為費，以圖長久。伏乞明判。"

台問張白娘，答曰："甘願。"夫婦唯退。

張白娘 和 1875年1月5日再請伊夫，供云："自和 1874年8月1日蒙公館甲必丹明判，令氏仍歸和好，拙夫願時常往來，每月要給拾盾。至今五個月，仍無半文相給。他又未嘗臨顧，氏獨守養女，望夫回心，五年於斯矣。而拙夫之音跡渺然，氏之苦情至此極矣。夫之無良，至此甚矣。情義已絕，不如早離，免誤終身。伏乞明判。"

覆訊黃長山，供云："誠如拙妻所言。柰晚現無利路，自顧猶難，何以養妻？惟妻所欲，願從其便。"

將情申詳公堂大噹內裁奪。

覆訊張白娘、黃長山，供如公勃低所詳。

公堂會議：論張白娘、黃長山求離一案。審張白娘之供詞，謂其夫離居在甘光貓厘，再娶側室已五年矣。拋妻棄子，音跡所費杳然斷絕。據黃長山供云，貧乏不能養妻，願從離之。由此觀之，恩義已絕。因是，公堂即聽其離，黃長山每月當給女費三盾，待至七歲方可歸父。二比甘願，各花押在簿。存案。

（瑪腰、甲必丹、雷珍蘭、朱葛礁爲本期記錄簽名：馬來文草書）

Tan Tjoentiat（陳濬哲）　　Ko Setjian（高西川）

Ni Boentjiang（連文清）　　Gouw Eng Hoei（吳榮輝）

Tan Konghoa（陳光華）　　Lie Tjoe Tjiang（李子昌）

Tan Boen Peng（陳文炳）　　Tan Tjiang Lee（陳獎禮）

和 1875 年 1 月 27 日，甲戌十二月二十日，拜三

公堂封印大吉

風調雨順，國泰民安。

瑪腰陳濬哲官，仝甲必丹高西川舍、甲必丹黃清淵舍、甲必丹連文清官、雷珍蘭陳光華官、雷珍蘭李子昌舍、雷珍蘭李子鳳舍、朱葛礁陳獎禮官俱在座。陳（江流）甲大、吳榮輝甲、韓懷然甲、陳文炳甲四位，不到。

其有諸例，悉皆依舊而行。

（應值公勃低吳榮輝、陳光華繳入和 1874 年公堂櫃項全年結冊）

據應值公勃低吳（榮輝）、陳（光華）入和 1874 年公堂櫃項出入，1 月 1 日起，12 月終止全年結冊。

列台閱畢議：即傳和字呈上挨實嗹電鑒。

承和 1873 年 12 月終結存現銀肆萬叁仟伍佰柒拾零 5.15 方。

錄和 1874 年全年現兌風水條目

1月9日，兌楊寶娘壹穴，闊12距、長24距，收來銀67.7盾。23日，現兌莊清泉壹穴，闊12距、長24距，收來銀67.7盾。30日，現兌林德壽壹穴，闊12距、長24距，收來銀67.7盾。

2月4日，兌葉榮來壹穴，闊12距、長24距，收來銀67.7盾。5日，現兌鐘百壽壹穴，闊12距、長24距，收來銀67.7盾。10日，現兌黃天祐壹穴，闊12距、長24距，收來銀67.7盾。30日，現兌黃鐵生壹穴，闊12距、長24距，收來銀67.7盾。

3月9日，兌許清泉甲壹穴，闊12距、長24距，收來銀67.7盾。25日，現兌邱如生壹穴，闊12距、長24距，收來銀67.7盾。26日，現兌王金山壹穴，闊12距、長24距，收來銀67.7盾。

4月11日，兌古新官壹穴，闊12距、長24距，收來銀67.7盾。14日，現兌沈春娘壹穴，闊16距、長32距，收來銀220盾。

5月7日，兌林寶娘壹穴，闊12距、長24距，收來銀67.7盾。15日，現兌溫瑞全壹穴，闊16距、長32距，收來銀220盾。19日，現兌陳文炳甲壹穴，闊16距、長32距，收來銀220盾。27日，現兌李清海壹穴，闊12距、長24距，收來銀67.7盾。

6月2日，兌楊九娘壹穴，闊12距、長24距，收來銀67.7盾。10日，現兌李南田壹穴，闊12距、長24距，收來銀66.7盾。又現兌溫亞水壹穴，闊12距、長24距，收來銀67.7盾。12日，現兌曾南官壹穴，闊12距、長24距，收來銀 67.7 盾。24 日，現兑林新娘壹穴，闊 12 距、長 24 距，收來銀 67.7 盾。26 日，現兑李順娘壹穴，闊 12 距、長 24 距，收來銀 67.7 盾。29 日，現兑黄笨珍壹穴，闊 12 距、長 24 距，收來銀 67.7 盾。

7 月 4 日，兑陳長溪甲就蔭地內添買 4 距，計一穴，闊 12 距、長 24 距，收來銀 152.3 盾。6 日，現兑李祥綿壹穴，闊 12 距、長 24 距，收來銀 67.7 盾。27 日，兑朱珍娘 丹絨地風水壹穴，闊 12 距、長 24 距，收來銀 67.7 盾。31 日，兑黄波光 式里陂地風水壹穴，闊 12 距、長 24 距，收來銀 67.7 盾。

8 月 1 日，兑楊辛娘壹穴，闊 12 距、長 24 距，收來銀 67.7 盾。4 日，現兑高西川甲壹穴，闊 12 距、長 24 距，收來銀 67.7 盾。7 日，現兑湯碧壽壹穴，闊 12 距、長 24 距，收來銀 67.7 盾。13 日，現兑王啓娘壹穴，闊 12 距、長 24 距，收來銀 67.7 盾。19 日，兑詹曲娘壹穴，闊 12 距、長 24 距，收來銀 67.7 盾。22 日，現兑番婦吉疾壹穴，闊 12 距、長 24 距，收來銀 67.7 盾。28 日，現兑曾亞二壹穴，闊 12 距、長 24 距，收來銀 67.7 盾。

10 月 16 日，現兑葉長泰壹穴，闊 12 距、長 24 距，收來銀 67.7 盾。20 日，現兑鍾貴芳壹穴，闊 12 距、長 24 距，收來銀 67.7 盾。28 日，現兑楊志明壹穴，闊 12 距、長 24 距，收來銀 67.7 盾。

11 月 4 日，兑鄭天貴壹穴，闊 12 距、長 24 距，收來銀 67.7 盾。12 日，現兑李思漢壹穴，闊 12 距、長 24 距，收來銀 67.7 盾。25 日，現兑馮黎雪娘壹穴，闊 12 距、長 24 距，收來銀 67.7 盾。26 日，現兑甘明官壹穴，闊 12 距、長 24 距，收來銀 67.7 盾。

12 月 2 日，現兑王武亭壹穴，闊 12 距、長 24 距，收來銀 67.7 盾。15 日，現兑鄒亞二壹穴，闊 12 距、長 24 距，收來銀 67.7 盾。17 日，現兑李如切壹穴，闊 12 距、長 24 距，收來銀 67.7 盾。28 日，現兑邱富官壹穴，闊 12 距、長 24 距，收來銀 67.7 盾；又現兑楊仁生壹穴，闊 12 距、長 24 距，收來銀 67.7 盾。

計 46 條，共收來銀叁仟陸佰伍拾伍盾柒角。

錄和 1875 年全年收園稅取息及利息條目

1 月 1 日，高瓊瑤甲還和 1873 年 7 月 1 日起，至 12 月終止，從和 1876 年 10 月 22 日坐欠字所陳，來利息銀 1500 盾。

3 月 3 日，陳豹官還和 1873 年 7 月 1 日起，至 12 月終止，牛郎沙里草流、椰欉取息，來銀 810 盾。9 日，邱思珍還和 1873 年 7 月 1 日起，至 12 月終止，丹絨、式里陂園地取息，來銀 1220 盾。

5 月 7 日，緞吉寧咋還惹致地稅，和 1874 年 1 月份起，6 月終止，來銀 257.5 盾。31 日，娶哮厘媽還來當地所存母銀 1500 盾；又娶哮厘媽還和 1873 年 8 月 1 日起，至 1874 年 5 月終止，來利息銀 75 盾。

8 月 27 日，高瓊瑤甲還和 1874 年 1 月 1 日起，至 6 月終止，來利息銀 1500 盾。

11 月 16 日，緞吉寧咋還惹致地稅和 1874 年 7 月份起，12 月終止，來銀 257.5 盾。

12月2日，邱思珍還和1874年1月1日起，至6月終止，丹絨、式里陂園地取息，來銀1175盾；又陳豹官還和1874年1月1日起，至6月終止，牛郎沙里草流、椰欉取息，來銀407.5盾。

計10條，共來銀捌仟柒佰零貳盾半。

錄和1875年全年出項條目

1月27日，開義學師和1874年下半年束金，去銀600盾。31日，開唐磨老二名，萬律一名，嗎礁六名，1月份辛金，去銀156盾。

2月28日，開唐磨老二名，萬律一名，嗎礁六名，2月份辛金，去銀156盾。

3月31日，開唐磨老二名，萬律一名，嗎礁六名，3月份辛金，去銀156盾。

4月30日，開唐磨老二名，萬律一名，嗎礁六名，4月份辛金，去銀156盾；又開清明牛郎沙里義塚祭費，去銀399.45盾。

5月31日，開唐磨老二名，萬律一名，嗎礁六名，5月份辛金，去銀156盾。

6月30日，開唐磨老二名，萬律一名，嗎礁六名，6月份辛金，去銀156盾；又開還丹絨上帝廟和1874年全年八仙，去銀15.3盾；又開還丹絨地和1874年全年八仙，去銀7.35盾；又開還式里陂地和1874年全年八仙，去銀191.25盾；又開還公館厝和1874年全年八仙，去銀9.18盾；又開還公館正厝和1874年全年八仙，去銀45.9盾；又開還惹致地和1874年全年八仙，去銀122.4盾。

7 月 31 日，開唐磨老二名，萬律一名，嗎礁六名，7 月份辛金，去銀 156 盾；又開義學師上半年束金，去銀 400 盾。

8 月 31 日，開唐磨老二名，萬律一名，嗎礁六名，8 月份辛金，去銀 156 盾。

9 月 30 日，開唐磨老二名，萬律一名，嗎礁六名，9 月份辛金，去銀 156 盾；又開七夕丹絨義塚祭費，去銀 300 盾；又開修理佛像，去銀 1000 盾。

10 月 31 日，開唐磨老二名，萬律一名，嗎礁六名，10 月份辛金，去銀 156 盾。

11 月 30 日，開唐磨老二名，萬律一名，嗎礁六名，11 月份辛金，去銀 156 盾。

12 月 31 日，開唐磨老二名，萬律一名，嗎礁六名，12 月份辛金，去銀 156 盾。

計 23 條，共出去銀肆仟玖佰陸拾 2.83 盾。

承和 1873 年原銀 43570.515 盾，收銀 12358.2 盾，出銀 4962.83 盾，存銀伍萬零玖佰陸拾 5.885 盾。

（瑪腰、甲必丹、雷珍蘭、朱葛礁爲本期記錄簽名：馬來文草書）

Tan Tjoentiat（陳濬哲） Ko Setjian（高西川）

Oeij Tjengian（黃清淵） Ni Boentjiang（連文清）

Tan Konghoa（陳光華） Lie Tjoe Tjiang（李子昌）

Lie Tjoe Hong（李子鳳） Tan Tjiang Lee（陳獎禮）

和1875年2月20日,拜六

公堂設嘧喳嘮。

瑪腰為守太夫人[1]之喪。高(西川)甲大攝理,仝甲必丹黃清淵舍、甲必丹連文清官、雷珍蘭吳榮輝官、雷珍蘭陳光華官、雷珍蘭李子昌舍、朱葛礁陳奬禮官俱在座。陳(江流)甲大、李子鳳甲、韓懷然甲、陳文炳甲四位,不到。

(張聰觀懇要入家器於藥間及修做眠床於鍊間病厝擔保案)

承副挨實嗹和1875年2月18日附二張入字,祈公堂查勘可堪與否?詳覆。

張聰觀住臭橋開桶店,安呾人顏德富住大南門開鐵店,又陳英傑住洪溪為商,懇要包入和藥間之家器,約價銀700盾;又懇要修做鍊間病厝之眠床100張,約價銀1000盾。

公堂會議:已勘張聰觀援顏德富、陳英傑為安呾,所懇要入家器於藥間及修做眠床於鍊間病厝,計價銀1700盾。本堂酌量,承應人及安呾人現時可堪。謹詳副挨副挨實嗹裁奪。

---

① 瑪腰太夫人:瑪腰陳濬哲之母。據《公館檔案·丹絨塚平安簿》第61114號記載,1875年2月16日拜三,住大使廟吳謙娘于11日身故,終年79歲。理事人:瑪腰陳濬哲,第177號。

（瑪腰、甲必丹、雷珍蘭、朱葛礁爲本期記錄簽名：馬來文草書）

Tan Tjoentiat（陳濬哲） Ko Setjian（高西川）

Oeij Tjengian（黃清淵） Ni Boentjiang（連文清）

Gouw Eng Hoei（吳榮輝） Tan Konghoa（陳光華）

Lie Tjoe Tjiang（李子昌） Tan Tjiang Lee（陳獎禮）

和 1875 年 2 月 25 日，即乙亥正月二十日，拜四

公堂開印大吉

風調雨順，國泰民安。

順設嘧喳嘮。

瑪腰為守太夫人之喪。高（西川）甲大攝理，仝甲必丹連文清官、雷珍蘭吳榮輝官、雷珍蘭李子鳳舍、雷珍蘭韓懷然舍、雷珍蘭陳文炳舍、朱葛礁陳玉長官、陳獎禮官俱在座。黃（清淵）甲大、陳（江流）甲大、陳光華甲、李子昌甲四位，不到。

定應值公勃低鬮聲，依鬮而行，週而復始

公館、外務、干刀、閒月、蘭得叻及挨實嗹司叻。

壹鬮：甲必丹高西川舍、雷珍蘭陳文炳舍。公館：1、6、11 月；外務：2、7、12 月；干刀：3、8 月；閒月：4、9 月；蘭得叻及挨實嗹司叻：5、10 月。

貳鬮：甲必丹黃清淵舍、雷珍蘭韓懷然舍。公館：2、7、12 月；外務：3、8 月；干刀：4、9 月；閒月：5、10 月；蘭得叻及

挨實嗹司叻:1、6、11月。

三闔:甲必丹連文清官、雷珍蘭李子鳳舍。公館:3、8月;外務:4、9月;干刀:5、10月;閒月:1、6、11月;蘭得叻及挨實嗹司叻:2、7、12月。

肆闔:甲必丹陳江流官、雷珍蘭李子昌舍。公館:4、9月;外務:5、10月;干刀:1、6、11月;閒月:2、7、12月;蘭得叻及挨實嗹司叻:3、8月。

伍闔:雷珍蘭吳榮輝官、雷珍蘭陳光華官。公館:5、10月;外務:1、6、11月;干刀:2、7、12月;閒月:3、8月;蘭得叻及挨實嗹司叻:4、9月。

上錄諸公勃低,分為五闔,每闔二員,輪流而行。如首月值公館,次月則值外務,第三月則值干刀,第四月則值閒月以代有闕,第五月則值蘭得叻及挨實嗹司叻。由此互推,輪遍而行。應值之人各有上下半月之分,而各員值闔,二人同理其事。倘應值各員有事故者,然後值閒月代之,次則值干刀之閒者代之,次則值公館之閒者代之,其次則值蘭得叻之閒者代之。如此輪代,不得推諉。若逢有急務,則在公館之員者行理其事。惟值外務免得輪代。即此為炤。

定掌墳塚公勃低:一、三、五、七、九。

定掌堂廟宇公勃低:二、四、六、八、十。

定各掌公勃低:一、二,水淬;三、四,買辦;五、六,工役;七、八,代理各掌事;九、十,掌街衢。

（義學師高大雅稟為明誠書院教讀事）

具稟人晚生高大雅稟為明誠書院教讀事，擇於唐正月廿二日欲啓館，晚不敢擅專，預先稟。耑此奉聞。

列台閱畢，議曰：義學師高大雅懇於唐正月廿二啓館，合當准懇。存案。

（甲必丹高西川提請丹絨義塜及牛郎沙里之祭祀事）

高（西川）甲大請曰：今清明節將臨，丹絨義塜及牛郎沙里之祭祀，當入字照常求開公堂櫃項。晚弟仝二朱押號。

列台曰：照常而行可也。存案。

（瑪腰、甲必丹、雷珍蘭、朱葛礁爲本期記錄簽名：馬來文草書）

Tan Tjoentiat（陳濬哲）	Ko Setjian（高西川）
Ni Boentjiang（連文清）	Gouw Eng Hoei（吳榮輝）
Lie Tjoe Hong（李子鳳）	Han Hoai Djian（韓懷然）
Tan Boen Peng（陳文炳）	Tan Tjiang Lee（陳獎禮）

和 1875 年 3 月 20 日，拜六

公堂設嚂喳嘮。

瑪腰為守太夫人之喪。高（西川）甲大攝理，仝甲必丹黃清淵舍、甲必丹連文清官、雷珍蘭陳光華官、雷珍蘭李子鳳舍、雷珍蘭韓懷然舍、朱葛礁陳獎禮官俱在座。陳（江流）甲大、吳榮輝甲、李子昌甲、陳文炳甲四位，不到。

(簡增純、謝天竹懇入欠爀昌干刀銀擔保案)

承爀昌干刀和 1875 年 3 月 13 日第 164 號又 169 號附二口詞，祈公堂查勘可堪與否？詳覆。

一、簡增純住中港仔為地頭主，安呾人許清泉甲、許清溪甲，懇入欠爀昌干刀銀 6000 盾。

二、謝天竹住珍為商，安呾人陳德章、陳東源皆住珍為商，懇入欠爀昌干刀銀 1500 盾。

公堂會議：已勘簡增純援許清泉甲、許清溪甲為安呾，懇入欠爀昌干刀銀 6000 盾；又謝天竹援陳德章、陳東源為安呾，懇入欠爀昌干刀銀 1500 盾。本堂酌量，以上入欠人並安呾人俱各可堪。謹詳爀昌干刀裁奪。

(陳甘郎入稟為懇恩重抄婚字底事)

具稟人陳甘郎①年六十五歲為懇恩重抄婚字底事：切郎自廿二歲娶吳氏，迄今四十三年。衹思老邁，彷彿遺忘婚字。膽懇公堂列憲鴻慈均鑒，恩准乞飭重抄。不盡翹仰沾感之至！

列台閱畢，議曰：據陳甘郎甲入稟為婚字失落，懇為重抄婚簿。此事並無干礙，宜查其婚簿為抄一張給與是也。存案。

---

① 陳甘郎：Tan Kamlong，1811 年生於大港墘。1844 年 1 月 26 日獲名譽雷珍蘭頭銜，1847 年獲名譽甲必丹頭銜。1878 年逝世。

（挨實嗹准開公堂櫃項以為丹絨、式里陂、牛郎沙里祭費）

承大挨實嗹和 1875 年 3 月 3 日第 1281 號，已閱和 2 月 26 日第 28 號公堂所詳，懇要開丹絨、式里陂、牛郎沙里祭費 700 號（盾）已經案奪，准其所懇。

列台閱畢。存案。

（挨實嗹致書公堂舉丹絨副默名東陞為大默）

承大挨實嗹和 1875 年 3 月 12 日第 1764 號致書喻知公堂，茲已定奪，舉丹絨副默名東陞為大默；又舉些二蘭為副默之任。從第 51 號、和 52 號和 1836 年國例第 19 號之例而行。

列台閱畢。存案。

（瑪腰、甲必丹、雷珍蘭、朱葛礁爲本期記錄簽名：馬來文草書）

Tan Tjoentiat（陳濬哲）　　Ko Setjian（高西川）
Oeij Tjengian（黃清淵）　　Ni Boentjiang（連文清）
Tan Konghoa（陳光華）　　Lie Tjoe Hong（李子鳳）
Han Hoai Djian（韓懷然）　　Tan Tjiang Lee（陳獎禮）

和 1875 年 4 月 27 日，拜二

公堂設嘧喳嘮。

瑪腰陳濬哲官，仝甲必丹高西川舍、甲必丹黃清淵舍、

甲必丹連文清官、雷珍蘭吳榮輝官、雷珍蘭陳光華官、雷珍蘭李子昌舍、雷珍蘭李子鳳舍、雷珍蘭陳文炳舍、朱葛礁陳獎禮官俱在座。陳(江流)甲大、韓懷然甲二位,不到。

(溫開發、李石龍懇入欠熾昌銀擔保案)

承熾昌干刀和 1875 年 4 月 24 日第 277 號又第 72 號附二口詞,祈公堂查勘可堪與否?詳覆。

一、溫開發住大南門為商,安呾人顏德富住仝上為商,及陳亞誥住小南門為商,懇入欠熾昌干刀銀 4000 盾。

二、李石龍住大港墘初商,援李潭及李淡水為安呾,二人皆住山頂,懇入欠熾昌干刀銀 6000 盾。獨問李石龍可堪擔戴否?

公堂會議:已勘溫開發援顏德富、陳亞誥為安呾,懇入欠熾昌干刀銀 4000 盾;又李石龍援山頂人為安呾,懇入欠熾昌銀 6000 盾。本堂酌量,溫開發及安呾人,現時可堪;至於李石龍係新客,去年到吧,初作生理,未知其實。將情申詳熾昌干刀裁奪。

(查勘戴清海擔保戴才能當銀案)

承大挨實嗹和 1875 年 4 月 17 日第 2281 號致書公堂,為武官寡婦庫有掌當戴才能,在本落檳榔地二所八仙單[①]第 6079 號及 9541 號,當銀 2300 盾,援戴清海為安呾。近日戴才能已故,祈公堂為查勘其地之值,及其安呾人未知現

---

① 八仙單:此指完納登記費用的證明或單據。

時尚甚擔戴其所欠之銀額乎？祈具詞詳覆。

公堂會議：已勘戴清海住望茄勿殺作小經紀，所安呾戴才能當銀 2300 盾，現時不堪擔戴。至於其地，本堂不知其價值。將情申詳大挨實嗹裁奪。

（挨實嗹致書達知公堂准黃水娘懇要葬伊夫甘崑山在式里陂）

承大挨實嗹和 1875 年 4 月 3 日第 1923 號致書達知公堂，為閱黃水娘入字懇要葬伊夫甘崑山在式里陂 韓懷然甲之地，已閱韓懷然甲之憑書，及閱厘力突民蘭美實直和 1872 年 6 月 15 日第 6311 號之字，即准黃水娘之所懇。

列台閱畢。存案。

（大朱陳玉長繳入和 1875 年在牛郎沙里清明祭費列一單）

據大朱陳玉長繳入和 1875 年在牛郎沙里清明祭費列一單，計□條，該銀 400 盾。祈開入公堂數內。

列台閱畢，議曰：就單即可開數是也。存案。

（瑪腰、甲必丹、雷珍蘭、朱葛礁爲本期記錄簽名：馬來文草書）

Tan Tjoentiat（陳濬哲）	Ko Setjian（高西川）
Oeij Tjengian（黃清淵）	Ni Boentjiang（連文清）
Gouw Eng Hoei（吳榮輝）	Tan Konghoa（陳光華）
Lie Tjoe Tjiang（李子昌）	Lie Tjoe Hong（李子鳳）
Tan Boen Peng（陳文炳）	Tan Tjiang Lee（陳獎禮）

和 1875 年 5 月 11 日，拜二

公堂設嚒喳嘮。

瑪腰陳濬哲官，仝甲必丹黃清淵舍、甲必丹連文清官、雷珍蘭吳榮輝官、雷珍蘭陳光華官、雷珍蘭李子昌舍、雷珍蘭李子鳳舍、雷珍蘭韓懷然舍、朱葛礁陳獎禮官俱在座。高(西川)甲大、陳(江流)甲大、陳文炳甲三位，不到。

(黃草生懇入欠爁昌干刀銀擔保案)

承爁昌干刀和 1875 年 4 月 24 日第 278 號附一口詞，祈公堂查勘可堪與否？詳覆。

黃草生住珍為商，安呾人黃草山住仝上為商，沈珠興住仝上為龜里，自己皆有厝，懇入欠爁昌干刀銀 2000 盾。

公堂會議：已勘黃草生援黃草山、沈珠興為安呾，懇入欠爁昌干刀銀 2000 盾。本堂酌量，入欠人及安呾人，各有厝宅，現時可堪。謹詳爁昌干刀裁奪、

(查勘茂物人吳奇生與陳惜娘之婚事一案)

承大挨實嗹和 1875 年 2 月 3 日第 695 號附茂物人吳奇生之口詞，並茂物蘭得叻之案底，為吳奇生與陳惜娘之婚事，被伊兄吳奇平阻當其婚字。祈公堂從唐例以斷其可否？具詞詳覆。

據吳奇生入口詞於公堂云：“今年 22 歲，住茂物，稟為晚娶陳思顯之女名惜娘為妻，今已年餘，欲給婚字以明婚

禮，被家兄吳奇平誣晚娶親屬，對美色甘阻當其婚字。其實非礙親戚。晚控愬於蘭得叻，而蘭得叻言，婚事關係倫法，當求公堂定奪。伏祈明察，俾晚與惜娘永諧伉儷，不勝欣感臨楮冒告。”

公堂委高（西川）甲大仝黃（清淵）甲大審勘其事詳覆。

據高（西川）甲大、黃（清淵）甲大審吳奇平、吳奇生等詳覆如左（下）：

吳奇生年 24 歲，住茂物請云：“家姊良娘自癸酉年[1]正月間為晚求親於陳思顯之女名惜娘。彼時亦已請明與家兄吳奇平，又有報明於潘甲大。而家兄云，汝可先娶，如要給婚字，後日未遲。於是癸酉年四月廿二日，依禮成親。誰知婚後，家兄言晚與惜娘有礙親戚，不肯為給婚字。但晚與岳父陳思顯並無親戚之礙，惟岳父之弟陳思裁係晚之姊夫，有牽姻末，無礙於配偶。此係家兄欲用晚之業，晚不許，是故刁難。伏望公堂主裁是禱！”

召訊陳思顯年 49 歲，住茂物，供云：“吳奇生之姊吳良娘係晚之弟婦，為其弟吳奇生求晚之女惜娘，晚思無害於婚義，故許之。至癸酉年四月廿二日，依禮成婚。彼時亦有稟知茂物甲大，亦有置席宴客。所供是實。”

召訊陳惜娘年 24 歲，供云：“氏與吳奇生依禮成親，結為夫婦，係從父命。”

召訊吳奇平年 39 歲，住茂物，供云：“自和 1872 年 4、5 月之間，晚已求蔡文丁之女，業已成說，尚未定聘。後舍弟被

---

① 癸酉年：清 同治十二年癸酉，西元 1873 年。

姊夫陳思裁引誘，與其姪女私合，晚並不聞知，因此不願為主婚。至於親戚之事，實無干礙。至於舍弟及陳思顯所供，依禮婚娶，且有宴客，此事晚並不知情。彼時舍弟有請潘甲大，欲與此女成婚，晚亦以不願主婚答之。”

召訊吳良娘年35歲，住茂物，供云：“舍弟吳奇生因家兄吳奇平為求蔡文丁之女，才有成說，未有定聘，即欲先給婚字。舍弟不肯從，遂觸兄怒，被其逐出，至無容身之地。氏念骨肉，招與同居，且年已成長，故為議婚陳思顯之女名惜娘，託媒娘仔申落，以成其事。彼時氏使舍弟親往告知於家兄，兄云爾姊主意就是，吾不與也。及後欲求為主婚，亦託事煩不暇作主，令求同姓之親者為主婚。今媒人娘仔申落已故，無可究問。至於求聘之時，惜娘與胞姑陳賓娘仝居在吁落。定聘之後約三個月之久，至欲成婚三日前方汞。惜娘到丈夫陳思裁之家，作一日完婚。未成婚之前，陳思顯仝舍弟往潘甲大懇給婚字，據甲大云，可先完婚，後日給字亦可。將婚之時，拙夫先請知欲點燈張彩，從禮成親。甲大主亦允諾。及完婚之後，陳思顯及舍弟仝媒人再見甲大，求給婚字，而甲大反言舍弟尚未成長，婚字不肯給。然舍弟之婚，悉從唐禮，亦有筵客，鄰友俱皆知之。今有知者三人適同落城，戴長生、林榮隆、陳松得，此三人皆知舍弟之婚事，有赴宴在內，請究而問之。”

召訊戴長生年34歲，住茂物，林榮隆年44歲，住仝上，陳松得年42歲，住結石珍，齊云：“癸酉年忘其日月，吳奇生與陳惜娘成親在陳思裁之家，晚等有被請酒在內，觀其婚姻，悉依唐禮。”

召訊陳思裁年 40 歲，住茂物，供云："妻弟吳奇生被其兄逐出，無所依倚，晚憐而納之同居。因年已成長，拙妻欲議婚於家兄陳思顯之女惜娘。晚云此乃汝弟之事，我不敢主裁，汝可面求於家兄，因往求之。而家兄云，且待與親戚相商，務必依婚禮用媒行聘方可成事。及親事已諧將婚之時，晚請知甲大，因前甲大云，可先婚後給婚字。今婚期將臨，其婚事係在晚家中。今未給婚字，欲依婚禮而娶，點燈張彩未知可乎？而甲大亦云可也。因此遂成伉儷耳。"

將情申詳公堂大嗹內裁奪。

覆訊吳奇平、吳奇生，並諸證人，供如公勃低所詳。

公堂會議：細勘諸人之供詞，灼見吳奇生與陳惜娘之婚姻皆無所礙，況吳奇平之所嫌，不見其明，不足為憑。本堂酌量，吳奇生合當准給其婚字。謹詳大挨實嗹裁奪。

（瑪腰、甲必丹、雷珍蘭、朱葛礁爲本期記錄簽名：馬來文草書）

Tan Tjoentiat（陳濬哲）
Ni Boentjiang（連文清）
Tan Konghoa（陳光華）
Lie Tjoe Hong（李子鳳）
Tan Tjiang Lee（陳獎禮）
Oeij Tjengian（黃清淵）
Gouw Eng Hoei（吳榮輝）
Lie Tjoe Tjiang（李子昌）
Han Hoai Djian（韓懷然）

滿面餘慶。

和 1875 年 5 月 27 日,拜四

公堂設嘮嗒嘮。

瑪腰陳濬哲官,仝甲必丹高西川舍、甲必丹黃清淵舍、雷珍蘭李子昌舍、雷珍蘭陳光華官、雷珍蘭韓懷然舍、雷珍蘭陳文炳舍、雷珍蘭吳榮輝官、朱葛礁陳玉長官俱在座。連(文清)甲大、陳(江流)甲大、李子鳳甲三位,不到。

(挨實嗹致書公堂祈抄唐曆諸節日於和 1876 年之用)

承大挨實嗹和 1875 年 5 月 12 日第 2825 號致書,祈抄唐曆諸節日,須傳抄和字[①]於和 1876 年之用。

列台閱畢,議曰:當造成繳上。存案。

(施天送懇入熾昌負欠銀擔保案)

承熾昌干刀附下一口詞,為施天送援顏福及施燕周為安呾,懇入熾昌負欠銀 6000 盾。祈查勘入字人及安呾人可堪擔戴否? 詳覆。

召訊施天送住小南門為商,供云:礙現時顏福及施燕周二人俱不在,願將原詞抽出可也。

列台議曰:據施天送云,安呾人顏福及施燕週二人不在,願將原詞抽出。將情申詳熾昌干刀裁奪。

---

① 傳抄和字:翻譯成荷蘭文。

(李石龍懇入熾昌負欠銀擔保案)

承熾昌干刀附下一口詞,係李石龍援干冬圩轄下之人李潭及李丹水為安咀,懇入熾昌負欠銀 6000 盾。其安咀人,干冬圩之副淡已查,皆可堪為安咀。祈再查勘李石龍可堪與否?詳覆。

公堂會議:論李石龍援李潭、李丹水為安咀,懇入熾昌負欠銀 6000 盾。本堂細查,李石龍於去年初到吧地,且新為商,現時未見其可堪之實。仍從本堂於和本年 4 月 29 日第 202 號所詳是也。謹詳熾昌干刀裁奪。

(陳金娘、高海瑞求離一案)

公勃低連(文清)、李(子鳳)詳。

陳金娘年 25 歲,住觀音亭,請伊夫高海瑞①。為交寅五年,生一男名玉山,年五歲。供云:"拙夫娶兩妾,氏每嫌其妾,即被拙夫罵逐。而阿翁、阿家亦罵,此娼婦凶女何不離之。或時以隱語譏諷,氏不得於夫,又不合翁姑②,誰能堪之?伏乞判離。"

召訊高海瑞年 29 歲,住觀音亭,供云:"晚之娶妾亦拙妻甘願,親自招歸同居。至於老父老母,未嘗逐罵,乃拙妻性悍,不孝翁姑,日往四處賭博,每嫌則怒。若拙妻欲離,晚亦從之。"

台勸夫妻暫歸,後日如再乖迕,即可再來未遲。礙二比

---

① 高海瑞:據《婚簿》載,1870 年 11 月 4 日,住觀音亭 24 歲高海瑞,與 18 歲陳金娘成婚。媒妁湯吉娘,男方主婚高項(父),女方主婚陳三英(堂叔)。陰曆十月十三日交寅。默氏郭紹洲來單云係吧生。

② 翁姑:閩南話,指丈夫的父親與母親。

堅執不從。將情申詳公堂大噫內裁奪。

覆訊夫妻，供如公勃低所詳。

公堂會議：據夫妻所供之詞，彼此互嫌其短。細察兩情，海瑞係棄妻寵妾，金娘亦不孝翁姑，夫婦各有不是。情義兩相乖舛，灼見其不能永好。因是，本堂聽其離遏，其子歸父。二比甘願，唯退。存案。

（續：查勘茂物人吳奇生與陳惜娘之婚事一案）

承大挨實嗹和 1875 年 5 月 22 日第 3052 號致書公堂，為閱和本月 11 日第 58 號所詳吳奇生之事，祈給一案奪字，與吳奇生付執為炤。

列台閱書，議曰：當造成一案奪字繳上可也。存案。

（瑪腰、甲必丹、雷珍蘭、朱葛礁爲本期記錄簽名：馬來文草書）

Tan Tjoentiat（陳濬哲）

Oeij Tjengian（黃清淵）

Tan Konghoa（陳光華）

Han Hoai Djian（韓懷然）

Tan Tjiang Lee（陳奬禮）

Ko Setjian（高西川）

Gouw Eng Hoei（吳榮輝）

Lie Tjoe Tjiang（李子昌）

Tan Boen Peng（陳文炳）

和 1875 年 6 月 10 日，拜四

公堂設噫喳嘮。

瑪腰陳濬哲官，仝甲必丹高西川舍、甲必丹黃清淵舍、

甲必丹連文清官、雷珍蘭陳光華官、雷珍蘭李子昌舍、雷珍蘭韓懷然舍、雷珍蘭陳文炳舍、朱葛礁陳獎禮官俱在座。陳(江流)甲大、吳榮輝甲、李子鳳甲三位,不到。

(蔡三才懇入欠熾昌銀擔保案)

承熾昌干刀和 1875 年 5 月 29 日第 385 號附一口詞,祈公堂查勘可堪與否? 詳覆。

蔡三才住小南門為商,安呾人蔡火森住吃浪班讓掌灰磘,又張仕元住洪溪料理當店,懇要入欠熾昌干刀銀 500 盾。

公堂會議:已勘蔡三才援蔡火林、張仕元為安呾,懇入欠熾昌銀 500 盾。本堂酌量,入欠人及安呾人,現時俱各可堪。謹詳熾昌干刀裁奪。

(巫均郎、邱水娘求離一案)

公勃低吳(榮輝)、陳(光華)詳。

邱水娘年 19 歲,住五腳橋,請伊夫巫均郎①:"為交寅六個月,未孕。因拙夫經四個月之久並無給費,又嘗使氏向家父及至親者借項。氏不從,即行毆打,繼之趕逐。氏實難堪。伏乞判離。"

召訊巫均郎年 27 歲,住仝上,供云:"拙妻所言俱謬。因拙妻性好賭牌,晚略嫌之,遂不悅,以致生端,並無別故。今

① 巫均郎:據《婚簿》載,1873 年 11 月 19 日,住五腳橋 26 歲巫均郎(唐生),與 18 歲邱水娘成婚。媒妁戴二娘,男方主婚巫賜道(堂兄),女方主婚邱泗酒(父)。陰曆八月初四日交寅。

拙妻欲求離，晚不原從。”

邱水娘和4月20日再請，所供仝上。

覆訊巫均郎，供云：“非無給費，晚當堂現交拾盾，乃拙妻驕然不受，堅欲分離。”

台喻水娘曰：“汝所請爾夫無給費，是汝不肯受，乃汝之理曲，不得分離。”二比唯退。

邱水娘和12月30日再請，供云：“公館甲必丹數次命氏與拙夫仍歸和好。柰拙夫全無夫道，近日招氏與眾新客共居，他逐日出門，置氏鎖在房內。而拙夫每從外歸，必狐疑盤問與新客接言交語否？又近來家父辭世，使人通知，他絕不臨顧，亦不居喪，豈復有夫妻之道乎？拙夫所行種種非義，令人難堪。氏誓不相從，惟乞早離。”

召訊巫均郎，供云：“拙妻所請皆謬。至於岳父身故，晚並無聞知，故不臨顧。拙妻欲離，晚不願從。”

台勘夫妻屢到公館，數次勸合，又來請離，終難了局。將情申詳公堂大密內裁奪。

覆訊巫均郎、邱水娘，供如公勃低所詳。

公堂會議：論巫均郎、邱水娘求離一案。審巫均郎之供詞，反覆無常，強不肯分離，必欲稅厝與妻共居。而邱水娘因久被夫悞，切意不願再合。此事當付巫均郎限十四日內令先稅厝，謀定生活以招妻居。如其刁難擔悞，後期方可定奪。二比唯退。存案。

（瑪腰、甲必丹、雷珍蘭、朱葛礁爲本期記錄簽名：馬來文草書）

Tan Tjoentiat（陳濬哲）　　Ko Setjian（高西川）

Oeij Tjengian(黄清淵)
Tan Konghoa(陳光華)
Han Hoai Djian(韓懷然)
Tan Tjiang Lee(陳獎禮)
Ni Boentjiang(連文清)
Lie Tjoe Tjiang(李子昌)
Tan Boen Peng(陳文炳)

和 1875 年 6 月 22 日,拜二

公堂設嘧喳嘮。

瑪腰陳濬哲官,仝甲必丹高西川舍、甲必丹黄清淵舍、甲必丹連文清官、雷珍蘭吳榮輝官、雷珍蘭李子昌舍、雷珍蘭李子鳳舍、雷珍蘭韓懷然舍、朱葛礁陳獎禮官俱在座。陳(江流)甲大、陳光華甲、陳文炳甲三位,不到。

(陳順發懇入欠熾昌銀擔保案)

承熾昌干刀和 1875 年 6 月 12 日第 425 號附一口詞,祈公堂查勘可堪與否?詳覆。

陳順發住丹那望①為商,安咀人蔡兩儀住仝上為商,又陳世住仝上為地頭主,懇入欠熾昌銀 8000 盾。

公堂會議:已勘陳順發援蔡兩儀及陳世為安咀,懇入欠熾昌銀 8000 盾。本堂酌量,入欠人及安咀人,現時俱各可堪。謹詳熾昌干刀裁奪。

---

① 丹那望:亦作"丹仔望"、"丹藍望",Tanah Abang,地名,位於吧城西南郊外,爲一大市鎮。

（查勘張肇燮及李亞二要承應包入亞齊之伙食案）

承大挨實嗹和 1875 年 6 月 21 日第 3714 號致書公堂，為張肇燮及李亞二欲承應包入亞齊[①]之伙食，於和 1876 年起至和 1878 年，計三年為限，每年價銀 2055768.5 盾。祈查勘可堪與否？詳覆。

公堂會議，已勘張肇燮及李亞二要承應包入亞齊之伙食，和 1876 年起至和 1878 年止，計三年為限，每年價銀 2055768.5 盾。但此二人雖在吧常應為安黎抹，然入亞齊之伙食價銀浩大，況要入三年之久。本堂酌量，現時二人不堪擔戴。謹詳大挨實嗹裁奪。

（林宗興懇蔭地風水事）

林宗興甲到堂，因其妻蔣□娘身故，懇在丹絨蔭地風水壹穴，闊 24 距、長 48 距，以為後來雙壙之墳。

公堂會議：論林宗興甲雖任文丁[②]地之職，均屬吧府界內。所懇蔭地風水後來為雙壙之墳，合當准懇。存案。

（義學師高大雅不幸謝世，准開上半年之束金事）

瑪腰請曰：義學師高大雅昨日身故，今已將半年矣。就上半年之束金可以開數，以應葬事，列台意見可乎？

列台曰：今已五月杪，不數日則算半冬[③]。況義學師不

---

① 亞齊：Aceh，地名，位於印尼 蘇門答臘島西北部。

② 文丁：亦作"文登"，Benteng，地名，位於在吧城西郊。原名丁腳蘭、當格郎，因該地建有大砌堡（Benteng）而名文丁。

③ 半冬：閩南話，半年。

幸謝世，就其半年之束金，可以開數是也。存案。

（瑪腰、甲必丹、雷珍蘭、朱葛礁爲本期記錄簽名：馬來文草書）

Tan Tjoentiat（陳濬哲）

Oeij Tjengian（黄清淵）

Gouw Eng Hoei（吳榮輝）

Lie Tjoe Hong（李子鳳）

Tan Tjiang Lee（陳獎禮）

Ko Setjian（高西川）

Ni Boentjiang（連文清）

Lie Tjoe Tjiang（李子昌）

Han Hoai Djian（韓懷然）

和 1875 年 6 月 26 日，拜六

公堂設嘧喳嘮。

瑪腰陳濬哲官，仝甲必丹高西川舍、雷珍蘭李子昌舍、雷珍蘭李子鳳舍、雷珍蘭陳文炳舍、朱葛礁陳獎禮官俱在座。黄（清淵）甲大、連（文清）甲大、陳（江流）甲大、韓懷然甲、吳榮輝甲、陳光華甲六位，不到。

（張德興懇要應做病厝之鐵窗子擔保案）

承副挨實嗹和 1875 年 6 月 26 日附一人入字，祈公堂查勘可堪與否？詳覆。

張德興住班芝蘭開鐵店，安呾人章亞萬住八戈然為厝貓氏，又陳維衡住毛吘甲為商，懇要應做病厝之鐵窗子，約價銀 2000 盾。

公堂會議：已勘張德興援章亞萬及陳維衡為安呾，懇要

包做病厝之鐵窗子,約價銀 2000 盾。本堂酌量,承應人及安呾人,現時可堪。謹詳副挨實嗹裁奪。

(瑪腰、甲必丹、雷珍蘭、朱葛礁爲本期記錄簽名:馬來文草書)

Tan Tjoentiat(陳濬哲) Ko Setjian(高西川)
Lie Tjoe Tjiang(李子昌) Lie Tjoe Hong(李子鳳)
Tan Boen Peng(陳文炳) Tan Tjiang Lee(陳獎禮)

和 1875 年 6 月 28 日,拜乙

公堂設嘧喳嘮。

瑪腰陳濬哲官,仝甲必丹高西川舍、甲必丹黄清淵舍、甲必丹連文清官、雷珍蘭吳榮輝官、雷珍蘭陳光華官、雷珍蘭李子昌舍、雷珍蘭李子鳳舍、朱葛礁陳獎禮官俱在座。陳(江流)甲大、韓懷然甲、陳文炳甲三位,不到。

(賴長輝、張世隆懇要入亞齊之伙食及鐵桶及柴桶擔保案)

承副挨實嗹和 1875 年 6 月 26 日附二人入字,祈公堂查勘可堪與否? 詳覆。

一、賴長輝住新把殺任伊父之生理,安呾人賴保生及黄維水俱住仝上為商,懇要入亞齊之伙食,要用和 1876 年起,一年至三年為限,每年價銀 2055768.5 盾。

二、張世隆住大南門為安黎抹,安呾人張肇燮住小南門為安黎抹,又王文信住西門為商,懇要應入鐵桶一年至三年為

限，約每年價銀 1500 盾；又要入柴桶，一年至三年為限，每年價銀 2000 盾。

公堂會議：已勘，一、賴長輝援賴保生及黃淮水為安呾，懇要入亞齊之伙食，每年價銀 2055768.5 盾；二、張世隆援張肇燮、王文信為安呾，懇要入鐵桶及柴桶，每年約共價銀 17000 盾。本堂酌量，承應人及安呾人，現時俱各可堪。惟賴長輝不堪擔戴。謹詳副挨實嗹裁奪。

（瑪腰、甲必丹、雷珍蘭、朱葛礁爲本期記錄簽名：馬來文草書）

Tan Tjoentiat（陳濬哲）

Ko Setjian（高西川）

Oeij Tjengian（黃清淵）

Ni Boentjiang（連文清）

Gouw Eng Hoei（吳榮輝）

Tan Konghoa（陳光華）

Lie Tjoe Tjiang（李子昌）

Lie Tjoe Hong（李子鳳）

Tan Tjiang Lee（陳獎禮）

和 1875 年 7 月 2 日，拜五

公堂設嘧喳嘮。

瑪腰陳濬哲官，仝甲必丹高西川舍、甲必丹黃清淵舍、甲必丹連文清官、雷珍蘭吳榮輝官、雷珍蘭陳光華官、雷珍蘭李子鳳舍、朱葛礁陳獎禮官俱在座。陳（江流）甲大、李子昌甲、韓懷然甲、陳文炳甲四位，不到。

（溫曾賢、吳長和懇要入米於珍武營及病厝之枕頭、褥

仔擔保案)

承副挨實嗹和 1875 年 7 月 1 日附二人入字,祈公堂酌量可堪與否? 詳覆。

一、溫曾賢住珍為小生理,安呾人溫捷安住仝上為小生理,又溫均祥住仝上為商,懇要入米於珍武營,約每月 700 擔,一年至三年為限。

二、吳長和住新把殺為商,援茂物人黃元和及陳松林為安呾,懇要入病厝之枕頭、褥仔,約每年價銀 8000 盾,一年至三年為限。

公堂會議:已勘溫曾賢援溫捷安、溫均祥為安呾,懇要入米每月約 700 擔;又吳長和援茂物人為安呾,懇要入枕頭、褥仔,每年價銀 8000 盾。本堂酌量,溫曾賢、溫捷安二人因小生理,不足擔戴;至於溫均祥,現時可堪,吳長和則亦可堪。茂物人,本堂不知也。謹詳副挨實嗹裁奪。

(瑪腰提議為牛郎沙里廟公加貼辛金事)

瑪腰請曰:牛郎沙里廟公現時並無所利,其有居地諸人皆無還租,獨廟前有草流淡茄[①]而已。第思若無加貼辛金者,守廟者何以為生? 公堂合當發辛金多少貼其生活,方可長久。未知列台意見如何?

列台曰:廟公既無所利,公堂宜貼辛金,每月酌量可貼銀 30 盾足矣。然當詳字先告挨實嗹,俟其案奪字准時算起,方可發其辛金是也。存案。

---

① 淡茄:亦作"淡薄",閩南話,微薄、少許。

(續:巫均郎、邱水娘求離一案)

公勃低高(西川)、陳(文炳)詳。

巫均郎 和 6 月 14 日到堂請云:"從公堂和 6 月 10 日嘧內案奪,令晚稅定厝招妻同居。但拙妻屢屢到堂,堅欲分離,情義已絕,决不肯相從。况惡性難改,無法可治。反覆思之,不如早離。"

覆訊邱水娘,供云:"拙夫詭詐萬端,反復無常。氏誓死不願相從。"

將情申詳公堂大嘧內裁奪。

覆訊巫均郎、邱水娘,供如公勃低所詳。

公堂會語:論巫均郎、邱水娘求離一案。自 6 月 10 日本堂判令巫均郎安置家宅,招妻同居。誰知均郎不日復來,嫌其妻惡,願求離之。况其妻絕意不從,自去年離居,至今到堂不止十餘次,屢令歸合,終不肯和睦。灼見離情已决,誠難相強。因是,本堂聽其離遏。二比情願,唯退。存案。

(林桑義、黃海娘求離一案)

公勃低吳(榮輝)、陳(光華)詳。

黃海娘年 19 歲,現傍居茄厘嗎智伊姨娘仔貞之家,請伊夫林桑義[1]:"為交寅二載餘,未有產育。因拙夫自娶氏同居在礁內五月之久,並無給費。及後往文丁為木工,遂將氏送

① 林桑義:據《婚簿》載,1873 年 7 月 28 日,住聖望港 34 歲林桑義(吧生),與 16 歲黃海娘成婚。媒妁湯吉娘,男方主婚林福星(堂兄),女方主婚黃流(堂叔)。陰曆六月十八日交寅。

回母姨娘仔貞之家傍居，已經二載。拙夫並無照顧，亦無分文給付費用。似此不仁，伏乞判離。"

召訊林桑義年36歲，住磘內，供云："其初拙妻有恙，求歸伊姨養病。及後屢叫不回，給付費銀一員，他將銀擲棄於地，不肯受，因此無再給費。至於拙妻求離，晚願從之。"

台百般勸解，礙黃海娘強執不從。將情申詳公堂大嗒內裁奪。

覆訊黃海娘、林桑義，供如公勃低所詳。

公堂會議：論林桑義、黃海娘求離一案。夫妻纔婚五個月，遂分居東西，經二年餘，各絕音問，已見夫婦竟無恩愛。若不離之，徒悮於海娘之青春。因是，本堂聽其離遏。二比甘願，唯退。存案。

（邱思基懇入欠燉昌干刀銀擔保案）

承燉昌干刀和1875年6月19日第448號附一口詞，祈公堂查勘詳覆。

邱思基援邱江龍、邱思珍為安呾，懇要入欠燉昌干刀銀3000盾。

公堂會議：已勘邱思基援邱江龍及邱思珍為安呾，懇入欠燉昌干刀銀3000盾。今邱思基懇抽回其口詞。將情申詳燉昌干刀電鑒。

（瑪腰、甲必丹、雷珍蘭、朱葛礁爲本期記錄簽名：馬來文草書）

Tan Tjoentiat（陳濬哲）　Ko Setjian（高西川）

Oeij Tjengian（黃清淵）　Ni Boentjiang（連文清）

Gouw Eng Hoei (吳榮輝)　　Tan Konghoa(陳光華)
Lie Tjoe Hong(李子鳳)　　Tan Tjiang Lee(陳獎禮)

和1875年7月6日,拜二

公堂設嘧喳嘮。

瑪腰陳濬哲官,仝甲必丹高西川舍、甲必丹黃清淵舍、甲必丹連文清官、雷珍蘭吳榮輝官、雷珍蘭陳光華官、雷珍蘭陳文炳舍、朱葛礁陳獎禮官俱在座。陳(江流)甲大、李子昌甲、李子鳳甲、韓懷然甲四位,不到。

(溫旺良懇入枕頭、褥仔於病厝擔保案)

承副挨實嗹和1875年7月3日第□附一人入字,祈公堂查勘可堪與否? 詳覆。

溫旺良住珍合夥為商,安呾人張辛郎住珍為車貓氏,又陳玉長住八茶礶為咻訪瞨,懇要入枕頭、褥仔於病厝,約價銀每年8000盾,三年為限。

公堂會議:已勘溫旺良援張辛郎、陳玉長為安呾,懇入枕頭、褥仔,每年價銀8000盾,三年為限。公堂酌量,承應人溫旺良不堪擔戴,其二安呾人現時可堪。謹詳副挨實嗹裁奪。

(鄭雹、陳同娘求離一案)

公勃低高(西川)、陳(文炳)詳。

鄭雹[①]年31歲，住大使廟，請伊妻陳同娘："為交寅五個月，未孕。因拙妻嘗求為買金硿器，晚現小生活足以度日而已，何有餘資為買珍器？因不從其願，故拙妻屢屢生端。近日拙妻曾用石擊傷晚頰，晚已請干刀，而上人仍令歸睦。晚思殘忍惡婦，終難白首，他要何用？惟乞離之。"

召訊陳全娘年21歲，住仝上，供云："拙夫所請皆謬。乃拙夫無故嘗罵趕逐，每怒則用刀相嚇。拙夫既已厭棄，氏亦願離之。"

台勸夫妻且歸隱忍，以圖長久。礙二比不從。將情申詳公堂大嗒內裁奪。

覆訊夫婦，供如公勃低所詳。

公堂會議：論鄭雹、陳全娘求離一案。觀夫婦纔婚數月，情已不合，以致妻犯擊夫，既已訟到干刀，夫婦之倫已絕，勢難白首。本堂即聽其離遏。二比甘願。唯退。存案。

(林德光、李萬丹娘求離一案)

公勃低吳(榮輝)、陳(光華)詳。

李萬丹娘年34歲，住大南門，請伊夫林德光[②]："為交寅十四年，有生不育。因拙夫不尋利路，不給家費，置氏拋棄不

---

① 鄭雹：據《婚簿》載，1875年1月12日，住亭仔腳30歲鄭雹，與20歲陳同娘成婚。媒妁湯吉娘，男方主婚鄭曲(堂叔)，女方主婚陳德郎(父)。陰曆十二月十七日交寅。默氏劉祝單云唐生。查《公館檔案・新客簿》，1872年1月15日從厦门来吧，已入字。

② 林德光：據《婚簿》載，1862年2月20日，住八廚沃間18歲林德光，與20歲李鶴娘成婚。媒妁蔡勤娘，男方主婚林桃生(父)，女方主婚李彥文(父)。陰曆二月初二日交寅。

顧，寵愛其妾陳二娘，日夜盤桓。氏不得已歸外家年餘，拙夫杳無音跡。夫綱既缺，恩義已絕，實難相從。伏乞判離。”

召訊林德光年31歲，住八廚沃干，供云：“晚因身染久痼，拙妻不肯照顧，不孝家母，中饋無人主持，無奈置一妾權奉母親供役。拙妻歸寧，晚經三四次叫回，他堅不肯從。既欲分離，固所願也。”

台百般勸合，礙二比執欲分離。將情申詳公堂大噧內裁奪。

覆訊李萬丹娘、林德光，供如公勃低所詳。

公堂會議：論林德光、李萬丹娘求離一案。據德光供稱，其妻不孝。妻又惡其夫寵妾，離居許久，夫妻既懷不平之意，又無子女牽連，勢難強合，宜聽其離異，各從別適。二比甘願，花押在簿。存案。

（黃長發入稟為懇重抄婚事）

具稟人晚生黃長發[1]為懇重抄婚事：切晚自和1843年7月間與拙荊何戊娘結髮，至今三十二年。晚來往於浪[2]、吧之間，婚字偶爾忘其藏處，搜索幾遍，渺不可得。伏望公堂列位憲台宥晚不謹之愆，乞賜重抄。仰祈惠然俞允，不勝沾恩鳴感之至！謹穎叩稟。

公堂會議：據黃長發所求重抄婚字，此事並干礙，可令二朱為重抄給與是也。存案。

---

① 黃長發：據《婚簿》載，1843年7月19日，住北加郎18歲黃長發，與16歲何戊娘成婚。媒妁鍾江麟，男方主婚黃奎（父），女方主婚何連貴（胞兄）。陰曆十二月十五日交寅。

② 浪：北加浪或北膠浪之簡稱。Pekalongan，中爪哇北岸之北加浪岸。

(方文標、王鵬飛、陳喜會入稟懇明誠書掌教事)

具稟人晚生方文標為再懇義塾掌教事:切晚猥以庸才,客吧舌耕多年,但不能口飾眾好之譽,便陷滑稽眾惡之毀。每思欲回鄉,有愧素手空囊。兹欲懇接是年義塾下半冬之任,自當盡心竭愚,善誘童蒙,斷不敢怠惰自安,以負公堂建設學校,養正童蒙之遺意焉。仰祈大瑪腰大人暨公堂列位尊甲台大人,廣帡幪之德,垂格外之仁,俾得思風響,振口海瀾。生伏乞鴻慈照督,感激無涯,須至稟者。

又:具稟人晚生王鵬飛等為仰懇明誠書恩准設教事:切晚舌耕為業,館居南靖[1],雖暫得為安身,然人棄我取相知轉在於不相識之人。兹際書院有乏教授額尚未補,敢仰求眾大人布德施恩,將此書院賜與晚生居住,則不特此日食德飲和,即他年之還轅返旆,皆沐今朝之甘雨和風矣! 亟瀝情謹叩,乞瑪腰大人暨列位甲必丹、雷珍蘭眾大人恩准。如懇施行,沾感上叩。

又:具稟帖字人住在烏布土庫界內,晚生陳喜會自幼誦讀詩書,學業多年,就文章頗知其略,全望明誠書本年下半冬缺西席之位,伏冀公堂大瑪腰大人暨列位甲必丹大人提撕恩准,故敢冒昧効其惓愚,不勝戰慄俟命之至。

公堂會議:據諸先生所入稟帖,觀其詞氣,惟方先生之稟帖文雅通達。況他係舊義學師,不若仍舊舉方先生暫權續下半冬之教,觀其學規教法,若無虧損,則令至續明年可也。存案。

(瑪腰、甲必丹、雷珍蘭、朱葛礁爲本期記錄簽名:馬來文草書)

Tan Tjoentiat(陳濬哲)　　　Ko Setjian(髙西川)

---

① 館居南靖:南靖会館。

Oeij Tjengian(黃清淵)　Ni Boentjiang(連文清)
Gouw Eng Hoei (吳榮輝)　Tan Konghoa(陳光華)
Tan Boen Peng(陳文炳)　Tan Tjiang Lee(陳奬禮)

和 1875 年 7 月 13 日,拜二

公堂設嘧喳嘮。

瑪腰陳濬哲官,仝甲必丹高西川舍、甲必丹黃清淵舍、甲必丹連文清官、雷珍蘭吳榮輝官、雷珍蘭陳光華官、雷珍蘭李子昌舍、朱葛礁陳奬禮官俱在座。陳(江流)甲大、李子鳳甲、韓懷然甲、陳文炳甲四位,不到。

(陳亞樽等四人懇要入諸物件擔保案)

承挨實嗹和 1875 年 7 月 3 日、6 日、13 日附四人入字,祈公堂查勘可堪與否? 詳覆。

一、陳亞樽住珍為安黎抹,安呾人梁漢和住大南門為商,又張亞廣住毛吮甲為商,懇要入籐竹、茄樟[①]等件用裝貨物,計三年約價銀 8000 盾。

二、翁成章住小南門為商,安呾人翁啓祥住仝上為商,及葉純住仝上為商,懇應仝上。

三、吳長和住新把殺為商,安呾人番亞山民字甲及心媽逸,懇應仝上。

① 茄樟:亦作"茄葦"、"茭葦",馬來語 Kajang。一種棕櫚樹,其葉可用來編織各種用具。此指用茄葦葉或是竹篾編織而成的蓆子或篷蓋之類的用品。

四、張世隆住大南門為安黎抹，安呾人張肇燮及李亞二仝住小南門為安黎抹，懇要入柴器具於和大學，全年價銀一仟外盾①；又要入諸物件，自一份至五份額，全年價銀貳萬餘盾。

公堂會議：已勘一、陳亞樽援梁漢和、張亞廣為安呾；二、翁成章援翁啓祥、葉純為安呾；三、吳長和援番人為安呾；四、張世隆援張肇燮、李亞二為安呾。諸人所懇要入諸物件，本堂酌量，承應人及安呾人，俱各可堪。惟二番人，本堂不知也。謹詳副挨實嗹裁奪。

（副挨實嗹致書公堂為修理二角橋至流連橋之路事）

承副挨實嗹和 1875 年 7 月 3 日第 4894 號致書公堂，為二角橋至流連橋之路圮壞，車不能行。祈公堂速速修造，加修完立可詳覆。

公堂會議：論此條路係各色衆人所共由，非獨唐人行葬之途也，合該瓦達實呾②修理。然本堂所積之項逐月開費③，況丹絨、式里陂塚地已滿，致防將來備買塚地之需。若必欲令修公路，無奈克虧矣。將情申詳副挨實嗹裁奪。

（瑪腰、甲必丹、雷珍蘭、朱葛礁爲本期記錄簽名：馬來文草書）

Tan Tjoentiat（陳濬哲）　Ko Setjian（高西川）

Oeij Tjengian（黄清淵）　Ni Boentjiang（連文清）

Gouw Eng Hoei（吳榮輝）　Tan Konghoa（陳光華）

---

① 一仟外盾：闽南话，一千餘盾。

② 瓦達實呾：亦作“瓦嗹式達”，荷蘭語 Waterstaat，荷印水務部門。

③ 開費：閩南話，開支、支出。

Lie Tjoe Tjiang(李子昌)　　Tan Tjiang Lee(陳獎禮)

和 1875 年 7 月 17 日，拜六

公堂設嘧喳嘮。

瑪腰陳濬哲官，仝甲必丹黃清淵舍、甲必丹連文清官、雷珍蘭吳榮輝官、雷珍蘭李子昌舍、雷珍蘭韓懷然舍、朱葛礁陳獎禮官俱在座。高（西川）甲大、陳（江流）甲大、陳光華甲、李子鳳甲、陳文炳甲五位，不到。

（梁漢和等六人懇要入各物件擔保案）

承副挨實嗹和 1875 年 7 月 15 日及 16 日附六人入字，祈公堂查勘可堪與否？詳覆。

一、梁漢和住大南門為商，安呾人張聰觀住臭橋開桶店，又陳英傑住洪溪為商，懇要入蓆約每年價銀 10000 盾，三年為限；又要入石漏約每年價銀三仟盾，三年為限；又要入武營柴器，約每年價銀 50000 盾之左，三年為限；又要洗溫律嶼[1]病人之衣服，約每年價銀 2911 盾之左，三年為限。

二、張世隆住大南門為安黎抹，安呾人張肇燮及李亞二皆

[1] 溫律嶼：Onrust，雅加達外海千島區中的眾多島嶼之一。在荷蘭東印度公司統治時期，此島為荷蘭船隻出入吧城的泊船之所，後成為荷蘭人修造船隻的所在，故又稱“甲板嶼”（王大海：《海島逸志》卷五“聞見錄・甲板船”）。又陳洪照《吧游紀略》（乾隆初年撰）稱為“王嶼”。其云：“嶼築小城，緣邊植樹，和蘭人藏貨物之處。”

住小南門為安黎抹，懇要入椅桌於和學館，一次價銀 2000 盾之左。

二張世隆住大南門，安呾人李亞淦住八廚沃干為商，及溫亞雲住小南門為商，懇要入武營柴器，價銀仝上第一條。

四、張肇燮援李亞二及王文信為安呾，懇應仝上第三條。

五、李亞杞住八廚沃干為商，安呾人李亞淦及李德安住丹仔望為商，懇要入籐仔、茄樟、竹仔為裝件，約每年價銀二仟餘盾。

六、彭元仁住真郎安為小生理，安呾人張辛郎住珍為車貓氏，及溫捷安住仝上為小生理，懇要入盤碗及茄令器，約每年價銀 20000 盾，三年為限。

公堂會議：已勘六人之所懇要入各物件，並其安呾人。本堂酌量，現時俱各可堪，惟彭元仁及其安呾人皆不堪擔戴。又李亞淦要安呾張世隆，張聰觀要安呾梁漢和，懇入柴器計三年價銀 25000 盾，此事浩大，未堪擔戴。將情申詳副挨實嗹裁奪。

(義學師方文標入稟請擇吉掌教事)

具稟晚生方文標為稟請擇吉掌教事：切晚魯質庸才，經叨大瑪腰大人暨公堂列位甲台大人電奪恩准，已成四任義塾，感德靡涯！時童子欲其講藝論文，領期候教之際，擇於六月十九日啓讀。未敢擅便，合應先稟鴻慈訓示施行。沾感切叩。

列台閱畢，議曰：前會議既准方先生承續義學，今懇本月十九日開讀，合該准恳。存案。

（瑪腰、甲必丹、雷珍蘭、朱葛礁爲本期記錄簽名：馬來文草書）

Tan Tjoentiat（陳濬哲）　　Oeij Tjengian（黃清淵）

Ni Boentjiang（連文清）　　Gouw Eng Hoei（吳榮輝）

Lie Tjoe Tjiang（李子昌）　　Han Hoai Djian（韓懷然）

Tan Tjiang Lee（陳奬禮）

和 1875 年 7 月 21 日，拜三

公堂設嘧喳嘮。

瑪腰陳濬哲官，仝甲必丹高西川舍、甲必丹黃清淵舍、甲必丹連文清官、雷珍蘭吳榮輝官、雷珍蘭陳光華官、雷珍蘭李子鳳舍、雷珍蘭韓懷然舍、朱葛礁陳奬禮官俱在座。陳（江流）甲大、李子昌甲、陳文炳甲三位，不到。

（溫開發等三人恳要入盤碗及茄令器擔保案）

承副挨實嗹和 1875 年 7 月 20 日附三人入字，祈公堂查勘可堪與否？詳覆。

一、溫開發住大南門為商，安呾人徐亞六住廿六間為商，及溫均祥住珍為商，恳要入盤碗及茄令器，約每年價銀 20000 盾，三年為限。

二、陳亞樽住珍為安黎抹，安呾人梁漢和及張亞廣，恳應仝上。

三、李寬秀住珍為安黎抹，安咀人曾亞二住北戈然為杉板貓氏，及蔡連好住班芝蘭為商，懇應仝上。

公堂會議：已勘一、溫開發援徐亞六、溫均祥為安咀；二、陳亞樽援梁漢和、張亞廣為安咀；三、李寬秀援曾亞二、蔡連好為安咀，俱要入茄令、盤碗，計三年價銀 60000 盾。本堂酌量，以上承應人及其安咀人俱堪擔戴，惟李寬秀及曾亞二，現時不敢擔載。謹詳副挨實嗹裁奪。

（瑪腰、甲必丹、雷珍蘭、朱葛礁爲本期記錄簽名：馬來文草書）

Tan Tjoentiat（陳濬哲）

Oeij Tjengian（黃清淵）

Gouw Eng Hoei（吳榮輝）

Lie Tjoe Hong（李子鳳）

Tan Tjiang Lee（陳獎禮）

Ko Setjian（高西川）

Ni Boentjiang（連文清）

Tan Konghoa（陳光華）

Han Hoai Djian（韓懷然）

和 1875 年 7 月 27 日，拜二

公堂設嘧喳嘮。

瑪腰陳濬哲官，仝甲必丹高西川舍、甲必丹黃清淵舍、甲必丹連文清官、雷珍蘭吳榮輝官、雷珍蘭陳光華官、雷珍蘭李子鳳舍、雷珍蘭韓懷然舍、朱葛礁陳獎禮官俱在座。陳（江流）甲大、李子昌甲、陳文炳甲三位，不到。

（楊長宗、薛平全懇要入物件於和大學及入柴器於武營

擔保案）

承大揆實嗹和 1875 年 7 月 26 日致書附二人入字，祈瑪腰查勘可堪與否？詳覆。

一、楊長宗住珍為商，安呾人楊福源住仝上兌金硿器，及鄭佐住大港墘為商，懇要入和大學諸物件，第二份至第四份，約全年價銀 20000 盾之左。

二、薛平全住珍為張萬合之棧主，安呾人許文全及楊長宗俱住珍為商，懇要入柴器於武營，約價銀每年 50000 盾，三年為限。

公堂會議：已勘，一、楊長宗援楊福源、鄭佐為安呾，懇要入物件於和大學，價銀 20000 盾；二、薛平全援許文全、楊長宗為安呾，懇要入柴器於武營三年，價銀 150000 盾。本堂酌量，以上承應人及安呾人，現時可堪。惟薛平全及楊長宗所懇要入柴器，此事浩大，不堪擔戴。謹詳大揆實嗹裁奪。

（公堂回覆訟師緞興哖致問唐人分業事）

承大揆實嗹和 1875 年 7 月 12 日第 4083 號，附訟師緞興哖之書所問諸事，祈公堂按唐例酌量詳覆。

訟師之書曰：一、凡唐人身故無遺書，又無男子，惟有生女及胞姪，誰承其宗祧？又誰該得業？二、凡唐人無子，有胞姪又有養異姓為子，若死無遺書，未知此異姓子能得專權承業如親生子一般乎？抑或酌分其財而已乎？三、凡唐人生前已立遺書業與眾子均分，而內中一子先死，有遺下孤子，未知此子能承其父之該得祖業乎？祈公堂酌量詳覆。

公堂會議：據訟師所問三條事，本堂酌量，按唐例，一、凡唐人死無男子，則姪為繼嗣該得其業，其女兒則酌配其嫁妝而已。二、異姓為嗣則亂宗族，係律所禁。仍是胞姪承嗣，其異姓子則可視為義子，酌分其財產而已矣。三、凡祖父之業，其父雖先祖而亡，孫合承其父之份額，宜得均分其祖之業矣。將情申詳大挨實嗹裁奪。

（挨實嗹准開公堂櫃項發牛郎沙里萬律之辛金）

承大挨實嗹和1875年7月26日第4485號書，為閱公堂和本月6日第76號所詳，已經案奪准開公堂櫃項發牛郎沙里萬律之辛金銀，每月30盾。遵敖文明[①]和1856年2月17日第23號之案奪而行。

列台閱畢，議曰：挨實嗹既已案奪，准懇發牛郎沙里萬律之辛金。可就和8月1日算起開數。存案。

（林長海、王六娘求離一案）

公勃低吳（榮輝）、陳（光華）詳。

林長海[②]年19歲，住新厝仔[③]，請伊妻王六娘："為交寅一載，未有產育。拙妻自和4月27日夜約八點鐘，不告知而自歸寧，所有衫褸一盡搬去，惟留衫褸各一而已。況拙妻與家內不睦，如此不賢不孝之婦，終難白首。伏乞判離。"

---

① 敖文明：亦作"教文明"，荷蘭語 Gouvernement，此指荷印政府。

② 林長海：據《婚簿》載，1874年3月19日，住新厝仔18歲林長海（吧生），與15歲王六娘成婚。媒妁陳增娘，男方主婚林水秀（父），女方主婚王茂山（父）。陰曆二月十三日交寅。

③ 新厝仔：Kampong Petak Baru，吧城地名，位於小南門外。

召訊王六娘年16歲，供云："氏於是夜因拙夫邀一戲仔，在房內綢繆甚歡。氏觸目焚心，不能忍耐，因此歸寧。況拙夫自交寅至今，並無分文給費，且又將氏所得茶儀俱已用盡矣。氏即於是夜遂請知瑪腰，適家翁亦在焉。而瑪腰令氏隨同阿翁回家，而翁忿然變色曰，媳既欲離，聽其自便是也。氏自推無過，見棄於丈夫，不用於翁姑，進退難以自處，惟從其離。"

召訊林榮秀即係林長海之父，供云："媳王六娘自交寅至今，屢次生端，倘有小可之事不合其意者，即啼哭終夜不休。且與家內不睦，晚實不堪其擾。至若離事，晚不敢言。惟求明斷。"

將情申詳公堂大嚁內裁奪。

覆訊林長海、王六娘，供如公勃低所詳。

公堂會議：論林長海、王六娘求離一案。細察夫妻之供詞，及其父林榮秀所言，足見王六娘之不孝翁姑。且夫妻初婚未久，情義已乖，終難白首。於是，本堂判其離遏。二比甘願，唯退。存案。

（瑪腰、甲必丹、雷珍蘭、朱葛礁爲本期記錄簽名：馬來文草書）

Tan Tjoentiat（陳濬哲）	Ko Setjian（高西川）
Oeij Tjengian（黄清淵）	Ni Boentjiang（連文清）
Tan Konglioe（陳江流）	Gouw Eng Hoei（吳榮輝）
Tan Konghoa（陳光華）	Lie Tjoe Tjiang（李子昌）
Lie Tjoe Hong（李子鳳）	Han Hoai Djian（韓懷然）
Tan Boen Peng（陳文炳）	Tan Tjiang Lee（陳獎禮）

和1875年7月30日,拜五

公堂設嘧喳嘮。

瑪腰陳濬哲官,仝甲必丹高西川舍、甲必丹黃清淵舍、甲必丹連文清官、雷珍蘭吳榮輝官、雷珍蘭陳光華官、雷珍蘭李子鳳舍、雷珍蘭韓懷然舍、朱葛礁陳獎禮官俱在座。陳(江流)甲大、李子昌甲、陳文炳甲三位,不到。

(溫曾賢懇要入米於干冬圩武營擔保案)

承副挨實嗹和1875年7月30日附一人入字,祈公堂查勘可堪與否?詳覆。

溫曾賢住珍為油米生理,安呾人黃再生及李財源仝住珍為商,懇要入米於干冬圩武營,約價銀20000盾,三年為限。

公堂會議:已勘溫曾賢援黃再生、李財源為安呾,懇要入米於干冬圩武營,三年價銀60000盾。本堂酌量,承應人及安呾人現時可堪。謹詳副挨實嗹載奪。

(續:副挨實嗹致書公堂為修理二角橋至流連橋之路事)

承副挨實嗹和1875年7月24日第5611號致書,已閱公堂和本月13日第323號所詳。然已查和1836年國例第六號所敘,凡第二號路有壞,乃地頭主所當修理。於和本月3日第4894號致書,已達知公堂,祈仍從而修理是也。

公堂會議:據副淡所令修理之路無入公堂之地,故公堂不該修理。謹詳副挨實嗹載奪。

(陳恩娘、李登岸求離一案)

公勃低高(西川)、陳(文炳)詳。

陳恩娘年29歲,住臭橋,請伊夫李登岸[①]:"為交寅六年,有生不育。拙夫無故毆打,將氏送歸外家,遂絕音問。如此相棄,不若離之。"

召訊李登岸年30歲,住洪溪,供云:"因拙妻日行賭博,屢勸不聽,是故送歸外家。至於毆打,實無此事。拙妻遊蕩成性,無法可治。似此不賢,情願離之。"

台諭曰:爾夫妻無甚大故,未可遽離。礙二比堅執不從。將情申詳公堂大嘧內裁奪。

覆訊夫妻,皆云各執求離。

公堂會議:陳恩娘、李登岸求離一案。據夫妻互相嫌棄,各執求離,兩情已絕,強合不能也。因是,本堂聽其離遏,各從別適。二比甘願,各押在離簿[②]。存案。

(陳永祿、吳金娘求離一案)

公勃低高(西川)、陳(文炳)詳。

---

① 李登岸:據《婚簿》載,1869年9月2日,住戈勞屈24歲李登岸(吧生),與23歲陳恩娘成婚。媒妁王曲娘,男方主婚李丁鳳(堂兄),男方主婚陳亞二(父)。陰曆八月二十四日交寅。

② 離簿:吧國公堂《離婚簿》之簡稱。

吳金娘年17歲，住小南門，請伊夫陳永祿[1]："為交寅一年，未有產育。因家姑性惡，不堪苦楚。且拙夫在山頂娶戲仔，未嘗回家經三個月，亦不給費。氏與姑夫俱不合，孤身難以自容，不得已歸依母家，至今已六個月。拙夫音問資費俱皆缺絕，足見情義已斷。惟乞分離。"

召訊陳永祿年29歲，住大南門，供云："拙妻自唐去年十二月十五日早晨不辭而去，且已請公館，揚晚之醜，故不給資費。在家之時食費無缺，奈拙妻性悍不孝，不受教訓。既欲分離，固所願也。"

謹詳公堂大嚕內裁奪。

公堂會議：據陳永祿、吳金娘求離一案，到堂非止一次，屢屢勸合，仍然再請。婦既不孝姑嫜，其夫寵妾棄妻，終難永好。因是，本堂即判離遏。二比情願，唯退。存案。

（瑪腰、甲必丹、雷珍蘭、朱葛礁爲本期記錄簽名：馬來文草書）

Tan Tjoentiat（陳濬哲）

Oeij Tjengian（黃清淵）

Gouw Eng Hoei（吳榮輝）

Lie Tjoe Hong（李子鳳）

Tan Tjiang Lee（陳獎禮）

Ko Setjian（高西川）

Ni Boentjiang（連文清）

Tan Konghoa（陳光華）

Han Hoai Djian（韓懷然）

---

① 陳永祿：據《婚簿》載，1874年1月30日，住大南門27歲陳永祿（吧生），與16歲吳金娘成婚。媒妁薛七娘，男方主婚張生娘（母），女方主婚吳進然（父）。陰曆十二月十六日交寅。

和1875年8月2日,拜四

公堂設嘧喳嘮。

瑪腰陳濬哲官,仝甲必丹高西川舍、甲必丹連文清官、雷珍蘭吳榮輝官、雷珍蘭李子昌舍、雷珍蘭韓懷然舍、朱葛礁陳獎禮官俱在座。黃(清淵)甲大、陳(江流)甲大、陳光華甲、李子鳳甲、陳文炳甲伍位,不到。

(挨實嗹致書祈公堂再抄訟師緞興咩所問唐例事)

承大挨實嗹和1875年7月29日第4603號致書,祈公堂再抄訟師緞興咩所問唐例事,從和本月29日所詳之字稿,速速寄呈。

列台閱畢,議曰:既挨實嗹有命,宜即就字稿重抄一紙,二朱押號奉呈挨實嗹電鑒。

(劉章入稟為懇默氏劉水山蔭地風水事)

具稟人晚生劉章奉稟,為洪溪、杉板寮[1]界內現任默舍姪劉水山,因沾病於昨日身故。懇求公堂瑪腰暨列位甲必丹,准給丹絨蔭地風水壹穴,為殯葬之壙,則幽明感德不淺矣! 肅此叩稟。

列台閱畢,議曰:舊例甘光默原有蔭地風水壹穴,闊12距、長24距。劉章所懇,合當允准。存案。

---

① 杉板寮:Sampan Liauw,吧城地名。

（瑪腰、甲必丹、雷珍蘭、朱葛礁爲本期記錄簽名：馬來文草書）

Tan Tjoentiat（陳濬哲）
Ni Boentjiang（連文清）
Lie Tjoe Tjiang（李子昌）
Tan Tjiang Lee（陳獎禮）
Ko Setjian（高西川）
Gouw Eng Hoei（吳榮輝）
Han Hoai Djian（韓懷然）

和1875年8月4日，拜三

公堂設嚟喳嘮。

瑪腰往茂物。高（西川）甲大攝理，仝甲必丹黃清淵舍、雷珍蘭李子鳳舍、雷珍蘭韓懷然舍、雷珍蘭陳文炳舍、朱葛礁陳獎禮官俱在座。連（文清）甲大、陳（江流）甲大、吳榮輝甲、陳光華甲、李子昌甲五位，不到。

（楊長宗懇要包洗溫律嶼兵營之衣服擔保案）

承大挨實嗹和1875年8月3日附一人入字，祈公堂查勘可堪與否？詳覆。

一、楊長宗住珍為商，安呾人楊福源住珍兌金硂器，及鄭佐住大港墘為商，懇要包洗溫律嶼兵營之衣服，約每年價銀5000盾之左，三年為限。

公堂會議：已勘楊長宗援楊福源、鄭佐為安呾，懇要包洗溫律嶼兵營之衣服三年，價銀15000盾。本堂酌量，承應人及安呾人現時可堪。謹詳大挨實嗹裁奪。

(馮瓊海入稟為懇其父默氏馮元力蔭墳風水事)

具稟人晚生馮瓊海為懇蔭墳風水事：緣家父馮元力自和 1857 年任公司後正默，至和 1866 年因年邁告退，於唐六月廿六日不幸身故。瞻懇公堂列位大人，賜一區蔭地風水壹穴為葬身之地。伏望恩准，則幽明感激靡涯矣！謹此叩稟。

列台閱畢，議曰：舊例甘光默原有蔭地風水壹穴，闊 12 距、長 24 距。馮瓊海所懇，合當允准。存案。

(瑪腰、甲必丹、雷珍蘭、朱葛礁爲本期記錄簽名：馬來文草書)

Tan Tjoentiat(陳濬哲)　　Ko Setjian(高西川)

Oeij Tjengian(黃清淵)　　Lie Tjoe Hong(李子鳳)

Han Hoai Djian(韓懷然)　　Tan Boen Peng(陳文炳)

Tan Tjiang Lee(陳獎禮)

和 1875 年 8 月 11 日，拜三

公堂設嘧喳嘮。

瑪腰陳濬哲官，仝甲必丹黃清淵舍、甲必丹連文清官、雷珍蘭李子昌舍、雷珍蘭李子鳳舍、朱葛礁陳獎禮官俱在座。高(西川)甲大、陳(江流)甲大、吳榮輝甲、陳光華甲、韓懷然甲、陳文炳甲六位，不到。

(黃三平、陳溪懇要入欠熾昌銀擔保案)

承熾昌干刀和 1875 年 7 月 31 日第 575 號,又 8 月 7 日第 594 號致書,附二人入字,祈公堂查勘可堪與否? 詳覆。

一、黃三平住勞南媚為稅地主,安呾人黃再生住珍為商,及蘇斧廚住珍出擔[1]兌芬,懇要入欠熾昌干刀銀 1000 盾。

二、陳溪住新把殺為商,安呾人張萬合及楊大會俱住新把殺為商,懇要入欠熾昌干刀銀 4000 盾。

公堂會議:已勘黃三平援黃再生及蘇斧廚為安呾,懇要入欠熾昌銀 1000 盾;又陳溪援張萬合及楊大會為安呾,懇安入欠熾昌銀 4000 盾。本堂酌量,入欠人及安呾人,現時皆可堪,惟蘇斧廚不堪擔戴。又黃三平係干冬圩轄人,本堂不知也。謹詳熾昌干刀裁奪。

(瑪腰、甲必丹、雷珍蘭、朱葛礁爲本期記錄簽名:馬來文草書)

Tan Tjoentiat(陳濬哲)　Oeij Tjengian(黃清淵)

Ni Boentjiang(連文清)　Lie Tjoe Tjiang(李子昌)

Lie Tjoe Hong(李子鳳)　Tan Tjiang Lee(陳獎禮)

和 1875 年 8 月 16 日,拜四

公堂設嘧喳嘮。

瑪腰陳濬哲官,仝甲必丹高西川舍、甲必丹黃清淵舍、

---

① 出擔:閩南話,肩挑小販。

甲必丹連文清官、雷珍蘭吳榮輝官、雷珍蘭李子昌舍、朱葛礁陳奬禮官俱在座。陳(江流)甲大、陳光華甲、李子鳳甲、韓懷然甲、陳文炳甲五位,不到。

(陳水郎懇要入和學桌擔保案)

承副挨實嗹和 1875 年 8 月 14 日附一人入字,祈公堂查勘可堪與否? 詳覆。

一、陳水郎住大當前為木匠,安呾人古捷郎住仝上為茄令匠,及陳亞樽住珍為安黎抹,懇要入和學桌,全年價銀 1500 盾。

公堂會議:已勘陳水郎援古捷郎、陳亞樽為安呾,懇要入和學桌,價銀 1500 盾。本堂酌量,承應人及其安呾人,現時可堪。謹詳副挨實嗹裁奪。

(黃天吉入稟為懇副默陳維熊身故恩賜蔭地風水事)

敬稟人默氏晚生黃天吉,為懇恩賜蔭地風水事:因八年前陳維熊已任副默,今不幸身故。伏乞公堂賜壹穴 12 距之闊為葬身之域,則幽明俱感大德焉! 謹叩。

列台閱畢,議曰:按陳維熊前經任聖望港之副默,今黃天吉為求蔭墳,本堂原有此例。合當准懇。存案。

(瑪腰、甲必丹、雷珍蘭、朱葛礁爲本期記錄簽名:馬來文草書)

Tan Tjoentiat(陳濬哲)　　Ko Setjian(高西川)

Oeij Tjengian(黃清淵)　　Ni Boentjiang(連文清)

Gouw Eng Hoei (吳榮輝)　　Lie Tjoe Tjiang(李子昌)

Tan Tjiang Lee(陳奬禮)

和1875年9月9日,拜四

公堂設嘧喳嘮。

瑪腰陳濬哲官,仝甲必丹高西川舍、甲必丹黃清淵舍、甲必丹連文清官、雷珍蘭陳光華官、雷珍蘭李子昌舍、雷珍蘭李子鳳舍、雷珍蘭韓懷然舍、朱葛礁陳奬禮官俱在座。陳(江流)甲大、吳榮輝甲、陳文炳甲三位,不到。

(李榮懷、陳亞樽懇要包縫戰船番水首之衣服擔保案)

承副挨實嗹和1875年9月7日、8日附二人入字,祈公堂查勘可堪與否?詳覆。

一、李榮懷,安咀人李水生、李榮文俱住珍為商,懇要包縫戰船番水首之衣服,約價銀伍千餘盾。

二、陳亞樽住珍為商,安咀人張亞廣住毛吶甲為安黎抹,及梁漢和住大南門為商,懇應仝上。

公堂會議:已勘一、李榮懷援李水生、李榮文為安咀;二、陳亞樽援張亞廣、梁漢和為安咀,皆要包縫戰船水首之衣服,價銀伍千餘盾。本堂酌量,承應人及安咀人現時俱各可堪。謹詳副挨實嗹裁奪。

(鍾西山、王碧宏懇入欠熾昌銀擔保案)

承熾昌干刀和1875年8月31日、9月6日附二口詞,祈公堂查勘可堪與否?詳覆。

一、鍾西山住丹那望為打金①，安呾人王平生住仝上兑魚，及王文成住仝上為地頭主，懇要入欠爍昌干刀銀 1000 盾。

二、王碧宏住吃魯萬初為商，安呾人許清泉甲、許清溪甲俱住戈勞屈為地頭主，懇入欠爍干刀銀 5000 盾。

公堂會議：已勘鍾西山援王平生、王文成為安呾，懇入欠爍昌銀 1000 盾；又王碧宏援許清泉甲、許清溪甲為安呾，懇入欠爍昌銀 5000 盾。本堂酌量，鍾西山及王平生二人不堪擔戴，其餘諸人現時俱各可堪。謹詳爍昌干刀裁奪。

（瑪腰、甲必丹、雷珍蘭、朱葛礁爲本期記錄簽名：馬來文草書）

Tan Tjoentiat（陳濬哲）

Oeij Tjengian（黃清淵）

Tan Konghoa（陳光華）

Lie Tjoe Hong（李子鳳）

Tan Tjiang Lee（陳獎禮）

Ko Setjian（高西川）

Ni Boentjiang（連文清）

Lie Tjoe Tjiang（李子昌）

Han Hoai Djian（韓懷然）

和 1875 年 9 月 18 日，拜六

公堂設嘧喳嘮。

瑪腰陳濬哲官，仝甲必丹黃清淵舍、雷珍蘭李子昌舍、雷珍蘭韓懷然舍、朱葛礁陳獎禮官俱在座。高（西川）甲大、連（文清）甲大、陳（江流）甲大、吳榮輝甲、陳光華甲、李子鳳

① 打金：閩南話，金銀首飾加工。

甲、陳文炳甲七位,不到。

(甘長文懇要包修理病厝並洗其衣服擔保案)

承副挨實嗹和 1875 年 9 月 18 日附一人入字,祈公堂查勘可堪與否? 詳覆。

甘長文住珍為商,安呾人甘榮任及蔣全受俱住珍為商,懇要包修理貓廚廚禮病厝並包洗其衣服,一年至三年為限,約每年價銀 12000 盾。

公堂會議:已勘甘長文援甘榮任、蔣全受為安呾,懇要包修理貓廚廚禮病厝並洗其衣服,三年價銀 36000 盾。本堂酌量,甘榮任不堪擔戴,其餘可堪。謹詳副挨實嗹裁奪。

(瑪腰、甲必丹、雷珍蘭、朱葛礁爲本期記錄簽名:馬來文草書)

Tan Tjoentiat(陳濬哲)

Oeij Tjengian(黃清淵)

Lie Tjoe Tjiang(李子昌)

Han Hoai Djian(韓懷然)

Tan Tjiang Lee(陳獎禮)

和 1875 年 10 月 2 日,拜六

公堂設嘧喳嘮。

瑪腰陳濬哲官,仝甲必丹高西川舍、甲必丹連文清官、雷珍蘭吳榮輝官、雷珍蘭陳光華官、雷珍蘭李子昌舍、雷珍蘭李子鳳舍、雷珍蘭韓懷然舍、朱葛礁陳獎禮官俱在座。黃(清淵)甲大、陳(江流)甲大、陳文炳甲三位,不到。

(胡春陽、鄭榮茂懇入欠爈昌銀擔保案)

承爈昌干刀和 1875 年 9 月 13 日附二人之口詞,祈公堂查勘可堪與否? 詳覆。

一、胡春陽住干冬圩,安呾人胡甘陽住仝上,及陳文貴住公司為地頭主,懇要入欠爈昌干刀銀 4000 盾。

二、鄭榮茂住八茶罐為餬紙店,安呾人葉有貴住仝上開裁縫店,及沈添全住三間土庫為商,懇要入欠爈昌干刀銀 1000 盾。

公堂會議:已勘陳文貴要安呾干冬圩人胡春陽,懇入欠爈昌銀 4000 盾;又鄭榮茂援葉有貴、沈添全為安呾,懇入欠爈昌銀 1000 盾。本堂酌量,入欠人及其安呾人,現時可堪。至於干冬圩人,本堂不知也。謹詳爈昌干刀裁奪。

(瑪腰、甲必丹、雷珍蘭、朱葛礁爲本期記錄簽名:馬來文草書)

Tan Tjoentiat(陳濬哲)
Ni Boentjiang(連文清)
Tan Konghoa(陳光華)
Lie Tjoe Hong(李子鳳)
Tan Tjiang Lee(陳獎禮)
Ko Setjian(高西川)
Gouw Eng Hoei (吳榮輝)
Lie Tjoe Tjiang(李子昌)
Han Hoai Djian(韓懷然)

和 1875 年 10 月 14 日,拜四

公堂設嘧喳嘮。

瑪腰陳濬哲官,仝甲必丹高西川舍、甲必丹黃清淵舍、

甲必丹連文清官、雷珍蘭吳榮輝官、雷珍蘭陳光華官、雷珍蘭李子昌舍、雷珍蘭李子鳳舍、朱葛礁陳獎禮官俱在座。陳(江流)甲大、韓懷然甲、陳文炳甲三位,不到。

(楊秀賢要擔保徐亞六懇入欠熾昌銀一案)

承熾昌干刀和 1875 年 10 月 9 日第 811 號附一口詞,係徐亞六援鄒瑞淑及李寬秀為安呾,已入欠熾昌銀 2000 盾。今將鄒瑞淑要換楊秀賢,祈公堂查勘楊秀賢可堪與否?具詞詳覆。

公堂會議:已勘楊秀賢要安呾徐亞六,懇入欠熾昌銀 2000 盾,以代鄒瑞淑之額。本堂酌量,楊秀賢現時可堪。謹詳熾昌干刀裁奪。

(朱陳玉長官繳入和 1875 年丹絨義塚祭費錄單一紙)

據大朱陳玉長官繳入和 1875 年丹絨義塚祭費錄單一紙,共銀 300 盾,請開公堂出數。

列台議曰:可照常就單開數是也。存案。

(瑪腰、甲必丹、雷珍蘭、朱葛礁爲本期記錄簽名:馬來文草書)

Tan Tjoentiat(陳濬哲)

Ko Setjian(高西川)

Oeij Tjengian(黃清淵)

Ni Boentjiang(連文清)

Gouw Eng Hoei (吳榮輝)

Tan Konghoa(陳光華)

Lie Tjoe Tjiang(李子昌)

Lie Tjoe Hong(李子鳳)

Tan Tjiang Lee(陳獎禮)

和 1875 年 11 月 4 日，拜四

公堂設嘧喳嘮。

瑪腰陳濬哲官，仝甲必丹高西川舍、甲必丹黃清淵舍、甲必丹連文清官、雷珍蘭吳榮輝官、雷珍蘭陳光華官、雷珍蘭李子昌舍、雷珍蘭李子鳳舍、雷珍蘭韓懷然舍、雷珍蘭陳文炳舍、朱葛礁陳獎禮官俱在座。陳(江流)甲大一位，不到。

(僧允巖入稟為懇恩准掌理金德院事)

具稟貧僧允巖，為懇恩准掌理金德院事：竊巖雲遊四海，抄化十方，尊釋迦之遺教，守彌陀之格言，思歸西土以證靈山，拳拳服膺，莫敢頓忘。蓋今偶步抵埠，適因東道登西。巖不揣固陋，欲充掌理，暮鼓晨鐘，朝夕罔敢忽懈，禮佛敬神，時刻祇守規矩。伏維在瑪腰大人暨公堂列位甲必丹、朱葛礁格外春風，鴻恩施准，俾巖得金蠅以開覺路，寶筏而迷津有渡矣。虔修寸稟，瀝情叩稟。懇祈批准。

(僧啓順入稟為金德院建寅當家身故亭內乏理事)

具稟貧僧啓順，為金德院建寅當家身故亭內乏理事：切順自咸豐十年[1]遊方抵吧，適蒙大瑪腰暨公堂甲台大人恩

① 咸豐十年：西元 1860 年。

准為丁衆,於今計十有五載矣。其亭內諸事,順雖不敏,亦經領受。故老當家指蒙,頗得熟嫻法輪。膽懇公堂列位元甲台大人恩准代理,使其有條而不紊,並查亭內家器物件,以呈電鑒。倘有賢能來吧,自當遜謝獻忱。翹仰電示,須至稟者。

(僧志願入稟為金德院乏理東家事)

具稟貧衲志願為金德院乏理東家事:竊自故僧建寅羽化以後,囊如懸磬,葬費無賴,願不忍坐視不救,竭力募緣幾十盾收殮埋骸,安頓明白。敬護亭內菩提慧業,焚香供飯,掃地烹茗,菽水不虛,亭衆有賴。伏乞大瑪腰暨公堂甲台、朱葛礁大人電照恩准,俾願得以權理等務,敢不暮鼓晨鐘,玆玆惟日,臨稟恐惶。

公堂會議:已勘允巖雖年少新到,察其人品才情,可堪暫理東家事。至於啓順,可使暫理首座。其志願仍舊幫理亭事,自今日起約三個月而後定奪。存案。

(薛福生懇入欠燦銀擔保案)

承燦昌干刀和1875年10月25日第857號附一口詞,祈公堂查勘可堪與否?詳覆。

薛福生住大使廟為小生理,安呾人陳伯達住仝上為小生理,及楊清雲住仝上為商,懇入欠燦昌銀1000盾。

公堂會議:已勘薛福生援陳伯達、楊清雲為安呾,懇入欠燦銀1000盾。本堂酌量,楊清雲可堪為安呾,至於薛福生及陳伯達,俱為小生理,不堪擔戴。謹詳燦昌干刀裁奪。

（瑪腰、甲必丹、雷珍蘭、朱葛礁爲本期記錄簽名：馬來文草書）

Tan Tjoentiat（陳濬哲）

Oeij Tjengian（黃清淵）

Gouw Eng Hoei（吳榮輝）

Lie Tjoe Tjiang（李子昌）

Han Hoai Djian（韓懷然）

Tan Tjiang Lee（陳奬禮）

Ko Setjian（高西川）

Ni Boentjiang（連文清）

Tan Konghoa（陳光華）

Lie Tjoe Hong（李子鳳）

Tan Boen Peng（陳文炳）

和1875年11月11日，拜四

公堂設嘧喳嘮。

瑪腰陳濬哲官，仝甲必丹高西川舍、甲必丹黃清淵舍、甲必丹連文清官、雷珍蘭吳榮輝官、雷珍蘭陳光華官、雷珍蘭李子昌舍、雷珍蘭李子鳳舍、朱葛礁陳奬禮官俱在座；陳（江流）甲大、韓懷然甲、陳文炳甲三位，不到，

（茄荖旺唐人李肞及其妻朱茂娘求離一案）

承挨實嗹和1875年10月30日第6681號致書瑪腰並附茄荖旺吳錦麟甲之書，為在旺唐人李肞及其妻朱茂娘求離一案。祈瑪腰就其供詞繳入公堂嘧喳嘮內定奪，詳覆。

據吳錦麟甲詳茄荖旺大淡[1]字云："自和1874年5月28日李肞請伊妻朱茂娘，為交寅纔三個月。供云逐妻出歸

① 大淡：大挨實嗹、挨實嗹（州長）之俗稱。

外家，欲將離之。職諭李肐曰：使爾妻暫歸外家則可，然當從容一二個月，先熟思而後行。若一時而離之，恐有後悔，至今約經一年。自茂娘出後，李肐並無臨顧，亦無給費，且放出而不肯離之。因此，朱茂娘自被夫逐出之後，經三次來請，切求離之。因其夫厭棄已久，情義已絕故也。職已勘李肐反不肯離之，亦不願給費，實屬刁難。觀吧公堂常有如此之事情，從唐例即當離之。惟望上裁。"

公堂會議：按吳錦麟甲所詳夫妻之供詞，新婚纔三個月，其夫逐妻外居，先有離絕之情，遂至全年東西，竟絕音問。及其妻求離，又不離之，亦不肯給費，實屬刁難。若不離之，徒悮其妻之青春。本堂酌量，合當判離。將情申詳挨實嗹裁奪。

（鄧貴生、戴酉娘求離一案）

公勃低黃（清淵）、韓（懷然）詳。

戴酉娘年19歲，住吧迷嘮，請伊夫鄧貴生[①]："為交寅二年，未有產育。自去年四月間因母病，氏請歸探視。至老母身故喪事畢，氏即回家，誰知拙夫叫回前妾，昂然以正室自居，致氏無容身之地。無奈復歸外家，至今年餘。拙夫並無給費，亦無探顧，可見情義已絕，惟乞分離。"

召訊鄧貴生年34歲，住真郎安，供云："誠如拙妻所言。

① 鄧貴生：據《婚簿》載，1873年8月25日，住晉郎安32歲鄧貴生（吧生），與17歲戴酉娘成婚。媒妁李信娘，男方主婚鄧亞鳳（胞叔），女方主婚戴老漢（父）。陰曆七月十六日交寅。

蓋因拙妻不賢，酷楚繼子。晚娶妻原為要顧兒女，誰知不加撫恤，反加惡施，逐日咒咀。晚憐兒子永被苦毒，故再叫前妾為顧兒女之計。至於拙妻歸寧許久，屢叫不回，已經絕情。既欲求離，願從其便。”

台令夫妻暫歸和睦，無奈二比堅執不從。將情申詳公堂大嘧內裁奪。

覆訊鄧貴生，供云：“晚所以絕意欲離者，因拙妻自母親存時，疾病不照顧，且以迕逆相犯。及母卒後，又不終三年喪闋服。晚託之以雇兒子，又因繼子而酷毒之。拙妻之不賢，難以盡述，早離為幸。”

覆訊戴西娘，供云：“前家姑臨終之時，性情悍燥，無故訾罵，故不敢近，雖欲奉侍，進退不合母意。至於家姑之喪，適因老母辭世，變居母喪，而拙夫絕無臨顧，反愛前妾。似此絕情，惟願離之。”

公堂會議：論鄧貴生、戴西娘求離一案。細勘夫妻之供詞，夫嫌妻不賢不孝，妻嫌夫重妾棄妻，惟其兩情，難以強合。於是，本堂判離。二比甘願，各押號在離簿。存案。

（美色甘致書祈公堂查勘吳明珠及吳老人何時到吧一事）

承美色甘和 1875 年 10 月 13 日第 1126 號、1136 號附梁礁字，係吳明珠及吳老人住新把殺，於和 1875 年 4 月 28 日二人在梁礁面前立供詞，言與吳茂相識，曩日自吧回唐，於甲戌年①七月間在唐身故。二人皆有送葬，所供是實，敢盟誓以證不謬。祈公堂查勘吳明珠及吳老人何時到吧？具詞詳覆。

公堂會議：據美色甘所問，已查新把殺默供云："吳明珠即名吳明才，又吳老人即名吳香，自和 1874 年 5 月 24 日到吧，住新把殺 吳水林之家。至和 1875 年 9 月 1 日，此二人已經回唐。將情申詳美色甘電鑒。

（瑪腰、甲必丹、雷珍蘭、朱葛礁爲本期記錄簽名：馬來文草書）

Tan Tjoentiat（陳濬哲）

Ko Setjian（高西川）

Oeij Tjengian（黃清淵）

Ni Boentjiang（連文清）

Gouw Eng Hoei（吳榮輝）

Tan Konghoa（陳光華）

Lie Tjoe Tjiang（李子昌）

Lie Tjoe Hong（李子鳳）

Tan Tjiang Lee（陳獎禮）

和 1875 年 11 月 22 日，拜乙

公堂設嘧喳嘮。

瑪腰陳濬哲官，仝甲必丹高西川舍、雷珍蘭陳光華官、雷珍蘭李子昌舍、雷珍蘭陳文炳舍、朱葛礁陳獎禮官俱在座。黃（清淵）甲大、連（文清）甲大、陳（江流）甲大、吳榮輝甲、李子鳳甲、韓懷然甲六位，不到。

---

① 甲戌年：清 同治十三年甲戌，西元 1874 年。

（陳深郎懇要包開港擔保案）

承副挨實嗹和 1875 年 11 月 22 日附一人入字，祈公堂查勘可堪與否？詳覆。

陳深郎住八廚沃干掌碑窯，安呾人連益章住洪溪為商，及陳強增住五腳橋為望茄實，懇要包開港，約價銀六百零千盾[1]。

公堂會議：已勘陳深郎援陳強增、連益章為安呾，要包開港價銀陸佰外千盾。本堂酌量，連益章現時可堪，陳深郎及陳強增二人，因此事浩大，未堪擔戴。將情申詳副挨實嗹裁奪。

（瑪腰、甲必丹、雷珍蘭、朱葛礁爲本期記錄簽名：馬來文草書）

Tan Tjoentiat（陳濬哲） Ko Setjian（高西川）

Tan Konghoa（陳光華） Lie Tjoe Tjiang（李子昌）

Tan Boen Peng（陳文炳） Tan Tjiang Lee（陳獎禮）

和 1875 年 11 月 26 日，拜五

公堂設嘮嗟嘮。

瑪腰陳濬哲官，仝甲必丹高西川舍、甲必丹黃清淵舍、甲必丹連文清官、雷珍蘭吳榮輝官、雷珍蘭陳光華官、雷珍蘭李子昌舍、雷珍蘭李子鳳舍、雷珍蘭陳文炳舍、朱葛礁陳

① 六百零千盾：即六十余萬盾。

獎禮官俱在座。陳(江流)甲大、韓懷然甲二位,不到。

(李寬秀等三人懇包入錬間、禁間伙食擔保案)

承副挨實嗹和 1875 年 11 月 25 日附三人入字,祈公堂查勘可堪與否?詳覆。

一、李寬秀住珍為商,安呾人蔡連好及饒奕才,懇要包入:(一)伙食及荖葉於錬間,每年價銀 30000 盾;(二)腳拘間[①]每年 15000 盾;(三)往來亞齊之錬番,每年 40000 盾。計共全年價銀 85000 盾之左。

二、溫振觀住小南門始作生理,安呾人張肇燮及溫亞雲,懇應仝上。

三、陳亞誥住小南門為商,安呾人陳亞滿及陳任瑞皆住仝上,懇應仝上。

公堂會議:已勘一、李寬秀援蔡連好及饒奕才為安呾;二、溫振觀援張肇燮、溫亞雲為安呾;三、陳亞誥援陳亞滿、陳任瑞為安呾,所懇包入錬間、禁間[②]之伙食,計共全年價銀 85000 盾。本堂酌量,以上承應人及安呾人,現時俱各可堪。惟溫振觀始為商,陳亞滿小生理,二人不堪擔戴。又李寬秀自己衹堪承應一、二份之額,若一暨三份則不堪。謹詳副挨實嗹裁奪。

---

① 腳拘間:腳拘,亦作腳㪐,閩南話,因被監禁者均須上腳鐐,故名。所謂"腳拘間",即監獄。

② 禁間:閩南話,牢房、監獄。

（楊長宗等四人懇要包沃大路、清糞掃窟及和禁間之伙食擔保案）

承副挨實嗹和 1875 年 11 月 25 日附四人入字，祈公堂查勘可堪與否？詳覆。

一、楊長宗住珍為商，安呾人張萬合及楊能奇皆住新把殺為商，懇要包沃大路及清糞掃窟[1]，作四份之界，每年價銀 30000 盾，三年至五年為限。

二、李寬秀住珍為商，安呾人曾亞二住八戈然掌杉板寮，及黎亞心住新把殺為商，懇包入和禁間之伙食，年價銀 10000 盾。

三、李榮准，安呾人李榮文及李水生俱住珍為商，懇要包沃大路，價銀仝上第一條款；又另一張，安呾人李榮文及番名峇夫珍，懇應仝上。

四、張全宗住干冬圩，安呾人張亞廣住毛吶甲為商，及張肇燮住小南門為商，懇應包沃大路及清糞掃窟，價銀仝上第一條款；又要包入和禁間之伙食，價銀 10000 盾。

公堂會議：已勘諸人所懇要包沃路及清糞掃窟，又要包入和禁間之伙食。本堂酌量，承應人及安呾人，現時俱各可堪。惟張全宗係干冬圩人，及番仔，本堂不知也。謹詳副挨實嗹裁奪。

（瑪腰、甲必丹、雷珍蘭、朱葛礁爲本期記錄簽名：馬來文草書）

Tan Tjoentiat（陳濬哲）　　　　Ko Setjian（高西川）

---

[1] 糞掃窟：閩南話，垃圾堆場。

Oeij Tjengian(黄清淵)　　Ni Boentjiang(連文清)
Gouw Eng Hoei (吳榮輝)　　Tan Konghoa(陳光華)
Lie Tjoe Tjiang(李子昌)　　Lie Tjoe Hong(李子鳳)
Tan Boen Peng(陳文炳)　　Tan Tjiang Lee(陳獎禮)

和1875年12月7日,拜二

公堂設嘧喳嘮。

瑪腰陳濬哲官,仝甲必丹黄清淵舍、甲必丹連文清官、雷珍蘭吳榮輝官、雷珍蘭陳光華官、雷珍蘭李子昌舍、雷珍蘭李子鳳舍、朱葛礁陳獎禮官俱在座。高(西川)甲大、陳(江流)甲大、韓懷然甲、陳文炳甲四位,不到。

(陳淵源、陳西郎懇要包入桶路於各馬車亭及各禁間擔保案)

承副挨實嗹和1875年12月6日附二人入字,祈公堂查勘可堪與否? 詳覆。

一、陳淵源住大南門開當店,安呾人陳邦興住仝上為商,及陳富老住磚仔橋開當店,懇要包入桶路於各馬車亭及各禁間,三年為限,約每年價銀1000盾之左。

二、陳西郎住蕉仔街為木匠,安呾人古接郎住仝上,及李寬秀住珍為商,懇應仝上。

公堂會議:已勘一、陳淵源援陳邦興、陳富老為安呾;二、陳西郎援古接郎、李寬秀為安呾,俱要入桶路於馬車亭及禁間，每年價銀1000盾。本堂酌量，承應人及安呾人，現時俱各可堪。謹詳副挨實嗹裁奪。

（邱思基、蘇紹賢懇入欠熾昌干刀銀擔保案）

承熾昌干刀和1875年11月20日附二口詞，祈公堂查勘可堪與否？詳覆。

一、邱思基住丹絨為商，安呾人邱思珍住仝上為稅主，及邱庚龍住洪溪掌磚仔窯，懇要入欠熾昌銀3000盾。

二、蘇紹賢住中港仔為商，安呾人蘇紹輝住萡面為地頭主，及鄒邦貴住丹那鱗嘮為商，懇要入欠熾昌銀3000盾。

公堂會議：已勘一、邱思基援邱思珍、邱庚龍為安呾；二、蘇紹賢援蘇紹輝、鄒邦貴為安呾，各要懇入欠熾昌干刀銀3000盾。本堂酌量，入欠人及安呾人，現時俱各可堪。謹詳熾昌干刀裁奪。

（吳長和、陳和娘求離一案）

公勃低高（西川）、陳（文炳）詳。

吳長和年28歲，住新把殺，請伊妻陳和娘。供云："於和11月25日，晚新婚之夜知拙妻並非處女，因問其失節之故。拙妻自認在閨房之時，曾被表姊夫所汙。晚思娶妻原冀偕老，誰知陷於弊物，愧辱莫甚。晚別無計較，但求離之。"

召訊陳和娘年20歲，住丹那望，供云："氏自幼失怙恃，傍居表大姊之家，被表姊夫強迫，以致失節。氏自知不如人，愧悔難言。夫欲離之，不敢不從。"

將情申詳公堂大嘧內裁奪。

覆訊吳長和夫妻，供如公勃低所言。

公堂會議：勘得吳長和、陳和娘求離一案。新娘既非全璧，無怪壻家嫌棄，且二比皆願離之。因是，本堂立即離之。二比甘願，各花押在離簿。存案。

（瑪腰、甲必丹、雷珍蘭、朱葛礁爲本期記錄簽名：馬來文草書）

Tan Tjoentiat（陳濬哲）　Oeij Tjengian（黃清淵）

Ni Boentjiang（連文清）　Gouw Eng Hoei（吳榮輝）

Tan Konghoa（陳光華）　Lie Tjoe Tjiang（李子昌）

Lie Tjoe Hong（李子鳳）　Tan Tjiang Lee（陳奬禮）

和 1875 年 12 月 17 日，拜四

公堂設嘧喳嘮。

瑪腰陳濬哲官，仝甲必丹高西川舍、甲必丹黃清淵舍、甲必丹連文清官、雷珍蘭吳榮輝官、雷珍蘭陳光華官、雷珍蘭李子昌舍、雷珍蘭李子鳳舍、雷珍蘭陳文炳舍、朱葛礁陳奬禮官俱在座。陳（江流）甲大、韓懷然甲二位，不到。

（鄒水淑等四人懇入欠熾昌干刀銀擔保案）

承熾昌干刀和 1875 年□月□日附四人之口詞，祈公堂查勘可堪與否？詳覆。

一、鄒水淑住班芝蘭為商，安呾人鄒亞二住戈勞屈為商，及

劉亞騰住大南門為車貓氏，懇要入欠爈昌銀 2000 盾。

二、鍾西山住丹那望為打金，安呾人王文成住仝上為地頭主，及王天水住仝上為商，懇要入欠爈昌干刀銀 1000 盾。

三、黄捷貴住大南門為商，安呾人梁亞三住小南門為商，及張亞廣住美色近為商，懇要入欠爈昌干刀銀 2000 盾。

四、許耕田住結色珍[①]為漆司，安呾人陳清俊及許文昌俱住仝上為物里洞生理，懇要入欠爈昌干刀銀 1500 盾。

公堂會議：已勘四人所懇入欠爈昌干刀銀，及查其安呾人。本堂酌量，現時俱各可堪。惟鍾西山為小經紀，不堪擔戴。又陳清俊、許文昌自云為物里洞生理，本堂不知也。謹詳爈昌干刀裁奪。

（訟師緞心蜜致問公堂郭六官是屬大伯公或是人乎）

承訟師緞心蜜 和 1875 年 12 月 14 日致書，問公堂郭六官[②]是屬大伯公[③]或是人乎？有公厝一間在嘮桌巷，現時是誰居住？按唐例，此公厝未知其法度如何？祈公堂具詞詳覆。

公堂會議：所問郭六官係屬大伯公。但郭六官，一位安在觀音亭內，又一位在外，郭氏公眾奉祀，輪流設爐主。其

---

① 結色珍：亦作結石珍、結石珍墟，Pasar Senen，簡稱珍。吧城地名，位於吧城 大南門外之東南近郊。

② 公堂郭六官：吧城 華人甲必丹郭郡觀（1669—1696 年在位），荷文檔案作 Queeconko，福建 海澄人。據許雲樵校注《開吧歷代史記》記載，郭郡觀曾倡建吧城觀音亭（金德院），吧城 華人孤貧養濟院和吧城 華人義學。

③ 大伯公：即土地神、土地公。

嘮桌巷厝今陳啓林居住，乃郭氏所置之公厝。舅(舊)例誰為爐主，掬其厝稅以助祭祀。將情申詳訟師緞心蜜電鑒。

(瑪腰、甲必丹、雷珍蘭、朱葛礁爲本期記錄簽名：馬來文草書)

Tan Tjoentiat(陳濬哲) Ko Setjian(高西川)

Oeij Tjengian(黄清淵) Ni Boentjiang(連文清)

Gouw Eng Hoei (吳榮輝) Tan Konghoa(陳光華)

Lie Tjoe Tjiang(李子昌) Lie Tjoe Hong(李子鳳)

Tan Boen Peng(陳文炳) Tan Tjiang Lee(陳獎禮)

和1876年1月6日，拜四

公堂設嘧喳嘮。

瑪腰陳濬哲官，仝甲必丹高西川舍、甲必丹黄清淵舍、甲必丹連文清官、雷珍蘭吳榮輝官、雷珍蘭陳光華官、雷珍蘭李子昌舍、雷珍蘭陳文炳舍、朱葛礁陳獎禮官俱在座。陳(江流)甲大、李子鳳甲、韓懷然甲三位，不到。

(胡春陽、鄭廖水懇入欠熾昌銀擔保案)

承熾昌干刀和1875年12月24日第1088號，又1082號附二口詞，祈公堂查勘可堪與否？詳覆。

一、胡春陽住干冬圩，安咀人胡甘陽住仝上，及陳文貴住公司後為地頭主，懇入欠熾昌干刀銀4000盾。

二、鄭賡水住亭仔腳為小生理，安咀人鄭成安住仝上為商，及鄭淡水住公司為小生理，懇入欠熾昌銀 2000 盾。

公堂會議：已勘一、胡春陽援胡甘陽、陳文貴為安呾，懇入欠熾昌銀 4000 盾；二、鄭賡水援鄭成安、鄭淡水為安呾，懇入欠熾昌銀 2000 盾。本堂酌量，鄭賡水及鄭淡水，二人因小生理，不堪擔戴。鄭成安及陳文貴，現時可堪。至於胡春陽、胡甘陽，乃干冬圩人，本堂不知也。謹詳熾昌干刀裁奪。

(李寬秀懇要應包入石蛋於吧界擔保案)

承副挨實嗹和 1876 年 1 月 5 日附一人入字，祈公堂查堪詳覆。

李寬秀住珍為安黎抹，安呾人曾亞二住八戈然掌杉板寮，及饒奕才住毛吟甲為商，懇要應包入石蛋[1]於吧界，三年為限，每年價銀 6000 盾。

公堂會議：已勘李寬秀援曾亞二、饒奕才為安呾，懇包入石蛋三年為限，每年價銀 6000 盾。本堂酌量，承應人及其安呾人現時可堪。謹詳副挨實嗹裁奪。

(劉三娘、張獅觀求離一案)

公勃低連(文清)、李(子鳳)詳。

劉三娘年 19 歲，住檳榔社[2]，請伊夫張獅觀。為交寅二年，未有產育。供云："拙夫無故逐日詬罵婊娼，繼之趕逐。

---

① 石蛋：閩南話，鵝卵石。

② 檳榔社：Pinangsia，地名，吧城華人居住區之一。

近日將氏之柴梳及箱仔、刺繡器，皆被廢折斬斷，貯香脂之器被他放尿。又常拜三夜、拜四夜執利刀欲刺。自新正至今，未嘗給費。結髮以來亦未嘗為買一襲衣褸，惟阿翁曾給費銀 10 盾，阿家給一次八方。拙夫舉動顛倒，狂蕩無度。氏不堪其苦，惟望離之。”

召訊張獅觀年 19 歲，住臭橋，供云：“晚常往茂物為土匠，每歸之時，未嘗見妻在家，而衣褲亦不肯洗濯，因此曾罵他一次。而他罵晚雜種婊子、守更寮之徒，非止十次，晚亦忍耐之。拙妻言晚常執刀欲刺，並無此理。他欲求離，晚不願從。”

台召張獅觀之繼母陳美娘喻之曰：“汝若尚愛媳婦，可自叫回，勸其和合。”美娘諾退。次日又來言，已親叫其媳，礙百勸不從，惟乞裁奪。

台百般勸喻，奈劉三娘不肯聽從，堅執求離。將情申詳公堂大嘧內裁奪。

覆訊張獅觀，供云：“拙妻出去已久，屢叫不回。晚思惡婦不孝姑嫜，若不離之，終貽禍端。況被堅執欲離，晚固願從。”

公堂會議：已勘劉三娘、張獅觀求離一案。夫妻離居將一年矣，屢到公館非止一次。覆訊張獅觀，供稱伊妻惡婦不孝翁姑，亦願離之。因是，本堂聽其分離。二比甘願，各花押在簿。存案。

(陳硿娘、薛水生夫婦一案)

公勃低高(西川)、陳(文炳)詳。

陳硂娘年22歲，住洪溪，請伊夫薛水生[①]。為交寅三年，有生不育。供云："自六月至今四個月，拙夫並無給費。老母病篤以到辭世，拙夫絕不臨顧，不居喪禮。至母除靈[②]以後，氏旋回夫家，誰知家中經有別婦，方知拙夫絕情已極。惟乞早離。

召訊薛水生年35歲，住把殺魚蜩[③]，供云："拙妻所請皆實。但拙妻自岳母未病之時，晚本臥病不肯照顧，他常常歸寧，夜宿外家。及岳母身故，晚病尚未愈，故不得臨喪送葬。是時晚身病無人盼顧，不得已別娶一婦，託理中饋。拙妻求離，固所願也。"

台察二比離情已堅，強合不能也。將情申詳公堂大嘧內裁奪。

覆訊陳硂娘、薛水生，供如公勃低所詳。

公堂會議：已勘陳硂娘、薛水生夫婦一案。察彼夫婦之供情，觀水生之妻方歸寧而納別婦，究硂娘夫病忍棄而不顧，恩義各絕，皆可見也。因是，本堂判其離遏。二比甘願，各押號在離簿。存案。

（瑪腰、甲必丹、雷珍蘭、朱葛礁爲本期記錄簽名：馬來文草書）

---

① 薛水生：據《婚簿》載，1872年7月26日，住洪溪舢板寮31歲薛水生（吧生），與19歲陳算娘成婚。媒妁陳信娘，男方主婚薛海山（胞兄），女方主婚陳呈（宗叔）。陰曆六月二十三日交寅。

② 除靈：服喪期滿。

③ 把殺魚蜩：亦作把殺魚澗，馬來語 Pasar Ikan，魚市場，地名，位於吧城城內。

Tan Tjoentiat(陳濬哲)
Oeij Tjengian(黃清淵)
Gouw Eng Hoei (吳榮輝)
Lie Tjoe Tjiang(李子昌)
Tan Tjiang Lee(陳獎禮)
Ko Setjian(高西川)
Ni Boentjiang(連文清)
Tan Konghoa(陳光華)
Tan Boen Peng(陳文炳)

和1876年1月16日,禮拜

公堂封印大吉

風調雨順,國泰民安。

其有所定諸例,悉依舊而行。

即日,公堂設嘧喳嘮。

瑪腰因喪服未闋,高(西川)甲大攝理,仝甲必丹黃清淵舍、甲必丹連文清官、雷珍蘭吳榮輝官、雷珍蘭李子昌舍、雷珍蘭李子鳳舍、朱葛礁陳獎禮官俱在座。陳(江流)甲大、陳光華甲、韓懷然甲、陳文炳甲四位,不到。

(方文標、高嘉穀入稟懇為明誠書院掌教事)

義塾掌教貢生方文標百拜稽首:切歲晚務閒之際,正百官閉封勅印之期。恭頌大瑪腰大人暨公堂列憲大人祿位均安,鳳羽啣符雅集,群僚之寀龍函,駿節英聚百官之輝。晚學治不工,探囊無智,屢蒙上臺不棄,謬當四任義塾。每懷以覆餗之虞,深切履水之懼。惟是循循以善誘,更無異乎?年年再懇鴻慈,格外推恩,俾晚續承來年仍掌義塾。伏祈電奪恩准,訓示施行。沾感切叩。

具稟人高嘉穀住聖望港,為懇賜書院恩准設教以資度活事:穀自居吧於兹十載,何非莫染,設教為生。本教讀於番花圃,因花圃旋歸,致使馮生之劍未利,而阮途之窮先哭。嗟乎!欲改途而别役,自知技藝無能。欲負荷以為商,深恨手長袖短。妻子纏綿,悲情日迫。膽敢叩乞大瑪腰以及列位甲必丹,開一面之恩,准書院教讀。沾感切叩。

列台閱畢,議曰:據二位先生懇明年任教義塾,素知高先生才疎學淺,不堪是任。不若舊義學師方先生經已數年任教,規法熟嫻。本堂合當仍舊與方先生掌教,並可發下半冬之束金四佰盾。存案。

(公眉司杯實嗹致書敘公班衙要用式里陂及惹致地以為開港事)

公眉司杯實嗹[①]和 1876 年 1 月 22 日第 22 號致書,達知公堂因公班衙要用公堂地,在式里陂及惹致以為開港。就該割用二處之地,的西[②]價銀 12180 盾。若公堂已和議允諾者,祈將地字取往瓦達實吧干刀過名字。合應達聞。

公堂會議:據公眉司和 1875 年 1 月 22 日第 22 號致書,敘公班衙要用式里陂及惹致地以為開港,其地租單第 7552 號及第 5961 號,從公眉司的西價銀 12180 盾。本堂合當從命,議定付瑪腰仝二朱掛些過名字,及領其項。謹詳

① 杯實嗹:荷蘭語 President,主持人或主席。

② 的西:亦作"的棲",荷蘭語 Taxatie,檢驗,察驗。

公眉司杯實嗹電照。

(應值公勃低黃清淵、韓懷然繳入和 1875 年公堂櫃項全年結冊)

據應值公勃低黃(清淵)、韓(懷然)繳入和 1875 年公堂櫃項出入,1 月 1 日起,12 月終止全年結冊。

列台閱畢議:即傳和字呈上挨實嗹電鑒。

承和 1875 年 12 月終結,存現銀伍萬零玖佰陸拾伍盾 8.85 方。

錄和 1875 年全年兌式里陂風水條目

1 月 14 日,兌林水霜壹穴,闊 12 距、長 24 距,收來銀 67.7 盾。21 日,兌高然芝壹穴,闊長仝上,收來銀 67.7 盾。23 日,兌洪新來壹穴,闊長仝上,收來銀 67.7 盾。

2 月 17 日,兌梁審娘壹穴,闊長仝上,收來銀 67.7 盾。

3 月 18 日,兌鄭佰和壹穴,闊長仝上,收來銀 67.7 盾。

4 月 20 日,兌林水霜前十二卩巨,今求添四卩巨,計闊 16 距、長 32 距,收來銀 152.3 盾。

5 月 4 日,兌汪抱壹穴,闊 12 距、長 24 距,收來銀 67.7 盾。12 日,兌蘇微娘壹穴,闊長仝上,收來銀 67.7 盾。18 日,兌李金娘壹穴,闊 16 距、長 32 距,收來銀 220 盾。

6 月 5 日,兌周坤山壹穴,闊 12 距、長 24 居,收來銀 67.7 盾。14 日,兌陳婁娘壹穴,闊長仝上,收來銀 67.7 盾。22 日,兌陳永添壹穴,闊長仝上,收來銀 67.7 盾。24 日,兌沈登元壹穴,闊長仝上,收來銀 67.7 盾。

7 月 3 日,兌陳起鳳壹穴,闊長仝上,收來銀 67.7 盾。

12 日，兌陳宗英壹穴，闊長仝上，收來銀 67.7 盾；又兌鍾壬生壹穴，闊長仝上，收來銀 67.7 盾。

8 月 9 日，兌遊銀娘壹穴，闊長仝上，收來銀 67.7 盾。11 日，兌黃森泰壹穴，闊長仝上，收來銀 67.7 盾。16 日，兌陳必文壹穴，闊長仝上，收來銀 67.7 盾。27 日，兌陳振源壹穴，闊長仝上，收來銀 67.7 盾；又兌吳燕壹穴，闊長仝上，收來銀 67.7 盾。

9 月 4 日，兌李亞二壹穴，闊長仝上，收來銀 67.7 盾。18 日，兌吳顏娘壹穴，闊長仝上，收來銀 67.7 盾。25 日，兌邱榮春壹穴，闊長仝上，收來銀 67.7 盾；又兌張顯壹穴，闊長仝上，收來銀 67.7 盾。

10 月 5 日，兌紀昌盛壹穴，闊長仝上，收來銀 67.7 盾。7 日，兌陳夏壹穴，闊長仝上，收來銀 67.7 盾。20 日，兌王榮水壹穴，闊長仝上，收來銀 67.7 盾。23 日，兌黃金英壹穴，闊長仝上，收來銀 67.7 盾。

11 月 1 日，兌蔡維娘壹穴，闊長仝上，收來銀 67.7 盾。3 日，兌梁帶湘壹穴，闊長仝上，收來銀 67.7 盾。5 日，兌郭教壹穴，闊長仝上，收來銀 67.7 盾。6 日，兌陳玉盞壹穴，闊長仝上，收來銀 67.7 盾。18 日，兌彭海光壹穴，闊長仝上，收來銀 67.7 盾。23 日，兌林碧梧壹穴，闊長仝上，收來銀 67.7 盾。

12 月 18 日，兌張嗎九壹穴，闊長仝上，收來銀 67.7 盾。27 日，兌鍾成瑞壹穴，闊長仝上，收來銀 67.7 盾。

計 37 條，共來銀 2741.8 盾。

和 1875 年全年收園稅及利息條目

2月12日，高瓊瑤甲還和1874年7月1日起，至12月終止，從和1866年10月22日坐欠字所約，來銀1500盾。24日，邱思珍還和1874年7月1日起，至12月終止，丹絨、式里陂園地取息，來銀1175盾。

3月31日，陳豹還和1874年1月1日起，至12月終止，牛郎沙里草流、椰欉取息，來銀407.5盾。

5月28日，緞吉寧哖還和1874年1月1日起，至6月終止，惹致地稅，來銀257.5盾。

9月3日，高瓊瑤甲還和1875年1月1日起，至6月終止，來利息銀1500盾。

10月9日，陳豹還和1875年1月1日起，至6月終止，牛郎沙里稅銀407.5盾。15日，緞吉寧哖還和1875年7月1日起，至12月終止，惹致地稅，來銀257.5盾。

12月6日，邱思珍還和1875年1月1日起，至6月終止，丹絨、式里陂園地取息，來銀1175盾。

計八條，共來銀6670盾。

和1875年全年出項條目

1月22日，開義學師和1874年下半年束金，從*和*1871年3月14日第1575號案奪，去銀400盾。31日，開唐磨老，番萬律、嗎礁，從和1866年7月13日第17號案奪，和1月份辛金，去銀156盾。

2月28日，開唐磨老，番萬律、嗎礁，從仝上，2月份辛金，去銀156盾。

3月31日，開唐磨老，番萬律、嗎礁，從仝上，3月份辛金，去銀156盾。

4月22日，開唐磨老，番萬律、嗎礁，從仝上，4月份辛金，去銀156盾；又開清明牛郎沙里，從和1875年3月3日第1281號案奪，去銀400盾。

5月31日，開唐磨老，番萬律、嗎礁，從和1866年7月13日第17號案奪，和5月份辛金，去銀156盾。

6月30日，開唐磨老，番萬律、嗎礁，從仝上，6月份辛金，去銀156盾；又開義學師和1875年上半年束金，從和1871年3月14日第1575號案奪，去銀400盾。

7月13日，開還丹絨上帝廟和1875年全年八仙單第8135號，去銀15.3盾；又開還丹絨地和1875年全年八仙單第2387號，去銀7.35盾；又還式里陂地和1875年全年八仙單第5961號，去銀191.25盾；又還公館厝和1875年全年八仙單第929號，去銀9.18盾；又還公館正厝和1875年全年八仙單第6719號，去銀45.9盾；又還惹致地和1875年全年八仙單第7552號，去銀122.4盾；又開唐磨老，番萬律、嗎礁，從和1866年7月13日第17號案奪，和7月份辛金，去銀156盾。

8月31日，開唐磨老，番萬律、嗎礁，從仝上，8月份辛金，去銀156盾；又開牛郎沙里 唐萬律，從和1875年7月26日第4485號案奪，和8月份辛金，去銀30盾。

9月30日，開唐磨老，番萬律、嗎礁，從和1866年7月13日第17號案奪，和9月份辛金，去銀156盾；又開牛郎沙里 唐萬律，從和1875年7月26日第4485號案奪，和9月份辛金，去銀30盾。

10月16日，開七夕丹絨義塚祭費，從和1875年3月3日第1281號案奪，去銀300盾。31日，開唐磨老，番萬律、嗎礁，從和1875年7月13日第17號案奪，和10月份辛金，去銀156盾；又開牛郎沙里 唐萬律，從和1875年7月26日第4485號案奪，和10月份辛金，去銀30盾。

11月30日，開唐磨老，番萬律、嗎礁，從和1866年7月13日第17號案奪，和11月份辛金，去銀156盾；又開牛郎沙里 唐磨萬律，從和1875年7月26日第4485號案奪，和11月份辛金，去銀30盾。

12月31日，開唐磨老，番萬律、嗎礁，從和1866年7月13日第17號案奪，和12月份辛金，去銀156盾；又開牛郎沙里 唐萬律，從和1875年7月26日第4485號案奪，和12月份辛金，去銀30盾。

計27條，共出銀3913.38盾。

承和1875年原銀50965.885盾，收銀9421.8盾，出銀3913.38盾，存銀伍萬陸仟474.305盾。

（瑪腰、甲必丹、雷珍蘭、朱葛礁爲本期記錄簽名：馬來文草書）

Tan Tjoentiat（陳濬哲）　　Ko Setjian（高西川）

Oeij Tjengian（黃清淵）　　Ni Boentjiang（連文清）

Gouw Eng Hoei（吳榮輝）　　Lie Tjoe Tjiang（李子昌）

Lie Tjoe Hong（李子鳳）　　Tan Tjiang Lee（陳獎禮）

和 1876 年 2 月 14 日，拜乙

公堂開印大吉

風調雨順，國泰民安。

瑪腰因喪服未闋，高（西川）甲大攝理，仝甲必丹陳江流官、雷珍蘭吳榮輝官、雷珍蘭陳光華官、雷珍蘭李子鳳舍、雷珍蘭陳文炳舍、大朱葛礁陳玉長官、二朱葛礁陳奬禮官俱在座。黄（清淵）甲大、連（文清）甲大、李子昌甲、韓懷然甲四位，不到。

定應值公勃低鬮聲，依鬮而行，週而復始

公館、外務、干刀、閒月、蘭得叻及挨實嗹司叻

壹鬮：甲必丹高西川舍、雷珍蘭陳文炳舍。公館：4、9月；外務：5、10 月；干刀：1、6、11 月；閒月：2、7、12 月；蘭得叻及挨實嗹司叻：3、8 月。

貳鬮：甲必丹黄清淵舍、雷珍蘭韓懷然舍。公館：5、10月；外務：1、6、11 月；干刀：2、7、12 月；閒月：3、8 月；蘭得叻及挨實嗹司叻：4、9 月。

叁鬮：甲必丹連文清官、雷珍蘭李子鳳舍。公館：1、6、11 月；外務：2、7、12 月；干刀：3、8 月；閒月：4、9 月；蘭得叻及挨實嗹司叻：5、10 月。

肆鬮：甲必丹陳江流官、雷珍蘭李子昌舍。公館：2、7、12 月；外務：3、8 月；干刀：4、9 月；閒月：5、10 月；蘭得叻及挨實嗹司叻：1、6、11 月。

伍鬮:雷珍蘭吳榮輝官、雷珍蘭陳光華官。公館:3、8月;外務:4、9月;干刀:5、10月;閒月:1、6、11月;蘭得呖及挨實嗹司呖:2、7、12月。

上錄諸公勃低分為五鬮,每鬮二員輪流而行。如首月值公館,次月則值外務,第三月則值干刀,第四月則值閒月以代有闕,第五月則值蘭得呖及挨實嗹司呖。由此互推,輪遍而行。應值這人各有上下半月之分,而各員值鬮,二人同理其事。倘應值各員有事故者,然後值閒月代之,次則值干刀之閒者代之,次則值公館之閒者代之,其次則值蘭得呖之閒者代之。如此輪代,不得推諉。若逢有急務,則在公館之員者行理其事,惟值外務免得輪代。即此為照。

定掌塚公勃低:一、三、五、七、九。

定掌廟宇公勃低:二、四、六、八、十。

定各掌公勃低:一、二,水淬;三、四,買辦;五、六,工役;七、八,代理各掌事;九、十,掌街衢。

(義學師方文標入稟為擇期啓讀事)

具稟晚生方文標為擇期啓讀事:切時當履端,已屆印勑初開,一路蜺旌,滿堂黻冕。恭頌大瑪腰大人暨公堂列位甲台大人晉秩陞階,協恭儀部,實壯吧疆之景色。晚也不才,屢叨之帡幪之德恩,以再任掌教,敢不勉躬厥職是訓、是迪。謹擇於本月廿三日啓讀,理合呈稟,伏惟電鑒恩准。臨稟瞻馳。

列台閱畢,議曰:今元宵已過,正學生務業之時也。義學師入稟於唐正月廿三日欲啓讀。合當允准。存案。

（瑪腰、甲必丹、雷珍蘭、朱葛礁爲本期記錄簽名：馬來文草書）

Tan Tjoentiat（陳濬哲） Ko Setjian（高西川）

Tan Konglioe（陳江流） Gouw Eng Hoei（吳榮輝）

Tan Konghoa（陳光華） Lie Tjoe Hong（李子鳳）

Tan Boen Peng（陳文炳） Tan Tjiang Lee（陳獎禮）

和1876年2月17日，拜四

公堂設嘧喳嘮。

瑪腰陳濬哲官，仝甲必丹高西川舍、甲必丹黃清淵舍、甲必丹連文清官、雷珍蘭陳光華官、雷珍蘭李子昌舍、雷珍蘭李子鳳舍、朱葛礁陳獎禮官俱在座。陳（江流）甲大、吳榮輝甲、韓懷然甲、陳文炳甲四位，不到。

（林采達等三人懇入欠熾昌銀擔保案）

承熾昌干刀和1876年2月17日、22日附三口詞，祈公堂查勘可堪與否？詳覆。

一、林采達住打鐵街初商，安呾人邱吾霜住仝上為商，及李子福住茄弄西壟為地頭主，懇入欠熾昌銀3000盾。

二、陳蓮心，安呾人陳菜布及謝太元俱住珍為小生理，懇入欠熾昌銀2000盾。

三、甘明，安呾人甘友及甘金和俱住新把殺為商，懇入欠熾昌銀10000盾。

公堂會議：已勘一、林采達援邱吾霜、李子福為安呾；

二、陳蓮心援陳菜布、謝太元為安呾；三、甘明援甘友、甘金和為安呾，所懇入欠熾昌干刀銀。本堂酌量，林采達初為商，況與邱吾霜合一生理，不敢擔戴。又陳蓮心及其安呾人，俱小生理，三人皆不堪。其餘俱各可堪。謹詳熾昌干刀裁奪。

（瑪腰提議丹絨及牛郎沙里祭費當用800盾方纔充足）

瑪腰請曰：丹絨及牛郎沙里祭費，公堂原開銀700盾。今物件貴價，又加還戲票，因此開不敷，當用800盾方纔充足。列台意下如何？

列台曰：七佰盾既然不足開，合當再詳字與挨實嗹，懇添至800盾是也。存案。

（默氏吳昆生入稟為懇蔭地事）

具稟人晚生吳昆生為懇蔭地事：切晚現住大使廟副默，於今年餘。公務慎勤，不敢怠惰。乃不幸拙荊徐玉娘身故，伏望列位憲台推恩，給賜一區蔭地風水，後來與晚為雙壙之墳。存沒均感大人之盛德焉！耑穎奉稟。

列台閱畢，議曰：據副默吳昆生入稟懇蔭地風水，欲與其妻徐玉娘為雙壙之墳。本堂原有此例，合當准懇。存案。

（瑪腰、甲必丹、雷珍蘭、朱葛礁爲本期記錄簽名：馬來文草書）

Tan Tjoentiat（陳濬哲） Ko Setjian（高西川）

Oeij Tjengian（黄清淵） Ni Boentjiang（連文清）

Tan Konghoa（陳光華） Lie Tjoe Tjiang（李子昌）

Lie Tjoe Hong(李子鳳)　　Tan Tjiang Lee(陳奬禮)

和 1876 年 3 月 23 日,拜四

公堂設嘧喳嘮。

瑪腰陳濬哲官,仝甲必丹高西川舍、甲必丹黃清淵舍、甲必丹連文清舍、雷珍蘭吳榮輝官、雷珍蘭陳光華官、雷珍蘭李子昌舍、雷珍蘭李子鳳舍、雷珍蘭陳文炳舍、朱葛礁陳奬禮官俱在座。陳(江流)甲大、韓懷然甲二位,不到。

(挨實嗹准公堂開丹絨及牛郎沙里祭費銀 800 盾)

承大挨實嗹和 1876 年 3 月 6 日第 153 號致書公堂,為閱和本年 2 月 23 日第 22 號所詳,玆即案奪,准公堂開丹絨及牛郎沙里祭費銀 800 盾。

列台閱畢。存案。

(公堂商議公班衙要用式里陂及惹致地以為開港事)

列台議曰:公班衙要用式里陂及惹致地以為開港。據公眉司的西銀 12180 盾,但內中有該用地頭番祖業之田地,計三十六面。本堂經與地番合議,每面貼銀 50 盾,其銀 1800 盾。又稅惹致地主緞吉寧哰請求免還此半年之稅銀 257.5 盾,因待公班衙開港許久,以致尅虧。本堂酌量,以上二件事合當允准。謹詳大挨實嗹裁奪。

列台又議曰:前公堂嘧內,付瑪腰仝二朱掛些過名字及

領其銀項。今欲領其項,合當有公堂之憑字為炤。存案。

(田河清、謝庚娘求離一案)

公勃低黃(清淵)、韓(懷然)詳。

田河清[1]年31歲,住冬基,請伊妻謝庚娘:"為交寅十一年,生下男兒,長名登安,年九歲;次登財,年七歲;又登和,年三歲。因拙妻不雇家內,屢屢歸寧,晚禁之不住,諒必有姦夫在外。且常言世間不乏丈夫,如此不賢,惟乞離之。"

召訊謝庚娘年26歲,住新把殺,供云:"拙夫所請皆謬。約十五日前,因茶碨被難撞破,將氏無故撻打,因此氏避歸外家三日而還,拙夫閉戶不納。拙夫施加酷毒,非止一次。自昔娶偏室連連四次,氏容忍至今,撫顧三子,而拙夫竟無一憐念。狼心獸行,至此極矣。既欲離之,因所願也。"

台百般勸喻,礙二比各執分離。將情申詳公堂大噠內裁奪。

覆訊田河清:"因何爾夫妻如此絕情?"河清答曰:"拙妻不孝家母,屢屢迕逆,一家不睦,察其心必有外向。故切欲離之。"

覆訊謝庚娘,供云:"家姑待氏如女婢,視氏似仇讐。且

---

① 田河清:據《婚簿》載,1872年7月26日,住丹那實連21歲田河清(吧生),與16歲謝庚娘成婚。媒妁羅丁娘,男方主婚田秀麟(父),女方主婚謝振慶(父)。陰曆五月初二日交寅。

拙夫已經絶情，氏難以自容，早離為幸。”

公堂會議：勘得田河清、謝庚娘求離一案。據田河清供稱，伊妻不孝姑嫜，又疑有外姦。據謝庚娘供稱，伊夫無故毆打，欲歸而夫不納矣。察其兩意俱已絶情。因是，本堂聽其分離，將三子歸父。二比甘願，唯退。存案。

（江綿、許經娘求離一案）

公勃低連（文清）、李（子鳳）詳。

許經娘年 35 歲，住導郎 許長泰之家，請伊夫江綿①。為交寅九年，生下一女，名美蜜，年一歲。供云：“自產後染病六個月，拙夫不請醫不照顧，反將氏遂出。又向默出離書言，不必向公館，今已離之，任氏自適。又常常為口角小事，則動手擊打。拙夫薄情太甚，氏不願再從。惟乞離之。”

召訊江綿年 41 歲，住干冬圩，供云：“晚前住城，因生理不遂，移住干冬圩作小經紀餬口過日。屢次招拙妻仝住干冬圩，他執意不從。晚祇小利路，所得無幾，又擔當在城之厝稅，何以為生？自拙妻未產時，晚每月落城二次，並給其費陸盾。至產後，晚落城三次，亦有給費。至本年十月間，拙妻從往干冬圩纔一禮拜，切欲再搬落城。晚不從其意，被他日夜攪苦，晚一時憤氣，以至動手。因他必欲離，故出單願離之。伏乞明判。”

---

① 江綿：據《婚簿》載，1872 年 7 月 26 日，住新池 33 歲江聯（綿），與 16 歲許景（經）成婚。媒妁劉勤娘，男方主婚江桂卿（宗叔），女方主婚許豆簽（堂叔）。陰曆一月二十日交寅。

台百般勸喻,礙許經娘切欲求離。將情申詳公堂大嚓內裁奪。

覆訊許經娘,供如公勃低所詳。

覆訊江綿,供云:"晚有小利路足以養妻女,但求妻子同居,自當照顧宜。"

公堂會議:據江綿、許經娘求離一案,深察其情,並無大故,況其夫尚有利路可以養妻女。經娘合宜從夫,不得離絕。存案。

(瑪腰、甲必丹、雷珍蘭、朱葛礁爲本期記錄簽名:馬來文草書)

Tan Tjoentiat(陳濬哲)	Ko Setjian(高西川)
Oeij Tjengian(黄清淵)	Ni Boentjiang(連文清)
Gouw Eng Hoei (吳榮輝)	Tan Konghoa(陳光華)
Lie Tjoe Tjiang(李子昌)	Lie Tjoe Hong(李子鳳)
Tan Boen Peng(陳文炳)	Tan Tjiang Lee(陳奬禮)

和 1876 年 3 月 30 日,拜四

公堂設嚓喳嘮。

瑪腰陳濬哲官,仝甲必丹高西川舍、甲必丹黄清淵舍、甲必丹連文清官、雷珍蘭吳榮輝官、雷珍蘭陳光華官、雷珍蘭李子昌舍、雷珍蘭李子鳳舍、朱葛礁陳奬禮官俱在座。陳(江流)甲大、韓懷然甲、陳文炳甲三位,不到。

(沈山林、劉丹娘求離一案)

公勃低高(西川)、陳(文炳)詳。

沈山林年23歲,住公司後,請伊妻劉丹娘:"為交寅六年,生一男名光輝,年五歲。因拙妻在家不孝老母,每嫌之則以口相敵。前月不辭而去,至今並無回頭。自去年拙妻屢到公館,甲必丹數次令歸和合,無幾仍復乖迕。今晚貧無利路,不能養妻子,勢難了局,惟乞離之。"

召訊劉丹娘年23歲,住小南門,供云:"因拙夫在家,不給資費,不謀利路,且家姑常以惡言相加,氏故敢以迕逆相犯。氏不得於夫,不合於家姑,進退無以自容,不得已投尋家姊以寄口腹。至於拙夫欲離之,固所願也。"

台觀夫妻屢屢到堂,各已絕情,難以強合。將情申詳公堂大嘧內裁奪。

覆訊沈山林、劉丹娘,供如公勃低所詳。

公堂會議:論沈山林、劉丹娘求離一案。據沈山林供稱,伊妻不孝,且自云無利路不能養妻子,況劉丹娘屢到公館,種種生端,勢難白首。於是,本堂判其離逷,各從別適,其子歸父。二比甘願,花押在簿。存案。

(瑪腰、甲必丹、雷珍蘭、朱葛礁爲本期記錄簽名:馬來文草書)

Tan Tjoentiat(陳濬哲)

Oeij Tjengian(黃清淵)

Gouw Eng Hoei (吳榮輝)

Lie Tjoe Tjiang(李子昌)

Tan Tjiang Lee(陳獎禮)

Ko Setjian(高西川)

Ni Boentjiang(連文清)

Tan Konghoa(陳光華)

Lie Tjoe Hong(李子鳳)

和 1876 年 4 月 20 日，拜四

公堂設嘧喳嘮。

瑪腰陳濬哲官，仝甲必丹高西川舍、甲必丹連文清舍、雷珍蘭陳光華舍、雷珍蘭李子鳳舍、朱葛礁陳奬禮官俱在座。黃（清淵）甲大、陳（江流）甲大、吳榮輝甲、李子昌甲、韓懷然甲、陳文炳甲六位，不到。

（詹保生、王文生懇入欠熾昌銀擔保案）

承熾昌干刀和 1876 年 3 月 13 日，及 4 月 10 日第 212 號、286 號附二口詞，祈公堂查勘可堪與否？詳覆。

一、詹保生住珍為商，安呾人張源水住珍為商，及紀益順住仝上為當頭間龜里，懇入欠熾昌干刀銀 1000 盾。

二、王文生住丹那望為商，安呾人王文成住仝上為地頭主，及黃朝成住新把殺為商，懇入欠熾昌銀 4000 盾。

公堂會議：已勘，一、詹保生援張源水、紀益順為安呾，懇入欠熾昌銀 1000 盾；二、王文生援王文成、黃朝成為安呾，懇入欠熾昌銀 4000 盾。本堂酌量，入欠人及安呾人俱各可堪，惟紀益順現為龜里及有一間草厝，未足為安呾。謹詳熾昌干刀裁奪。

（續：公堂商議公班衙要用式里陂及惹致地以為開港事）

承大挨實嗹和 1876 年 4 月 7 日第 2165 號書云：已閱

公堂和1876年3月23第34號所詳，內中所懇之事，茲已定奪准懇施行。

列台議曰：自和3月23日詳字與大挨實嗹，為要還式里陂及惹致地番之田業，計36面，該銀1800盾。查其該用之田業，乃計有42面，前詳未符其數，尚乏六面額，該銀300盾。合當將情再詳大挨實嗹裁奪。

(大朱陳玉長繳入和1875年在牛郎沙里清明祭費列一單)

據大朱陳玉長繳入和1875年在牛郎沙里清明祭費列一單，計15條，共銀398盾。祈開入公堂數內。

列台閱畢，議曰：就單可開出數是也。存案。

(陳江華、顏恩娘求離一案)

公勃低連(文清)、李(子鳳)詳。

顏恩娘年20歲，住冬基，請伊夫陳江華[1]："為交寅四年，有生不育。拙夫閒遊無賴，不謀利路，曾使氏向番婦媽沙里也借項，但氏不慣借人之項，不從其命，因此致恨在心。適逢家母有恙，氏歸寧探視，拙夫追回。氏方更衣欲隨夫歸，不意拙夫遂放言，汝若歸吾必酷打。既邀歸又言欲打，因是不從。拙夫即時欲動手，氏出門走避。前氏娠孕，曾被痛

① 陳江華：據《婚簿》載，1871年12月21日，住觀音亭20歲陳江華(吧生)，與16歲顏恩娘成婚。媒妁湯吉娘，男方主婚陳水閣(父)，女方主婚顏永文(胞叔祖)。陰曆十一月二十二日交寅。

打，遍體浮腫。且因小事則反目欲打，氏未嘗飽煖，常受痛打，誓不敢相從。惟乞離之。”

召訊陳江華年24歲，住觀音亭，供云：“晚雖無利路，然家父尚能給養。拙妻既絕意欲離，晚固願從。”

台百般勸諭，礙恩娘執意不從，且屢屢到公館請離。不已將情申詳公堂大嚓內裁奪。

覆訊陳江華，供云：“拙妻每歸外家則生變，其中必有因故。晚今有小利路，若妻欲歸則當受之，若必欲離，亦願從之。”

列台訊顏恩娘曰：“今爾夫有些少利路可以給養度日，爾願從乎？”恩娘答曰：“淡薄[①]傭工，自吃亞片且不足，何有餘資以顧家需乎？氏深知拙夫素性，卑鄙無男子之志，終必悞妻子，氏誓死不從，惟望早離。”

公堂會議：論陳江華、顏恩娘求離一案。自去年八月間屢屢生端，夫妻離居許久。論恩娘女性強悍，實屬不賢不孝之流；然江華不謀利路，遊蕩無度，亦是無恥之徒。且夫妻各相嫌隙，而恩娘屢到公館，百勸不聽，強合無益。因是，本堂判其離遏。二比甘願，各花押在簿。存案。

（黃源益、吳登娘求離一案）

公勃低高（西川）、陳（文炳）詳。

黃源益年38歲，住望茄寺[②]，請伊妻吳登娘：“為交寅十

① 淡薄：亦作淡菭，閩南話，微薄、少許。

② 望茄寺：亦作望笳寺、勿加泗，Bekasi，吧城地名，位於吧城以東郊區。

八年，生下二女，長名和娘，年 18 歲；次名孝娘，年 15 歲。拙妻自七年前與家福照私通，晚深知其情，拙妻亦直認實告，無柰將妻送歸岳母家任使別適。及後又與許漢章私合，且生一女，晚不作計較，但欲彼此分明。乞公堂賜折（拆）婚字是也。”

召訊吳登娘年 36 歲，住吧八丹，供云：“誠如拙夫所言。氏自知失身，竟彼（被）拙夫絕棄。思賤身無所依歸，難以度日，不得已復適別人。拙夫既請離之，氏何敢多言，悉皆願從。”

台察此事，當即離之。將情申詳公堂大嘧內裁奪。

覆訊黃源益、吳登娘，供如公勃低所詳。

公堂判曰：吳登娘既已從適別夫，又有生女，此不待考論立當離之。但問其婚字，夫妻皆云無之。就其所供結婚十八年，即查婚簿自和 1856 年至 1860 年，並無其名。昔黃源益之父主婚，今已亡矣。尚存吳登娘之母周根娘。召而問之，供云：其夫早喪，婚事乃託其壻莊新容料理，亦不知有無給婚字。若無立婚字，是為野合，無與公堂之事。但夫婦既請到公堂，不得不存案以防後來有曲折之虞矣。

（瑪腰、甲必丹、雷珍蘭、朱葛礁爲本期記錄簽名：馬來文草書）

Tan Tjoentiat（陳濬哲）　　Ko Setjian（高西川）

Ni Boentjiang（連文清）　　Tan Konghoa（陳光華）

Lie Tjoe Hong（李子鳳）　　Tan Tjiang Lee（陳獎禮）

和 1876 年 4 月 28 日,拜五

公堂設嘧喳嘮。

瑪腰陳濬哲官,仝甲必丹高西川舍、甲必丹黃清淵舍、雷珍蘭吳榮輝官、雷珍蘭陳光華官、雷珍蘭李子鳳舍、雷珍蘭陳文炳舍、朱葛礁陳獎禮官俱在座。連(文清)甲大、陳(江流)甲大、李子昌甲、韓懷然甲四位,不到。

(挨實嗹准公堂所議式里陂及惹致地番之田業事)

承大挨實嗹和 1876 年 4 月 25 日第 2488 號書,為閱公堂和 1876 年 4 月 20 日第 48 號所詳,內中所懇之事,茲已案奪即准施行。

列台閱畢,議曰:茲挨實嗹已案奪,准公堂開還式里陂及惹致地番之田業,計共 42 面,該銀 2100 盾,係公班衙用為開港。此事前係託緞吉寧哖為料理與地番議約買賣諸事,今將地番之項計 2100 盾,現交緞吉寧哖為分還。又前已詳字,准貼緞吉寧哖之尅虧半年地稅,該銀 257.5 盾。本堂已領公班衙買為開港之地,來銀 12180 盾。收銀並開出銀,暨可登數[1]。存案。

滿面春風。

(瑪腰、甲必丹、雷珍蘭、朱葛礁為本期記錄簽名:馬來文草書)

---

[1] 登數:閩南話,記賬、入賬。

Tan Tjoentiat(陳濬哲)	Ko Setjian(高西川)
Oeij Tjengian(黄清淵)	Gouw Eng Hoei (吳榮輝)
Tan Konghoa(陳光華)	Lie Tjoe Hong(李子鳳)
Tan Boen Peng(陳文炳)	Tan Tjiang Lee(陳獎禮)

和 1876 年 5 月 11 日,拜四

公堂設嘧喳嘮。

瑪腰陳濬哲官,仝甲必丹高西川舍、甲必丹黄清淵舍、甲必丹連文清官、雷珍蘭吳榮輝官、雷珍蘭陳光華官、雷珍蘭李子昌舍、雷珍蘭陳文炳舍、朱葛礁陳獎禮官俱在座。陳(江流)甲大、李子鳳甲、韓懷然甲三位,不到。

(李亞二懇入蚊甲米油擔保案)

承大挨實嗹和 1876 年 5 月 8 日第 2744 號致書,因李亞二懇入蚊甲米 2000 擔,又椰油 35 擔、生油 745 擔,援張肇燮及王文信為安呾。祈公堂查勘可堪與否? 詳覆。

公堂會議:已勘李亞二援張肇燮、王文信為安呾,懇入蚊甲米油。本堂酌量,李亞二及張肇燮二人,論其生理則順流,若論其實業則未見其足。至於王文信係與李亞二合夥,此事不堪擔戴。瑪腰之意見:張肇燮現時其生理浩大可堪,李亞二雖未見其實業,但生理順景,且常掌大安黎抹,則亦可堪。惟王文信不足擔戴。謹詳大挨實嗹裁奪。

(丁木水愬入欠熾昌銀擔保案)

承副挨實嗹和 1876 年 5 月 4 日第 2840 號,附熾昌干刀所寄一口詞,祈公堂查勘可堪與否? 詳覆。

丁木水住甘光然哖[1]開布路亞郎,安呾人陳水郎住大當前為木匠,及一番人,愬入欠熾昌干刀銀 2000 盾。

公堂會議:已勘丁木水援陳水郎及番人為安呾,愬入欠熾昌銀 2000 盾。本堂酌量,丁木水及陳水郎,因小經紀不堪擔戴。其番人,本堂不知也。謹詳副挨實嗹裁奪。

(蔣玉振愬入欠熾昌銀擔保案)

承熾昌干刀和 1876 年 5 月 8 日附一口詞,祈公堂查勘可堪與否? 詳覆。

蔣玉振,安呾人李財源及蔣扶俱住珍為商,愬入欠熾昌干刀銀 4000 盾。

公堂會議:已勘蔣玉振援李財源、蔣扶為安呾,愬入欠熾昌銀 4000 盾。本堂酌量,入欠人及安呾人,現時俱各可堪。謹詳熾昌干刀裁奪。

(溫亞福愬入蚊甲油擔保案)

承副挨實嗹和 1875 年 5 月 11 日附一人入字,祈公堂查勘可堪與否? 詳覆。

溫亞福住小南門為商,安呾人溫福三住仝上為商,及徐亞六住廿六間為商,愬要入蚊甲油。

---

① 甘光然哖:亦作鑒光然哖,Kampong Djanis,吧城地名。

公堂會議：已勘溫亞福援溫福三、徐亞六，懇要應入蚊甲油。本堂酌量，承應人及安咀人，現時俱各可堪。謹詳副挨實嗹裁奪。

（瑪腰、甲必丹、雷珍蘭、朱葛礁爲本期記錄簽名：馬來文草書）

Tan Tjoentiat（陳濬哲）
Oeij Tjengian（黃清淵）
Gouw Eng Hoei（吳榮輝）
Lie Tjoe Tjiang（李子昌）
Tan Tjiang Lee（陳獎禮）
Ko Setjian（高西川）
Ni Boentjiang（連文清）
Tan Konghoa（陳光華）
Tan Boen Peng（陳文炳）

和 1876 年 5 月 13 日，拜六

公堂設嘧喳嘮。

瑪腰陳濬哲官，仝甲必丹高西川舍、甲必丹黃清淵舍、甲必丹連文清官、雷珍蘭吳榮輝官、雷珍蘭陳光華官、雷珍蘭李子昌舍、雷珍蘭陳文炳舍、朱葛礁陳玉長官俱在座。陳（江流）甲大、李子鳳甲、韓懷然甲三位，不到。

（溫亞雲懇入蚊甲米擔保案）

承副挨實嗹和 1876 年 5 月 12 日第 2962 號致書公堂，因溫亞雲欲應包入蚊甲米，祈公堂查勘可堪與否？具詞詳覆。

公堂會議：已勘溫亞雲所懇要入蚊甲米。本堂酌量，現時可堪。謹詳副挨實嗹裁奪。

（瑪腰、甲必丹、雷珍蘭、朱葛礁爲本期記錄簽名：馬來文草書）

Tan Tjoentiat（陳濬哲）

Oeij Tjengian（黃清淵）

Tan Konglioe（陳江流）

Tan Konghoa（陳光華）

Lie Tjoe Hong（李子鳳）

Tan Boen Peng（陳文炳）

Ko Setjian（高西川）

Ni Boentjiang（連文清）

Gouw Eng Hoei（吳榮輝）

Lie Tjoe Tjiang（李子昌）

Han Hoai Djian（韓懷然）

Tan Tjiang Lee（陳獎禮）

和1876年6月8日，拜四

公堂設嘧喳嘮。

瑪腰陳濬哲官，仝甲必丹高西川舍、甲必丹黃清淵舍、雷珍蘭吳榮輝官、雷珍蘭李子昌舍、雷珍蘭李子鳳舍、雷珍蘭陳文炳舍、朱葛礁陳獎禮官俱在座。連（文清）甲大、陳（江流）甲大、陳光華甲三位，不到。韓懷然[①]甲和1876年6月6日，即唐丙子五月十五日身故。

（詹保生懇入欠熾昌銀擔保案）

承熾昌干刀和1876年5月15日第425號附一口詞，祈公堂查勘可堪與否？詳覆。

---

① 韓懷然：Han Hoaij Djian，韓青山（1855年9月5日授欽賜雷珍蘭）之子。韓懷然於1863年1月5日被委任為協理唐美色甘理事，授欽賜雷珍蘭職，無奉銀。1872年10月31日陞任特授雷珍蘭職，任理公堂事。1876年6月7日身故於亞森腳，享年38歲。

詹保生，安呾人張源水、康百榮俱住珍為商，懇入欠熾昌干刀銀 1000 盾。

公堂會議：已勘詹保生援張源水、康百榮為安呾，所懇入欠熾昌銀 1000 盾。本堂酌量，入欠人及安呾人，現時可堪。謹詳熾昌干刀裁奪。

（公堂回覆訟師緞音歷氏問及唐例事）

承訟師緞音歷氏 和 1876 年 5 月 31 日致書公堂，因有吳再興之事，請問唐人之常例。一、商人用字號印何謂也？二、唐人之憑單若用親手押號則何如？三、譬如有一憑單無蓋印，又有一憑單有蓋印，此二張曁可憑乎？抑或未蓋印者均為無押號一般乎？祈公堂定奪，具詞回覆。

承大挨實嗹和 1876 年 6 月 22 日第 3674 號致書，為閱瑪腰和本月 10 日第 31 號所詳，因訟師緞音歷問及唐例事，准公堂從其所懇，具詞詳覆。

公堂會議：據訟師所問三件事，即就所問回復如下：一、凡商人用號印，係唐人交關銀項貨物之信憑。二、凡親手押號之憑單，雖無蓋印亦足可取信。三、凡憑單有親筆押號而無蓋印，及有蓋字號印無押號者，均皆可憑。若無親筆押號又無蓋字號印，則是空殼單，不足為憑。謹復訟師緞音歷氏青照。

（瑪腰、甲必丹、雷珍蘭、朱葛礁爲本期記錄簽名：馬來文草書）

Tan Tjoentiat（陳濬哲）　　Ko Setjian（高西川）

Oeij Tjengian（黃清淵）　　Gouw Eng Hoei（吳榮輝）

Lie Tjoe Tjiang(李子昌)　　Lie Tjoe Hong(李子鳳)
Tan Boen Peng(陳文炳)　　Tan Tjiang Lee(陳獎禮)

和 1876 年 6 月 17 日,拜六

公堂設嘧喳嘮。

瑪腰陳濬哲官,仝甲必丹高西川舍、甲必丹連文清官、雷珍蘭吳榮輝官、雷珍蘭陳光華官、雷珍蘭李子昌舍、雷珍蘭陳文炳舍、朱葛礁陳獎禮官俱在座。黃(清淵)甲大、陳(江流)甲大、李子鳳甲三位,不到。

(林琛懇入欠熾昌銀擔保案)

承熾昌干刀和 1876 年 5 月 29 日第 481 號附一口詞,祈公堂查勘可堪與否?詳覆。

林琛住八茶礶初欲為商,安呾人邱亞丁住洪溪料理鼎路[1],及林碧生住窯內掌碯,懇入欠熾昌干刀銀 1000 盾。

公堂會議:已勘林琛援邱亞丁、林碧生為安呾,所懇入欠熾昌銀 1000 盾。本堂酌量,林琛及邱亞丁,現時不堪,惟林碧生現時可堪。謹詳熾昌干刀裁奪。

(李長水懇入欠熾昌銀擔保案)

承熾昌干刀和 1876 年 6 月 6 日第 452 號附一口詞,祈

① 鼎路:閩南話,鐵鍋等炊具買賣行業。

公堂查勘可堪與否？詳覆。

李長水，安呾人張佳珠及黃金東皆住珍為商，懇入欠熾昌銀 2000 盾。

公堂會議：已勘李長水援張佳珠、黃金東為安呾，所懇入欠熾昌銀 2000 盾。本堂酌量，入欠人及安呾人，現時可堪。謹詳熾昌干刀裁奪。

（副挨實嗹致書公堂詢問丹絨地栽種土荳事）

承副挨實嗹和 1876 年 6 月 3 日第 3356 號致書公堂，為和 1875 年 11 月 24（日）第 8718 號，有寄土荳[1]種使種在丹絨地，未知現時其生息如何？

列台閱畢，議曰：據丹絨稅主邱思珍云，所接土荳種已經栽種，不得生息。謹詳副挨實嗹裁奪。

（邱連貴、黃芝禮默娘夫妻求離一案）

公勃低連（文清）、李（子鳳）詳。

邱連貴[2]年 23 歲，住蕉仔街，請伊妻黃芝禮默娘："為交寅一年，未有產育。晚因接唐信，家父年老，令晚回唐。晚決意要回唐省親，四五年或五六年，旋期未定。拙妻年少在吧，無所依託，又無餘資留為安家。且拙妻切意求離，若現時不即離之，恐悞其青春。伏乞明判。"

---

① 土荳：亦作涂荳，閩南話，花生。

② 邱連貴：據《婚簿》載，1875 年 10 月 19 日，住蕉仔街 22 歲邱連貴（吧生），與 17 歲黃芝禮成婚。媒妁李八娘，男方主婚邱官郎（堂兄），女方主婚黃巳明（胞兄）。陰曆九月二十五日交寅。

召訊黃芝禮默娘年 18 歲，住真郎安，供云："拙夫既欲回唐省親，氏不敢留阻。若有安家之資，則願託身於家兄，以待拙夫旋吧。若無留給資費，氏一女流，何以為度日？寧乞離之。"

台諭邱連貴曰："汝既無餘資，安得回唐？如能回唐，便有餘資以為汝妻安家之費。觀汝之意，乃推託之辭，欲棄汝妻於半路。推其情理，不得離之。"

將情申詳公堂大噽內裁奪。

覆訊邱連貴，供云："拙妻自新婚以來，不肯照顧家內，屢屢歸寧，不聽約束。晚前有一二仟盾為顧妻之計，故敢求婚。今所有之項已經費盡，現無半文，惟作龜里，每月辛金 15 盾，難以養妻。晚在吧果係貧乏不能養妻，又欲趨父命回唐。若不離之，恐致兩悞。"

覆訊黃芝禮默娘，供云："因病歸寧，拙夫絕然不顧，不給資費，恩義已斷。既云貧乏不能養妻，氏願從其離。"

公堂會議：勘得邱連貴夫妻求離一案。察邱連貴之供詞，自認貧乏，又欲回唐，情難強合，且其妻亦願離之。若不判離，徒悞黃芝禮默娘之青春，較為無益。因是，本堂從而離之。二比甘願為花押在簿。存案。

（瑪腰、甲必丹、雷珍蘭、朱葛礁爲本期記錄簽名：馬來文草書）

Tan Tjoentiat（陳濬哲）　　Ko Setjian（高西川）

Ni Boentjiang（連文清）　　Gouw Eng Hoei（吳榮輝）

Tan Konghoa（陳光華）　　Lie Tjoe Tjiang（李子昌）

Tan Boen Peng（陳文炳）　　Tan Tjiang Lee（陳獎禮）

和 1876 年 6 月 29 日，拜四

公堂設嘧喳嘮。

瑪腰陳濬哲官，仝甲必丹高西川舍、甲必丹黃清淵舍、甲必丹連文清官、雷珍蘭吳榮輝官、雷珍蘭李子昌舍、雷珍蘭李子鳳舍、雷珍蘭陳文炳舍、朱葛礁陳獎禮官俱在座。陳(江流)甲大、陳光華甲二位，不到。

（李都、黃江玉懇入欠爈昌銀擔保案）

承爈昌干刀和 1876 年 6 月 27 日第 564 號、570 號附二口詞，祈公堂查勘可堪與否？詳覆。

一、李都住小南門為商，援和人為安呾。懇入欠爈昌銀 2000 盾。

二、黃江玉住亭仔腳，安呾人陳強增及陳深郎，懇入欠爈昌銀 3000 盾。

公堂會議：已勘，一、李都援和人為安呾，懇入欠爈昌銀 2000 盾；二、黃江玉援陳強增及陳深郎為安呾，懇入欠爈昌銀 3000 盾。本堂酌量，入欠人及安呾人，現時俱各可堪。其和人，本堂不知也。謹詳爈昌干刀裁奪。

（梁桑池等四人懇承應入各件貨物以及食物擔保案）

承副挨實嗹和 1876 年 6 月 20 日、22 日附四人入字，祈公堂查勘詳覆。

一、梁桑池住美色近為商，安呾人黃生道住小南門為商，及

邱庚龍住洪溪為商,懇要包入溫律嶼病厝之伙食,約每年價銀二萬盾。

二、蔣玉振,安呾人李財源仝住珍為商,及王文生住丹那望為商,懇要入茂物武營之伙食及柴油,約每年價銀二萬外[1](盾);又要入醫館物件,約每年價銀貳萬盾;又要入病厝伙食及柴油,約每年價銀八萬盾;又要入干冬圩武營之伙食,約每年價銀壹萬外盾。

三、李亞福住珍為小生理,安呾人李寬秀住珍為商,及曾亞二住八戈然掌杉板寮,懇要入茂物武營之伙食及柴油,約每年價銀貳萬外盾;又要入干冬圩武營之伙食,約每年價銀一萬外盾。

四、李寬秀住珍為商,安呾人饒奕才住毛吲甲為商,及蔡連好住班芝蘭為商,懇要入病厝之伙食及柴油,約每年價銀八萬盾。

公堂會議:已勘諸人所懇,要承應入各件貨物以及食物。本堂酌量,承應人及安呾人,現時俱各可堪。惟李亞福祇堪承應一條之安黎抹而已。謹詳副挨實嗹裁奪。

(唐寶娘、楊保生求離一案)

公勃低連(文清)、李(子鳳)詳。

唐寶娘年33歲,住菜園,請伊夫楊保生。為交寅十三年,有生不育。供云:"拙夫經年不歸,不給資費,棄氏獨居不顧。氏一女流何以為生?惟乞分離。"

---

① 二萬外:閩南話,二萬餘。

召訊楊保生年44歲，住戈奢園①，供云："誠如拙妻所言。晚尚有老母住戈奢園，娶妻原為奉養母親。拙妻不孝，不肯從事父母，自甘離居以安其身。欲使晚隨從其意，照顧其衣食，晚寧可無妻，豈可忍心拋棄母親乎？況晚現無利路，惟妻所欲，晚固願從。"

台勸二比和合，礙夫妻堅執不從。將情申詳公堂大嗱內裁奪。

覆訊唐寶娘、楊保生，供如公勃低所詳。

公堂會議：勘得唐寶娘、楊保生求離一案。據唐寶娘供稱，伊夫經年不歸，不給資費。楊保生供云，妻不孝不肯共事姑嫜，各執己性，彼此情絕。於是，本堂即聽其離。二比情願，花押在簿。存案。

滿座春風。

（瑪腰、甲必丹、雷珍蘭、朱葛礁爲本期記錄簽名：馬來文草書）

Tan Tjoentiat（陳濬哲）

Oeij Tjengian（黄清淵）

Gouw Eng Hoei（吳榮輝）

Lie Tjoe Hong（李子鳳）

Tan Tjiang Lee（陳獎禮）

Ko Setjian（高西川）

Ni Boentjiang（連文清）

Lie Tjoe Tjiang（李子昌）

Tan Boen Peng（陳文炳）

① 戈奢園：亦稱八戈然（Pakojan），地名，位於吧城西區，原爲來自印度古吉拉特（Gujarat）的戈奢（Kodjah）商人在吧城的聚居地。

和 1876 年 7 月 6 日，拜四

公堂設嚒喳嘮。

瑪腰陳濬哲官，仝甲必丹高西川舍、甲必丹黃清淵舍、甲必丹陳江流官、雷珍蘭陳光華官、雷珍蘭李子鳳舍、朱葛礁陳奬禮官俱在座。連(文清)甲大、吳榮輝甲、李子昌甲、陳文炳甲四位，不到。

(葉曲娘入稟為其夫劉祝懇蔭地風水)

具稟人葉曲娘住公司後界內，為故夫劉祝於和 1871 年任理公司後副默，至今六年。玆不幸於和 6 月 30 日身故，敢乞公堂列位憲台賜丹絨窀穸[①]壹穴，以為葬身之地。伏祈恩典，幽明均感靡涯矣！ 耑此叩稟。

列台閱畢，議曰：據葉曲娘入稟，為其夫劉祝懇蔭地風水一穴。本堂舊例，凡為默者原有蔭地闊 12 距、長 24 距。今葉曲娘所懇，合當允准。存案。

(楊長宗懇要入病厝伙食及柴油擔保案)

承副挨實嗹和 1876 年 7 月 6 日附一人入字，祈公堂查勘可堪與否？ 詳覆。

楊長宗住珍為商，安呾人張萬合及楊能奇俱住新把殺為商，懇要入病厝伙食及柴油三年為限，約每年價銀八萬盾。

① 窀穸：墓穴。

公堂會議：已勘楊長宗援張萬合及楊能奇為安呾，所懇要入病厝伙食及柴油，每年價銀 80000 盾。本堂酌量，貳安呾人現時可堪。其承應人楊長宗，因此事浩大，現時不堪擔戴。謹詳副挨實嗹裁奪。

（瑪腰、甲必丹、雷珍蘭、朱葛礁爲本期記錄簽名：馬來文草書）

Tan Tjoentiat（陳濬哲）

Ko Setjian（高西川）

Oeij Tjengian（黃清淵）

Tan Konglioe（陳江流）

Tan Konghoa（陳光華）

Lie Tjoe Hong（李子鳳）

Tan Tjiang Lee（陳獎禮）

和 1876 年 7 月 20 日，拜四

公堂設嘧喳嘮。

瑪腰陳濬哲官，仝甲必丹高西川舍、甲必丹黃清淵舍、甲必丹連文清官、雷珍蘭吳榮輝官、雷珍蘭陳光華官、雷珍蘭李子昌舍、雷珍蘭李子鳳舍、朱葛礁陳獎禮官俱在座。陳（江流）甲大、陳文炳貳位，不到。

（鍾東山懇入欠熾昌銀擔保案）

承熾昌干刀和 1876 年 7 月 3 日第 592 號附一口詞，祈公堂查勘可堪與否？詳覆。

鍾東山住珍為打金，援二戈奢仔為安呾，懇入欠熾昌干

刀銀貳仟盾。

公堂會議：已勘鍾東山援戈奢仔為安咀，所懇入欠熾昌銀二仟盾。本堂酌量，鍾東山現時可堪。其戈奢人，本堂不知也。謹詳熾昌干刀裁奪。

（嚴德郎入稟為懇蔭地風水事）

具稟人晚生嚴德郎為懇蔭地風水事：切晚自和 1873 年任理班芝蘭默事。茲和本月 17 日，拙內林丹娘不幸身故。竊思凡為默者，公堂原有是例。故敢陳情懇蔭墳一穴，闊 12 距、長 24 距，將來與晚合為雙壙之墳。伏望准懇，則幽明德沾大均矣！謹修叩稟。

列台閱畢，議曰：據嚴德郎入稟，因其妻身故，懇蔭地風水一穴，闊 12 距、長 24 距，後來欲合為雙壙之墳。本堂原有此例，合當准懇。存案。

（廖娘那、莊永元求離一案）

公勃低連（文清）、李（子鳳）詳。

廖娘那年 22 歲，住望呀勿殺，請伊夫莊永元①："為交寅二年，未有產育。氏因歸寧省視家母，至今十五個月之久。拙夫竟絕音跡，又無給半文之費，灼見拙夫情已厭絕，不如離之。"

召訊莊永元年 42 歲，住導郎，供云："因拙妻不孝，在家

---

① 莊永元：據《婚簿》載，1874 年 9 月 29 日，住毛吮甲 41 歲莊永元（吧生），與 20 歲廖娘那成婚。媒妁曾和娘，男方主婚何紅娘（母），女方主婚廖亞二（胞兄）。陰曆八月二十四日交寅。

屢犯母親，迕逆母意。娶妻原為父母之養，拙妻既不順婦道，要他何用？妻欲求離，願即離之。”

台觀夫妻各懷離意，強合無益。將情申詳（公堂大嚐內裁奪）。

覆訊廖娘那、莊永元，供如公勃低所詳。

公堂會議：據廖娘那、莊永元求離一案，夫妻離居一年餘，夫嫌妻不孝，妻嫌夫情絕，彼此各執離意，況無女子牽連，竟難和合。因是，本堂判其離遏。二比甘願，各花押在簿。存案。

（瑪腰、甲必丹、雷珍蘭、朱葛礁爲本期記錄簽名：馬來文草書）

Tan Tjoentiat（陳濬哲）
Oeij Tjengian（黃清淵）
Gouw Eng Hoei（吳榮輝）
Lie Tjoe Tjiang（李子昌）
Tan Tjiang Lee（陳獎禮）
Ko Setjian（高西川）
Ni Boentjiang（連文清）
Tan Konghoa（陳光華）
Lie Tjoe Hong（李子鳳）

和 1876 年 8 月 3 日，拜四

公堂設嚐喳嘮。

瑪腰陳濬哲官，仝甲必丹高西川舍、甲必丹黃清淵舍、雷珍蘭陳光華官、雷珍蘭李子昌舍、雷珍蘭李子鳳舍、雷珍蘭陳文炳舍、朱葛礁陳玉長官俱在座。連（文清）甲大、陳（江流）甲大、吳榮輝甲三位，不到。

(趙德山懇入欠熾昌銀擔保案)

承熾昌干刀和 1876 年 7 月 31 日第 699 號附一口詞,祈公堂查勘可堪與否? 詳覆。

趙德山住新把殺為商,援和人為安咀,懇入欠熾昌銀 3000 盾。

公堂會議:已勘趙德山援和人為安咀,懇入欠熾昌銀 3000 盾。本堂酌量,趙德山現時可堪。其和人,本堂不知也。謹詳熾昌干刀裁奪。

(林金鐘入稟為懇蔭地風水事)

具稟人晚生林金鐘,現任小南門東界內之副默,至今四年矣。茲不幸拙妻李肯娘於和本月 26 日身故。萬乞公堂列位憲台,賜丹絨宅穸壹穴為葬身之地。伏乞恩准,幽明感德靡涯矣! 耑此叩稟。

列台閱畢,議曰:據林金鐘入稟,因其妻李肯娘身故,懇蔭地風水壹穴,闊 12 距、長 24 距,後來欲合為雙壙之墳。本堂原有此例,合當准懇。存案。

(義學師方文標入稟為義塾生徒放暇事)

具稟人晚生方文標為義塾生徒放暇事:切現際炎暑,生徒坐位擁雜,不無暑蒸之苦。舊因有放暇乘涼之舉,爰謹依舊規,擬於本月十五日放暇。但未敢擅便,合亟瀝請公堂大瑪腰暨列位憲台大人電奪,准許放行。切稟。

列台閱畢,議曰:際此日麗炎蒸,正學生乘暇尋涼之時也。據義學師方文標入稟,懇於唐六月十五日放暇生徒,年年原有此例,合宜准懇。存案。

(林雍娘、陳永壽求離一案)

公勃低連(文清)、李(子鳳)詳。

林雍娘年18歲,住洪溪,請伊夫陳永壽[1]。為交寅六個月,未孕。供云:"家姑悍惡氏舉止行動,一有不合其意,則撻駡趕逐。又使拙夫在外娶娼,不許回家。拙夫經三個月不歸家宿,而家門常閉,錮氏在内,任他酷毒。又將聘禮金器、衣服,以及茶儀一盡取回。昨日拙夫請亞二蘭[2]言,氏盜取阿姑之硂耳鍹並鈕仔。其實此兩物係拙夫言自置買,欲與氏應用。今此物在櫥内不知誰取?而拙夫誣氏竊盜,恩義已絕。況阿姑悍惡非常,而拙夫白眼相看,氏進退慘若。萬乞判離。"

召訊陳永壽年27歲,住大南門,供云:"拙妻怠惰,不孝家母。而家母常自煮飯,拙妻日上三竿方纔睡起,婦道甚缺。又晚所與手指[3]物件,拙妻私寄其媽收藏,並無通知。又借用家母之耳鍹、鈕仔二件物,價銀佰外盾,欲圖而不還。且拙妻私自逃走,故請亞二蘭討回此物。今但懇家母之物件,晚則從離之。如不肯還,則不願離也。"

台勸夫妻仍歸和好,礙容娘堅執不從,而永壽亦不肯招回。將情申詳公堂大嚓内裁奪。

---

① 陳永壽:據《婚簿》載,1875年12月10日,住亞森腳26歲陳永壽(吧生),與17歲林雍娘成婚。媒妁許吉娘,男方主婚陳永祿(胞兄),女方主婚劉為娘(祖母)。陰曆十一月十五日交寅。

② 亞二蘭:荷蘭語 Adjudant,馬來語 Ajudan,副官、助手。此指副治安官。

③ 手指:閩南話,戒指。

覆訊陳永壽，供如公勃低所詳。

覆訊林雍娘，供云："氏情願離之。但氏所帶柴廚貯衣褸及聘物，實嘮知鞋一雙、絲褸一條、羽午絲衫一領、柴荖葉盤鑲銀一個，又茶儀約一佰外盾[1]，皆與阿姑收回。惟望公堂判令還氏，感恩不盡！"

公堂議曰：夫婦之倫，結之以恩，合之以義。勘得陳永壽結髮未幾，忍將妻請亞二蘭，控告以盜賊之事。設使事明之後，致妻子縲絏之中，那時經官刑之妻，豈不敗辱門戶？由此觀之，恩義皆絕矣。斯時也，林雍娘上既受阿姑酷楚，下竟被夫恥辱，痛心求離，無怪其然。因是，本堂判離。二比甘願，各花押在簿。存案。

（瑪腰、甲必丹、雷珍蘭、朱葛礁爲本期記錄簽名：馬來文草書）

Tan Tjoentiat（陳濬哲） Ko Setjian（高西川）

Oeij Tjengian（黃清淵） Tan Konghoa（陳光華）

Lie Tjoe Tjiang（李子昌） Lie Tjoe Hong（李子鳳）

Tan Boen Peng（陳文炳） Tan Gioktiang（陳玉長）

和1876年8月10日，拜四

公堂設嘧喳嘮。

瑪腰陳濬哲官，仝甲必丹黃清淵舍、雷珍蘭吳榮輝官、

---

① 一佰外盾：閩南話，一百餘盾。

雷珍蘭陳光華官、雷珍蘭李子鳳舍、雷珍蘭陳文炳舍、朱葛礁陳獎禮官俱在座。高（西川）甲大、連（文清）甲大、陳（江流）甲大、李子昌甲四位，不到。

（黃玉華懇要入仕健及打馬蹄擔保案）

承副挨實嗹和 1876 年 8 月 6 日附一人入字，祈公堂查勘可堪與否？詳覆。

黃玉華住真郎安開打鐵店，安呾人黃玉漢住仝上開打鐵店，及李榮懷住珍為商，懇要包入仕健及釘馬蹄三年為限，約每年價銀八千盾。

公堂會議：已勘黃玉華援黃玉漢、李榮懷為安呾，懇要入仕健及打馬蹄[1]，每年價銀八仟盾。本堂酌量，其承應人及安呾人現時可堪。謹詳副挨實嗹裁奪。

（葉先、黃乙娘求離一案）

黃乙娘年 22 歲，住甘光毛吮甲，請伊夫葉先[2]："為交寅五年，生下二女，長名癸娘，年四歲；次名九娘，年三歲。因拙夫自去年至今，不給家費，不顧二女，在外遊蕩吃亞片煙，居無定所。氏一女流，針指[3]為活，且難自贍，況加二女呱呱

---

① 打馬蹄：閩南話，釘馬掌。

② 葉先：據《婚簿》載，1872 年 7 月 23 日，住毛吮甲 20 歲葉先，與 20 歲黃已娘成婚。媒妁吳信娘，男方主婚葉純全（叔祖），女方主婚黃榮宗（伯父）。陰曆七月初二日交寅。默陳亞二單云係唐生長。查《新客簿》有載，1871 年 3 月 14 日搭甲板目兜夷蔔從叻來，已入字懇居。

③ 針指：閩南話，針線活。

待哺，如何度日？氏經數次請到公館，拙夫許欲給費，亦欲稅厝，到時一無踐言，屢屢詐騙，氏隱忍許久，苦情難堪。惟乞判離。”

召訊葉先年 24 歲，住公司，供云：“誠如拙妻所言。晚被岳父逐出，在外為傭，所得無幾，有時給付淡箔為女費。拙妻既嫌貧窮，切欲求離。晚思亦難永好，惟願離之。”

台察葉先夫妻屢次到堂，而葉先所約稅厝給費，數番騙空，其實欲挨延刁難而已。將情申詳公堂大嚹內裁奪。

覆訊葉先、黃乙娘，供如公勃低所詳。

公堂會議：論葉先、黃乙娘求離一案。究其夫婦離居年餘，各無關情，且葉先流寓無定，妻子食費竟然不顧，屢次到堂，所約皆謬。由此觀之，終無了局。因是，本堂聽其離遏，二女待至七歲判歸其父。二比甘願，各花押在簿。存案。

（義學師方文標入稟為懇義學擇期啓讀事）

具稟人晚生方文標為義學擇期啓讀事：切時當涼秋，正生徒負笈從學之候。謹擇於本月廿九日啓讀，理合稟明。

列台閱畢，議曰：據義學師方文標入稟，懇於唐六月廿九日啓讀，合當准懇。順開上半年之束金銀四佰盾。存案。

（瑪腰、甲必丹、雷珍蘭、朱葛礁爲本期記錄簽名：馬來文草書）

Tan Tjoentiat（陳濬哲）　　Oeij Tjengian（黃清淵）

Gouw Eng Hoei (吳榮輝)　　Tan Konghoa(陳光華)

Lie Tjoe Hong(李子鳳)　　Tan Boen Peng(陳文炳)

Tan Tjiang Lee(陳獎禮)

和1876年9月21日,拜四

公堂設嘧喳嘮。

瑪腰陳濬哲官,仝甲必丹高西川舍、甲必丹黃清淵舍、甲必丹連文清官、雷珍蘭吳榮輝官、雷珍蘭李子昌舍、雷珍蘭陳文炳舍、朱葛礁陳玉長官俱在座。陳(江流)甲大、陳光華甲、李子鳳甲三位,不到。

(挨實嗹致書祈公堂錄明年之和蘭圖及唐人節氣)

承大挨實嗹和1876年9月6日第5236號致書,祈公堂錄明年之和蘭圖及唐人節氣,照常年抄和字繳上。

公堂議曰:據大朱陳玉長已錄便,另日照圖可抄和字詳覆。

(燉昌干刀祈查勘諸唐人入燉昌者及安呾人)

承燉昌干刀和1876年9月□日附式達[1]一串,祈查勘諸唐人入燉昌者及安呾人,現在如何?祈查勘詳覆。

列台閱畢,議曰:此事當委公勃低高(西川)甲大仝陳文

① 式達:亦作式呾、實達,荷蘭語Staat,陳述、說明、清單、記錄。

炳甲逐一查勘。如已查畢，方可詳覆。

（李三盛懇要包載公班衙之貨物擔保案）

據瑪腰繳入大挨實嗹和 1876 年 9 月□日附一人入字，係李三盛援饒奕才及梁漢和為安呾，懇要包載公班衙之貨物，來往內山[①]勃里央安[②]之轄下，和 1877 年 1 月 1 日起，至五年為限。

列台閱畢，議曰：已勘李三盛援饒奕才及梁漢和為安呾，已查三人中惟梁漢和不堪，餘者可堪。謹詳大挨實嗹裁奪。

（梁礁緞波習鑾懇抄故陳桑林之妻楊銀娘之婚字）

梁礁緞波習鑾 和 1876 年 9 月 20 日致書云：為故陳桑林之妻名楊銀娘，結髮約廿三四年。其婚字已經失落，懇瑪腰恩准，再抄一紙寄來梁礁干刀。

列台閱書，議曰：據梁礁懇抄故陳桑林之妻楊銀娘之婚字，此事並無干礙，可就婚簿抄寄是也。存案。

（大朱陳玉長繳入本年七夕祭費列單）

據大朱陳玉長繳入本年七夕祭費列單，該銀 322.5 盾。懇公堂開出數是也。

列台閱畢，議曰：據挨實嗹和 1876 年 3 月 6 日第 153

---

① 內山：閩南話，內地、內陸山區。

② 勃里央安：Priangan，又譯作“勃良安”，萬隆（Bandung）的古稱，位於印尼 爪哇島 西爪哇省的山區。

號案奪，准公堂開清明七夕祭費銀800盾。因觀音亭之器物現多廢壞，今可開以足800盾之數，所伸之項，可以充備修理觀音亭器物之用。存案。

（舉陳文貴任干冬圩雷珍蘭之職以補韓懷仁之缺）

承挨實嗹和1876年8月29日第5068號致書，為遵王上和本月17日第30號案奪：一、干冬圩雷珍蘭韓懷仁今已黜職，所懇欽賜原任之職不得承受。二、即舉陳文貴①任干冬圩雷珍蘭之職，以補韓懷仁之缺。存案。

（鄭慶興入稟為其父默氏鄭成福懇蔭墳風水事）

具稟人晚生鄭慶興為懇蔭墳風水事：切緣晚父鄭成福任亭仔腳副默拾餘年，至和1866年因年邁告退。玆不幸於唐六月二十日身故。竊思凡為默者，公堂原有恩賜蔭墳之例。晚膽敢奉稟，懇蔭地風水壹穴闊12距、長24距為雙壙之墳，則幽明均沾鴻恩大德矣！爰穎拜禱。

列台閱畢，議曰：鄭成福昔年果係任亭仔腳副默，今身故，其子鄭慶興所懇蔭地風水，宜當施准。存案。

（瑪腰、甲必丹、雷珍蘭、朱葛礁爲本期記錄簽名：馬來文草書）

---

① 陳文貴：Tan Boen Kwi，1845年生於中國。1876年8月17日王上第30號出任干冬圩雷珍蘭，1879年12月26日任吧城雷珍蘭。1883年6月13日陞任甲必丹。據《婚簿》載，1865年12月18日，住干冬圩20歲陳文貴，與16歲胡汰娘成婚。媒妁郭一娘，男方主婚陳江泰（父，雷珍蘭）。1898年11月21日，住三間土庫53歲陳文貴，與19歲蔡來娘再婚，女方主婚人林娘那（母）。

Tan Tjoentiat(陳濬哲)	Ko Setjian(高西川)
Oeij Tjengian(黃清淵)	Ni Boentjiang(連文清)
Gouw Eng Hoei (吳榮輝)	Lie Tjoe Tjiang(李子昌)
Tan Boen Peng(陳文炳)	Tan Gioktiang(陳玉長)

和 1876 年 9 月 25 日，拜四

公堂設嘧喳嘮。

瑪腰陳濬哲官，仝甲必丹高西川舍、雷珍蘭李子昌舍、雷珍蘭陳文炳舍、朱葛礁陳玉長官俱在座。黃(清淵)甲大、連(文清)甲大、吳榮輝甲、陳光華甲四位，不到。

(甲必丹陳江流告老退任，李子鳳、林元壽陞任為甲必丹、雷珍蘭之職)

瑪腰繳入挨實嗹和 1876 年 9 月 18 日第 5545 號致書瑪腰，為遵王上和 1876 年 9 月 8 日第 23 號案奪：一、准公堂甲必丹陳江流[①]告老退任，仍賜原任甲必丹之職。二、公堂雷珍蘭李子鳳陞任為甲必丹之職。三、舉林元壽[②]任為公堂雷珍蘭之職。

列台閱畢，即請甲必丹陳江流，諭知王上已准其告退，

① 陳江流：Tan Kong Lioe，1864 年 1 月 12 日任雷珍蘭，1872 年 10 月 31 日陞任甲必丹，1876 年 9 月 8 日告老退任。

② 林元壽：Lien Goan Soei，1871 年 10 月 14 日上書求職，1876 年 9 月 8 日任雷珍蘭，直到 1881 年。

仍賜原任甲必丹之職。又雷珍蘭李子鳳陞為甲必丹之職，任理公堂室事。又林元壽陞為雷珍蘭之職，任理公堂室事。

（瑪腰、甲必丹、雷珍蘭、朱葛礁爲本期記錄簽名：馬來文草書）

Tan Tjoentiat（陳濬哲）　　Ko Setjian（高西川）

Lie Tjoe Tjiang（李子昌）　　Tan Boen Peng（陳文炳）

Tan Gioktiang（陳玉長）

和 1876 年 9 月 28 日，拜四

公堂設嘮喳嘮。

瑪腰陳濬哲官，仝甲必丹高西川舍、甲必丹連文清官、甲必丹李子鳳舍、雷珍蘭李子昌舍、雷珍蘭陳文炳舍、雷珍蘭林元壽舍、朱葛礁陳獎禮官俱在座。黃（清淵）甲大、吳榮輝甲、陳光華甲三位，不到。

（王騰飛懇入欠熾昌銀擔保案）

承熾昌干刀和 1876 年 8 月 19 日第 810 號附一口詞，祈公堂查勘可堪與否？詳覆。

王騰飛住丹那望為商，安呾人馬燦輝住仝上為商，及王春波住仝上為小經紀，懇入欠熾昌干刀銀 3000 盾。

公堂會議：已勘王騰飛援馬燦輝、王春波為安呾，懇入欠熾昌銀 3000 盾。本堂酌量，王騰飛及馬燦輝現時可堪，惟王春波不堪擔戴。謹詳熾昌干刀裁奪。

（默氏鄭元周入稟為懇蔭地事）

具稟人鄭元周為懇蔭地事：切晚前年曾任廿六間、中港仔副默事，至和1866年退任。今不幸拙妻李淼娘身故，家貧慘切。膽懇公堂列位憲台憐念，恩賜一穴蔭墳，後來與晚合為雙壙之域。伏乞垂准，不勝感激之至！

列台閱畢，議曰：公堂舊例，凡有任為默者，或無過而辭任，當得闊12距、長24距之蔭墳。據默鄭元周入稟，合當准懇。存案。

（張茂、莊尾娘求離一案）

公勃低高（西川）、陳（文炳）詳。

張茂年46歲，住八廚沃干，請伊妻莊尾娘："為交寅十五年，生三男一女，長男德盛，年12歲；次名謙全，年十歲；三名北海，年八歲；女名發娘，年六歲。晚原寓家叔張水，與堂弟張高共居一室。自六年前，晚常往萬丹[①]貿易，不虞拙妻在家，與堂弟張高成禽獸之行，及家叔知情，即時激逐高弟出居公司後。拙妻亦相依隨去，至今四年。昔家叔在時，不許鬧動，徒取恥辱。晚是以不作計較，任其所為，隱忍不言。今家叔辭世，拙妻與高弟儼然已成夫婦。晚不得不請離之，了此孽緣。"

召訊莊尾娘年31歲，住大港墘，供云："誠如拙夫所言。自拙夫未往萬丹，氏經與張高私通。及後拙夫自願使氏與

---

① 萬丹：Banten，地名。（明）張燮《東西洋考》作下港、順塔。位於印度尼西亞爪哇島的西北端，今猶稱萬丹。

張高相從，至今經四年矣。今拙夫所欲，氏固願從。”

將情申詳公堂大嚹內裁奪。

列台覆訊張茂曰：“汝妻與爾堂弟行禽之醜，亂倫至極，合當治罪以戒後來，未知汝意欲從長計較乎？”張茂答曰：“此乃四年前之事，家門不幸，遭此淫亂，實難告人，是以含忍至今。若從長計較，雖得治娼婦賊夫之罪，晚是自揚己辱也。惟望公堂判離而已，則受賜多矣。”

公堂會議：論張高蒸淫堂兄之妻，絕理亂倫極矣，禮法所不容，人情所不堪，宜請上人究治男女之罪，以戒後來。柰張茂但懇離之，不作計較。況事已寢久掩息，至今方纔請明，灼見張茂自願不欲生事。當原其情，從而離之是也，將子女判歸其父。當堂令張茂、莊尾娘押號在離簿。存案。

（瑪腰、甲必丹、雷珍蘭、朱葛礁爲本期記錄簽名：馬來文草書）

Tan Tjoentiat（陳濬哲）	Ko Setjian（高西川）
Ni Boentjiang（連文清）	Lie Tjoe Tjiang（李子昌）
Lie Tjoe Hong（李子鳳）	Tan Boen Peng（陳文炳）
Lien Goan Soei（林元壽）	Tan Tjiang Lee（陳獎禮）

和 1876 年 10 月 5 日，拜四

公堂設嚹喳嘮。

瑪腰陳濬哲官，仝甲必丹高西川舍、甲必丹黃清淵舍、甲必丹連文清官、甲必丹李子鳳舍、雷珍蘭吳榮輝官、雷珍

蘭陳光華官、雷珍蘭李子昌舍、朱葛礁陳獎禮官俱在座。陳文炳甲、林元壽甲二位,不到。

(張富郎入稟為懇求風水事)

具稟人晚生張富郎為懇求風水事:因家母周實娘與家父張南壽結髮十有餘年,竊念家父於和 1844 任理鑒光毛吪甲默氏計十八年,至和 1862 年身故。彼時乃在捨施地[①]與祖媽附葬,而不求蔭地之額。茲家母近日不幸身故,欲與家父合葬,柰捨施地衹八腳巨(距)之闊,不堪作三壙。因是,晚懇家父蔭地之額暫葬家母,擬後遷家父之骨骸與家母合葬。伏乞公堂恩典,則存亡均感不朽矣! 謹叩。

列台閱畢,議曰:據張富郎入稟,為其父張南壽懇蔭地風水,現欲暫葬其母周寶娘,後日其父在捨施地欲遷與其母合葬。念張南壽曾任副默十八年,未得蔭地與其母附葬,後日既欲遷為夫妻合葬,宜當准懇。存案。

(陳紅娘、甘雙泰夫妻求離一案)

公勃低吳(榮輝)、陳(光華)詳。

陳紅娘年 27 歲,住珍,請伊夫甘雙泰[②]。為交寅十一年,生下一男一女。男名姑祿,年八歲;女名丁娘,年四歲。供云:"拙夫棄氏,另居一室。他與家姑共住,寵倖一戲仔,納

① 捨施地:亦作舍世地,指公堂免費施捨的墓地。

② 甘雙泰:據《婚簿》載,1865 年 9 月 18 日,住丹那娘仔 18 歲甘宋泰,與 16 歲陳紅娘成婚。媒妁吳山娘,男方主婚甘天生(父),女方主婚陳水生(胞叔)。陰曆八月十三日交寅。默氏莊玉水來單云係吧生。

在家中，宛如夫婦，至今約有二年。拙夫未嘗臨宿，不給費用，惟去年拙夫往亞齊，有寄銀一次拾盾。及亞齊回吧，亦絕音跡，惟顧戲仔，棄妻寵妓，無情無義，何以夫為？且近日拙夫對甲必丹座前言約，欲出其戲仔。誰知寵愛復加，且云寧可出妻，不願離其戲仔。氏察夫情竟無後，望惟乞早離。"

召訊甘雙泰年 28 歲，住珍，供云："誠如拙妻所言，但此戲仔自前晚尚未倒生理已納於家中，拙妻並無一言。及後生理傾頹，拙妻方生多端，任他離居，各無相顧。晚自亞齊回吧，臥病六個月，拙妻亦無來探。晚聞知拙妻有與人行桑中之約[①]，醜行流傳。今拙妻屢屢請到公館，就是其心有外向。如此醜婦汙辱門戶，要他何用？願即離之。"

台見夫婦互相嫌隙，強合不能也。將情申詳公堂大嚈內裁奪。

覆訊陳紅娘、甘雙泰，供如公勃低所詳。

公堂會議：論陳紅娘、甘雙泰夫妻求離一案，陳紅娘供稱，其夫棄妻寵妓，又無給費；甘雙泰供稱，伊妻已經失身於人。夫婦互訐其醜，由此推之，各已絕情，強合無益。因是，本堂判其離遏，兒女年已七歲者，當歸其父。二比甘願，各花押在簿。存案。

（瑪腰、甲必丹、雷珍蘭、朱葛礁爲本期記錄簽名：馬來文草書）

Tan Tjoentiat（陳濬哲）　　Ko Setjian（高西川）

Oeij Tjengian（黃清淵）　　Ni Boentjiang（連文清）

---

① 桑中之約：指男女幽會的密約。

Lie Tjoe Hong(李子鳳)　　Gouw Eng Hoei (吳榮輝)
Tan Konghoa(陳光華)　　Lie Tjoe Tjiang(李子昌)
Tan Tjiang Lee(陳奬禮)

和 1876 年 10 月 19 日,拜四

公堂設嘧喳嘮。

瑪腰陳濬哲官,仝甲必丹高西川舍、甲必丹連文清官、甲必丹李子鳳舍、雷珍蘭吳榮輝官、雷珍蘭陳光華官、雷珍蘭李子昌舍、雷珍蘭陳文炳舍、朱葛礁陳奬禮官俱在座。黄(清淵)甲大、林元壽甲二位,不到。

(李佛勝入稟為懇蔭地風水事)

承和美色葛[①]和 1876 年 10 月 19 日致書公堂,為欽賜雷珍蘭李佛勝之妻身故,唐美色甘准用開路神免還其費,今懇公堂蔭地風水闊 24 距、長 48 距,後來夫妻為合葬之墳。望祈公堂許允,不勝幸甚!

具稟人李佛勝為懇蔭地風水事:切勝自昔年曾任冬基默數年,後在小商任為會話[②],上人嘉勝任事勤謹,未嘗闕職,因是得有今日欽賜雷珍蘭之職。茲拙妻鄭氏不幸身,故膽懇公堂憐勝勞於公事,恩賜闊 24 距、長 46 距之蔭地風水

① 美色葛:荷蘭語 Fiscaal,財稅官員,有山、海美色葛之分。山美色葛者,爲主管陸上稅收之官員。海美色葛,爲主管海上稅收之官員。

② 會話:閩南話,翻譯。

一穴，以為後來勝夫婦為雙壙之墳。伏望允諾，存沒均感其盛德焉！臨稟懇切。

列台閱畢，議曰：公堂舊列欽賜雷珍蘭乃無蔭地之分，但前公堂攝理亦是欽賜雷珍蘭，今尚得闊 24 距、長 46 距蔭地之額。今李佛勝任理小商之務，亦屬公班衙之事，且上人嘉其任事勤謹，而賜雷珍蘭知廚禮之職，合該與公堂攝理雷珍蘭同例。准其所懇。存案。

（湯乙娘入稟懇為伊夫默氏鍾癸清蔭地風水事）

具稟人湯乙娘住在蕉仔街界內，為懇求丹絨宅穸一所以形歸土事：切氏之故夫鍾癸清於和 1867 年 8 月 29 日起料理默事，至和 1871 年 8 月 27 日退任，計有四年矣。茲因和 1876 年 10 月 13 日身故。為家貧，膽懇大瑪腰暨公堂列位甲台恩准。哀感之至。

列台閱畢，議曰：舊例凡曾任理默事，當得闊 12 距、長 24 距之蔭地風水。茲湯乙娘所懇，要葬伊夫鍾癸清，合當允准。存案。

（金德院董家允巖大犯釋教事）

瑪腰請曰：金德院董家允巖，所行顛倒，不守僧道，放僻邪侈，無所不為。其餘眾僧，亦無一清靜者，但無如允巖之大犯釋教更甚矣。今若一盡逐出，寺內無人則如之何？請問列台意見若何？

列台曰：論董家允巖所行，絕無僧規，甚然可惡，現時就可革出。暫令啓順攝理董家務，以待後日若唐山有新來者，就中擇其善者，立為董家是也。存案。

（瑪腰、甲必丹、雷珍蘭、朱葛礁爲本期記錄簽名：馬來文草書）

Tan Tjoentiat（陳濬哲）

Ni Boentjiang（連文清）

Gouw Eng Hoei（吳榮輝）

Lie Tjoe Tjiang（李子昌）

Tan Tjiang Lee（陳獎禮）

Ko Setjian（高西川）

Lie Tjoe Hong（李子鳳）

Tan Konghoa（陳光華）

Tan Boen Peng（陳文炳）

和1876年11月9日，拜四

公堂設嚕喳嘮。

瑪腰陳濬哲官，仝甲必丹高西川舍、甲必丹連文清官、雷珍蘭陳光華官、雷珍蘭李子昌舍、雷珍蘭林元壽舍、朱葛礁陳獎禮官俱在座。黃（清淵）甲大、李（子鳳）甲大、吳榮輝甲、陳文炳甲四位，不到。

（公勃低高西川、陳文炳查明熾昌干刀所寄諸人入欠熾昌之清單）

公勃低高西川甲大、陳文炳甲，奉公堂委查熾昌干刀所寄諸人入欠熾昌之式吔[1]。今已查明，合應申詳如左（下）：

洪潑6000盾，可堪；安呾人：許清泉、曾金海，可堪。

---

① 式吔：亦作式達、實達，荷蘭語Staat，陳述、說明、清單、記錄。

吳水琳 3000 盾，可堪；安呾人：鍾伸二、甘明，可堪。

吳抱月 4000 盾，可堪；安呾人：吳安然、曾江郎，可堪。

吳振武 3000 盾，可堪；安呾人：吳唇，已故；和人。

余亞鉅 2000 盾、4000 盾，已故；安呾人：梁德水、徐亞六、陳榮傑。

余梓由 3000 盾，干冬圩；安呾人：余明雨、余梓強，干冬圩。

楊長水 2000 盾，可堪；安呾人：賴保生、趙清水，可堪。

楊贊水 3000 盾，可堪；安呾人：林宗興甲、許奎炳，可堪。

葉亞帝 1500 盾，已故；安呾人：曾亞二、陳深郎。

甘明 10000 盾，可堪；安呾人：甘友、甘金和，可堪。

甘坤海 12000 盾，可堪；安呾人：李子昌甲、黃福章，可堪。

甘獺 1000 盾，可堪；安呾人：李皆、蔡百全，可堪。

甘清淵 3000 盾，茂物；安呾人：林長美，湯文恩，茂物。

許清泉 20000 盾，可堪；安呾人：許清溪甲、曾金海，可堪。

許清波 6000 盾，可堪；安呾人：許清泉甲、許清溪甲，可堪。

許文基 3000 盾；安呾人：許燦、林章，已故。

高西川甲 4000 盾，可堪。安呾人：高瓊瑤甲、陳雪娘，可堪。

邱水容 4000 盾，可堪；安呾人：黃宗標、林宗興甲，可堪。

邱思基 3000 盾，可堪；安呾人：邱思珍、邱江龍，可堪。

郭福慶 1000 盾，可堪；安呾人：鄭邦基，不堪；葉春元，可堪。

簡增緒 6000 盾，可堪；安呾人：許清泉甲、許清溪甲，可堪。

簡增純 6000 盾，可堪；安呾人：許清泉甲、許清溪甲，可堪。

劉清水 2000 盾，可堪；安呾人：鄭順郎、王春溪、陳登娘，可堪。

劉清輝 6000 盾，圩人[①]；安呾人：劉德祿甲、曾攀，干冬圩。

劉番 3000 盾，可堪；安呾人：湯如素甲，可堪；湯松基甲，茂物。

李子餘 10000 盾，可堪；安呾人：李子昌甲、蘇紹宗，可堪。

李榮淮 3000 盾，可堪；安呾人：李水生、李榮文，可堪。

李芝龜 500 盾，圩人；安呾人：劉東，已故；陳永六，圩人。

李石龍 6000 盾，可堪；安呾人：李丹水、李潭，圩人。

賴長輝 5000 盾，可堪；安呾人：賴保生、趙清水，可堪。

林宗興甲 20000 盾，可堪；安呾人：許清泉甲、王文成，可堪。

林肇全 4000 盾，可堪；安呾人：林宗興甲、林寬彈，可堪。

---

① 圩人：干冬圩人之簡稱。

林斗 5000 盾,可堪;安呾人:蔡奇章、鄭邦基,不堪。

林保生 4000 盾,可堪;安呾人:林亞騰,可堪;溫亞思,已故。

林恭 5000 盾,可堪;安呾人:林水蓮、可堪;黃然,不堪。

林永喜 1000 盾,圩人;安呾人:張全福、劉三,圩人。

林景興 1500 盾,可堪;安呾人:甘友,可堪;林呇汝,經故。

林應祥 1000 盾,可堪;安呾人:林奇生、黃明言,可堪。

廖覺先 5000 盾,圩人;安呾人:朱亞水、劉清然,圩人。

李長水 2000 盾,可堪;安呾人:黃金宗、張溪梓,可堪。

連益昌 5000 盾,可堪;安呾人:連文清甲、王文成,可堪。

楊江 4000 盾,可堪;安呾人:謝允帖、蔡梧速,可堪。

黃明言 7000 盾,可堪;安呾人:林奇生、黃松得,可堪。

黃然 6000 盾,可堪;安呾人:黃松得、黃棕標甲、林水蓮,可堪。

黃淮水 5000 盾,可堪;安呾人:陳泰山,可堪;薛芝娘,已故。

黃再生 4000 盾,可堪;安呾人:番人;薛文秀,可堪。

黃福山 4000 盾,可堪;安呾人:莊王水、莊玉山,可堪。

黃百魁 2000 盾,可堪;安呾人:蔡奇文、蔡山娘,可堪。

黃長楠甲 7000 盾,可堪;安呾人:陳瓊瑞甲、陳瓊球,可堪。

黃草山 2000 盾,可堪;安呾人:黃草生、沈珠興,可堪。

王文生 8000 盾,可堪;安呾人:黃癸巳、黃玉昆,可堪。

王春溪 3000 盾，可堪；安呾人：王廉智、詹保山，可堪。

王文信 3000 盾，可堪；安呾人：陳清松、王文旦，可堪。

王甘霖 2000 盾，可堪；安呾人：王文信、王文旦，可堪。

王春魁 2000 盾，可堪；安呾人：林長生、陳全益，可堪。

王文發 2000 盾；安呾人：楊長宗；王炎興，已歿。

王發水 1000 盾，可堪；安呾人：陳碧彛、林坤裕，可堪。

王碧芳 5000 盾，可堪；安呾人：許清泉甲、許清溪甲，可堪。

胡天來 2000 盾，圩人；安呾人：施江娘、胡攀桂，圩人。

胡攀桂 2000 盾，圩人；安呾人：胡天來、施春娘，圩人。

黃捷貴 2000 盾，可堪；安呾人：張亞廣、梁亞三，可堪。

胡春陽 4000 盾，圩人；安呾人：陳文貴，可堪；胡甘陽，圩人。

黃江玉 3000 盾，可堪；安呾人：陳深郎、陳強增，可堪。

方三雨 1000 盾，可堪；安呾人：方登甲、方添合，可堪。

潘獅 2000 盾，可堪；安呾人：潘景煥，可堪；潘景輝，物人①。

沈景坤 14000 盾，可堪；安呾人：莊玉水、薛文秀、吳守文，可堪。

蘇紹慶 10000 盾，可堪；安呾人：蘇紹宗、李子昌甲，可堪。

蘇紹絃 3000 盾，可堪；安呾人：蘇紹輝、鄒邦貴，可堪。

陳乙郎 5000 盾，可堪；安呾人：陳有華、饒奕才，可堪。

---

① 物人：茂物人之簡稱。

陳有華 2000 盾，可堪；安咀人：陳光華甲、陳長華、陳有能，可堪。

陳蓮子 2000 盾，可堪；安咀人：許燦、林碧，可堪。

陳玉長 3000 盾，可堪；安咀人：梁德水、饒奕才，可堪。

陳維衡 6000 盾，可堪；安咀人：陳光華甲，可堪；林溪勝甲，不堪。

陳江雨 2000 盾，圩人；安咀人：劉德祿甲、黄益謙，圩人。

陳泰山 6000 盾，可堪；安咀人：許奎炳、林功坤，可堪。

陳福生 2000 盾，可堪；安咀人：鍾伸二、鍾三龜，可堪。

陳瑪招 4000 盾，可堪；安咀人：紀蘭桂、邱枝頭，可堪。

陳維隆 6000 盾，可堪；安咀人：陳長華、陳乙郎，可堪。

陳道謀 5000 盾，可堪；安咀人：陳茂巖、王文獻，俱物人。

陳瑞榮 5000 盾，可堪；安咀人：黄松得、陳道謀，可堪。

陳千乘 5000 盾，可堪；安咀人：蔡奇文，可堪；蔡奇單，不堪。

陳淵源 2000 盾，圩人；安咀人：劉清輝、曾攀，俱圩人。

陳榮添 6000 盾，可堪；安咀人：李子昌甲，可堪；吳文娘，已歿。

陳存義 2000 盾，可堪；安咀人：陳金水，可堪。

陳文琳 6000 盾，可堪；安咀人：李子昌甲、陳文炳甲，可堪。

陳長波 6000 盾，文丁；安咀人：徐燦娘、陳金波、陳金豹，文登。

陳玉展 5000 盾，物人；安咀人：陳清山、陳玉祥，物人。

陳和振 1000 盾，物人；安咀人：葉永福、陳丙珠，物人。

陳道生 1000 盾，可堪；安咀人：李源有、李旋，物人。

陳梓昌 500 盾，物人；安咀人：陳連生、湯達水，物人。

陳順發 8000 盾，可堪；安咀人：蔡良儀、陳西，可堪。

陳溪 4000 盾，可堪；安咀人：張萬合，可堪。

張肇燮 6000 盾，可堪；安咀人：梁德水、溫亞雲，可堪。

趙炎興 3000 盾，可堪；安咀人：趙清水、趙萼，可堪。

張向 1000 盾，圩人；安咀人：張房、張潭，圩人。

張光源 1000 盾，圩人；安咀人：張才元、張榮宗，圩人。

鄭榮茂 1000 盾，可堪；安咀人：葉有貴、沈添全，可堪。

鄒河濱 1000 盾，可堪；安咀人：陳邦林、蔡山娘，可堪。

鄒水淑 2000 盾，可堪；安咀人：鄒亞二、劉亞丁，可堪。

詹啓昌 2000 盾，可堪；安咀人：詹保山、王春河，可堪。

詹保生 1000 盾，可堪；安咀人：張元水、康百榮，可堪。

詹炳茂 3000 盾，可堪；安咀人：莊玉水、莊玉山，可堪。

詹茂隆 3000 盾，可堪；安咀人：薛文東、詹標水，可堪。

鍾三黿 3000 盾，可堪；安咀人：趙清水、鍾伸二，可堪。

趙清秀 5000 盾，可堪；安咀人：趙清水、趙元庇，可堪。

朱斗四 2000 盾，可堪；安咀人：朱東斗，可堪；朱斗二，已故；朱天生，可堪。

徐文信 1500 盾，圩人；安咀人：許春芳、張和蘭、許春風，圩人。

徐亞六 2000 盾，可堪；安咀人：李寬秀、楊秀賢，可堪。

蔣全壽 2000 盾，可堪；安咀人：蔣百生，可堪；陳娇娘，已歿。

蔣永和 2000 盾，可堪；安呾人：蔣皆於，可堪；張濤娘，已故。

湯奇源 2000 盾，物人；安呾人：湯如素甲，可堪；湯松基甲，物人。

唐清松 2000 盾，可堪；安呾人：賴保生、趙清水，可堪。

曾金海 4000 盾，可堪；安呾人：許清泉甲、許清波甲，可堪。

謝目生 1000 盾，可堪；安呾人：黃再生、黃振生，可堪。

謝天竹 1500 盾，可堪；安呾人：陳得昌、陳清元，可堪。

蔡奇章 10000 盾，可堪；安呾人：蔡奇文、林金祿，可堪。

蔡雙林 2000 盾，可堪；安呾人：蔡牛，回唐；饒奕才，可堪。

蔡牛 3000 盾，回唐；安呾人：蔡奇文、黃再生，可堪。

蔡其所 3000 盾，可堪；安呾人：陳清松，可堪；蔡奇章，不堪。

蔡景向 8000 盾，物人；安呾人：蔡佐、湯文生，物人。

蔡梧速 3000 盾，可堪；安呾人：蔡奇章，不堪；蔡奇文，可堪。

蔡耀雲 6000 盾，物人；安呾人：蔣全謙、蔡景向，物人。

鄭茂全 2000 盾，可堪；安呾人：黃逢源、黃海山，圩人。

詹生 2000 盾，物人；安呾人：詹紫、詹春蘭，物人。

蔣玉振 4000 盾，可堪；安呾人：蔣富、李才源，可堪。

戴清采 2000 盾，圩人；安呾人：鄭新客、馮文水，圩人。

列台閱公勃低所詳之式呾，業已查明，合應申詳熾昌干刀裁奪。

(瑪腰提請丹絨、式里陂、牛郎沙里及惹致地稅招標承包事)

瑪腰請曰：丹絨、式里陂、牛郎沙里及惹致地稅。本年終君得叻[①]滿期，當再叫黎壟三年。列台擇何日黎壟為妙？

列台議曰：此事可定和 12 月 14 日拜四黎壟。現時宜先上書挨實嗹懇賜案奪，然後請梁礁入戈蘭[②]字，諭知衆人是也。存案。

(瑪腰、甲必丹、雷珍蘭、朱葛礁爲本期記錄簽名：馬來文草書)

Tan Tjoentiat(陳濬哲)　Ko Setjian(高西川)
Ni Boentjiang(連文清)　Tan Konghoa(陳光華)
Lie Tjoe Tjiang(李子昌)　Lien Goan Soei(林元壽)
Tan Tjiang Lee(陳獎禮)

和 1876 年 11 月 11 日，拜六

公堂設嘧喳嘮。

瑪腰陳濬哲官，仝甲必丹高西川舍、甲必丹連文清官、雷珍蘭吳榮輝官、雷珍蘭陳文炳舍、雷珍蘭林元壽舍、朱葛

① 君得叻：亦作“君得力”。馬來語 Kontrak 音譯，源自荷蘭語 Contract，意爲合同書、協議書。

② 戈蘭：亦作“高蘭”，荷蘭語 Courant，新聞，報紙。

礁陳獎禮官俱在座。黄(清淵)甲大、李(子鳳)甲大、陳光華甲、李子昌甲四位,不到。

(蔣全壽等七人懇入欠燭昌銀擔保案)

承燭昌干刀附下七張之口詞,祈公堂查勘可堪與否?詳覆。

一、蔣全壽住珍為商,原援陳九娘及蔣百生為安呾,懇入欠燭昌銀2000盾。今陳九娘已故,換葉允中為安呾,求添3000盾。

二、王騰飛住丹那望為商,安呾人馬燦輝住仝上為商,及馬慶昌住仝上為小經紀,懇入欠燭昌銀3000盾。

三、徐亞六住廿六間為商,安呾人楊秀賢及李寬秀,原入欠燭昌銀2000盾,今抽出李寬秀,換邱丁壬為安呾,懇再添至3000盾。

四、張世隆住大南門為安黎抹,安呾人李亞二及陳亞樽俱為商,懇入欠燭昌干刀銀3000盾。

五、郭福慶住八茶罐開藥店,援鄭邦基及葉春源,原入欠燭昌銀1000盾,今抽出鄭邦基,換彭亞壽為安呾。

六、林永玉住新把殺為商,安呾人林拱住仝上為商,及蔡有禮住丹那望為小經紀,懇入欠燭昌銀4000盾。

七、陳永添住中港仔為商,援吳和娘及李子昌甲為安呾。今吳和娘已故,換陳永秀為安呾,仍懇入欠燭昌銀6000盾。

公堂會議:已勘各人入口詞所懇入欠燭昌干刀。本堂細查其入欠人及其安呾人,酌量現時俱各可堪。惟馬慶昌及蔡有禮,因作小經紀,故不堪擔戴。謹詳燭昌干刀裁奪。

（挨實嗹致書公堂祈照唐人正月初一日起再作一圖奉寄）

承大挨實嗹和 1876 年 11 月 6 日第 6601 號致書，為接公堂和本年 9 月 26 日第 100 號所寄和蘭圖，已查其日月差錯。因此將圖駁回，祈再詳推，如已合符，即可寄來干刀。

公堂會議：前所之圖係用和 1 月起，照和人所用之圖。今所駁係要用唐人正月起，因此不和。茲照唐人正月初一日起，再作一圖奉寄。其日月詳列於左（下）：

和 1877 年 2 月 13 日、28 日，唐丁丑元月初一日，（月）大。

和 3 月 15 日、31 日，唐貳月初一日，（月）大。

和 4 月 14 日、30 日，唐三月初一日，（月）小。

和 5 月 13 日、31 日，唐四月初一日，（月）小。

和 6 月 11 日、30 日，唐五月初一日，（月）大。

和 7 月 11 日、31 日，唐六月初一日，（月）小。

和 8 月 9 日、31 日，唐七月初一日，（月）小。

和 9 月 7 日、30 日，唐八月初一日，（月）大。

和 10 月 7 日、31 日，唐九月初一日，（月）小。

和 11 月 5 日、30 日，唐十月初一日，（月）大。

和 12 月 5 日、31 日，唐十一月初一日，（月）小。

和 1878 年 1 月 3 日、31 日，唐十二月初一日大。

和 1877 年 2 月 13 日，唐正月初一日。

和 3 月 27 日，唐元宵。

和 4 月 5 日，唐清明。

和 6 月 5 日，唐端陽節。

和 8 月 23 日，唐普渡。

和 12 月 22 日，唐冬節。

（瑪腰、甲必丹、雷珍蘭、朱葛礁爲本期記錄簽名：馬來文草書）

Tan Tjoentiat（陳濬哲）

Ni Boentjiang（連文清）

Tan Boen Peng（陳文炳）

Tan Tjiang Lee（陳獎禮）

Ko Setjian（高西川）

Gouw Eng Hoei（吳榮輝）

Lien Goan Soei（林元壽）

和 1876 年 12 月 9 日，拜六

公堂設嘧喳嘮。

瑪腰陳濬哲官，仝甲必丹連文清官、甲必丹李子鳳舍、雷珍蘭吳榮輝官、雷珍蘭李子昌舍、雷珍蘭陳文炳舍、朱葛礁陳獎禮俱在座。高（西川）甲大、黄（清淵）甲大、陳光華甲、林元壽甲四位，不到。

（黄良和等六人懇入欠熾昌干刀銀擔保案）

承熾昌干刀附下六張口詞，祈公堂查勘可堪與否？詳覆。

一、黄良和住新把殺未長成，安呾人薛扳龍及薛扳桂俱住仝上為商，懇入欠熾昌干刀銀 6000 盾。

二、陳永壽住亞森脚為出稅車仔，安呾人蕭景山住中港仔為商，及蔡廷煥住聖望港為商，懇入欠熾昌銀 1000 盾。

三、蕭景山，安呾人林玉興住丹那望為商，及簡長奇住亭仔腳為小生理，懇入欠爈昌干刀銀 4000 盾。

四、蔡梧速換蔡奇文及蔡奇章為安呾，原入欠爈昌懇 3000 盾，今將蔡奇章要換黃生道為安呾，懇再添至 5000 盾。

五、林斗住舊把殺，安呾人高大振住三間土庫，及張肇福住中港仔俱皆為商，懇入欠爈昌銀 5000 盾。

六、黃淮水援陳泰山及薛芝娘為安呾，今薛芝娘已故，要換侯玉和為安呾，懇入欠爈昌銀 5000 盾。

公堂會議：已勘諸人所入之口詞，懇入欠爈昌干刀，如其口詞所陳。本堂一一查勘酌量，其入欠人及安呾人，現時俱各可堪。又蕭景山雖自己要入，並欲為人安呾，若無犯爈昌例，則亦可堪。惟簡長奇為小生理，不堪擔戴。謹詳爈昌干刀裁奪。

（張壹娘、莊清賢求離一案）

公勃低連（文清）、李（子鳳）詳。

張壹娘年 19 歲，住洪溪，請伊夫莊清賢①："為交寅半載，未孕。因拙夫與巫醫番婦名嗎詩汶在房中，不避嫌疑抱攬戲謔，汙情傷目，且常言能視糞穢不能看氏面。又云天下不缺婦女，何必看汝一人，其厭棄之情見於詞色。況家姑亦從

① 莊清賢：據《婚簿》載，1875 年 12 月 13 日，住小南門 23 歲莊清賢（吧生），與 18 歲張壹娘成婚。媒妁陳生娘，男方主婚莊隆（父），男方主婚張留思（父）。陰曆十一月十七日交寅。

而怨之，氏上下不合，進退無以自容。因是外歸，今數月矣。拙夫音跡俱絕，恩情已斷，惟乞離之。”

召訊莊清賢年24歲，住小南門，供云：“拙妻所請晚與巫醫私情，斷無是理。晚父母俱在，何敢作此無恥？況所稱醫者年固老邁，誰肯為此？總是拙妻厭晚家貧，平地生波，亂指醜事。觀拙妻之舉行動作，不賢不孝，強悍自是，輕犯姑嫜，無禮丈夫，不賢不孝，要他何用？乞則判離。”

召訊莊清賢之母胡純娘年45歲，供云：“媳婦果係不孝，性惡怠惰，不理中饋，不洗衣服。所供是實。”

台勸兩邊再合，礙夫婦各執己性，切欲求離。將情申詳公堂大嚹內裁奪。

覆訊莊清賢、張壹娘，供如公勃低所詳。

公堂會議：論張壹娘、莊清賢求離一案。審張壹娘，阿姑稱其不孝，丈夫嫌其不賢，且壹娘屢到公館，彼此情絕，難以強合。因是，公堂聽其離絕，各從別適。二比甘願，各花押在薄。存案。

（挨實嗹准公堂招標承租丹絨、式里陂、惹致並牛郎沙里等處田園取息事）

大挨實嗹和1876年11月14日第6889號書，為閱公堂和本月9日第129號所詳，茲即准公堂於和本年12月14日黎壟丹絨、式里陂，及惹致並牛郎沙里等處田園取息稅，但當先曉諭眾人知情。如黎壟已畢，祈即詳覆。

列台閱畢。存案。

(瑪腰、甲必丹、雷珍蘭、朱葛礁爲本期記錄簽名:馬來文草書)

Tan Tjoentiat(陳濬哲)
Lie Tjoe Hong(李子鳳)
Lie Tjoe Tjiang(李子昌)
Tan Tjiang Lee(陳獎禮)
Ni Boentjiang(連文清)
Gouw Eng Hoei(吳榮輝)
Tan Boen Peng(陳文炳)

和1876年12月14日,拜四

瑪腰陳濬哲官,仝甲必丹黃清淵舍、甲必丹連文清官、甲必丹李子鳳舍、雷珍蘭吳榮輝官、雷珍蘭李子昌舍、朱葛礁陳獎禮官俱在座。高(西川)甲大、陳光華甲、陳文炳甲、林元壽甲四位,不到。梁礁緞吉寧在座。

(公堂招標承租丹絨、式里陂、惹致並牛郎沙里等處田園取息事)

公堂發叫黎壟,付人承稅丹絨、式里陂田園取息,及牛郎沙里塚地内草湴並椰欉取息,又惹致地取息,於和1877年起,至和1879年止,三年為限。

即叫惹致地田園取息,承應人緞吉寧咋,每年價銀陸佰貳拾伍盾。安呾人:西逸盒道嘮民亞雷亞達並西逸亞雷民盒道嘮亞達。

即叫丹絨、式里陂二地田取息,承應人邱思珍,每年價銀壹仟貳佰盾。安呾人:邱枝頭並陳泰山。

即叫丹絨、式里彼二地園取息,承應人邱思珍,每年價銀貳佰柒拾盾。安咀人:邱枝頭並陳泰山。

即叫牛郎沙里塚地内草流及椰欉取息,承應人番盒道嘮民毛蚶抹,每年價銀壹仟肆佰三拾盾。安咀人:毛蚶抹些禮並毛蚶抹礁物理。

公堂會議:今黎壟已畢。即勘其承應人及安咀人,俱各妥當,宜即申詳與挨實嗹知情,冀賜案奪,方可押號其合約字。存案。

(瑪腰、甲必丹、雷珍蘭、朱葛礁爲本期記錄簽名:馬來文草書)

Tan Tjoentiat(陳濬哲)
Ni Boentjiang(連文清)
Gouw Eng Hoei (吳榮輝)
Tan Tjiang Lee(陳獎禮)
Oeij Tjengian(黃清淵)
Lie Tjoe Hong(李子鳳)
Lie Tjoe Tjiang(李子昌)

和 1876 年 12 月 23 日,拜六

公堂設嘧喳嘮。

瑪腰陳濬哲官,仝甲必丹黃清淵舍、甲必丹連文清官、雷珍蘭李子昌舍、雷珍蘭林元壽舍、朱葛礁陳獎禮官俱在座。高(西川)甲大、李(子鳳)甲大、吳榮輝甲、陳光華甲、陳文炳甲五位,不到。

(趙惟裕、黃草山懇入欠熾昌銀擔保案)

承熾昌干刀和 1876 年 12 月 19 日、20 日第 1298 號、

1301號附二口詞，祈公堂查勘可堪與否？詳覆。

一、趙惟裕住新把殺為商，安呾人蔡珠住珍為商，及蔡德水住珍出擔，懇入欠熾昌銀3000盾。

二、黃草山，安呾人黃草生及沈珠興仝住珍為商，懇入欠熾昌干刀銀2000盾。

公堂會議：已勘，一、趙惟裕援蔡珠及蔡德水為安呾，懇入欠熾昌銀3000盾；二、黃草山援黃草生及沈珠興為安呾，懇入欠熾昌銀2000盾。本堂酌量，入欠人及安呾人，現時俱各可堪。惟蔡德水因小經紀，不堪擔戴。謹詳熾昌干刀裁奪。

（挨實嗹准公堂招標承租丹絨、式里陂、惹致並牛郎沙里等處田園事）

承大挨實嗹和1876年12月20日第7533號致書，為閱公堂和本月14日第146號所詳，因公堂於和本月14日已黎壟惹致地收息稅，每年價銀625盾；又式里陂地田園收息稅，每年價銀1470盾；又牛郎沙里收息稅，每年價銀1430盾。皆三年為限，茲已案奪，可與稅主立合約字為憑。

列台閱畢，議曰：茲挨實嗹既已案奪，即可作合約字是也。存案。

（葉亞三、梁壬娘求離一案）

公勃低連（文清）、李（子鳳）詳。

梁壬娘年25歲,住甘光毛吪甲,請伊夫葉亞三①。為交寅八年,未有產育。供云:"拙夫在家無糴米又無給費,氏縫衣為食,或時餬口於鄰右,至今半年矣。氏病歸外家,拙夫亦無臨顧,無奇資費。及氏病癒旋回夫家方纔三日,被拙夫趕逐,且使氏先請公館,欲即離之。似此絕情,惟乞分離。"

召訊葉亞三年47歲,住仝上,供云:"妻所請皆謬。晚若無給他食費,彼從何而生。因拙妻所行不端,晚每出門,不論日夜,他亦隨後而出。晚歸時,他尚未回。如此屢屢,禁之不聽。因是,晚不給資費,任他所為。今既然欲離,晚固願從。"

台審夫婦堅欲分離,難以強合。將情申詳公堂大嘧內裁奪。

覆訊梁壬娘、葉亞三,供如公勃低所詳。

公堂會議:論葉亞三、梁壬娘求離一案,細勘夫妻之供詞,葉亞三嫌其妻所行不端,心懷疑忌,彼此互訐其短,兩情俱絕,況無子女牽連,勢難強合。因是,公堂准其離逷,各從別適。二比甘願,各花押在簿。存案。

(瑪腰、甲必丹、雷珍蘭、朱葛礁爲本期記錄簽名:馬來文草書)

Tan Tjoentiat(陳濬哲)
Ni Boentjiang(連文清)
Lie Tjoe Tjiang(李子昌)
Tan Tjiang Lee(陳奬禮)
Oeij Tjengian(黃清淵)
Tan Konglioe(陳江流)
Lien Goan Soei(林元壽)

---

① 葉亞三:據《婚簿》載,1868年12月10日,住小南門39歲葉亞三,與17歲梁壬娘成婚。媒妁張辛娘,女方主婚葉軒二(堂叔)女方主婚梁亞德(父)。陰曆十一月初四日交寅。唐生。獻案奪字1846年5月1日第147號又13號准居吧。公堂1876年12月23日判離。

（以下缺失）[1]

---

[1] 《公案簿》原檔缺1877年、1878年、1879年、1880年，共四年。茲據《荷印年鑒》(*Regerings-Almanak voor Nederlandch-Indië*, 1820—1942, Batavia)所載，將1877年、1880年吧城華人瑪腰、甲必丹、朱葛礁名次及其任職時間摘錄如下。

1877年(原書為1878年，由於出版的原因而延誤一年)

瑪腰：Tan Tjoentiat(陳濬哲)，1865年12月20日任職。

甲必丹：Oeij Tjengian(黃清淵)，1872年2月3日任職。Ni Boentjiang(連文清)，1872年2月3日任職。Lie Tjoe Hong(李子鳳)，1876年9月8日任職。

雷珍蘭：Gouw Enghoei(吳榮輝)，1866年11月7日任職。Tan Konghoa(陳光華)，1866年11月7日任職。Lie Tjoe Tjiang(李子昌)，1866年11月7日任職。Tan Boen Peng(陳文炳)，1872年10月31日任職。Lien Goan Soei(林元壽)，1876年9月8日任職。Oeij Hok Tjiang(黃福章)，1877年1月9日任職。

朱葛礁：Tan Giok Tiang(陳玉長)，1871年2月9日任大朱。Tan Tjiang Lee(陳獎禮)，1871年2月9日任二朱。

欽賜甲必丹：Tan Kong Lioe(陳江流)，1876年9月8日。欽賜雷珍蘭：Gouw Lamjang(吳南陽)，1849年9月5日。Khouw Tjengtjoan(許清泉)，1856年3月16日。Khouw Tjengke(許清溪)，1856年12月3日。Khouw Tjengpo(許清波)，1860年4月18日。The Tiauw Ki(鄭肇基)，1866年11月7日。Lie Hoet Seng(李佛誠)，1870年8月6日。Souw Siauw Tjong(蘇紹宗)，1871年5月7日。

1880年(原書為1879年，由於出版的原因而延誤一年)

瑪腰：Lie Tjoe Hong(李子鳳)，1879年2月18日任職。

甲必丹：Tan Boen Peng(陳文炳)，1877年12月12日任職。Oeij Hok Tjiang(黃福章)，1879年6月27日任職。Khouw Wang Tjiang(許煥章)，1879年8月7日任職。Tan A Kouw(陳亞浩)，1879年9月26日任職。

雷珍蘭：Thio Tiauw Hok(張朝福)，1879年8月7日任職。Lie A Njie(李亞二)，1879年8月7日任職。Tan Boen Kwi(陳文貴)，1879年12月26日任職。Gouw Keng Loen(吳經綸)，1879年12月26日任職。Loa Tiong Hoeij(賴長輝)，1879年12月26日任職。Sim Keng Koen(沈景坤)，1880年3月4日任職。

朱葛礁：Tan Tjiang Lee(陳獎禮)，1878年5月24日任大朱。The Tjan Siang(鄭宴祥)，1878年5月24日任二朱。

欽賜瑪腰：Oeij Tjengian(黃清淵)，1879年5月21日。

欽賜甲必丹：Tan Kong Lioe(陳江流)，1876年9月8日。Ko Setjoan(高西川)，1877年12月2日。Ni Boentjiang(連文清)，1879年3月20日。欽賜雷珍蘭：Gouw Lamjang(吳南陽)，1849年9月5日。Khouw Tjengke(許清溪)，1856年12月3日。Khouw Tjengpo(許清波)，1860年4月18日。The Tiauw Ki(鄭肇基)，1866年11月7日。Lie Hoet Seng(李佛誠)，1870年8月6日。Souw Siauw Tjong(蘇紹宗)，1871年5月7日。Tan Giok Tiang(陳玉長)，1878年3月2日。Gouw Enghoei(吳榮輝)，1878年3月13日。Tan Konghoa(陳光華)，1878年9月13日。Lie Tjoe Tjiang(李子昌)，1879年4月19日。

《公案簿》原檔第二十一冊

（1881 年 1 月 19 日—1884 年 9 月 19 日）

和 1881 年 1 月 19 日，即庚辰十二月二十日，拜三

公堂設會議。

瑪腰李子鳳舍[①]，仝甲必丹黄福章舍[②]、甲必丹許煥章官[③]、雷珍蘭陳文貴官[④]、雷珍蘭吳經綸舍[⑤]、雷珍蘭賴長輝官[⑥]、雷珍蘭沈景坤官[⑦]、朱葛礁陳奬禮官俱在座。陳文炳

---

① 李子鳳：Lie Tjoe Hong(1847—1896 年)，1864 年任雷珍蘭，1876 年陞任甲必丹，1879 年陞任瑪腰。妻：黄金娘、簡攀娘、郭九娘。子三：千善、千戶、千洲。女：美娘。另有三子、四女早夭。

② 黄福章：Oeij Hok Tjiang，1849 年生，1877 年 1 月 9 日任雷珍兰，1879 年 6 月 27 日陞任甲必丹。另据《婚簿》载，1867 年 11 月 18 日，18 岁黄福章与 15 岁许硂娘成婚注册。

③ 許煥章：Khouw Wang Tjiang，1844 年出生於中國，1877 年 12 月 12 日任雷珍蘭，1879 年 8 月 7 日陞任甲必丹。1883 年 5 月 13 日辭任，優賞欽賜甲必丹。另據《婚簿》載，1865 年 10 月 15 日，21 歲許煥章與 20 歲林蔭娘成婚註冊。1874 年 11 月 13 日，30 歲許煥章與 19 歲吳榮娘再婚。

④ 陳文貴：Tan Boen Kwi，1845 年生於中國。1879 年 12 月 26 日任雷珍蘭，1883 年 6 月 13 日陞任甲必丹。另據《婚簿》載，1865 年 12 月 18 日，20 歲陳文貴與 16 歲胡滿娘成婚註冊。1898 年 11 月 21 日，53 歲陳文貴與 19 歲蔡來娘再婚。

⑤ 吳經綸：Gouw Keng Loen(1834—1890 年)，欽賜雷珍蘭吳南陽之子。1879 年 12 月 26 日任雷珍蘭，1883 年 9 月 23 日陞任甲必丹。另據《婚簿》載，1856 年 9 月 1 日，22 歲吳經綸與 18 歲朱宏娘成婚註冊。

⑥ 賴長輝：Loa Tiong Hoeij，1849 年生，1879 年 12 月 26 日任雷珍蘭，1886 年 2 月 12 日陞任甲必丹，1889 年 2 月 21 日從優告退。另據《婚簿》載，1870 年 8 月 18 日，21 歲賴長輝與 21 歲趙密娘成婚註冊。

⑦ 沈景坤：Sim Keng Koen，1836 年生。1880 年 3 月 4 日任雷珍蘭，1887 年 1 月 19 日陞任甲必丹，1889 年 10 月 10 日從優告退。另據《婚簿》載，1868 年 11 月 10 日，30 歲沈景坤與 25 歲陳質娘成婚註冊。

甲大、陳亞誥[1]甲大、張朝福[2]甲、李亞二甲四位，不到。

(公堂議修理牛郎沙里廟事)

公堂議修理牛郎沙里廟事曰：前所定修理牛郎沙里之條規，須仍舊而行，但所題之項未知若干？當先委司理人查其錢額。倘若不足者，則可上字與大淡，懇開公堂櫃項。蓋牛郎沙里地原有收息，況廟宇係屬公眾，公堂補其不足，理所當然。存案。

(公勃低吳經綸甲呈上和 1880 年公堂出入櫃項全年結冊)

公勃低吳經綸甲呈上和 1880 年 1 月 1 日起，至 12 月終止，公堂出入櫃項全年結冊。

承和 1879 年 12 月終結，存現銀捌萬伍仟伍佰七拾壹盾 9.35 方正。

兌風水條目

1 月 15 日，兌劉永福 式厘陂地壹穴，闊 12 距、長 24 距，收來銀 67.7 盾。

2 月 15 日，兌合義號壹穴，(闊長)仝上，收來銀 67.7

---

① 陳亞誥：Tan A Kouw，1879 年 9 月 26 日陞任甲必丹。1882 年 7 月 10 日公堂准其回唐養病半年，1883 年 6 月 13 日辭任。

② 張朝福：Thio Tiauw Hok，1879 年 8 月 7 日任雷珍蘭，1883 年 4 月 13 日陞任甲必丹。另據《公館檔案・塚地簿》載，1869 年 8 月 5 日，張朝福妻陳鳳娘(年 17 歲)身故於廿六間，葬式裡陂。1884 年 3 月 21 日，張朝福妻陳和雅娘身故于廿六間，終年 38 歲，葬丹絨。

盾。27 日，兌蔡松茂壹穴，（闊長）仝上，收來銀 67.7 盾。

3 月 22 日，兌高有娘壹穴，闊 16 距、長 32 距，收來銀 220 盾。27 日，兌洪明哲壹穴，闊 12 距、長 24 距，收來銀 67.7 盾。

4 月 5 日，兌彭水生壹穴，（闊長）仝上，收來銀 67.7 盾。10 日，兌胡進文壹穴，（闊長）仝上，收來銀 67.7 盾。15 日，兌曾如南壹穴，（闊長）仝上，收來銀 67.7 盾；又兌湯碧壽壹穴，闊 16 距、長 32 距，收來銀 220 盾。28 日，兌林白娘壹穴，闊 12 距、長 24 距，收來銀 67.7 盾。29 日，兌黃辰觀壹穴，（闊長）仝上，收來銀 67.7 盾。

5 月 10 日，兌古瑪曾壹穴，（闊長）仝上，收來銀 67.7 盾。15 日，兌朱金水壹穴，（闊長）仝上，收來銀 67.7 盾。29 日，兌李木桂壹穴，（闊長）仝上，收來銀 67.7 盾。

6 月 8 日，兌王光彩壹穴，闊 16 距、長 32 距，收來銀 220 盾。19 日，兌林恒壹穴，闊 12 距、長 24 距，收來銀 67.7 盾。29 日，兌陳棠華壹穴，（闊長）仝上，收來銀 67.7 盾。30 日，黃寅清壹穴，（闊長）仝上，收來銀 67.7 盾。

7 月 6 日，兌王得志壹穴，（闊長）仝上，收來銀 67.7 盾。9 日，兌賴三畏壹穴，（闊長）仝上，收來銀 67.7 盾。22 日，兌郭乞壹穴，（闊長）仝上，收來銀 67.7 盾。

8 月 3 日，兌吳淇亨壹穴，（闊長）仝上，收來銀 67.7 盾。17 日，兌陳茂生壹穴，（闊長）仝上，收來銀 67.7 盾。

9 月 7 日，兌黃標輝壹穴，（闊長）仝上，收來銀 67.7 盾。10 日，兌楊木生壹穴，（闊長）仝上，收來銀 67.7 盾。

10 月 25 日，兌楊烏蚶壹穴，（闊長）仝上，收來銀 67.7

盾。

11月18日，兌林慶茂壹穴，(闊長)仝上，收來銀67.7盾。26日，兌吳宗根壹穴，(闊長)仝上，收來銀67.7盾。

12月13日，兌陳和中壹穴，(闊長)仝上，收來銀67.7盾；又兌楊長水壹穴，闊16距、長32距，收來銀220盾。

計30條，共收來銀2640.2盾。

收地稅利息條目

1月2日，番盒到嘮民毛蚶抹還和1879年7月1日起，12月終止，牛郎沙里地稅，來銀715盾。12日，高瓊瑤甲還和1879年7月1日起，12月終止，來利息銀1500盾。

2月16日，邱思珍還和1879年7月1日起，12月終止，丹絨、式里陂地稅，來銀735盾。

3月23日，林秋泰對貼義學全年束金，來銀25盾；又陳啓賢對仝上，來銀25盾；又邱癸水對仝上，來銀25盾；又徐芳蘭對仝上，來銀25盾；又郭蘊玉對仝上，來銀25盾；又李美密對仝上，來銀25盾；又陳望林對仝上，來銀25盾；又張維屏對仝上，來銀25盾；又李水生對仝上，來銀25盾；又陳瓊福對仝上，來銀25盾。

6月1日，林江南還和1880年1月1日起，6月終止，牛郎沙里地稅，來銀845盾。4日，緞吉寧哖還和1880年1月1日起，6月終止，惹致地稅，來銀312.5盾。

7月1日，邱思珍還和1880年1月1日起，6月終止，丹絨、式里陂地稅，來銀4085盾。7日，高瓊瑤甲還和1880年1月1日起，6月終止，來利息銀1500盾。

12月31日，王涼海對當厝①還和1880年8月9日起，12月終止，計4個月22日，來利息銀378.665盾；又林江南還和7月1日起，12月終止，牛郎沙里地稅，來銀845盾。

計19條，共收銀11153.665盾。

開出項條目

1月31日，開義學師下半冬束金，從大淡1871年3月14日第1575號案奪，去銀600盾；又開磨老、萬律、嗎礁並牛郎沙里萬律，從和1866年7月13日第17號、和1875年7月26日第4475號案奪，1月份辛金，去銀186盾。

2月28日，開磨老、萬律、嗎礁並牛郎沙里萬律，從仝上案奪，2月份辛金，去銀186盾。

3月27日，開磨老、萬律、嗎礁並牛郎沙里萬律，從仝上案奪，3月份辛金，去銀186盾。

4月29日，開磨老、萬律、嗎礁並牛郎沙里萬律，從仝上案奪，4月份辛金，去銀186盾；又開清明牛郎沙里祭費，從和1880年3月5日第1647號案奪，去銀400盾。

5月15日，對美色甘和1879年4月21日兌丹絨風水一穴，闊12距、長24距，該分一半，去銀33.85盾。31日，開磨老、萬律、嗎礁並牛郎沙里萬律，從同上案奪，5月份辛金，去銀186盾。

6月19日，開還惹致地全年八仙第7552號，去銀73.31盾；又開還丹絨地全年八仙第2387號，去銀7.34盾；又開

① 當厝：閩南話，典當房屋。

還式里陂全年八仙第 5965 號,去銀 253.5 盾;又開還上帝廟全年八仙第 8135 號,去銀 15.3 盾;又開還公館正厝全年八仙第 6719 號,去銀 45.9 盾;又開還公館厝全年八仙第 924 號,去銀 9.18 盾。30 日,開磨老、萬律、嗎礁並牛郎沙里萬律,從同上案奪,6 月份辛金,去銀 186 盾。

7 月 1 日,開義學師和 1880 年上半冬束金,從仝上案奪,去銀 600 盾;又開修理丹絨吃郎護厝,從大淡和 1880 年 4 月 24 日第 2882 號案奪,對陳亞諧甲大手,去銀 300 盾;又開磨老、萬律、嗎礁並牛郎沙里萬律,從仝上案奪,7 月份辛金,去銀 186 盾。

8 月 9 日,王涼海對小商做字當烏布土庫□□□□□□□□□,安咀人:林功坤、王明水,利息每年□□,去銀□□盾。31 日,開磨老、萬律、嗎礁並牛郎沙里萬律,從仝上案奪,8 月份辛金,去銀 186 盾。

9 月 17 日,開七夕並丹絨義塚祭費,從和 1880 年 3 月 5 日第 1697 號案奪,去銀 400 盾。30 日,開磨老、萬律、嗎礁並牛郎沙里萬律,從仝上案奪,9 月份辛金,去銀 186 盾。

10 月 31 日,開磨老、萬律、嗎礁並牛郎沙里萬律,從仝上案奪,10 月份辛金,去銀 186 盾。

11 月 30 日,開磨老、萬律、嗎礁並牛郎沙里萬律,從仝上案奪,11 月份辛金,去銀 186 盾。

12 月 31 日,開磨老、萬律、嗎礁並牛郎沙里萬律,從仝上案奪,12 月份辛金,去銀 186 盾。

計 25 條,共出去銀 20862.23 盾。

承上年原銀 85571.935 盾，收銀 13793.865 盾，出銀 20862.23 盾，存銀七萬捌仟五佰零三盾 5.7 方。

台閱畢議：即抄和字繳上大淡電鑒。

（公勃低陳亞誥甲提請公堂查考葬捨施之默單）

公勃低陳亞誥甲查得葬捨施之默單[①]，陳明有物業。蓋有業之人，理當買地，何葬捨施地有虧於公堂？合應稟知公堂查考。

公堂議曰：此事先委公館公勃低召邱枝頭查考。

（司理義學公勃低陳文貴甲擬定明誠書院學規）

司理義學公勃低陳文貴甲詳：公堂明年辛巳年擬定明誠書院學規，謹呈瑪腰大人暨公堂列位憲台鑒察施行。

一、公堂逐年所請先生一位，則開公項束脩銀 1200 盾，及春秋二祭在內。准教學童不得過三十人，倘有過三十人或至五十人者，公堂當另請一位先生以為之副，每年束脩若干，公堂另開。

二、倘有學童要附學者，司理人當先查該學父堪還與否。倘其學父家事果屬清淡，則准其入院讀書，免還束脩。如該學父家資饒裕，亦當查該學童所讀深淺，以定其束脩若干，將項交公堂收入。

三、逐年春秋二祭、期考如處，先生以作詩文定甲乙，僚友公賞。

---

① 默單：由默氏（街區區長）出具的證明或單據。

四、逐月朔日，考院內學童所作詩文、對句、寫字、算法、字說、世事，通則有賞。

五、學童背誦書不清三句，即略責之□□□至熟。

六、倘學童不循規矩，玩戲無度，背誦不明，當罰其寫幾十百字，或掌責、或罰紙筆、或留館一二點鐘久，始放出院。

七、若學童讀書勤謹，事事循規蹈矩者，賞以紙筆什物以勉之。

八、公堂逐月委員考察院中諸事。

九、凡學師者，宜在院中居住。若有事故欲往別處，當先請明於司理院人。

十、為學師者，必照此條規，逐款而行。

列台閱畢，議曰：可將此條規粘在義學院，宣達眾人，庶幾各人知學規，整肅而興勉後學也。存案。

(詹東秀、張炳娘求離一案)

公勃低李(亞二)詳。

詹東秀年 34 歲，住新把殺，請伊妻張炳娘。結髮十六年，產下一男名金水，年 15 歲。供云："因本年九月十七日夜，晚因病服藥宿在外床，約三更時分起欲溲溺，覷房內拙妻床帳半掩，方入探時，床內藏有男子，乃鄰家高芝禮墨，遂時欲揪住，被他走脫。晚隨後喊救，逢有巡更二人追之不及。此事小兒並巡更人皆知之。今妻已失節，祇求判離。"

召訊張炳娘年 35 歲，住望呀匆殺，供云："氏實無此事，而拙夫誣氏通姦，控告公廷，致氏受罪徒役十四日，恥辱莫甚。

今夫婦之情已絕,氏亦無面目再合,願從而判離矣。"

將情申詳公堂會議内裁奪。

覆訊夫婦,供如公勃低所詳。

公堂會議:察得詹東秀請其妻張炳娘通姦,業已控到公廷責其妻之罪,事屬已明。宜即判離。二比甘願。存案。

即日,公堂封印大吉。

風調雨順,國泰民安。

其有所定之例,悉皆依舊而行。

(瑪腰、甲必丹、雷珍蘭、朱葛礁爲本期記錄簽名:馬來文草書)

Lie Tjoe Hong(李子鳳)　Oeij Hok Tjiang(黄福章)

Khouw Wang Tjiang(許煥章)　Tan Boen Kwil(陳文貴)

Gouw Keng Loen(吳經綸)　Loa Tiong Hoeij(賴長輝)

Sim Keng Koen(沈景坤)　Tan Tjiang Lee(陳獎禮)

和 1881 年 1 月 28 日,拜五

公堂設會議。

瑪腰李子鳳舍,仝甲必丹陳文炳舍、甲必丹黄福章舍、甲必丹陳亞誥官、雷珍蘭張朝福官、雷珍蘭李亞二官、雷珍蘭賴長輝官、雷珍蘭沈景坤官、朱葛礁陳獎禮官俱在座。許煥章甲大、陳文貴甲、吳經綸甲三位,不到。

(高瓊瑤致書公堂懇要還其所當地頭 50000 盾)

高瓊瑤甲和 1880 年 11 月 2 日致書公堂,陳明於和 1881 年 2 月 8 日要還其所當地頭 50000 盾。今懇公堂委公眉司領此項,並打死其當字[1]。

公堂議曰:此事定委張朝福甲及二朱鄭宴祥官仝領此項,及理打死當字事。存案。

(許煥章甲大提請督修完劫寺事)

許煥章甲大公眉司督修完劫寺請公堂曰:所題修完劫寺之緣銀計 9960 盾。又諸人要包修廟者列名於下:黄流水要包修理廟,價銀 7400 盾;鍾亞滿要包修理祠堂,價銀 850 盾;陳金枝要包修理護厝,價銀 1935 盾。共銀 10185 盾。以上諸人,乃掬其下價,就所題之銀,尚欠 225 盾。又漆並祭費等約 2275 盾,共欠銀 2500 盾,當懇大淡案奪,開公堂櫃項以補其缺。將情申詳公堂裁奪。

公堂議曰:此事可定唐正月初七日拜六,衆公眉司可以共議該欠銀若干,即要上字與大淡知情,方能趕緊動工是也。

(瑪腰、甲必丹、雷珍蘭、朱葛礁爲本期記錄簽名:馬來文草書)

Lie Tjoe Hong(李子鳳)	Tan Boen Peng(陳文炳)
Oeij Hok Tjiang(黄福章)	Tan A Kouw(陳亞誥)
Thio Tiauw Hok(張朝福)	Lie A Njie(李亞二)

① 當字:閩南話,典當文書。

Loa Tiong Hoeij(赖長輝)　　Sim Keng Koen(沈景坤)
Tan Tjiang Lee(陳奬禮)

和1881年2月18日,唐辛巳正月二十日,拜五

公堂開印大吉

風調雨順,國泰民安。

定應值公勃低鬮聲,依鬮而行,週而復始

壹鬮:甲必丹陳文炳舍、雷珍蘭沈景坤官。公館:3、8月;外務:4、9月;干刀兼值夜:5、10月;閒月:1、6、11月;蘭得叻:2、7、12月。

貳鬮:甲必丹黄福章舍、雷珍蘭賴長輝官。公館:4、9月;外務:5、10月;干刀兼值夜:1、6、11月;閒月:2、7月;蘭得叻:3、8月。

叁鬮:甲必丹許煥章官、雷珍蘭吳經綸舍。公館:5、10月;外務:1、6、11月;干刀兼值夜:2、7、12月;閒月:3、8月;蘭得叻:4、9月。

肆鬮:甲必丹陳亞誥官、雷珍蘭陳文貴舍。公館:1、5、11月;外務:2、7、12月;干刀兼值夜:3、8月;閒月:4、9月;蘭得叻:5、10月。

伍鬮:雷珍蘭張朝福官、雷珍蘭李亞二官。公館:2、7、12月;外務:3、8月;干刀兼值夜:4、9月;閒月:5、10月;蘭得叻:1、6、11月。

上錄諸公勃低分為五鬮，每鬮貳員，輪流而行。如首月值公館，次月則值外務，第三月則值干刀，第四月則值閒月以代有闕，第五月則值蘭得叻及挨實嗹司叻。由此互推，輪遍而行。應值之人各有上下半月之分，而各員值鬮貳人同理其事。倘應值之人有事故者，而後值閒月者代之，次則值公館之閒者代之，其次則值干刀之閒者代之，其次則值蘭得叻之閒者代之。如此輪代，不得推諉。若逢有急務，則在公館之員者行理其事。惟值外務免得輪代。耑此為炤。茲定值干刀之員者兼理值夜，倘若有事故或身體欠安，則從上之鬮聲以輪代之。即此存炤。

定掌塚公勃低：一、三、五、七、九。

定掌廟宇公勃低：二、四、六、八、十。掌工役：五、六。

定掌買辦：三、四。掌水滜：一、二。代理各掌事：七、八。掌街衢：九、十。

即日，公堂順設會議。

瑪腰李子鳳舍，仝甲必丹黃福章舍、雷珍蘭張朝福官、雷珍蘭李亞二官、雷珍蘭陳文貴舍、雷珍蘭賴長輝官、雷珍蘭沈景坤官、朱葛礁陳獎禮官、鄭宴祥官①俱在座。陳文炳甲大、許煥章甲大、陳亞誥甲大、吳經綸甲四位，不到。

（瑪腰提議委公眉司仝萬律邱枝頭覓一所開作捨施之葬地事）

---

① 鄭宴祥：The Tjan Siang，1878年5月24日任二朱之職，直到1883年。

瑪腰請公堂曰：今式里陂捨施地已滿，合當委公眉司仝萬律邱枝頭，覓一所開作捨施之葬地，以為長久之計，不許亂葬別處。凡求捨施地者，當先有公堂出葬票方許殯葬。逐月公堂委公眉司查其施墳，以對葬票，免致舛錯。至於捨施地，當安排歸列。長成者定闊六尺、長八尺，幼子定闊四尺、長六尺，若初生之子用布包者，惟掩埋而已。未知列台意見如何？

（瑪腰提議入字與大淡開公堂櫃項以為明七夕之祭費）

瑪腰又請曰：今清明在邇，照常年當先入字與大淡，方可開公堂櫃項，清明七夕之祭費計 800 盾。

列台曰：瑪腰所請俱合眾意，宜遵而行之。至於公眉司捨施地者，今可定委黃福章甲大、張朝福甲、李亞二甲、陳文貴甲四位，若已擇有妥當之地者，立可回復，方好定奪。

（緞威令致書公堂祈公堂細查陳福中果係陳景同之單生子乎）

緞威令現做力班石些詩[①]之職和 1881 年 1 月 28 日第 35 號致書公堂云：有義能良地頭主陳景同[②]，因死無立遺書，查有一子名陳福中，住芝古孤在文丁地。此人該獨承業。祈公堂細查此陳福中果係陳景同之單生子[③]乎？祈即

---

① 力班石些詩：荷蘭語 Raad van Justitie，荷印高等法院。

② 陳景同：下文和 1881 年 3 月 11 日案卷作“陳敬堂”。

③ 單生子：閩南話，獨生子。

具詞詳覆。

公堂會議：論此事則係文丁管人，宜致書與文丁甲必丹查考，方知來歷。俟文丁甲大有回復，方可將口詞詳覆與緞威令知情。

(陳文貴甲告知公堂義學要開館付學生入學事)

司理義學院事陳文貴甲請知公堂：涓本正月廿三日，義學要開館付學生入學，理應稟明。

列台曰：從所擇吉日開館是也。

(陳文貴甲查得萬律邱枝頭擅自付黃火炎葬捨施地事)

陳文貴甲值公館，查得黃火炎身故。據丹那實嗹默報單云，黃火炎有遺業無立遺書，伊母親為收埋，萬律邱枝頭並無明察，擅自付葬捨施地。將情稟明公堂裁奪。

公堂議曰：按黃火炎歿既有遺業，合當買葬地。至捨施地乃施與貧乏之人。邱枝頭未得公館葬單而擅付施地，此當令賠其地價 4 號銀 67.7 盾，以補公堂之尅虧，後日方能仔細。存案。

（瑪腰、甲必丹、雷珍蘭、朱葛礁爲本期記錄簽名：馬來文草書）

Lie Tjoe Hong（李子鳳）

Tan Boen Peng（陳文炳）

Oeij Hok Tjiang（黃福章）

Tan A Kouw（陳亞詰）

Thio Tiauw Hok（張朝福）

Lie A Njie（李亞二）

Loa Tiong Hoeij（賴長輝）

Sim Keng Koen（沈景坤）

Tan Tjiang Lee（陳奬禮）

和1881年3月11日

公堂設會議。

瑪腰李子鳳舍，仝甲必丹陳文炳舍、甲必丹黃福章舍、甲必丹許煥章官、雷珍蘭張朝福官、雷珍蘭陳文貴舍、雷珍蘭吳經綸舍、雷珍蘭賴長輝官、雷珍蘭沈景坤官、朱葛礁陳奬禮官、鄭宴祥官俱在座。陳亞詰甲大、李亞二甲二位，不到。

（陳心懇入欠熾昌銀擔保案）

承熾昌干刀和1881年3月7日第220號致書公堂，附一口詞，祈公堂查勘可堪與否？詳覆。

陳心住結石珍為布商，安呾人陳森林住八廚沃干，陳菜住大港墘俱為商，前原入欠1000盾，今懇再添2000盾，共3000盾。

公堂會議：勘得陳心援陳森林及陳菜為安呾，所懇入欠熾昌銀3000盾。本堂酌量，入欠人合安呾人，現時可堪。謹詳熾昌干刀裁奪。

（大淡准公堂開櫃項800盾以為清明七夕之祭費）

承大淡和1881年2月26日第1307號，回復公堂和1881年2月22日第90號所詳，即准公堂開櫃項800盾，以為清明七夕之祭費。

列台閱畢。存案。

(瑪腰告知公班衙要開路有沖礙牛郎沙里塚事)

瑪腰為牛郎沙里公眉司請知公堂:因公班衙現時要開路,自亞森禮牙氏起,有沖礙牛郎沙里塚墳計 26 墳,但此地原係公班衙與公堂作塚地,今公班衙要用,合當達知墓主,或欲自遷,或欲與公堂為移葬。倘舊墳無主,則公堂料理。然此 26 墳,該用遷費若干?列台諒約得宜,方好回復。

列台議曰:論此廿六墳,要合葬為一大墳,大約當有 1000 盾方能足用。使二朱致書與公眉司知情。存案。

(瑪腰提請公堂商議捨施地所定之例事)

瑪腰又請曰:今公眉司已定捨施地之所,譬如前已葬之施墳,後日其夫或其妻欲附為雙壙,無虧於公堂之地未知可乎?

列台議曰:捨施地原不過六卩距之闊,何能為雙壙?若要作雙壙,必取加闊於所定之例,如此是無照法度。

瑪腰又請曰:所定捨施地成長之人,當歸成長之列;幼子布包者,須歸一列,方無鎮地[①]。又曰:倘若有人力堪買地而欲求葬捨施地者,未知當強使買乎?或准葬捨施地乎?列台意見如何?

列台議曰:長幼而分,其排列實為妥當。至於有人力堪買地而不肯買,願求葬捨施地者,今既已定捨施地之處,若果饒裕之家,誰願羞辱而吝 67.7 盾之地價乎?且夫死者人生之一終也,風水又唐人之所重矣。其或願葬捨施地者,誠

---

① 鎮地:閩南話,佔據、佔用土地。

可以想見其出於無奈，何必切切而強使買耶？由此而論，誰願求而葬施地者，則可利人之方便為妙。

黃福章甲大論曰：夫捨施地者，乃欲濟貧乏，不施殷富。今皆准葬捨施地，然是時初定新例，或無弊端，久後必至於土公[1]私相暗昧，而公堂亦不免減兑。故有力者，皆當買地，方為合理。

陳文炳甲大與黃(福章)甲大同意，但男子尚未成丁，女子未及笄者，皆准葬捨施地，蓋幼子無甚關係，則可利人方便。存案。

(文丁甲大林宗興已查陳福中果係陳敬堂之嫡子事)

文丁甲大林宗興 和 1881 年 3 月 5 日，回復公堂和 1881 年 2 月 22 日第 89 號之書云，已查陳福中果係陳敬堂之嫡子，承其父之遺業。

列台議曰：此事可令二朱就林宗興甲大之詞，轉復緞威令知情是也。

(陳永祿、徐炳章入稟懇當其厝於公堂)

據陳永祿 和 1881 年 3 月 9 日入稟，求當甘光毛吮甲厝一間，地租單第 9101 號，的西 3000 盾，要當公堂 2500 盾或 3000 盾。厝用保家[2]，但厝今尚存子鳳瑪腰之名，未換名字。

---

① 土公：閩南話，專司屍體埋葬及塚地管理者。

② 保家：閩南話，擔保人、保證人。

徐炳章懇當其大使廟厝於公堂6000盾，援陳長波甲及娘仔陳江水甲為保認[1]，願貼利息每年六八仙。

列台議曰：據二人欲當其厝於公堂，可委張朝福甲及吳經綸甲先查其厝地，俟其回復，然後再作會議。

（瑪腰提請商議丹絨新定捨施墳及丹絨之萬律宜加辛金事）

瑪腰又請曰：今丹絨新定捨施墳，萬律宜設數簿[2]編號頭，以便查考。當用才副為記歷。論牛郎沙里廟公，惟顧廟塚，別無事路，尚且公堂逐月發辛金30盾。丹絨之萬律若無辛金，安可行乎？列台意見如何？

列台議曰：論牛郎沙里萬律得有辛金，況丹絨萬律該用才副，宜加辛金，大約每月公堂發其辛金50盾可也。存案。

（瑪腰提請懇開公堂櫃項以補修完劫寺之緣銀之缺）

瑪腰又請曰：今欲修完劫寺之緣銀已算，尚欠銀2500盾。當速上書與大淡，求開公堂櫃項以補其額。

列台曰：即可上書與大淡是也。

（黃福章甲大提議置買椅桌等器應用於明誠書院）

黃福章甲大請曰：今明誠書院已修完，祇欠椅桌等器，宜即置買應用。

---

① 保認：擔保。

② 數簿：閩南話，賬簿、賬冊。

列台曰：俟題緣銀收完，而後可以備辦是也。

（瑪腰、甲必丹、雷珍蘭、朱葛礁爲本期記錄簽名：馬來文草書）

Lie Tjoe Hong（李子鳳）

Oeij Hok Tjiang（黄福章）

Thio Tiauw Hok（張朝福）

Gouw Keng Loen（吳經綸）

Sim Keng Koen（沈景坤）

The Tjan Siang（鄭宴祥）

Tan Boen Peng（陳文炳）

Khouw Wang Tjiang（許煥章）

Tan Boen Kwil（陳文貴）

Loa Tiong Hoeij（賴長輝）

Tan Tjiang Lee（陳獎禮）

和 1881 年 4 月 8 日，拜五

公堂設會議。

瑪腰李子鳳舍，仝甲必丹陳文炳舍、甲必丹許煥章官、甲必丹陳亞誥官、雷珍蘭張朝福官、雷珍蘭李亞二官、雷珍蘭陳文貴舍、雷珍蘭吳經綸舍、雷珍蘭賴長輝官、雷珍蘭沈景坤官、朱葛礁陳獎禮官、鄭宴祥官俱在座。黄福章甲大一位，不到。

（詹保生懇入欠熾昌銀擔保案）

承熾昌干刀和 1881 年 3 月 27 日第 277 號附一口詞，祈公堂查勘可堪與否？詳覆。

詹保生住珍為商，安咀人原康碧英及甘金水，所入欠熾昌銀 1000 盾。因甘金水身故，要換鍾東山以代之。

公堂會議：已勘鍾東山要安咀詹保生入欠熾昌銀1000盾，本堂酌量，現時可堪。謹詳熾昌干刀裁奪。

（大淡准公堂開櫃項以為添補修理牛郎沙里完劫寺）

承大淡和1881年3月23日第1927號，為閱公堂和1881年3月17日第122號所詳，茲即定奪，准公堂開櫃項2500盾，以為添補修理牛郎沙里完劫寺。

列台閱畢。存案。

（大淡准公堂逐月開櫃項50盾為發邱枝頭掌丹絨、式厘陂塚地之辛金）

承大淡和1881年3月23日第1928號，為閱公堂和1881年3月16日第118號所詳，茲即定奪，准公堂逐月開櫃項50盾，為發邱枝頭掌丹絨、式厘陂塚地之辛金。

列台議曰：既大淡已倒案，由和本月份即可開其辛金是也。存案。

（公堂依律例或唐例回覆訟師緞黎氏致問唐人分業事）

訟師緞黎氏和1881年3月31日致書，祈公堂依律例或唐例細詳回覆。一、唐人死無遺書，尚有正妻及親生女兒，別無生男，亦有胞叔胞兄弟及諸胞姪，要問五條事列下：一、誰為承業人？二、照唐例，死當為立嗣，或可免乎？三、若當立嗣，該取何人之子為繼後？四、若有立繼，其女兒能得分額參為承業乎？五、其親屬誰人該得分額？祈公堂指明詳覆。

公堂會議：總論唐例，一、死者有產業，當為立嗣。二、宜取其胞姪為嗣。三、若有立嗣，其女未嫁者，祇得酌配其妝奩而已。四、若有立嗣，其餘親戚不得分其財產。將情申詳訟師緞黎氏裁奪。

(藍亞錦、李乙娘夫婦求離一案)

公勃低賴(長輝)詳。

藍亞錦[①]年 31 歲，住戈勞屈，請伊妻李乙娘。結髮五年，生下二女，長五歲，次二歲。供云："拙妻悍惡非常，為小事則鬧嚷詈罵。或怒時，嘗提刀追晚欲殺，聲聲必欲陷晚於死地，方纔甘心。連店內諸鄰里亦常被所罵，以致家中沸沸不寧。如此惡婦，世所罕有。晚誓死不敢再合，乞公堂早為判離。"

召訊李乙娘年 26 歲，住結石珍，供云："拙夫已經厭棄，故誣氏之惡，揚氏之過。且拙夫已納新婦[②]，喜新厭舊，故爾尋端。今恩義已絕，勢難白首。既欲離之，固所願也。"

藍亞錦 和 1881 年 4 月 6 日再請云："拙妻無故控晚到干刀，幸蒙副淡察晚無罪，免受刑罰，惟令晚再請公堂求離而已。拙妻陷惡不測，若不早離，恐生後患，萬望公堂早判分離，感恩不盡！"

台見夫婦彼此情絕，勢難合。將情申詳公堂會議內裁奪。

---

① 藍亞錦：據《婚簿》載，1876 年 6 月 8 日，住戈勞屈 27 歲藍亞錦，與 22 歲李乙娘成婚。媒妁李亞四，男方主婚藍運才(堂兄)，女方主婚李貴郎(父)。陰曆五月二十日交寅。

② 新婦：閩南話，媳婦。

覆訊李乙娘，供云："自拙夫見棄，無所依倚，投姨而姨不敢受留，祇因氏身未分明故也。惟是求默之實連[1]引氏到拙夫之處，欲請明白，母姨方肯領納。誰知夫怒不容，遂加撻踢，身被所傷。故請公勃壟[2]上律。今已絕情，但求離之。"

覆訊（李乙娘）："何時離居？"（供）云："八個月針指自活，夫無給費。"

覆訊藍亞錦，供云："拙妻好遊不節，非但悪心悍性而已。今但求判離，誓不敢復合。"

覆訊李乙娘，供云："拙夫既已見絕，氏惟從其離。"

公堂會議：論彼夫婦求離一案，細察藍亞錦怨恨已深，況李乙娘已請到干刀，甘心陷夫於罪罰，夫婦之義已絕，誠難強合。因是，本堂判其離異，二女歸父。各花押在簿。存案。

（張朝福甲仝吳經綸甲報知公堂陳永祿、徐秉章之厝估價）

公眉司張朝福甲仝吳經綸甲請知公堂：已查陳永祿之厝，祇堪當 2000 盾。又徐秉章之厝約其價 7000 盾之左，可堪當 5000 盾而已。合應稟明。

公堂會議：從公眉司所稟之當價，立可通知陳永祿及徐秉章知情。若照公眉司所的肯當者，即可成事。存案。

---

① 實連：荷蘭語 Sergeant，軍士、警官。此指默氏之助理。

② 公勃壟：荷蘭語 Commandant，指揮官。此指地方治安防衛長官。

(陳光華甲入稟要當其厝於公堂)

陳光華甲和1881年3月31日入稟，要當其厝，地在班芝蘭埔。懇當公堂櫃項15000盾，約每年要還利息六八仙，並附其厝字並稅人之合約字，而其厝有入保家。

列台閱畢，議曰：此事且委值外務者陳文炳甲大仝沈景坤甲查其厝地之價，然後再作相議[①]。存案。

（瑪腰、甲必丹、雷珍蘭、朱葛礁爲本期記錄簽名：馬來文草書）

Lie Tjoe Hong（李子鳳）	Tan Boen Peng（陳文炳）
Khouw Wang Tjiang（許煥章）	Tan A Kouw（陳亞誥）
Thio Tiauw Hok（張朝福）	Lie A Njie（李亞二）
Tan Boen Kwil（陳文貴）	Gouw Keng Loen（吳經綸）
Loa Tiong Hoeij（賴長輝）	Sim Keng Koen（沈景坤）
Tan Tjiang Lee（陳獎禮）	The Tjan Siang（鄭宴祥）

和1881年5月13日，拜五

公堂設會議。

瑪腰李子鳳舍，仝甲必丹陳文炳舍、甲必丹黃福章舍、甲必丹許煥章官、甲必丹陳亞誥官、雷珍蘭張朝福官、雷珍蘭李亞二官、雷珍蘭吳經綸舍、雷珍蘭賴長輝官、雷珍蘭沈景坤官、朱葛礁陳獎禮官、鄭宴祥官俱在座。陳文貴甲一

---

① 相議：閩南話，商議或商量。

位，不到。

（陳長生等五人懇入欠熾昌銀擔保案）

承熾昌干刀和1881年4月11日、23日，又5月4日第355號、379號、380號、381號、351號，附五張口詞。祈公堂查勘可堪與否？詳覆。

一、陳長生援邱文邦、郭鴻鈞為安呾，原入欠熾昌銀2000盾。今郭鴻鈞要抽出，換陳長發以代之。

二、林朴山住新把殺為商，安呾人黄安民住仝上為商，黄默住丹那望為商，懇入欠熾昌銀3000盾。

三、邱思基援邱思珍、邱庚龍為安呾，原入欠熾昌銀3000盾。今邱庚龍身故，援邱英傑代之。

四、簡增緒援許清泉、許清溪為安呾，原入欠熾昌銀6000盾。今要換簡增純及林元貞為安呾，懇添6000盾，共12000盾。

五、劉禎祥住甘光貓厘為商，安呾人蔣媽助住丹那望為商及和人，懇入欠熾昌銀4000盾。

公堂會議：已查諸人所懇入欠熾昌銀。本堂酌量，其入欠人及安呾人，現時可堪。惟陳長發要安呾陳長生2000盾，因其經紀微小，不堪擔戴。謹詳熾昌干刀裁奪。

（大淡准陳永禄將厝當公堂櫃項2000盾）

遵公堂前期會議案奪，陳永禄已願將厝當公堂櫃項2000盾，而大淡於和1881年4月27日第2706號亦經案奪，准其施行。

列台議曰：此事經於和本月9日拜一委許(煥章)甲大仝二朱向小商做當字，立即將銀2000盾交陳永祿取領，遂登公堂櫃數。存案。

(陳文炳甲大仝沈景坤甲回報公堂陳光華甲之厝地估價)

公眉司陳文炳甲大仝沈景坤甲回報公堂：已查陳光華甲所懇當班芝蘭埔之厝地15000盾，酌量其厝地之價約值22000盾，兼有保家，要當15000盾，實是可堪。但此厝已典二當[①]，合應稟明。

公堂會議：據公眉司查報，但係有二當之礙，宜先委陳文炳甲大仝沈景坤甲向小商干刀查問。若本堂仍為頭之額，則可許允。存案。

(楊宗伯入口詞懇當大港墘厝於公堂)

楊宗伯入口詞，懇當大港墘厝4500盾，其地租單的西銀6000盾，有入保家。

列台議曰：此事宜先委黃(福章)甲大及賴長輝甲查明其厝價，俟其回報，再作相議。存案。

(劉添源、王清標入稟懇賜蔭地風水事)

劉添源到公堂稟云：前經任理烏布土庫大默多年，因病告辭。今伊妻身故，懇公堂照例賜蔭地風水一穴，闊12距、

---

① 二當：第二次典當。

長 24 距，後來為雙壙之墳；

又王清標入稟云：伊父王瑞光現任理直嘮低巷大默，今不幸身故。懇公堂賜蔭地風水一穴，闊 12 距、長 24 距為葬身之墳。

公堂會議：據二默所懇蔭地風水，一係任多年舊默，一係在任而亡，合當皆准其所懇。存案。

（瑪腰、甲必丹、雷珍蘭、朱葛礁爲本期記錄簽名：馬來文草書）

Lie Tjoe Hong（李子鳳）	Tan Boen Peng（陳文炳）
Oeij Hok Tjiang（黃福章）	Khouw Wang Tjiang（許煥章）
Tan A Kouw（陳亞誥）	Thio Tiauw Hok（張朝福）
Lie A Njie（李亞二）	Gouw Keng Loen（吳經綸）
Loa Tiong Hoeij（賴長輝）	Sim Keng Koen（沈景坤）
Tan Tjiang Lee（陳獎禮）	The Tjan Siang（鄭宴祥）

和 1881 年 5 月 20 日，拜五

公堂設會議。

瑪腰李子鳳舍，仝甲必丹陳文炳舍、甲必丹黃福章舍、甲必丹許煥章官、雷珍蘭張朝福官、雷珍蘭李亞二官、雷珍蘭陳文貴舍、雷珍蘭吳經綸舍、雷珍蘭賴長輝官、雷珍蘭沈景坤官、朱葛礁陳獎禮官、鄭宴祥官俱在座。陳亞誥甲大一位，不到。

(黃福章甲大仝賴長輝甲稟知公堂楊宗伯之厝估價)

黃福章甲大仝賴長輝甲稟知公堂:從前期會議內委查楊宗伯之厝在大港墘,懇當於公堂 4500 盾。依晚弟等所見,衹堪當銀 4000 盾。

據楊宗伯是日到堂請云:“晚生所懇當厝銀 4500 盾,今衹要用 4000 盾足矣。”

公堂會議:據公眉司所查,約量堪當 4000 盾,而楊宗伯自云 4000 盾足矣。即可將情申詳大淡案奪,委吳經綸甲仝二朱任理做當字是也。存案。

(陳文炳甲大仝沈景坤甲回報公堂前期議內委問過當事)

陳文炳甲大仝沈景坤甲回報:遵公堂前期議內委問過當事。已查小商干刀凡過頭當[①]者,則仍作頭當額。合應報明。

公堂會議:既然與二當無干礙,即可先詳字與大淡案奪。委吳經綸甲仝二朱任理作當字是也。存案。

(老婦陳元娘懇重抄風水單事)

瑪腰請公堂曰:有老婦陳元娘請云,自和 1845 年已買丹絨風水地壹穴作壽域,二朱查風水簿果如所請。因風水單[②]失落,懇重抄一紙,免致後日有不明之事。列台意見如何?

---

① 頭當:第一次典當。

② 風水單:購買墓地的單據。

公堂議曰:此事既已查風水簿果有買者,就可再出風水單,亦是無妨。存案。

(溫亞能、蕭里勿娘求離一案)

公勃低吳(經綸)詳。

蕭里勿娘年24歲,住導啷,請伊夫溫亞能。結髮八年,有生不育。供云:"氏衹因買繡花樣,向拙夫討六方應用。拙夫並不分會,遽爾咄罵。至下午氏方探出門外,不防拙夫以柴枋從後打氏腰際,氏轉身奔入,拙夫隨後舉柴枝復打,渾身受傷,迄今尚患腰痛。氏自揣無過,被夫視如寇讐,痛恨奚堪。拙夫自昔至今,為小事則使性動手,兇惡之徒,終不改性。況家費不繼,鞭撻不止,久後恐傷生命。切懇判離,誓死不願再從。"

召訊溫亞能年36歲,住中港仔,供云:"因妻行動不端,不安於室,常作外遊,親狎惡婦,愛戀媽九戲婆,結為房友。所有硿手指及繡鞋、繡巾,盡皆相送。近日偷開晚之箱仔,竊銀亦付其用。晚明知拙妻之汙行,況晚僅作木工,所得幾何?而妻不為內助,反肆虛蕩。晚禁之不聽,打之不止,無法可治。晚實不願再合,速離為幸。"

台百般勸合,礙二比不從。將情申詳公堂會議內裁奪。

覆訊夫婦,供如公勃低所詳。

公堂會議:勘得溫亞能、蕭里勿娘求離一案。據里勿娘所請,其夫兇暴,不堪撻楚,誓不復合。而亞能嫌妻汙行,離心已決,強合不能也。因是,本堂聽其離遏。二比甘願,各花押在簿。存案。

（瑪腰、甲必丹、雷珍蘭、朱葛礁爲本期記錄簽名：馬來文草書）

Lie Tjoe Hong（李子鳳）	Tan Boen Peng（陳文炳）
Oeij Hok Tjiang（黃福章）	Khouw Wang Tjiang（許煥章）
Thio Tiauw Hok（張朝福）	Lie A Njie（李亞二）
Tan Boen Kwil（陳文貴）	Gouw Keng Loen（吳經綸）
Loa Tiong Hoeij（賴長輝）	Sim Keng Koen（沈景坤）
Tan Tjiang Lee（陳獎禮）	The Tjan Siang（鄭宴祥）

和 1881 年 6 月 3 日，拜五

公堂設會議。

瑪腰李子鳳舍，仝甲必丹陳文炳舍、甲必丹黃福章舍、甲必丹許煥章官、甲必丹陳亞誥官、雷珍蘭張朝福官、雷珍蘭李亞二官、雷珍蘭陳文貴舍、雷珍蘭吳經綸舍、雷珍蘭賴長輝官、雷珍蘭沈景坤官、朱葛礁陳獎禮官、鄭宴祥官俱在座。

（黃江玉懇入欠熾昌銀擔保案）

承熾昌干刀和 1881 年 5 月 25 日第 495 號附一口詞，祈公堂查勘可堪與否？詳覆。

黃江玉住亭仔腳為商，原安呾人黃長發及謝文準，入欠熾昌銀 3000 盾。今謝文準懇抽出，要換王燦光以代之。

公堂會議：已勘王燦光及黃長發，要安咀黃江玉入欠熾昌銀 3000 盾。本堂酌量，現時可堪。謹詳熾昌干刀裁奪。

（大淡致書公堂准公堂掌當陳光華甲之厝事）

承大淡和 1881 年 5 月 24 日第 3320 號致書，為閱公堂和 1881 年 5 月 20 日第 220 號所詳。茲即案奪，准公堂掌當陳光華甲之厝，地在班芝蘭埔，地租單第 4640 號，用保家當銀 15000 盾，議每年利息銀六八仙。即可施行。

列台閱畢，議曰：將此情可達知陳光華甲，以便作過當字是也。存案。

（大淡致書准公堂掌當楊宗璧之大港墘厝事）

承大淡和 1881 年 5 月 27 日第 3384 號致書，為閱公堂和 1881 年 5 月 21 日第 223 號所詳。茲即案奪，准公堂掌當楊宗璧[①]之大港墘厝，其地租單第 714 號，當銀 4000 盾，議每年利息銀六八仙。

列台閱畢，議曰：前期已委吳經綸甲仝二朱做當字。近接大淡之案奪字，立交楊宗璧銀 4000 盾，即登櫃數。存案。

（陳益增入稟為懇蔭地風水事）

具稟人陳益增為懇蔭地風水事：切晚家父陳和尚自和 1860 年現任亭仔腳副默，於今廿一年之久。昨日不幸謝

① 楊宗璧：上文作“楊宗伯”。

世，家貧不堪，喪事難舉。伏望公堂列位大人垂念任默多年，憐賜一穴蔭地為葬身之墳。晚等不勝戴德之至！謹叩。

列台議曰：陳和尚為默不論理事之久近，但在任而殂，固當准懇。遵例而行是也。存案。

（瑪腰、甲必丹、雷珍蘭、朱葛礁爲本期記錄簽名：馬來文草書）

Lie Tjoe Hong（李子鳳）
Oeij Hok Tjiang（黄福章）
Tan A Kouw（陳亞誥）
Lie A Njie（李亞二）
Gouw Keng Loen（吳經綸）
Sim Keng Koen（沈景坤）
The Tjan Siang（鄭宴祥）
Tan Boen Peng（陳文炳）
Khouw Wang Tjiang（許煥章）
Thio Tiauw Hok（張朝福）
Tan Boen Kwil（陳文貴）
Loa Tiong Hoeij（賴長輝）
Tan Tjiang Lee（陳獎禮）

和 1881 年 6 月 22 日，拜三

公堂設會議。

瑪腰李子鳳舍，仝甲必丹黄福章舍、雷珍蘭張朝福官、雷珍蘭吳經綸舍、雷珍蘭陳文貴舍、雷珍蘭賴長輝官、雷珍蘭沈景坤官、朱葛礁陳獎禮官、鄭宴祥官俱在座。陳文炳甲大、許煥章甲大、陳亞誥甲大、李亞二甲四位，不到。

（張世隆等五人懇要包入各件食物於各處擔保案）

承大淡和 1881 年 6 月□日附諸安黎抹之口詞，祈查勘

可堪與否？詳覆。

一、張世隆，安咀人李亞二甲及張肇燮，懇入桶於病厝等處。

二、林良武，安咀人黃淮水及黃長文，要入三丕肉於珍武營及干冬圩武營，和1882年起，三年為限。

三、黃良文，安咀人黃淮水及薛文秀，要入仝上。

四、陳保昌，安咀人薛文秀及周祿山，要入米於干冬圩武營，和1882年(起)，三年為限。

五、鍾亞祥，安咀人廖亞連及緞那嘮弼，要入勞致於結石珍及干冬圩、茂物呇豬禮禮之武營，於和1882年起，三年為限。

公堂會議：已勘諸人所懇要包入各件食物於各處。本堂酌量，承應人及安咀人，俱各可堪。惟陳保昌及周祿山，不堪擔戴。謹詳大淡裁奪。

(瑪腰建議日後凡有唐人身故當逐月錄報公館以便查對)

瑪腰請曰：觀唐病厝及病犯間，凡有唐人身故，皆被二處守吏出單，直透[①]往丹絨埋葬，並無報知公堂。此事實屬不明，但凡人死於囚中或病厝，若遇惡病而歿，和醫生即刻令葬。若必一一先報公館而後葬之，恐或緩而致誤。若要分明而兼利便者，不若令邱枝頭逐月將所埋病厝人數列單報明以登數，又求副淡諭知掌病厝及病犯間之管監者，逐月

① 直透：閩南話，直接。

錄報公館,以便查對。列台意見如何?

列台曰:瑪腰所論殊為兩便,皆可施行。

(瑪腰提請商議兑雙壙之墳風水單事)

瑪腰又請曰:公堂所兑風水,其風水單但云為雙壙之墳,無陳明與誰為雙壙。倘後來其親戚附葬,未知可乎?列台意見如何?

列台議曰:凡兑風水事,單上既寫明雙壙,則任其遠近親戚皆准附葬,但不得過於兩壙就是。

(葉森四入稟懇為伊兄默氏葉亞森恩賜蔭地風水事)

具稟晚生葉森四,因胞兄葉亞森現任大當前 蕉仔街默,今不幸身故。懇公堂列憲尊前恩賜蔭地風水壹穴,為葬身之墳。伏乞恩准,不勝感激!

具稟晚生林乜為懇再抄風水單事:竊晚先父林謹前任打鐵街默,辭世已久。昔蒙公堂賜以蔭地風水為葬身之墳,今其風水單失落,膽懇列憲大人乞再錄一紙,賜晚為據,庶免後來有不明之事,則感德不淺矣! 切叩。

列台閱畢,議曰:查葉亞森果現任蕉仔街默。本堂原有蔭地之例,合當准懇。至林乜所懇再抄風水字,已查風水簿,果如所稟,合當准抄一紙,付他為炤。存案。

(瑪腰、甲必丹、雷珍蘭、朱葛礁爲本期記錄簽名:馬來文草書)

Lie Tjoe Hong(李子鳳)　　Oeij Hok Tjiang(黃福章)

Thio Tiauw Hok(張朝福)　　Tan Boen Kwil(陳文貴)

Gouw Keng Loen(吳經綸)　　Loa Tiong Hoeij(賴長輝)
Sim Keng Koen(沈景坤)　　Tan Tjiang Lee(陳獎禮)
The Tjan Siang(鄭宴祥)

和 1881 年 6 月 24 日,拜五

公堂設會議。

瑪腰李子鳳舍,仝甲必丹黃福章舍、甲必丹陳亞誥官、雷珍蘭張朝福官、雷珍蘭李亞二官、雷珍蘭陳文貴舍、雷珍蘭賴長輝官、雷珍蘭沈景坤官、朱葛礁陳獎禮官俱在座。陳文炳甲大、許煥章甲大、吳經綸甲三位,不到。

(葉亞昌、趙惟裕懇入欠熾昌銀擔保案)

承熾昌干刀和 1881 年 6 月 20 日第 610 號、612 號附二口詞,祈查勘可堪與否? 詳覆。

一、葉亞昌住小南門為商,安呾人梁雲昌住仝上為商,又張亞緝住望茄寺有田業,懇入欠熾昌銀 4000 盾。

二、趙惟裕住新把殺為商,安呾人趙當住仝上為商,又趙邦發住珍為商,懇入欠熾昌銀 3000 盾。

公堂會議:已勘葉亞昌、趙惟裕,並其安呾人所懇入熾昌銀。本堂酌量,現時俱各可堪。謹詳熾昌干刀裁奪。

(黃福章、陳文貴甲請知公堂為修理義學事)

修理義學之司事人黃福章甲大仝陳文貴甲請知公

堂:為木匠陳金枝所包修義學,尚有壁路[1]及零工未完。迄今許久,並無復作。今秋期將至,懇公堂主裁,俾令趕緊完竣。

列台議曰:此事原有立合約字及保認者[2],今所有未完諸工,飭限十四日內務必完竣。如其不然,當准司員照例而行可也。存案。

(瑪腰、甲必丹、雷珍蘭、朱葛礁爲本期記錄簽名:馬來文草書)

Lie Tjoe Hong(李子鳳)

Oeij Hok Tjiang(黃福章)

Tan A Kouw(陳亞誥)

Thio Tiauw Hok(張朝福)

Lie A Njie(李亞二)

Tan Boen Kwil(陳文貴)

Loa Tiong Hoeij(賴長輝)

Sim Keng Koen(沈景坤)

Tan Tjiang Lee(陳奬禮)

和 1881 年 7 月 15 日,拜五

公堂設會議。

瑪腰李子鳳舍,仝甲必丹黃福章舍、雷珍蘭張朝福官、雷珍蘭李亞二官、雷珍蘭陳文貴舍、雷珍蘭吳經綸舍、雷珍蘭賴長輝官、雷珍蘭沈景坤官、朱葛礁陳奬禮官、鄭宴祥官俱在座。陳文炳甲大、許煥章甲大、陳亞誥甲大三位,不到。

① 壁路:閩南話,磚牆的牆壁。

② 保認者:擔保人。

（蔡長水、李亞三懇入欠熾昌銀擔保案）

承熾昌干刀和 1881 年 7 月 12 日第 669 號、676 號附二口詞，祈公堂查勘可堪與否？具詞詳覆。

一、蔡長水住班芝蘭為商，安呾人李觀秀住珍為商，又李標生住音叻，懇入欠熾昌銀 3000 盾。

二、李亞三住洪溪為商，安呾人鍾亞炳住仝上煮荳油[①]，又黃帶郎住仝上飼豬，懇入欠熾昌銀 3000 盾。

公堂會議：已勘蔡長水及李亞三所懇入欠熾昌銀各 3000 盾，本堂酌量，蔡長水及其安呾，合三人現時可堪。李亞三現時亦可堪，但其安呾人皆作小經紀，不堪擔戴。謹詳熾昌干刀裁奪。

（瑪腰提請商議陳光華甲所當班芝蘭埔之厝地事）

瑪腰請公堂曰：陳光華甲所當班芝蘭埔之厝地，經於和本月 4 日過當字，即交其當銀 15000 盾。但原底[②]其頭當有和人為安呾，而前陳光華甲所懇當厝，並無用安呾人，而本堂亦已承受。總是凡過當事，和話西施則照原底所有而過名字，方無乖例。今其安呾人要抽出，列台意見如之何則可？

列台議曰：本堂原許當厝地而已，無用安呾人。此事再可詳達大淡知情，免致有違例之嫌。存案。

---

① 荳油：閩南話，醬油。

② 原底：閩南話，原本、原來。

（瑪腰建議諸默鳩集本界内路燈費用事）

瑪腰又請曰：前議本界内路燈要點火煙，諸默氏及鑒光人業已和議計集，每月共銀 477.8 盾。今火煙廊主已許定著[①]，問其煙項從何處而領？第思令諸默鳩集，逐月 15 日至 20 日交來公館值月之員者代收，以應火煙主取領，方為兩便。

列台曰：據瑪腰意見亦是妥當。就可將情達知火煙主，以便興作其火煙器。

即日，召集諸默氏，當堂宣諭此事，各已悅從。存案。

（瑪腰、甲必丹、雷珍蘭、朱葛礁爲本期記錄簽名：馬來文草書）

Lie Tjoe Hong（李子鳳）　Oeij Hok Tjiang（黄福章）
Thio Tiauw Hok（張朝福）　Lie A Njie（李亞二）
Tan Boen Kwil（陳文貴）　Gouw Keng Loen（吴經綸）
Loa Tiong Hoeij（賴長輝）　Sim Keng Koen（沈景坤）
Tan Tjiang Lee（陳獎禮）　The Tjan Siang（鄭宴祥）

和 1881 年 7 月 29 日，拜五

公堂設會議。

瑪腰李子鳳舍，仝甲必丹黄福章舍、雷珍蘭張朝福官、雷珍蘭李亞二官、雷珍蘭陳文貴舍、雷珍蘭吴經綸舍、

① 定著：閩南話，確定。

雷珍蘭賴長輝官、雷珍蘭沈景坤官、朱葛礁陳獎禮官、鄭宴祥官俱在座。陳文炳甲大、許煥章甲大、陳亞誥甲大三位,不到。

(黃九壽、林榮基懇入欠爣昌銀擔保案)

承爣昌干刀和1881年7月15日、26日第680號、721號附二口詞,祈公堂查勘可堪與否? 詳覆。

一、黃九壽住黎氏默,安咀人黃長壽及黃庚瑞俱住仝上,懇入欠爣昌銀3000盾。

二、林榮基住干冬圩,安咀人蔣碧生及陳順昌俱住結石珍為商,懇入欠爣昌銀3000盾。

公堂會議:已勘二人所懇入欠爣昌銀。本堂酌量,黃庚瑞現時可堪。黃九壽、黃長壽未見其生業,現時尚未可堪。迨林榮基係干冬圩人,本堂不知也。其安咀人蔣碧生、陳順昌,惟小經紀,不堪擔戴。謹詳爣昌干刀裁奪。

(連長生、王乙娘求離一案)

公勃低張(朝福)詳。

連長生年26歲,住洪溪,請伊妻王乙娘。供云:"晚自去年十月間結婚。彼時晚患痲疾,未得與妻共枕席之好。至本年正月元宵,拙妻請欲歸寧家母,意為晚尚染病,拙妻求歸則亦無妨。即備耳鎧與妻歸用,今數月矣。晚前病已愈,身體健壯,而妻屢叫不回。乞公堂明察。"

召訊王乙娘年16歲,住竹寮,供云:"自去年十月完婚,至本年正月間計三個月,夫婦之道尚未一度。氏細知拙夫非因病而然也，實男子而巾幗也。今叫氏回，是欲使伴與枕頭眠而已，徒貽春情之苦。今拙夫既無能為，令氏守生寡，誤了青春，實所不願。乞望判離是禱。”

台將情覆訊連長生，答曰：“晚實男子漢，為病故未敢相就。今已平復，若仍然不能為，任妻所欲，不敢強辨。但求妻一回，以明其雌雄是也。”

台諭乙娘曰：“爾夫病癒，欲調琴瑟之歡。汝暫歸，若猶弱也，再請未遲。”礙乙娘堅執不從。將情申詳。

連長生再請云：“拙妻久在外家，已生異心，再合無益。況家母屢屢勸離此惡婦，徒貽後患。乞公堂判離。”

台察其情夫妻各無意愛，強合無益。將情申詳公堂會議內裁奪。

覆訊夫婦，供如公勃低所詳。

公堂會議：論連長生、王乙娘求離一案。據乙娘所供，其夫自結婚三月，曾未一調琴瑟，力辨其非雄，不願再回。況長生疑妻久歸，已懷異行。今見夫妻各懷離心，強合無益。因是，本堂聽其離逷，各從別適。二比甘願，各花押在簿。存案。

（瑪腰、甲必丹、雷珍蘭、朱葛礁爲本期記錄簽名：馬來文草書）

Lie Tjoe Hong（李子鳳）　Oeij Hok Tjiang（黃福章）
Khouw Wang Tjiang（許煥章）　Thio Tiauw Hok（張朝福）
Lie A Njie（李亞二）　Tan Boen Kwil（陳文貴）
Gouw Keng Loen（吳經綸）　Loa Tiong Hoeij（賴長輝）
Sim Keng Koen（沈景坤）　Tan Tjiang Lee（陳奬禮）

The Tjan Siang(鄭宴祥)

和1881年9月3日,拜六

公堂設會議。

瑪腰李子鳳舍,仝甲必丹黃福章舍、甲必丹許煥章官、甲必丹陳亞詰官、雷珍蘭張朝福官、雷珍蘭李亞二官、雷珍蘭陳文貴官、雷珍蘭吳經綸舍、雷珍蘭賴長輝官、朱葛礁陳獎禮官、鄭宴祥官俱在座。陳文炳甲大、沈景坤甲二位,不到。

(李亞琨懇入欠熾昌銀擔保案)

承熾昌干刀和1881年8月15日第804號附一口詞,祈公堂查勘可堪與否?詳覆。

李亞琨住八廚沃干為商,安呾人李盛能住廿六間為商,李亞珠住丹那望為商,懇入欠熾昌銀6000盾。

公堂會議:已勘李亞琨援李盛能及李亞珠為安呾,所懇入欠熾昌銀6000盾。本堂酌量,入欠人及安呾人,現時皆可堪。謹詳熾昌干刀裁奪。

(瑪腰建議當討回惹致地租之多交欵項)

瑪腰請公堂曰:查和1878年惹致地租已落價[1],該納

---

① 落價:閩南話,價格下跌。

73.31 盾而已。然公堂仍舊還 122.4 盾，計加還 49.09 盾。此項合討回，列台意下如何？

列台議曰：本堂可另致書與厘力突賓難[①]申求回加還之項。將書寄與大淡知情，求為轉達是也。

（火煙廊主致書公堂为唐鑒光要點火煙之路燈事）

火煙廊[②]主和 1881 年 8 月 13 日致書公堂云，已接公堂和 1881 年 7 月 16 日第 368 號之書，悉知所議唐鑒光[③]要點火煙之路燈[④]計六十三支，從公班衙路燈之例，每年計有 2100 點鐘，每月該還銀 426.5 盾。今眾人每月共集有 477.8 盾，若逐月要一盡納者，至八年之後，祇可納每月 367.5 盾。惟公堂主裁，如已定著，祈一息來知，方好備辦。其燈器約二三個月方能完竣。

又和 8 月 24 日再一書云，恐後來鑒光人或有反覆，懇公堂為保逐月之燈銀，至十年為限。

列台議曰：此事若要我等為保認，宜斟酌其各思其萬全，然後再作相議。

（黃福章甲大、陳文貴甲等請知公堂為油漆書院事）

修義學司員黃福章甲大、陳文貴甲等請知公堂：今欲漆

---

① 厘力突賓難：亦作厘力突民蘭（美實直），荷蘭語 Directeur Binnenlands Bestuur，荷印內政部門主管之簡稱。

② 火煙廊：煤氣路燈公司。

③ 唐鑒光：華人居住區。

④ 火煙之路燈：煤氣路燈。

書院，經與劉文義約定，其價銀 580 盾。

列台議曰：從司理人主裁是也。存案。

（大朱陳獎禮繳入丹絨七夕祭費列單）

據陳（獎禮）大朱繳入丹絨七夕祭費列單，共銀肆佰盾。懇開出數。

列台閱畢議：令開櫃數。存案。

（瑪腰、甲必丹、雷珍蘭、朱葛礁爲本期記錄簽名：馬來文草書）

Lie Tjoe Hong（李子鳳）　Oeij Hok Tjiang（黃福章）

Khouw Wang Tjiang（許煥章）　Tan A Kouw（陳亞誥）

Thio Tiauw Hok（張朝福）　Lie A Njie（李亞二）

Tan Boen Kwil（陳文貴）　Gouw Keng Loen（吳經綸）

Loa Tiong Hoeij（賴長輝）　Tan Tjiang Lee（陳獎禮）

The Tjan Siang（鄭宴祥）

和 1881 年 9 月 6 日，拜二

公堂設會議。

瑪腰李子鳳舍，仝甲必丹黃福章舍、甲必丹陳文炳舍、甲必丹許煥章官、雷珍蘭李亞二官、雷珍蘭陳文貴舍、雷珍蘭吳經綸舍、雷珍蘭賴長輝官、雷珍蘭沈景坤官、朱葛礁陳獎禮官、鄭宴祥官俱在座。陳亞誥甲大、張朝福甲二位，不到。

（陳福星懇入欠熾昌銀擔保案）

承熾昌干刀和 1881 年 8 月 8 日第 777 號附一口詞，祈公堂查勘可堪與否？詳覆。

陳福星住新把殺為商，安呾人陳冷水及鍾伸二皆為商，前已入欠熾昌銀 2000 盾。今懇再添 1000 盾，計 3000 盾。

公堂會議：已勘陳福星所懇入欠熾昌銀 3000 盾，援陳冷水及鍾伸二為安呾。本堂酌量，入欠人及安呾人，現時俱各可堪。謹詳熾昌干刀裁奪。

（丹絨地承租人邱思珍盜伐樹木一案）

丹絨番運動請稅主邱思珍：因伐木計十三欉，並無請明公堂。即委張朝福甲往丹絨查察，果如運動所請。

召訊邱枝頭即思珍之父，（供）云："晚伐木經數年矣，但樹木已枯，故斫為火柴。晚失於報明，實犯約法。總乞公堂憐宥，以輕罪罰。"

公堂會議：若從君得叻字所約，稅主伐木無請明，每欉該罰銀 25 盾。但念邱枝頭理丹絨地已久，況斯一期稅價數倍高，若免禮罰則無以警後來。若從君得叻字，無乃尅虧矣。今斟酌罰銀壹佰盾，作四欉額足矣。

邱枝頭唯退。存案。

（瑪腰提請商議捨施地能否為雙壙之墳事）

瑪腰請公堂曰：前未定捨施地時，各人葬無定所，且能容為雙墳。譬如有貧人其夫先故，或其妻先亡而葬捨施地，後來夫妻懇合葬為雙壙。在晚弟思之，生則同床，死則同穴，莫如夫婦之親愛。既然其地能容為雙壙，不若順人情以濟貧人。未知列台意見如何？

列台議曰：凡捨施地本容單壙而已。但昔日無定其施地之例，任人埋葬各所。今若有夫婦懇為合葬，一則可以濟貧人之便，二夫妻亦可無憾。若其餘雖父子兄弟，尚有新定之施地可埋，不得亂葬。存案。

（章亞二、古西娘求離一案）

公勃低陳（文貴）詳。

古西娘年21歲，住八冉汶鄧亞端之處，請伊夫章亞二①。結髮四年，有生不育。供云："拙夫為小事則撻楚。氏產後纔廿日，被他毆打，遍身受傷，至今病延不瘳。前氏已請亞二蘭，而拙夫惡性不改，或打或罵，無所不施。氏恐傷性命，惟乞離之。"

召訊章亞二年35歲，住臭橋，供云："拙妻實因產後致病，非晚毆打之故也。自妻病，晚亦請醫調治。無奈岳母逐日辱罵，唆使拙妻請亞二蘭。然拙妻本無求離之心，因被母所迫，以致到公館請離。晚思無甚大故，夫妻之情未絕，不願離也。"

台覆訊西娘曰："爾夫尚有愛戀之情，合當從夫，不可聽母言，此乃出嫁從夫之道也。"西娘答曰："拙夫暴虐成性，其

---

① 章亞二：據《婚簿》載，1877年5月22日，住戈勞屈33歲章亞二與17歲古西娘成婚。媒妁古職娘，男方主婚章亞滿（叔祖），女方主婚古錦二（堂兄）。陰曆四月十三日交寅。

情薄而好動手足，氏病弱不堪酷楚，恐傷性命。出嫁從夫，理所當然。但死生之際，誰敢任之？氏誓死不願再合。"

古西娘和1880年10月14日再請云："去年和2月19日，氏遵甲必丹之令復歸從夫，至唐本年正月十五日，祇因伊叔姪小事，復打氏至目腫烏青，遂歸外祖之家。迄今絕無音問，亦無給費。情願離之。"

召訊章亞二，供云："晚尚未有嗣，視小姪為己子。而拙妻不能憐養，反施夏楚。晚勸諭不聽，反以惡言相加，故一時動手。況拙妻常集賭紙牌，又寄錢與人賭十二支[①]，衣褸皆被典當，晚之六串褲亦被竊典當，將票燒滅，舉動可惡。晚亦貧乏，不能養妻。而妻亦不賢，勢難白首。惟望離之。"

將情申詳公堂會議內裁奪。

覆訊夫婦，供如前詞。

公堂會議：按章亞二、古西娘，自三年前夫婦乖迕，合而復離者數次矣。細察其情，各懷疑忌，勢難了局。本堂合聽其離。二比甘願，唯退。存案。

（林金娘、王時習求離一案）

公勃低李（亞二）詳。

---

① 十二支：賭博的一種形式。以十二地支中的子、丑、寅、卯、辰、巳、午、未、申、酉、戌、亥爲序製成的賭具，或以競猜象棋中紅方的帥、仕、相、俥、傌、炮，與黑方的將、士、象、車、馬、炮等十二字爲規則進行賭博。開賭時，莊家任取一個字封之於匣中，賭客押中者得賭注的十倍償金；未押中者，賭注歸莊家。此外，還有以兩個字連賭的，稱"雙字開"，即莊家任取兩個字封之於匣中，賭客若按这两個字的順序押中，可得賭注的一百倍償金。

林金娘年23歲，住觀音亭，請伊夫王時習[①]："結髮七年，尚未生育。初因拙夫不給資費，氏家用不繼，乃私開其箱內之銀應用。拙夫覺而成怒，立時斥逐，不容再歸。不過為小項，如此絕情。伏惟明鑒。"

召訊王時習年42歲，住班芝蘭後，供云："非因拙妻竊取銀項而已，乃拙妻常遊竹寮，曾聞有淫行。晚初未深信，及後見其與惡婦仝往饒火郎之私軒。晚問其往彼處何干？他云要向人討金鍊仔[②]。晚駁曰，汝之仝行乃聖望港之妖媒，何以同至私軒索物乎？妻云我惟待在車中而已。察其行動，明有外私。如此淫婦，要他何用？乞公堂早判分離，免生後患。"

台訊金娘曰："爾夫言汝所行不節，故欲離之，汝願乎？"答曰："氏實無汙行，既拙夫見棄，情願從離。"

王時習和1881年7月14日再請云："拙妻今已四處浪蕩，貽辱門戶，切懇離之。"

台訊金娘，(答)曰："拙夫已懷疑忌，再合無益，不若離之。"將情申詳公堂會議內裁奪。

覆訊夫婦，供如公勃低所詳。

公堂會議：大凡夫婦乖迕，或因家道不順，或中饋失調，或悍婦懶惰，以致口角者，皆屬小節，怨怒易釋。今王時習

① 王時習：據《婚簿》載，1874年9月14日，住觀音亭40歲王四十(王時習)，與17歲林金娘成婚。媒妁王英娘，男方主婚王福全(胞叔)，女方主婚林啟明(父)。默氏范祿來單云王四十係唐生。據《新客簿》載，1864年1月21日已入字准居。

② 金鍊仔：閩南話，金項鏈。

明指其妻有桑中之行，此人情所大不堪，勢難復合。於是，本堂判離。二比甘願。存案。

（瑪腰、甲必丹、雷珍蘭、朱葛礁爲本期記錄簽名：馬來文草書）

Lie Tjoe Hong（李子鳳）
Oeij Hok Tjiang（黄福章）
Lie A Njie（李亞二）
Gouw Keng Loen（吳經綸）
Sim Keng Koen（沈景坤）
The Tjan Siang（鄭宴祥）
Tan Boen Peng（陳文炳）
Khouw Wang Tjiang（許煥章）
Tan Boen Kwil（陳文貴）
Loa Tiong Hoeij（賴長輝）
Tan Tjiang Lee（陳獎禮）

和 1881 年 10 月 7 日，拜五

公堂設會議。

瑪腰李子鳳舍，仝甲必丹陳文炳舍、甲必丹黄福章舍、甲必丹許煥章官、甲必丹陳亞誥官、雷珍蘭李亞二官、雷珍蘭陳文貴舍、雷珍蘭吳經綸舍、雷珍蘭賴長輝官、雷珍蘭沈景坤官、朱葛礁陳獎禮官、鄭宴祥官俱在座。張朝福甲一位，不到。

（朱燈光懇入欠熾昌銀擔保案）

承熾昌干刀和 1881 年 9 月 23 日第 915 號附一口詞，祈公堂查勘可堪與否？詳覆。

朱燈光住小南門開什貨店，安呾人朱炎昌住觀音亭開什貨

店，林衛紅住珍兌勞致，入欠熾昌銀 3000 盾。

公堂會議：已勘朱燈光援朱炎昌、林衛紅為安呾，所懇入欠熾昌銀 3000 盾。本堂酌量，惟朱燈光可堪，其二安呾人皆不堪。謹詳熾昌干刀裁奪。

（大淡致書公堂准唐美色甘雷珍蘭陳瓊瑞告退致仕）

承大淡和 1881 年 9 月 24 日第 6372 號致書公堂，遵王上和 1880 年 4 月 23 日第 34 號案奪，准唐美色甘雷珍蘭陳瓊瑞①告退致仕②，仍賜欽賜雷珍蘭之職銜。特此達聞。

列台閱畢。存案。

（瑪腰、甲必丹、雷珍蘭、朱葛礁爲本期記錄簽名：馬來文草書）

Lie Tjoe Hong（李子鳳）
Oeij Hok Tjiang（黃福章）
Tan A Kouw（陳亞詰）
Tan Boen Kwil（陳文貴）
Loa Tiong Hoeij（賴長輝）
Tan Tjiang Lee（陳獎禮）
Tan Boen Peng（陳文炳）
Khouw Wang Tjiang（許煥章）
Lie A Njie（李亞二）
Gouw Keng Loen（吳經綸）
Sim Keng Koen（沈景坤）
The Tjan Siang（鄭宴祥）

和 1881 年 11 月 11 日，拜五

公堂設會議。

① 陳瓊瑞：Tan Keng Soei，《荷印年鑒》記載為 1880 年 4 月 23 日授任。
② 致仕：古時官員正常的退休或辭職。

瑪腰李子鳳舍，仝甲必丹黃福章舍、甲必丹許煥章官、甲必丹陳亞誥官、雷珍蘭張朝福官、雷珍蘭吳經綸舍、雷珍蘭陳文貴舍、雷珍蘭賴長輝官、朱葛礁陳獎禮官、鄭宴祥官俱在座。陳文炳甲大、李亞二甲、沈景坤甲三位，不到。

（陳永添入口詞懇過當其厝宅與公堂事）

陳永添 和 1881 年 10 月 21 日入口詞云：有厝宅二間，其地租單第 1569 號、1806 號，的西銀 2400 盾並 4000 盾。此間厝晚得三分之二，原已當與別人 2500 盾。今懇過當與公堂，願貼利息銀每年六八仙。

公堂會議：據公眉司許煥章甲大並吳經綸甲查報，二間厝三分之二，要當 2500 盾，酌量可堪。今從公眉司所見是也。即可詳字與大淡知情，俟其復准，然後定奪。

（厘力突賓蘭申交還公堂多交 1877 年及 1878 年惹致地租）

承厘力突賓蘭申和 1881 年 11 月 7 日第 18356 號之單銀 9180 盾，繳回公堂所加還和 1877 年及 1878 年惹致地租單，第 7572 號之項額。

公堂議曰：將單與瑪腰仝二朱押號，而後取領其項，收入櫃內是也。存案。

（瑪腰提請商議當再擇一所為捨施地事）

瑪腰請曰：據萬律邱枝頭請知，式里陂之捨施地今已葬滿矣，當再擇一所付人埋葬。列台意見如何？

列台議曰：此事宜速委掌塚之員陳文炳甲大及許焕章甲大，令招邱枝頭擇其所為捨施之域，詳覆公堂，然後定奪。

（溫曾賢、陳福娘求離一案）

公勃低□詳。

溫曾賢年39歲，住甘光貓厘，請伊妻陳福娘。結髮六年，有生不育。供云："晚因染病，妻勸使回唐調養。晚思亞朗無人照顧，小兒年少未堪料理，故不得離身。拙妻因此不悅，遂成口角。拙妻憤欲飲火酒就死，遂將其物件蓆捲搬出外家，晚使小兒叫回。及後，晚親叫他，絕然不回。察其意已懷異心，聞外人亦有議妻之所行不節。今既不回，晚任他所欲。若欲離，則願離之。"

召訊陳福娘年23歲，住臭橋，供云："拙夫所請皆謬。當時他欲回唐養病，苦無路費，氏云可將廚內物件賣作路費。物已盡兑，其項蕩盡而他不果行也。氏較問其物項，遂成口角，氏被他逐出。拙夫隨後將婚字提交家父，請默為證言，欲離之。夫妻乖迕，辱及父母，情難堪矣。況已疑氏行有不節，終難白首。氏誓不願再從。"

溫曾賢 和 1881年10月份請：其妻與丹那望副默通姦，現有三四人為證。懇公廷責其淫奔之罪，即願離之。

台曰：既有明證，即可請上律。召訊陳福娘，供云："拙夫控告公廷，誣氏與丹那望副默通姦，副淡罰氏充役苦工，可見夫情已絕，但願離之。"將情申詳公堂會議內裁奪。

覆訊夫婦，供如公勃低所詳。

公堂會議：論溫曾賢、陳福娘求離一案。自昔福娘原已懷異心，故勸合屢屢而不肯從。今已明其私姦，且經公廷責罰其汙行之罪，宜即離之。令各押號於離簿。存案。

（瑪腰、甲必丹、雷珍蘭、朱葛礁爲本期記錄簽名：馬來文草書）

Lie Tjoe Hong（李子鳳） Oeij Hok Tjiang（黃福章）
Khouw Wang Tjiang（許煥章） Tan A Kouw（陳亞誥）
Thio Tiauw Hok（張朝福） Tan Boen Kwil（陳文貴）
Gouw Keng Loen（吳經綸） Loa Tiong Hoeij（賴長輝）
Tan Tjiang Lee（陳獎禮） The Tjan Siang（鄭宴祥）

和 1881 年 11 月 22 日，拜（二）

公堂設會議。

瑪腰李子鳳舍，仝甲必丹黃福章舍、甲必丹許煥章官、雷珍蘭李亞二官、雷珍蘭吳經綸舍、雷珍蘭陳文貴舍、雷珍蘭賴長輝官、雷珍蘭沈景坤官、朱葛礁陳獎禮官、鄭宴祥官俱在座。陳文炳甲大、陳亞誥甲大、張朝福甲三位，不到。

（瑪腰提请商议娼間要移在牛郎沙里事）

瑪腰請公堂曰：晚弟承副淡和 1881 年□月□日第□書云，娼間①要移在牛郎沙里。經委吳經綸甲、賴長輝甲仝二朱公眉司回報云，所指之處，係番運律之厝，約離完劫寺一

① 娼間：閩南話，妓院。

百步之遠，且近於塚地。列台意見如何？

列台議曰：據委員等回報，地既近完劫寺，又左右俱是塚地，我唐人婦女或有時謁墓，或清明祭祀，迫近娼閒，殊為不便。可將此情詳覆副淡，冀其擇別地更妙。

（許煥章甲大告知公堂擇定捨施地事）

許煥章甲大請公堂曰：晚弟近日仝陳文炳甲大，承委公眉司要擇定捨施地。茲選在戈踏望務，與舊施墳相連。約長三拾餘戈，西至大路，東有買地之風水，南至惹致地界址北舊施墳。但晚弟等觀舊施墳之例，闊祇六卩巨、長八卩巨，短狹太甚。每有致祭，無處排饌，且拜跪無地矣。請照舊例，闊八卩、長 12 距，方能足用。惟公堂裁之。

公堂會議：凡設捨施地原要利人方便，既嫌迫狹，是礙方便之義。據許甲大所請，則可從舊，仍施八卩巨之闊、十二卩巨之長。至於所擇捨施地之處，則從公眉司所定是也。即可宣達萬律邱枝頭知道。

（瑪腰、甲必丹、雷珍蘭、朱葛礁爲本期記錄簽名：馬來文草書）

Lie Tjoe Hong（李子鳳）	Oeij Hok Tjiang（黄福章）
Khouw Wang Tjiang（許煥章）	Lie A Njie（李亞二）
Tan Boen Kwil（陳文貴）	Gouw Keng Loen（吳經綸）
Loa Tiong Hoeij（賴長輝）	Sim Keng Koen（沈景坤）
Tan Tjiang Lee（陳獎禮）	The Tjan Siang（鄭宴祥）

和 1881 年 12 月 9 日，拜五

公堂設會議。

瑪腰李子鳳舍，仝甲必丹陳亞詣官、雷珍蘭張朝福官、雷珍蘭李亞二官、雷珍蘭陳文貴舍、雷珍蘭賴長輝官、雷珍蘭沈景坤官、朱葛礁陳獎禮官、鄭宴祥官俱在座。陳文炳甲大、黃福章甲大、許煥章甲大、吳經綸甲四位，不到。

（大淡致書准公堂掌當陳永添之宅厝）

承大淡和 1881 年 11 月 29 日第 8091 號致書，回復公堂和本月 14 日第 541 號所詳，為陳永添要過當其厝貳間銀 2500 盾。茲即准公堂掌當，可向小商做過當字是也。

列台閱畢，議曰：既大淡已經允准，即可達知陳永添，約何時向小商做當字。存案。

（丹絨、式里陂地稅主邱思珍稟知公堂懇要斬伐枯木事）

丹絨、式里陂地稅主邱思珍稟知公堂：因在丹絨樹木多枯或欲倒，列單一紙，計 38 欉。懇要斬伐，合應稟明。

公堂會議：此事當委外務陳亞詣甲仝陳文貴甲查勘，然後定奪。存案。

（公勃低陳亞詣甲大呈熾昌干刀所錄寄諸人所欠熾昌一冊）

值月公勃低陳亞誥甲大呈熾昌干刀所錄寄諸人所欠熾昌一冊。已經查明,謹獻公堂裁奪。

公堂議曰:就公勃低所詳,可令二朱傳抄和字,詳覆熾昌干刀是也。存案。

(瑪腰、甲必丹、雷珍蘭、朱葛礁爲本期記錄簽名:馬來文草書)

Lie Tjoe Hong(李子鳳)

Thio Tiauw Hok(張朝福)

Tan Boen Kwil(陳文貴)

Sim Keng Koen(沈景坤)

The Tjan Siang(鄭宴祥)

Tan A Kouw(陳亞誥)

Lie A Njie(李亞二)

Loa Tiong Hoeij(賴長輝)

Tan Tjiang Lee(陳獎禮)

和 1882 年 1 月 27 日,拜五

公堂設會議。

瑪腰李子鳳舍,仝甲必丹陳文炳舍、甲必丹黃福章舍、甲必丹許煥章官、雷珍蘭李亞二官、雷珍蘭陳文貴舍、雷珍蘭賴長輝官、雷珍蘭沈景坤官、朱葛礁陳獎禮官、鄭宴祥官俱在座。陳亞誥甲大、張朝福甲、吳經綸甲三位,不到。

(李長水入欠熾昌銀擔保案)

承熾昌干刀和 1882 年 1 月 16 日第 42 號附一口詞,祈公堂查勘可堪與否?詳覆。

一、李長水援黃金東及張佳子為安呾,入欠熾昌銀

2000盾。今張佳子抽出，要換李長合代之。

公堂會議：勘得李長合要安呾李長水，入欠熾昌銀2000盾。本堂酌量，現時可堪。謹詳熾昌干刀裁奪。

（陳清波、詹茂娘求離一案）

公勃低吳（經綸）詳。

陳清波[①]年22歲，住結石珍，請伊妻詹茂娘。結髮年餘。供云："晚曩日請公館，為拙妻在家乖迕。蒙大瑪腰及列憲令晚仍歸復合，晚從命，即另稅厝與妻同居。至本八月十五日，晚往省姊墓歸時，而妻亡出[②]。探諸鄰右，方知妻在薛地水之家。晚由鄰家突入，妻倉忙穿籬奔走。晚一時憤極，追而擊之。岳祖不願，遂請上律，晚被罰銀拾盾。薛地水在干刀亦自認拙妻經四次叩其門，因念鄰好，不敢相汙。妻既懷異心，且經訟公廷，若不早離，恐生後患。晚誓不敢復合，早離為幸。"

召訊詹茂娘年17歲，住丹那娘那[③]，供云："拙夫省墓歸，氏正在後面落廁，外門關閉，拙夫撞門突入，不分黑白，揪氏之髮痛打，言氏有藏姦夫。今拙夫已懷厭忌，不若離之。"

召訊薛地水年22歲，住仝上，供云："詹茂娘實有叩晚之家門，前後三四次，屢拒而戒之曰：汝少婦有夫，我等又無妻

---

① 陳清波：據《婚簿》載，1880年5月3日，住吉石珍20歲陳清波與16歲詹茂娘成婚。媒妁陳方娘，男方主婚陳長安（父），女方主婚詹西河（父）。陰曆五月二十六日交寅。

② 亡出：閩南話，逃出、逃走。

③ 丹那娘那：亦作丹那娘仔，Tanah Njonja，吧城地名。

屬，倘爾夫知覺，反為不美，爾速去，瓜履之嫌可畏也。所供是實。”

召訊黃長輝年24歲，與薛地水同居，供云：“果如地水之言，詹氏叩門時，地水問欲何為？答云可以開門。地水又曰此處無女家，我等皆男子，爾可速去，勿貽外議。所供是實。”

將情申詳公堂大嚂內裁奪。

覆訊夫婦，供如公勃所詳。

公堂會議：按陳清波請其妻詹茂娘有淫奔之行，據有薛地水、黃長輝二人為證。雖曰未至於亂，然少婦而尋男子，閨範所不容。況已訟到公廷，此情何可復合？宜判其離遏，各從別適。二比甘願。存案。

（公勃低陳文炳甲大繳入和 1881 年公堂櫃項全年結冊）

據值月公勃低陳文炳甲大繳入和 1881 年公堂櫃項出入，自 1 月 1 日起，至 12 月終止，全年結冊。

承和 1880 年 12 月終結，存現銀柒萬捌仟伍佰零三盾 5.7 方正。

兑風水條目

對兑式厘陂地風水，闊 24 距、長 48 距，計壹穴，收來銀 1218.5 盾。又兑仝上，闊 20 距、長 40 距，計壹穴，收來銀 541.6 盾。又兑仝上，闊 16 距、長 32 距，計貳穴，收來銀 440 盾。又兑仝上，闊 12 距、長 24 距，計 149 穴，收來銀 10087.3 盾。

計四條,共收來銀 12287.4 盾。

收地稅並利息銀條目

全年對收地園稅並利息,計 22 條,共收來銀 62460.96 盾。單吉。

連上原並收銀計叁大條,合共銀壹拾伍萬叁仟貳佰伍拾壹盾 9.3 方。

全年開費條目

對開諸人辛金並還地租什費,全年計 26 條,共去銀 4978.38 盾。又對當厝,計三條三間,共去銀 21000 盾。

計貳條,共銀 25978.38 盾。

對除以外,存來現銀壹拾貳萬七仟貳佰七拾三盾 5.5 方正。

列台閱畢議:傳和字呈上大淡電鑒。

(公堂商議如何設法興盛明誠書院事)

陳文貴甲請公堂曰:今明誠書院業已修理,增益寬廣,而生徒零零無幾。未知公堂如何設法方得興盛?

公堂會議曰:夫立義學之意,原要施教於貧人,免其束金。今當利人方便,令諸默通知各界內,誰欲赴學可向義學師請明,就便入讀。而義學師惟可錄寫其生徒及學父之名,與司理員知道,免求默稟公堂之煩矣。茲定司理義學五員:黃福章甲大、陳亞誥甲大、李亞二甲、吳經綸甲、沈景坤甲,巡察義學之事。存案。

（瑪腰、甲必丹、雷珍蘭、朱葛礁爲本期記錄簽名：馬來文草書）

Lie Tjoe Hong（李子鳳） Tan Boen Peng（陳文炳）
Oeij Hok Tjiang（黃福章） Khouw Wang Tjiang（許煥章）
Lie A Njie（李亞二） Tan Boen Kwil（陳文貴）
Loa Tiong Hoeij（賴長輝） Sim Keng Koen（沈景坤）
Tan Tjiang Lee（陳獎禮） The Tjan Siang（鄭宴祥）

和1882年2月8日，辛巳十二月二十日，拜三

瑪腰李子鳳舍，仝甲必丹黃福章舍、甲必丹許煥章官、雷珍蘭吳經綸舍、雷珍蘭賴長輝官、雷珍蘭沈景坤官、朱葛礁陳獎禮官、鄭宴祥官俱在座。陳文炳甲大、陳亞誥甲大、張朝福甲、李亞二甲、陳文貴甲五位，不到。

公堂封印大吉

風調雨順，國泰民安。
所有諸例，悉皆依舊而行。

（瑪腰、甲必丹、雷珍蘭、朱葛礁爲本期記錄簽名：馬來文草書）

Lie Tjoe Hong（李子鳳） Oeij Hok Tjiang（黃福章）
Khouw Wang Tjiang（許煥章） Gouw Keng Loen（吳經綸）
Loa Tiong Hoeij（賴長輝） Sim Keng Koen（沈景坤）
Tan Tjiang Lee（陳獎禮） The Tjan Siang（鄭宴祥）

和 1882 年 3 月 9 日，壬午正月二十日，拜四

瑪腰李子鳳舍、仝甲必丹黃福章舍、甲必丹許煥章官、雷珍蘭張朝福官、雷珍蘭李亞二官、雷珍蘭陳文貴舍、雷珍蘭吳經綸舍、雷珍蘭賴長輝官、雷珍蘭沈景坤官、朱葛礁陳獎禮官、鄭宴祥官俱在座。陳文炳甲大、陳亞誥甲大二位，不到。

公堂開印大吉

風調雨順，國泰民安。

所有諸例，悉皆依舊而行。

（瑪腰、甲必丹、雷珍蘭、朱葛礁爲本期記錄簽名：馬來文草書）

Lie Tjoe Hong（李子鳳）　Oeij Hok Tjiang（黃福章）

Khouw Wang Tjiang（許煥章）　Thio Tiauw Hok（張朝福）

Lie A Njie（李亞二）　Tan Boen Kwil（陳文貴）

Gouw Keng Loen（吳經綸）　Loa Tiong Hoeij（賴長輝）

Sim Keng Koen（沈景坤）　Tan Tjiang Lee（陳獎禮）

The Tjan Siang（鄭宴祥）

和 1882 年 3 月 17 日，拜五

公堂設會議。

瑪腰李子鳳舍，仝甲必丹黃福章舍、雷珍蘭張朝福官、

雷珍蘭李亞二官、雷珍蘭陳文貴舍、雷珍蘭吳經綸舍、雷珍蘭賴長輝官、雷珍蘭沈景坤官、朱葛礁陳獎禮官、鄭宴祥官俱在座。陳文炳甲大、許煥章甲大、陳亞誥甲大三位,不到。

(詹茂隆懇入欠熾昌銀擔保案)

承熾昌干刀和1882年3月8日第217號附一口詞一張,祈公堂查勘可堪與否?詳覆。

詹茂隆住珍為商,原入欠熾昌銀3000盾,援薛文東、詹標時為安呾,今詹標時身故,要換黃順良以代之。

公堂會議:查黃順良在甘光峇厘有二間厝額。本堂酌量,現時可堪。謹詳熾昌干刀裁奪。

(瑪腰提議將修義學尚存之緣銀存入公堂公櫃事)

瑪腰請公堂曰:修義學之緣銀今尚存。晚弟意將項入公櫃,別貯茄令箱①。倘有人欲當金硂器,則可承受。列台意下如何?

列台議曰:瑪腰之意如此亦妙。存案。

(義學司理員提議再聘請一位義學教師事)

義學司理員請公堂曰:查義學生徒現有三十八名,後之來者尚未可知?一義學師衹堪教三十名之門徒,宜再請一位副教,方能進益。至於富家之子弟,若要赴學,則令還其

---

① 茄令箱:藤箱。

柬金入公。望公堂早為定奪如何施行。

公堂會議:論義學若生徒過多,一師獨教未免草草。本堂合當再選一位副教,約每年柬金銀 400 盾。若富家子弟要赴學者,諸司員等可以酌量其柬金是也。存案。

(瑪腰提請上書大淡陳明逐年公堂當開清明及七夕祭費)

瑪腰復請曰:今清明在邇,逐年先請大淡以開祭費。晚弟意今欲作一次上字,陳明逐年公堂當開清明及七夕祭費,計 800 盾。庶免年年請明之煩。

列台曰:如此更妙。存案。

(瑪腰、甲必丹、雷珍蘭、朱葛礁爲本期記錄簽名:馬來文草書)

Lie Tjoe Hong(李子鳳)
Thio Tiauw Hok(張朝福)
Tan Boen Kwil(陳文貴)
Loa Tiong Hoeij(賴長輝)
Tan Tjiang Lee(陳獎禮)
Oeij Hok Tjiang(黃福章)
Lie A Njie(李亞二)
Gouw Keng Loen(吳經綸)
Sim Keng Koen(沈景坤)
The Tjan Siang(鄭宴祥)

和 1882 年 4 月 14 日,拜五

公堂設會議。

瑪腰李子鳳舍,仝甲必丹黃福章舍、甲必丹許煥章官、雷珍蘭張朝福官、雷珍蘭李亞二官、雷珍蘭陳文貴舍、雷珍

蘭吳經綸舍、雷珍蘭賴長輝官、雷珍蘭沈景坤官、朱葛礁陳獎禮官、鄭宴祥官俱在座。陳文炳甲大、陳亞誥甲大二位，不到。

(黃亞謝、郭占鼇、王春溪懇入欠熾昌銀擔保案)

承熾昌干刀和 1882 年 3 月 8 日、21 日，4 月 17 日第 199 號、262 號、305 號，附三口詞，祈公堂查勘可堪與否？詳覆。

一、黃亞謝住大南門，安呾人馮亞添及廖亞連住仝上，懇入欠熾昌銀 4000 盾。

二、郭占鼇住北戈然，安呾人林如磋住大港墘，及郭占鳳住茂物，懇再添入欠熾昌銀 1000 盾，共 2000 盾。

三、王春溪住丹那望，安呾人詹寶山及詹啓昌仝住結石珍，懇入欠熾昌銀 4000 盾。

公堂會議：已勘諸人所懇入欠熾昌銀。本堂酌量，惟王春溪及安呾人現時可堪。餘者俱皆未堪。謹詳熾昌干刀裁奪。

(大淡致書准公堂開牛郎沙里清明及丹絨七夕祭費事)

承大淡和 1882 年 3 月 20 日第 2037 號致書公堂，已閱和本月 15 日 116 號公堂所詳。茲即准公堂開牛郎沙里清明及丹絨七夕祭費，本年捌佰盾。

列台閱畢。存案。

(副淡附大淡之書達知公堂祈斟酌修理牛郎沙里新塚之路事)

承副淡和 1882 年 3 月 24 日第 1862 號,附大淡之書達知公堂:因牛郎沙里新塚之路現時甚壞,此乃公堂地之界分,但前此地已與火車局作火車路。祈公堂斟酌,誰該修理? 具詞詳覆。

公堂會議:查量地干刀自和 1869 年此路已造火車路,將舊路移在西勢平。今此條路火車主該當管顧修理,不干公堂之事矣。茲將大淡之書繳回,詳覆副淡明鑒。

(楊福全入口詞懇典當其厝與公堂事)

楊福全 和 1882 年 4 月 14 日入口詞云:有壁厝[①]在中港仔壹間,原典與和人銀 3000 盾。今懇公堂為過當,願貼利息銀六八仙。

公堂會議:即委許煥章甲大仝吳經綸甲公眉司先查其厝之價值,然後再作相議。存案。

(瑪腰提議公堂合當修理丹絨及上帝爺廟兩條路事)

瑪腰請公堂曰:今丹絨及上帝爺(廟)兩條路俱已廢壞,公堂合當修理。列台意見如何?

列台議曰:瑪腰意見甚妙,然此事關係非少,宜就本堂十員僚官,分作兩路公眉司,先查其路途如何修治,然後再議妥當而行。

---

① 壁厝:亦作甓厝,閩南話,磚瓦房。

（瑪腰、甲必丹、雷珍蘭、朱葛礁爲本期記錄簽名：馬來文草書）

Lie Tjoe Hong（李子鳳）

Khouw Wang Tjiang（許煥章）

Lie A Njie（李亞二）

Gouw Keng Loen（吳經綸）

Sim Keng Koen（沈景坤）

The Tjan Siang（鄭宴祥）

Oeij Hok Tjiang（黃福章）

Thio Tiauw Hok（張朝福）

Tan Boen Kwil（陳文貴）

Loa Tiong Hoeij（賴長輝）

Tan Tjiang Lee（陳獎禮）

和 1882 年 4 月 21 日，拜五

公堂設會議。

瑪腰李子鳳舍，仝甲必丹黃福章舍、甲必丹許煥章官、雷珍蘭張朝福官、雷珍蘭李亞二官、雷珍蘭陳文貴舍、雷珍蘭吳經綸舍、雷珍蘭賴長輝官、雷珍蘭沈景坤官、朱葛礁陳獎禮官、鄭宴祥官（俱在座）。陳文炳甲大、陳亞誥甲大二位，不到。

（古玉山懇入欠熾昌銀擔保案）

承熾昌干刀和 1882 年 3 月 15 日第 233 號附一口詞，祈公堂查勘可堪與否？詳覆。

古玉山住真郎安，其安咀人陳順發住丹那望，又黃渭水住大巷內，懇入欠熾昌銀 1000 盾。

公堂會議：已勘高玉山[1]並安咀人所懇入欠熾昌銀

---

① 高玉山：原檔如此，上文作“古玉山”。

1000 盾。本堂酌量,現時可堪。謹詳熾昌干刀裁奪。

(黃椄、陳貞娘求離一案)

公勃低吳經綸甲詳。

黃椄[①]年36歲,住新把殺,請伊妻陳貞娘。結髮九年,生一女名嬌娘,年八歲。供云:"因妻所行不端,自六個月前常聞外人言,妻有桑中之行,晚常致防要捉姦夫而不可得。及去年冬至日,妻請要往本落芝那尋兄。晚訪其虛實,非往尋兄,乃與姦夫鍾糞箕仝往茂物一宿方回。搭火車落禮萡[②],即轉尋其兄,至下午回家,此一證也。又有人言,妻素與姦夫有批信來往,晚伺妻他出,即搜其箱內,乃得姦夫之和蘭批[③]計十一張。請與憲台明察。"

台逐一看過其書,中皆通情之言。台即問黃椄:"今欲何為?"椄曰:"妻既不節,別不計較,但求速離,免貽後患。"

召訊陳貞娘年27歲,住珍,供云:"夫既誣氏通姦,何不拿姦夫為證?那時莫云鞭撻,雖殺死亦所甘心。今止憑外言亂指汙行,是誰甘願?且書劄之來,氏實不知鍾糞箕何如人,亦素不相識。夫既已厭絕,當先還家母之物件砼耳鏇一對、衣針一支、砼手指一卩、頭針一支,此物先還,方纔願離。"

---

① 黃椄:據《婚簿》載,1873年8月25日,住戈勞屈27歲黃椄,與19歲陳貞娘成婚。媒妁陳桂娘,男方主婚黃富(堂叔),女方主婚陳文生(胞兄)。陰曆八月二十三日交寅。默氏黃庚瑞來單云係唐生。據《新客簿》載,1869年12月5日搭火舟從叻(新加坡)來吧,已入字。

② 禮萡:亦作"茄泊"、"黎北",Depok,又譯作"德波",地名,位於吧城南郊。

③ 和蘭批:閩南話,荷蘭文信件。

將情申詳公堂議内裁奪。

覆訊夫婦，供如公勃低所詳。

公堂會議：按黃榛所請伊妻陳貞娘為有淫奔之行求離一案。細察黃榛之供詞，及查貞娘與姦夫往來之書劄，形跡似真。雖不得捉其姦夫，然黃榛疑忌已深，強合恐成後患。勘得貞娘之供詞，雖託賴不招，然徒為遮飾之詞。觀欲索金硂器方纔肯離，於此可見夫婦之情絕不相關。因是，本堂判離，其女歸父撫養。存案。

吉。

（瑪腰、甲必丹、雷珍蘭、朱葛礁爲本期記錄簽名：馬來文草書）

Lie Tjoe Hong（李子鳳） Oeij Hok Tjiang（黄福章）
Khouw Wang Tjiang（許煥章） Thio Tiauw Hok（張朝福）
Lie A Njie（李亞二） Tan Boen Kwil（陳文貴）
Gouw Keng Loen（吴經綸） Loa Tiong Hoeij（賴長輝）
Sim Keng Koen（沈景坤） Tan Tjiang Lee（陳獎禮）
The Tjan Siang（鄭宴祥）

和 1882 年 4 月 28 日，拜五

公堂議會。

瑪腰李子鳳舍，仝甲必丹陳文炳舍、甲必丹黃福章舍、雷珍蘭李亞二官、雷珍蘭吳經綸舍、朱葛礁陳獎禮官、鄭宴祥官在座。許煥章甲大、陳亞詻甲大、張朝福甲、陳文貴甲、

賴長輝甲、沈景坤甲六位，不到。

(林山郎、林斗懇入欠爈昌銀擔保案)

承爈昌干刀和1882年4月4日、25日，第322號、378號附二口詞，祈公堂查勘可堪與否？詳覆。

一、林山郎住丹那望，安咀人曾新客住仝上，及戴有福住紅碑，皆做貓澤[①]生理，懇入欠爈昌銀2000盾。

二、林斗住舊把殺，安咀人謝文準住大港墘，又林朝生住小南門，皆為商，懇入欠爈昌銀6000盾。

公堂會議：已勘二人所懇入欠爈昌銀。本堂酌量，入欠人及安咀人，現時俱各可堪。謹詳爈昌干刀裁奪。

(瑪腰、甲必丹、雷珍蘭、朱葛礁爲本期記錄簽名：馬來文草書)

Lie Tjoe Hong(李子鳳)

Oeij Hok Tjiang(黄福章)

Gouw Keng Loen(吳經綸)

The Tjan Siang(鄭宴祥)

Tan Boen Peng(陳文炳)

Lie A Njie(李亞二)

Tan Tjiang Lee(陳奬禮)

和1882年5月12日，拜五

公堂設會議。

瑪腰李子鳳舍，仝甲必丹陳文炳舍、甲必丹黄福章舍、

① 貓澤：亦作“峇澤”，馬來語Batik，東印度群島特產的蠟染花布、蠟染花裙。

甲必丹許煥章官、雷珍蘭吳經綸舍、雷珍蘭賴長輝官、雷珍蘭沈景坤官、朱葛礁陳獎禮官、鄭宴祥官在座。陳亞誥甲大、張朝福甲、李亞二甲、陳文貴甲四位，不到。

(查勘林秋娘、胡榮利求離一案)

承副淡和1882年5月2日附日案第1461號，為林秋娘請伊夫胡榮利[1]。結婚四年歸溫律嶼，迄今三年，其夫竟無給費，故懇判離。祈公堂查勘詳覆。

公勃低李亞二甲和1882年5月4日查勘如左(下)：

召訊林秋娘年20歲，住溫律嶼，供云："氏自入夫家，衣食不得溫飽，故歸溫律嶼傍母而食。"台問："爾母作何生活？"答云："惟兌蝦糞及番椒，以圖每日之餐。"台曰："若然，亦無過與爾夫之家之不得溫飽，豈爾夫絕無臨顧叫回乎？"答曰："氏亦經寄書，而拙夫致之度外。今惟懇公堂判離。"

召訊胡榮利年23歲，供云："晚與林秋娘結髮於今四年，而拙妻無故歸投其母，三年不返。晚親到其家叫回，他堅不肯從，故無給費。自妻入門，晚所得日食與妻共啖，依貧家身分，從未嘗饑餓，但乏金硂與妻用之而已矣。晚自推無過，諒妻嫌晚家貧，不削為夫，故屢求離絕。若然，則傷夫婦之訓，晚不願從離。乞列台明鑒。"

覆訊夫婦，供如公勃低所詳。

公堂會議：據夫妻所供之詞，並無他故，大抵林秋娘祇

---

① 胡榮利：《婚簿》中所載為"胡永利"，1880年1月6日，20歲胡永利與18歲林秋娘成婚。媒妁戴二娘，男方主婚胡勝妹(祖父)。

因夫貧,不得供膏粱美錦,遂棄夫而歸海嶼。夫叫不返,強欲求離。若從其意,大傷夫婦之倫。公堂酌量,不得判離。懇副淡嚴令夫婦復合是也。

(黃福章甲大建議公堂添補義學副先生束金事)

義學司員黃福章甲大請公堂曰:據副教先生言,公堂所給束脩銀 400 盾,開用不足。晚弟轉思 400 盾,無乃太薄,請益添 100 盾,未知公堂如何裁奪?

公堂議曰:前期會議,已定副先生束金銀 400 盾,業已詳字與大淡知情。迄今准否,尚未回復。若復請益,殊為不便。但義學生徒另還束金者,不止 100 盾。後日就此項暫為添補 100 盾,餘者入公堂櫃數,方能兩全。存案。

(瑪腰、甲必丹、雷珍蘭、朱葛礁爲本期記錄簽名:馬來文草書)

Lie Tjoe Hong(李子鳳)
Tan Boen Peng(陳文炳)
Oeij Hok Tjiang(黃福章)
Khouw Wang Tjiang(許煥章)
Gouw Keng Loen(吳經綸)
Loa Tiong Hoeij(賴長輝)
Sim Keng Koen(沈景坤)
Tan Tjiang Lee(陳獎禮)
The Tjan Siang(鄭宴祥)

和 1882 年 6 月 23 日,拜五

公堂設會議。

瑪腰李子鳳舍,仝甲必丹陳文炳舍、甲必丹黃福章舍、

甲必丹許煥章官、雷珍蘭張朝福官、雷珍蘭李亞二官、雷珍蘭陳文貴舍、雷珍蘭賴長輝官、雷珍蘭吳經綸舍、雷珍蘭沈景坤官、朱葛礁陳獎禮官、鄭宴祥官俱在座。陳亞詰甲大一位，不到。

(郭占鵜懇入欠熾昌干刀銀擔保案)

承熾昌干刀和 1882 年 6 月 12 日第 549 號附一口詞，祈公堂查勘可堪與否？詳覆、

郭占鵜住北戈然，安呾人郭占鳳及葉芳嚴俱住茂物，懇入欠熾昌干刀銀 2000 盾。

公堂會議：郭占鳳及葉芳嚴係茂物人，當先致書與茂物甲大，問此二人堪否？然後詳覆。

(副淡致書公堂該修牛郎沙里路事)

承副淡和 1882 年 6 月 16 日第 3532 號致書，據公堂和 1882 年 4 月 15 日第 169 號所詳，火車主該修牛郎沙里路。據火車主云，乃公堂該然修理。祈可細詳回覆。

公堂會議：此事委陳文炳甲大仝黃福章甲大先查細詳，而後回覆。存案。

(二朱鄭宴祥官告知公堂觀音亭僧怠慢公堂之令事)

二朱鄭宴祥官請公堂曰：唐四月初六日要收埋牛郎沙里舊骨骸，晚弟親令董家僧麒麟於四月初六早八點當到牛郎沙里，以赴祭骨骸之事。待至祭畢，諸僧未到。懇公堂責治其罪。

值月司員沈景坤甲召訊麒麟僧，供云："二朱爺果係有命貧僧四月初六早八點到牛郎沙里。衹因貧僧夜適有腹痛，及早使人稅車仔，急不可得，以致過時。及到牛郎沙里，祭事已畢。列位甲必丹各已旋歸，貧僧待至午時，付其安葬。總是貧僧萬萬不是。望乞列位大人憐寬貧僧之愆，後來不敢復爾。"

將情申詳公堂裁奪。

公堂會議：論觀音亭僧怠慢公堂之令，本是可惡。聞在外又有娶妻，及在亭內又有吃亞片煙。如其果然，律法所不容。今委李亞二甲、張朝福甲、吳經綸甲，仝二朱往觀音亭查考，待後期審勘定奪。

(瑪腰建議值公館之員兼理律事並值夜事)

瑪腰請公堂曰：今諸僚員免逐日坐律，但副淡若有急務，或要差委，立當應赴。若要利便，莫如值公館之員兼理律事並值夜，而坐律之鬮，變為閒月，合有上下二月之閒鬮。倘僚員有事，故上閒月者代之，其次則下閒月者代之，其餘依舊而行。

列台曰：瑪腰排比[①]亦是妥當，從命而行。

(瑪腰提請招標承租丹絨、式里陂及惹致地租事)

瑪腰復請曰：本年丹絨、式里陂及惹致地稅期已滿，當上字大淡請叫黎壟。

---

① 排比：閩南話，安排、佈置。

列台曰：逐期黎壟常用梁礁吉寧，今他雖已身故，但有其子以承父職，當念其父，仍用其子為掌黎壟事可也。

（大淡致書准公堂逐年發副義學先生束金銀 400 盾）

承大淡和 1882 年 6 月 2 日第 3596 號致書，從公堂和 1882 年 3 月 18 日第 120 號所詳，准公堂逐年發副義學先生束金銀 400 盾。存案。

（邱翠娘、許財源夫妻求離一案）

公勃低吳（經綸）詳。

邱翠娘年 26 歲，住無定處，請伊夫許財源[①]："結髮九年，生一女名林弼，年八歲，與人螟蛉。祇因拙夫不謀利路，又無家宅，使氏流寓無定。迄今一年，竟無給費。氏一女流，何以自活？惟乞判離。"

召訊許財源年 37 歲，住甕菜河，供云："誠如拙妻所請。乃妻所行不端，任性放蕩，勸戒不聽，無法可治。況晚實貧，無以養妻子。今妻要求離，固所願也。"

台察夫妻各已絕情，屢合復離，勢難白首。將情申詳公堂會議內裁奪。

覆訊許財源，供云："晚已熟聞拙妻所行不節，誓死不敢復合。願乞早離為幸！"

---

① 許財源：據《婚簿》載，1874 年 4 月 17 日，住亭仔腳 29 歲許財源（吧生），與 15 歲邱翠娘成婚。媒妁湯吉娘，男方主婚許玉山（胞兄）女方主婚邱水容（父）。陰曆三月十三日交寅。

公堂會議：論邱翠娘、許財源夫妻求離一案。據許財源之供詞，言其妻所行不節，且自認貧窮，不能養妻。察邱翠娘之供詞，嫌其夫不謀利路，經年離居，不給所費。彼此情絕，強合無益。於是，本堂判離。二比甘願，花押於離簿。存案。

（瑪腰、甲必丹、雷珍蘭、朱葛礁爲本期記錄簽名：馬來文草書）

Lie Tjoe Hong（李子鳳）

Oeij Hok Tjiang（黄福章）

Thio Tiauw Hok（張朝福）

Tan Boen Kwil（陳文貴）

Loa Tiong Hoeij（賴長輝）

Tan Tjiang Lee（陳獎禮）

Tan Boen Peng（陳文炳）

Khouw Wang Tjiang（許煥章）

Lie A Njie（李亞二）

Gouw Keng Loen（吳經綸）

Sim Keng Koen（沈景坤）

The Tjan Siang（鄭宴祥）

和 1882 年 6 月 26 日，拜乙

公堂設會議。

瑪腰李子鳳舍，仝甲必丹陳文炳舍、甲必丹許煥章官、甲必丹陳亞諧官、雷珍蘭張朝福官、雷珍蘭李亞二官、雷珍蘭吳經綸舍、雷珍蘭賴長輝官、雷珍蘭沈景坤官、朱葛礁陳獎禮官、鄭宴祥官俱在座。黄福章甲大、陳文貴甲二位，不到。

（公堂論處觀音亭僧麒麟不遵公堂之令並犯色戒事）

公眉司張朝福甲、李亞二甲、吳經綸甲，仝二朱鄭宴祥

官回報，已查觀音亭內諸僧，除董家麒麟僧之外，並不見有所罪犯，亦不聞有娶外女。將情申詳公堂裁奪。

陳文炳甲大論曰：夫僧者全然無益，況唐、吧大不同，莫若亭內立一廟公守之，更為良久之計。若必要用僧，論僧法本不得犯色，歷古以來道行高潔者，萬無一人。在外私行娶女者，亦猶不少。蓋僧亦人類矣，安有不動色者乎？且中國僧有請要娶婦，如官批准，尚有可娶之例。若嚴禁不得外通，勢必迫如饑貓，見食亂取，而或犯於行香之婦女，反為不美。是故，僧者私娶外女，在唐官吏亦置之度外。而所究其罪，皆私通人家，抑或在宮廟宿女。然今有簡慢公堂之令，無過時而至，尚是初犯小事，惟可責而不可革。若吃亞片及污穢庵院，則足以革出矣。請列台熟思之，切勿輕率以致後悔。

列台共議曰：按董家僧麒麟，一則不遵公堂之令，二則顯然有娶妻。出家人犯此二罪，律所不容，宜即革出，以警其餘。至於亭內諸事，暫可與麟鏗僧及安忍僧掌理。存案。

（瑪腰、甲必丹、雷珍蘭、朱葛礁爲本期記錄簽名：馬來文草書）

Lie Tjoe Hong（李子鳳）　Tan Boen Peng（陳文炳）
Khouw Wang Tjiang（許煥章）　Tan A Kouw（陳亞誥）
Thio Tiauw Hok（張朝福）　Lie A Njie（李亞二）
Gouw Keng Loen（吳經綸）　Loa Tiong Hoeij（賴長輝）
Sim Keng Koen（沈景坤）　Tan Tjiang Lee（陳奬禮）
The Tjan Siang（鄭宴祥）

和1882年7月5日，拜三

公堂設會議。

瑪腰李子鳳舍，仝甲必丹陳文炳舍、甲必丹黃福章舍、甲必丹許煥章官、甲必丹陳亞諧官、雷珍蘭李亞二官、雷珍蘭吳經綸舍、雷珍蘭陳文貴舍、雷珍蘭賴長輝官、雷珍蘭沈景坤官、朱葛礁陳奬禮官、鄭宴祥官俱在座。張朝福甲不到。

（陳南秀、張水生懇入欠熾昌銀擔保案）

承熾昌干刀和1882年6月27日第555號、579號附二口詞。祈公堂查勘可堪與否？詳覆。

一、陳南秀住吧八丹開布店，安呾人張佳珠住珍開鞋店，又劉文住實滑巷開貨店，懇入欠熾昌銀2000盾。

二、張水生住臭橋開什貨店，安呾人張俊觀住仝上開桶店，又陳添財二住仝上開油米店，懇入欠熾昌銀4000盾。

公堂會議：已勘諸人所懇入欠熾銀。本堂酌量，入欠人陳南秀並二安呾人，現時可堪。迨張水生，現生理乃伊父之名，是故未堪。至其安呾人張俊觀及陳添財二，現時俱各可堪。謹詳熾昌干刀裁奪。

（大淡致書公堂祈照常年錄和蘭圖以為和1883年之用）

承大淡和1882年6月29日第4246號致書，祈公堂照常年錄和蘭圖,以為和 1883 年之用。

列台閱畢,即將二朱所作和蘭圖可以查明,附寄詳覆大淡裁奪。

(瑪腰、甲必丹、雷珍蘭、朱葛礁爲本期記錄簽名:馬來文草書)

Lie Tjoe Hong(李子鳳)　Tan Boen Peng(陳文炳)
Oeij Hok Tjiang(黃福章)　Khouw Wang Tjiang(許煥章)
Tan A Kouw(陳亞誥)　Lie A Njie(李亞二)
Tan Boen Kwil(陳文貴)　Gouw Keng Loen(吳經綸)
Loa Tiong Hoeij(賴長輝)　Sim Keng Koen(沈景坤)
Tan Tjiang Lee(陳獎禮)　The Tjan Siang(鄭宴祥)

和 1882 年 7 月 14 日,拜五

公堂設會議。

瑪腰李子鳳舍,仝甲必丹陳文炳舍、甲必丹黃福章舍、甲必丹許煥章官、雷珍蘭張朝福官、雷珍蘭李亞二官、雷珍蘭陳文貴舍、雷珍蘭吳經綸舍、雷珍蘭賴長輝官、雷珍蘭沈景坤官、朱葛礁陳獎禮官、鄭宴祥官俱在座。陳亞誥甲一位,不到。

(伍錦福、鍾福郎懇入欠熾昌銀擔保案)

承熾昌干刀和 1882 年 7 月 8 日第 619 號、628 號附二口詞,祈公堂查勘可堪與否?具詞詳覆。

一、伍錦福住大南門，安咀人利亞德住仝上合為柴器店，又沈登元住戈勞屈開鐵店，懇入欠爈昌銀 2000 盾。

二、鍾福郎住檳榔社開什貨店，安咀人陳定俗住大港墘開什貨店，又趙世嵩住珍開什貨店，懇入欠爈昌銀 2000 盾。

公堂會議：已勘諸人所懇入欠爈昌銀。本堂酌量，入欠人及安咀人，現時俱各可堪。謹詳爈昌干刀裁奪。

（陳亞誥甲大懇暫時回唐調養六個月）

承副淡和 1882 年 7 月 10 日第 4122 號致書公堂，並附陳亞誥甲大之口詞字：因身體染病，懇暫時回唐調養六個月為限。未知公堂意見如何？具詞詳覆。

公堂會議：據陳亞誥甲大之口詞，因染病懇要回唐養六個月之久。本堂酌量，合當許准。謹詳副淡定奪。

（大淡准公堂照常發叫黎壟丹絨、式里陂、牛郎沙里、惹致之地稅）

承大淡和 1882 年 7 月 6 日第 4422 號，為閱公堂和 1882 年 6 月 24 日第 343 號所詳，茲即從公堂照常發叫黎壟丹絨、式里陂、牛郎沙里、惹致之地稅，三年為限。

公堂會議：前議欲與梁礁吉寧之子掌黎壟，今梁礁吉寧之子無做梁礁，不若與梁礁迷丹為掌此黎壟，另日與他議定其日期，而後行戈蘭字是也。

（瑪腰、甲必丹、雷珍蘭、朱葛礁爲本期記錄簽名：馬來文草書）

Lie Tjoe Hong（李子鳳）　　Tan Boen Peng（陳文炳）

Oeij Hok Tjiang(黃福章)
Thio Tiauw Hok(張朝福)
Tan Boen Kwil(陳文貴)
Loa Tiong Hoeij(賴長輝)
Tan Tjiang Lee(陳奬禮)
Khouw Wang Tjiang(許煥章)
Lie A Njie(李亞二)
Gouw Keng Loen(吳經綸)
Sim Keng Koen(沈景坤)
The Tjan Siang(鄭宴祥)

和 1882 年 7 月 19 日,拜三

公堂設會議。

瑪腰李子鳳舍,仝甲必丹陳文炳舍、甲必丹黃福章舍、雷珍蘭張朝福官、雷珍蘭陳文貴舍、雷珍蘭吳經綸舍、雷珍蘭賴長輝官、雷珍蘭沈景坤官、朱葛礁陳奬禮官、鄭宴祥官俱在座。許煥章甲大、陳亞詣甲大、李亞二甲三位,不到。

(陳在祿懇入欠熾昌銀擔保案)

承熾昌干刀和 1882 年 7 月 10 日第 650 號附一口詞,祈公堂查勘可堪與否? 具詞詳覆。

陳在祿,安呾人劉真及許文全皆住結石珍開酒路,懇入欠熾昌銀 4000 盾。

公堂會議:已勘陳在祿及其安呾人所懇入欠熾昌銀 4000 盾。本堂酌量,現時俱各可堪。謹詳熾昌干刀裁奪。

(瑪腰、甲必丹、雷珍蘭、朱葛礁爲本期記錄簽名:馬來文草書)

Lie Tjoe Hong(李子鳳)
Tan Boen Peng(陳文炳)

Oeij Hok Tjiang(黃福章)	Thio Tiauw Hok(張朝福)
Tan Boen Kwil(陳文貴)	Gouw Keng Loen(吳經綸)
Loa Tiong Hoeij(賴長輝)	Sim Keng Koen(沈景坤)
Tan Tjiang Lee(陳獎禮)	The Tjan Siang(鄭宴祥)

和 1882 年 7 月 26 日,拜三

公堂設會議。

瑪腰李子鳳舍,仝甲必丹陳文炳舍、甲必丹黃福章舍、甲必丹陳亞誥官、雷珍蘭張朝福官、雷珍蘭李亞二官、雷珍蘭陳文貴舍、雷珍蘭吳經綸舍、雷珍蘭賴長輝官、雷珍蘭沈景坤官、朱葛礁陳獎禮官、鄭宴祥官俱在座。許煥章甲大一位,不到。

(張桂淑懇入欠熾昌銀擔保案)

承熾昌干刀和 1882 年 7 月 18 日第 666 號附一口詞,祈公堂查勘可堪與否? 詳覆。

張桂淑住臭橋為商,安呾人張俊觀及詹財二仝住臭橋為商,懇入欠熾昌銀 4000 盾。

公堂會議:已勘張桂淑所懇入欠熾昌銀 4000 盾。公堂酌量,入欠人及安呾人,現時可堪。謹詳熾昌干刀裁奪。

公堂更易掌廟宇及掌塚事

列明於左(下):

一、陳文炳甲大仝許煥章甲大、陳亞誥甲大、陳文貴甲四員,掌丹絨、式里陂塚及吃唧廟。

二、黃福章甲大仝吳經綸甲,掌城內觀音亭。

三、張朝福甲仝李亞二甲,掌上帝爺廟塚。

四、賴長輝甲仝沈景坤甲,掌牛郎沙里塚及完劫寺。

(瑪腰、甲必丹、雷珍蘭、朱葛礁爲本期記錄簽名:馬來文草書)

Lie Tjoe Hong(李子鳳)
Oeij Hok Tjiang(黃福章)
Thio Tiauw Hok(張朝福)
Tan Boen Kwil(陳文貴)
Loa Tiong Hoeij(賴長輝)
Tan Tjiang Lee(陳獎禮)
Tan Boen Peng(陳文炳)
Tan A Kouw(陳亞誥)
Lie A Njie(李亞二)
Gouw Keng Loen(吳經綸)
Sim Keng Koen(沈景坤)
The Tjan Siang(鄭宴祥)

和 1882 年 8 月 25 日,拜五

公堂設會議。

瑪腰李子鳳舍,仝甲必丹黃福章舍、雷珍蘭陳文貴舍、雷珍蘭吳經綸舍、雷珍蘭賴長輝官、雷珍蘭沈景坤官、朱葛礁陳獎禮官、鄭宴祥官俱在座。陳文炳甲大、許煥章甲大、陳亞誥甲大、張朝福甲、李亞二甲五位,不到。

(劉水生懇入欠熾昌銀擔保案)

承熾昌干刀和 1882 年 8 月 18 日第 746 號附一口詞,

祈公堂查勘可堪與否？詳覆。

劉水生住珍開酒路，安咀人溫奇生住珍開米店，又陳嵩山住乞魯魯獨開鐵店，懇入欠熾昌銀 1500 盾。

公堂會議：已勘劉水生及安咀人所懇入欠熾昌銀 1500 盾。本堂酌量，合三人現時可堪。謹詳熾昌干刀裁奪。

（大朱陳奬禮呈丹絨七夕祭費一單）

大朱陳奬禮呈丹絨七夕祭費，錄一單，共銀肆佰盾正。懇公堂開出數。

列台閱單，即令開公堂出數。存案。

（瑪腰、甲必丹、雷珍蘭、朱葛礁爲本期記錄簽名：馬來文草書）

Lie Tjoe Hong（李子鳳）

Oeij Hok Tjiang（黄福章）

Tan A Kouw（陳亞誥）

Gouw Keng Loen（吳經綸）

Sim Keng Koen（沈景坤）

The Tjan Siang（鄭宴祥）

Tan Boen Peng（陳文炳）

Khouw Wang Tjiang（許煥章）

Tan Boen Kwil（陳文貴）

Loa Tiong Hoeij（賴長輝）

Tan Tjiang Lee（陳奬禮）

和 1882 年 8 月 28 日，拜乙

瑪腰李子鳳舍，仝甲必丹陳文炳舍、甲必丹黄福章舍、甲必丹許煥章官、甲必丹陳亞誥官、雷珍蘭張朝福官、雷珍蘭吳經綸舍、雷珍蘭陳文貴舍、雷珍蘭沈景坤官、朱葛礁陳

獎禮官、鄭宴祥官俱在座。李亞二甲、賴長輝甲二位,不到。梁礁緞迷丹在座。

(公堂發叫黎壟付人承稅丹絨、式里陂、牛郎沙里及惹致地取息事)

公堂發叫黎壟,付人承稅丹絨、式里陂田園取息,及牛郎沙里塜地內草㳂及椰欌取息,又惹致地取息,於和 1883 年起,至和 1885 年止,三年為限。

即叫惹致地稅,承應人:緞吉寧哖,每年價銀肆佰零伍盾正。安呾人:蔡漳水及陳邦興。

即叫丹絨、式里陂二地田取息,承應人:邱思珍,每年價銀壹仟伍佰零伍盾正。安呾人邱枝頭及陳泰山。

即叫丹絨、式里陂二地園取息,承應人:邱思珍,每年價銀陸佰陸拾盾正。安呾人:邱枝頭及陳泰山。

即叫牛郎沙里塜地內草㳂及椰欌取息,承應人:林江南,每年價銀伍佰貳拾盾正。安呾人:黃再生並林東。

公堂會議:據諸人所出之價,待四日內若無人入字出加價者,就今日以上諸人,出高價者許其承稅,而後詳字與大淡裁奪,順便做君得叻字。

(瑪腰、甲必丹、雷珍蘭、朱葛礁爲本期記錄簽名:馬來文草書)

Lie Tjoe Hong(李子鳳)　　Tan Boen Peng(陳文炳)
Oeij Hok Tjiang(黃福章)　　Khouw Wang Tjiang(許煥章)
Tan A Kouw(陳亞誥)　　Thio Tiauw Hok(張朝福)
Tan Boen Kwil(陳文貴)　　Gouw Keng Loen(吳經綸)

Sim Keng Koen(沈景坤)　　Tan Tjiang Lee(陳獎禮)

The Tjan Siang(鄭宴祥)

和1882年9月1日,拜五

公堂設會議。

瑪腰李子鳳舍,仝甲必丹陳文炳舍、雷珍蘭張朝福官、雷珍蘭吳經綸舍、雷珍蘭陳文貴舍、雷珍蘭賴長輝官、朱葛礁陳獎禮官、鄭宴祥官俱在座。黃福章甲大、許煥章甲大、陳亞誥甲大、李亞二甲、沈景坤甲五位,不到。

(大朱陳獎禮懇王上准其優意告退並求欽賜雷珍蘭事)

瑪腰繳入公堂會議內裁奪。

承副淡和1882年8月26日第5519號致書瑪腰,並附大朱陳獎禮[1]之口詞字云:因年老衰弱,故乞求退任,且理迄今十餘年,懇王上憐憫,准其優意告退,並求欽賜雷珍蘭,以表久任勤勞之功。

公堂會議:已閱副淡之書,並大朱陳獎禮之口詞字,所懇退任並求欽賜雷珍蘭之職。本堂酌量,大朱任理公務已十三年,可准其退任,且所求欽賜雷珍蘭,合該恩准。望副淡贊成其事。謹詳副淡裁奪。

---

① 陳獎禮:Tan Tjiang Lee,1871年2月9日任二朱,1883年5月24日陞任大朱,1883年1月9日授欽賜雷珍蘭。

（瑪腰、甲必丹、雷珍蘭、朱葛礁爲本期記錄簽名：馬來文草書）

Lie Tjoe Hong（李子鳳）　Tan Boen Peng（陳文炳）

Thio Tiauw Hok（張朝福）　Tan Boen Kwil（陳文貴）

Gouw Keng Loen（吳經綸）　Loa Tiong Hoeij（賴長輝）

Tan Tjiang Lee（陳獎禮）　The Tjan Siang（鄭宴祥）

和 1882 年 9 月 8 日，拜五

公堂設會議。

瑪腰李子鳳舍，仝甲必丹陳文炳舍、甲必丹許煥章官、甲必丹陳亞誥官、雷珍蘭張朝福官、雷珍蘭吳經綸舍、雷珍蘭陳文貴舍、雷珍蘭賴長輝官、雷珍蘭沈景坤官、朱葛礁陳獎禮官、鄭宴祥官俱在座。黄福章甲大、李亞二甲二位，不到。

（黄亞社懇入欠熾昌銀擔保案）

承熾昌干刀和 1882 年 8 月 30 日第 837 號附一口詞，祈公堂查勘可堪與否？詳覆。

黄亞社住大南門開枝骨店，安呾人馮亞添住仝上仝商，又廖亞連住戈勞屈做勞致，懇入欠熾昌銀 3000 盾。

公堂會議：已勘黄亞社及其安呾人，所懇入欠熾昌銀 3000 盾。本堂酌量，此三人現時未堪擔戴。謹詳熾昌干刀裁奪。

（瑪腰、甲必丹、雷珍蘭、朱葛礁爲本期記錄簽名：馬來文草書）

Lie Tjoe Hong（李子鳳）

Khouw Wang Tjiang（許煥章）

Thio Tiauw Hok（張朝福）

Gouw Keng Loen（吳經綸）

Sim Keng Koen（沈景坤）

The Tjan Siang（鄭宴祥）

Tan Boen Peng（陳文炳）

Tan A Kouw（陳亞誥）

Tan Boen Kwil（陳文貴）

Loa Tiong Hoeij（賴長輝）

Tan Tjiang Lee（陳獎禮）

和 1882 年 9 月 29 日，拜五

公堂設會議。

瑪腰李子鳳舍，仝甲必丹陳文炳舍、甲必丹黃福章舍、甲必丹許煥章官、雷珍蘭張朝福官、雷珍蘭陳文貴舍、雷珍蘭吳經綸舍、雷珍蘭沈景坤官、朱葛礁陳獎禮官、鄭宴祥官俱在座。陳亞誥甲大、李亞二甲、賴長輝甲三位，不到。

（林時正懇入欠織昌銀擔保案）

承織昌干刀和 1882 年 9 月 13 日第 893 號附一口詞，祈公堂查勘可堪與否？詳覆。

林時正住毛吮甲為商，安呾人楊斗住觀音亭作醫生，又鍾順貴住毛吮甲魚販，懇入欠織昌銀 2000 盾。

公堂會議：已勘林時正及其安呾人，所懇入欠織昌銀 2000 盾。本堂酌量，合三人現時可堪。謹詳織昌干刀裁奪。

（徐秉章、鄭仲宏、黃鍾英懇補公堂二朱之缺事）

承副淡和 1882 年 9 月 8 日第 5825 號，又 16 日第 6110 號附三口詞，祈公堂選取誰人可堪補二朱之缺。具詞詳覆。

一、徐秉章住大使廟，懇補公堂二朱之缺。

二、鄭仲宏住檳榔社，懇仝上。

三、黃鍾英住觀音亭，懇仝上。

黃福章甲大論曰：家鍾英現為義塾教讀，所得束脩尚多於二朱之俸銀，況為二朱諸費倍加，何以足用？欲行清廉者難矣！且其為人昧理寡恩，其母喪未及二年，即娶繼室，忘父母哀惻之心，忘恩於母，不知禮義，其不可取也明矣。

張朝福甲議曰：按黃鍾英，其為人心高氣傲，喜衒己長。至於鄭仲宏，晚弟曩日嘗與交接[①]，為人佻脫，不持儀節。此二人不堪任公務。

列台俱議曰：按三人中，惟徐秉章可稱世家子弟，所行良善。況自幼回唐讀書多年，才學兼優，可堪補二朱之任。謹詳副淡裁奪。

（張泮娘、黃炎全求離一案）

公勃低陳（文貴）詳。

張泮娘年 21 歲，住甘光毛吶甲，請伊夫黃炎全[②]。結髮貳年，生一女名英娘，年乙歲。供云："氏自娠孕四個月，拙夫

① 交接：閩南話，結交。

② 黃炎全：據《婚簿》載，1879 年 9 月 20 日，住西門 26 歲黃永全（黃炎全），與張斑娘（張泮娘）成婚。媒妁戴二娘，男方主婚黃灶山（堂兄），女方主婚郭金娘（母）。

棄氏不顧，氏獨居至今年餘。至小女生產，拙夫並無臨顧，亦無給費。情義已絕，惟乞分離。”

召訊黃炎全年30歲，住竹寮，供云：“誠如拙妻所請。但晚現無利路，貧不能養妻子。今他欲求離，晚固願從。”

台察夫婦之供詞，彼此情絕，況黃炎全自認貧窮，不能養妻，強合不能也。將情申詳公堂裁奪。

公堂會議：論黃炎全拋棄其妻於懷妊之時，及至生產，絕不臨顧，亦無給費。況自言貧窮，無以養妻女。察其情並無一毫留意於妻子之間，強合亦何益矣。因是，本堂聽其離異。二比甘願，各花押在離簿。存案。

(瑪腰告知公堂宜當修理牛郎沙里路之事)

瑪腰請公堂曰：前副淡致書為修牛郎沙里路之事，火車主言公堂該當修理。近已查得牛郎沙里之倒案字，內中陳明此地准與公堂受用，但其溝澮路徑若有毀壞汙穢者，公堂照顧修理清潔。列台意見如何？

列台共議曰：既有在前之倒案字，誠難推卻。公堂宜當修理。存案。

(瑪腰、甲必丹、雷珍蘭、朱葛礁爲本期記錄簽名：馬來文草書)

Lie Tjoe Hong(李子鳳)	Tan Boen Peng(陳文炳)
Oeij Hok Tjiang(黃福章)	Khouw Wang Tjiang(許煥章)
Thio Tiauw Hok(張朝福)	Tan Boen Kwil(陳文貴)
Gouw Keng Loen(吳經綸)	Sim Keng Koen(沈景坤)
Tan Tjiang Lee(陳獎禮)	The Tjan Siang(鄭宴祥)

和1882年10月25日,拜三

公堂設會議。

瑪腰李子鳳舍,仝甲必丹陳文炳舍、甲必丹許煥章官、雷珍蘭張朝福官、雷珍蘭李亞二官、雷珍蘭陳文貴舍、雷珍蘭吳經綸舍、雷珍蘭沈景坤官、朱葛礁陳獎禮官、鄭宴祥官俱在座。黃福章甲大、陳亞誥甲大、賴長輝甲三位,不到。

(溫亞四懇入欠爍昌銀擔保案)

承爍昌干刀和1882年10月18日第1061號附一口詞,祈公堂查勘可堪與否?具詞詳覆。

溫亞四住廿六間油米店,安呾人溫亞潤住仝上,又溫亞五住小南門生理仝上,懇入欠爍昌銀5000盾。

公堂會議:已勘溫亞四及其安呾人。本堂酌量,所懇入欠爍昌銀5000盾,現時可堪。謹詳爍昌干刀裁奪。

(張朝福甲稟知瑪腰惹致地承租人掘地挖土恐傷風水地事)

值公館司員張朝福甲稟知瑪腰:據丹絨番名運動稟報,惹致地稅主使七名車仔番掘地,闊約五戈、長四戈、深一尺,將土運入和旅店。所掘之地,離陳濬哲瑪腰之墳約二戈之遠,恐傷風水地。是以請明。

據公眉司陳文炳甲大仝陳文貴甲回報,晚弟承委查勘惹致地稅主所掘之地,據邱枝頭細查,所掘係近陳連宗之妻墳及高大振之墳，算來無甚傷礙。惟公堂裁奪。

列台議曰：據二位公眉司所報，緞吉寧哖所掘之地，無甚傷妨於風水地。雖然稅主擅自掘地，無來報明，亦犯君得吻字，宜小勸戒，之後勿復爾。

（番亞籐入稟為懇築草厝於牛郎沙里塚地事）

具稟番亞籐為懇築草厝於牛郎沙里塚地事：僕因有一區園尚未有草廬為守園之所，二則兼管顧塚地。伏乞公堂大瑪腰大人恩准，僕戴德不朽矣！

列台閱畢，議曰：據番亞籐所懇，築立草厝於塚地兼為管塚墳。自昔原有此例，但公堂後日若有該用其地，當即將厝折（拆）去。存案。

（副淡致問公堂大朱陳獎禮辭任因何復當賜雷珍蘭之銜）

承副淡和1882年10月23日第6790號致書，已閱公堂和本（月）4日第306號所詳，云及陳獎禮其辭任，該准所懇欽賜雷珍蘭之銜。然他任事上十一年，逐月有領公班衙之俸祿，因何復當賜雷珍蘭之銜？祈速再詳覆。

公堂會議：然大朱陳獎禮所以該賜雷珍蘭之銜者，自昔大朱玉長告老之時，公班衙已賜雷銜[①]，為此之故也。謹詳副淡裁奪。此案大朱避議。

---

① 雷銜：雷珍蘭職銜之簡稱。

（瑪腰、甲必丹、雷珍蘭、朱葛礁爲本期記錄簽名：馬來文草書）

Lie Tjoe Hong（李子鳳） Tan Boen Peng（陳文炳）

Khouw Wang Tjiang（許煥章） Tan A Kouw（陳亞誥）

Thio Tiauw Hok（張朝福） Tan Boen Kwil（陳文貴）

Gouw Keng Loen（吳經綸） Sim Keng Koen（沈景坤）

Tan Tjiang Lee（陳獎禮） The Tjan Siang（鄭宴祥）

和 1882 年 10 月 27 日，拜五

公堂設會議。

瑪腰李子鳳舍，仝甲必丹陳文炳舍、甲必丹許煥章官、雷珍蘭張朝福官、雷珍蘭李亞二官、雷珍蘭沈景坤官、朱葛礁陳獎禮官、鄭宴祥官俱在座。黃福章甲大、陳亞誥甲大、陳文貴甲、吳經綸甲、賴長輝甲五位，不到。

（陳維衡、洪碧硂懇入欠熾昌銀擔保案）

承熾昌干刀和 1882 年 10 月 23 日第 1092 號、1095 號附二口詞，祈公堂查勘可堪與否？詳覆。

一、陳維衡住甘光毛吠甲，安呾人陳光華甲及陳有華住仝上，懇入欠熾昌干刀銀 6000 盾。

二、洪碧硂住甘光美色近，安呾人李禮住小南門及劉德茂住梭壟巷，懇入欠熾昌干刀銀 2000 盾。

公堂會議：已勘陳維衡及其安呾人，所懇入欠熾昌干刀銀 6000 盾。本堂酌量，因其父陳光華甲及其叔陳有華為安

咀,現時可堪。至於洪碧硿及其安咀人,所懇入欠燄昌干刀銀 2000 盾。本堂查勘,此三人皆小經紀,現時未堪。謹詳燄昌干刀裁奪。

(瑪腰、甲必丹、雷珍蘭、朱葛礁爲本期記錄簽名:馬來文草書)

Lie Tjoe Hong(李子鳳)	Tan Boen Peng(陳文炳)
Khouw Wang Tjiang(許煥章)	Thio Tiauw Hok(張朝福)
Lie A Njie(李亞二)	Sim Keng Koen(沈景坤)
Tan Tjiang Lee(陳獎禮)	The Tjan Siang(鄭宴祥)

和 1882 年 11 月 14 日,拜二

公堂設會議。

瑪腰李子鳳舍,仝甲必丹陳文炳舍、甲必丹許煥章官、雷珍蘭張朝福官、雷珍蘭吳經綸舍、雷珍蘭沈景坤官、朱葛礁陳獎禮官、鄭宴祥官俱在座。黃福章甲大、陳亞誥甲大、陳文貴甲、李亞二甲、賴長輝甲五位,不到。

(公堂議處故許清泉甲之女出閣有礙律例之婚制事)

瑪腰請:昨日值公館司員陳文炳甲大仝大朱陳獎禮官寄來片劄云:因問故許清泉甲之女不日出閣於歸,但礙其三叔許清波甲辭世,未至期年。倘若來給婚字,未知可給與否?順附《大清律例》,以便查覽。弟思此事有妨律例,故懇列台如何處決?

列台共議曰：大凡婚姻之事，據吧居之俗，惟父母之喪服為重，宜遵律制。而行若伯叔之終服，則不須深究。今許家子女甚眾，若必拘律例，一一待伯叔之服闋而後嫁娶者，此乃人情所難行，而女子有標梅[①]之歎矣。就禮義而論，或有守經，或當行權，推其輕重之分，無致大背於理，是亦可行也。故曰此事不必深究云云。

陳文炳甲大云："許家係縉紳之門，婚姻禮儀出於世家，富戶不得比白衣[②]同論。今因有礙律例之婚制，故不敢自專，而先稟明於首領主裁。"

（瑪腰、甲必丹、雷珍蘭、朱葛礁爲本期記錄簽名：馬來文草書）

Lie Tjoe Hong（李子鳳）　Tan Boen Peng（陳文炳）

Khouw Wang Tjiang（許煥章）　Thio Tiauw Hok（張朝福）

Gouw Keng Loen（吳經綸）　Loa Tiong Hoeij（賴長輝）

Sim Keng Koen（沈景坤）　Tan Tjiang Lee（陳獎禮）

The Tjan Siang（鄭宴祥）

和1882年11月27日，拜乙

公堂設會議。

瑪腰李子鳳舍，仝甲必丹陳文炳舍、雷珍蘭張朝福官、雷珍蘭李亞二官、雷珍蘭吳經綸舍、雷珍蘭沈景坤官、朱葛

① 標梅：舊時指女子已到出嫁結婚的年齡。

② 白衣：平民百姓，亦指無功名或無官職的士人。

礁陳奬禮官、鄭宴祥官俱在座。黃福章甲大、許煥章甲大、陳亞誥甲大、陳文貴甲、賴長輝甲五位,不到。

(瑪腰告知公堂副淡欲更易唐人欲歸唐頭人掌管事)

瑪腰請公堂曰:前副淡議欲更易唐人要歸唐頭人掌管,近來又推令晚弟與公堂相議,然後致書回覆。未知列台意見如何?

公堂會議:據瑪腰所請副淡更易我唐人欲歸唐頭人掌管。本堂酌量,此事若成,亦是有益於唐人,惟從副淡裁奪。

(瑪腰、甲必丹、雷珍蘭、朱葛礁爲本期記錄簽名:馬來文草書)

Lie Tjoe Hong(李子鳳)　Tan Boen Peng(陳文炳)
Thio Tiauw Hok(張朝福)　Lie A Njie(李亞二)
Gouw Keng Loen(吳經綸)　Sim Keng Koen(沈景坤)
Tan Tjiang Lee(陳奬禮)　The Tjan Siang(鄭宴祥)

和1882年年12月15日,拜五

公堂設會議。

瑪腰李子鳳舍,仝甲必丹陳文炳舍、甲必丹黃福章舍、雷珍蘭李亞二、雷珍蘭陳文貴、雷珍蘭吳經綸、雷珍蘭沈景坤、二朱鄭宴祥在座。

(副淡公文准陳亞誥甲大告假回唐六個月之久)

承副淡公文於和 1882 年 11 月 27 日第 7765 號達於瑪腰知悉:遵王上案奪文於和 1882 年 11 月 10 日第 18 號,准陳亞誥甲大告假回唐六個月之久,即於和本年 11 月 1 日登程起算日期。

列台閱畢,議曰:存案。

(陳邦興、趙德和懇入欠熾昌銀擔保案)

承熾昌干刀和 1882 年 11 月 27 日第 1211 號,又 12 月 8 八日第 1277 號,付二口詞。祈查勘可堪與否?詳覆。

一、陳邦興住大南門開鐵器店,懇入熾昌限至銀[①]五仟盾,安呾人連益章住洪溪及鄒乾順住洪溪。

二、趙德和[②]住新把殺開和酒店,懇入熾昌限至銀五仟盾,安呾人湯懷仁住新把殺及賴長發住新把殺。

公堂會議:已勘陳邦興、趙德和及其安呾人,所懇入熾昌各限至銀五仟盾。本堂酌量,現時可堪。謹詳熾昌干刀裁奪。

(瑪腰、甲必丹、雷珍蘭、朱葛礁爲本期記錄簽名:馬來文草書)

Lie Tjoe Hong(李子鳳)	Tan Boen Peng(陳文炳)
Oeij Hok Tjiang(黃福章)	Lie A Njie(李亞二)
Tan Boen Kwil(陳文貴)	Gouw Keng Loen(吳經綸)
Sim Keng Koen(沈景坤)	The Tjan Siang(鄭宴祥)

---

① 限至銀:亦作"限至艮",指按其家产多少可作抵押而限定借銀到期須歸還的貸款。

② 趙德和(Tio Tek Ho,1857—1908 年),趙清水之子,承父业开和酒店,后为公堂瑪腰。

和1883年1月22日,壬午年十二月十四日,拜壹

公堂會議。

大瑪腰李子鳳舍,甲必丹陳文炳舍、雷珍蘭張朝福官、陳文貴舍、賴長輝官、沈景坤官、大朱鄭宴祥官在座。甲必丹黃福章舍、許煥章官、陳亞誥官、雷珍蘭李亞二官、吳經綸官五位,不到。

(王文生等四人懇入欠熾昌銀擔保案)

承熾昌干刀文於和1883年1月4日第1439號,遞王文生口詞字一張;又和1883年1月17日第31號,遞王文信口詞字一張;又第32號,遞章長庚口詞字一張。懇公堂查勘堪否?並詢沈順興家資若何?一齊詳覆。

一、王文生,原有名在熾昌限至銀捌仟盾,保認人:黃朝生及黃大頭。今因黃大頭身故,懇以黃天水代之。

二、王文信,原有名在熾昌限至銀三仟盾,保認人:王文旦及陳青松。今因陳青松身故,懇以王長生代之。

三、章長庚懇入熾昌限至銀壹仟(盾),保認人:章亞滿及張德興。

四、沈順興住三間都庫[1],原有名在熾昌限至銀三仟盾,保認人:林君良住五腳橋,又洪江水住三間都庫。

---

① 三間都庫:亦作"三間土庫",Toko Tiga,吧城華人居住區之一。

公堂會議:已勘王天水住丹藍望為峇澤[①]生理,王長生住高羅屈[②]為磚窯生理,章亞滿住八高然[③]為創造屋宅生理,張德興為鐵店生理。本堂暨經審勘,諸人現時俱各可堪。惟沈順興及其保認諸人,現時無力可以堪此。謹詳熾昌干刀裁奪。

(亞納人西厭民亞理亞物懇准其宅厝毀舊更新於牛郎沙里 鐵門)

本公堂接亞納人[④]名西厭民亞理亞物者今住沙哇勿虱稟知:他有買厝一所於番人名嘮務鄰,上蓋亞答[⑤],以木為柱,編竹為牆,坐址在牛郎沙里 鐵門,係為公堂之地。懇准其毀舊更新,仍用木為柱,編竹為牆,惟上蓋易瓦耳。

公堂酌議:准依亞納人所懇如上稟,但本堂若有所需乎此地,則必復歸還為是。蓋此地非亞納人村落故也。

(瑪腰、甲必丹、雷珍蘭、朱葛礁爲本期記錄簽名:馬來文草書)

Lie Tjoe Hong(李子鳳)　　Tan Boen Peng(陳文炳)

Thio Tiauw Hok(張朝福)　　Tan Boen Kwil(陳文貴)

Loa Tiong Hoeij(賴長輝)　　Sim Keng Koen(沈景坤)

---

① 峇澤:亦作"貓澤"。馬來語 Batik,東印度群島特產的蠟染花布、蠟染花裙。

② 高羅屈:亦作戈勞屈、訖勞洛,Glodok,地名,位於吧城 小南門外華人居住區。

③ 八高然:亦作"八戈然"、"北戈然"。地名,位於吧城西區。

④ 亞納人:Arab,阿拉伯人。

⑤ 亞答:亦作阿答,馬來語 Atap 音譯,一種聶帕棕櫚樹(Nipah)葉,長而堅硬,羽狀復葉,常用來覆蓋屋頂和編織籮筐。用這種樹葉做爲屋頂的馬來式住宅(包括草屋等),通稱"亞答屋"、"亞答厝"。

和1883年1月28日,壬午十二月二十日,禮拜

公堂會議。

大瑪腰李子鳳舍,甲必丹陳文炳舍、雷珍蘭張朝福官、陳文貴舍、賴長輝官、沈景坤官、大朱鄭宴祥官、二朱徐秉章舍仝在座。甲必丹黃福章舍有疾,許煥章丁憂,陳亞諧官回鄉,雷珍蘭李亞二官丁憂[①],吳經綸舍期服,皆不到。

(大淡公文准鄭宴祥官補授大朱之職,更拔徐秉章舍着補二朱之缺)

承大淡公文於和1883年1月25日第574號示諭,從敖文明於和1883年1月9日第32號案奪,准公堂大朱陳獎禮告退,並賜與雷珍蘭之函,以見其在官理事,亦為敖文明錄取。即陞公堂二朱鄭宴祥官補授大朱之職,更拔徐秉章舍[②]着補二朱之缺。鄭宴祥俸銀,每匝月[③]壹佰貳拾盾,徐秉章俸銀月捌拾盾。祈為着買印仔紙三張,一價銀80

---

① 李亞二官丁憂:據《丹絨塚平安簿》載,1880年10月16日,李峇峇13日故十個月,小南門 李亞二甲理事。

② 徐秉章:Tjie Peng Tjiang,徐金爐甲之子。1835年生,1851—1859年回唐受業,1859年回吧城教讀、理記。1883年1月任公堂二朱。同年3月2日與34歲陳絨娘再婚。1892年去世,享年58歲。

③ 匝月:滿一個月稱為"匝月"。

盾，二價銀 50 盾，以書陳獎禮欽賜雷珍蘭，及鄭宴祥、徐秉章，大朱、二朱各握治字[1]。又祈瑪腰為收取銀陸佰盾，為欽賜雷珍蘭陳獎禮所當出，以充唐人病厝，蓋遵和 1819 年年第 32 號國報第壹款第貳號而行。

公堂封印大吉

風調雨順，國泰民安。

謹依常年，奉行勿失。

（瑪腰、甲必丹、雷珍蘭、朱葛礁爲本期記錄簽名：馬來文草書）

Lie Tjoe Hong（李子鳳） Tan Boen Peng（陳文炳）

Thio Tiauw Hok（張朝福） Tan Boen Kwil（陳文貴）

Loa Tiong Hoeij（賴長輝） Sim Keng Koen（沈景坤）

The Tjan Siang（鄭宴祥） Tjie Peng Tjiang（徐秉章）

和 1883 年 2 月 27 日，癸未正月二十日，拜二

大瑪腰李子鳳舍，仝甲必丹陳文炳舍、雷珍蘭張朝福官、陳文貴舍、賴長輝官、沈景坤官、大朱鄭宴祥官、二朱徐秉章舍俱在座。甲必丹黃福章舍、甲必丹許煥章官、甲必丹陳亞誥官，雷珍蘭李亞二官、雷珍蘭吳經綸舍，五員不到。

---

① 握治字：亦作“沃智字“、“沃治字”，荷蘭語 Akte，證書。

公堂開印大吉

國政肅清，人壽年豐。

其有所定諸例，悉皆依舊而行。

（值月屬員陳文貴舍繳入和 1882 年公堂櫃項全年結冊）

據值月屬員陳文貴舍繳入和 1882 年公堂櫃項出入，自和 1 月 1 日起，至和 12 月終止，全年結冊[①]。

承和 1881 年 12 月終結，存現銀壹拾貳萬七千貳佰七拾三盾 5.5 方。

全年兌風水條目

對兌式里陂地風水，12 距、24 距，計 98 條，共收來銀 6431.5 盾。又對兌惹地致風水，16 距、32 距，計八條，共收來銀 1760 盾。又對兌仝上風水，24 距、48 距，計壹條，共收來銀 1218.5 盾。又對兌仝上風水，20 距、40 距，計壹條，收來銀 541.6 盾。又對兌仝上風水，加添 4 距、8 距，計壹條，收來銀 321.6 盾。

上計五條，共收銀 10273.2 盾。

全年收地稅並利息要目

對收地稅，計七條，共收來銀 10797.5 盾。又對收利息，計壹拾條，共收來銀 2346.25 盾。

上計貳條，共收銀 131437.5 盾。

---

① 全年結冊：1882 年全年結冊詳見《公館檔案・公堂年結冊》1882 年，檔案號：43010 號。

連上原並收計三大條，共銀壹拾五萬零陸佰玖拾盾零5方。

全年開費條目

對開還諸人辛金並地租雜費，計44條，共去銀7898.48盾。單吉。

對除外，尚存來現銀壹拾肆萬貳仟七佰玖拾2.02盾。

列憲閱畢，議：即傳譯西字[①]繳呈大淡電察。

（爈昌干刀懇公堂細勘所錄諸人之有欠爈昌者）

承爈昌干刀於和1883年2月23日遞所錄諸人之有欠爈昌者，懇本堂細勘堪否負欠？具詞詳覆。

列憲議曰：此事當煩值月屬員張朝福甲詳審，方為妥合。和1883年值月屬員張朝福甲回覆爈昌關都[②]所問，欠爈昌諸人俱查明，一一妥當經如常。詳覆爈昌關都知道。

（瑪腰、甲必丹、雷珍蘭、朱葛礁爲本期記錄簽名：馬來文草書）

Lie Tjoe Hong（李子鳳）	Tan Boen Peng（陳文炳）
Thio Tiauw Hok（張朝福）	Tan Boen Kwil（陳文貴）
Loa Tiong Hoeij（賴長輝）	Sim Keng Koen（沈景坤）
The Tjan Siang（鄭宴祥）	Tjie Peng Tjiang（徐秉章）

① 西字：西洋文字之簡稱。此指荷蘭文字。

② 關都：亦作"干刀"、"官都"，馬來語Kantor，源自荷蘭語Kantoor，辦事處、辦公室。

和 1883 年 3 月 9 日,癸未二月初一日,拜五

公堂會議。

大瑪腰李子鳳舍、甲必丹陳文炳舍、雷珍蘭張朝福官、李亞二官、陳文貴舍、吳經綸舍、賴長輝官、沈景坤官、二朱徐秉章舍仝在座。甲必丹黃福章舍、甲必丹許煥章官、陳亞諧官、大朱鄭宴祥官,不到。

(李派有、葉振生懇入熾昌限至銀擔保案)

承熾昌關都於和 1883 年 3 月 5 日第 240 號、245 號遞到口詞字二張,祈查勘可否如常,詳覆。

一、李派有住小南門為鐵店生理,原入欠熾昌限銀 1000 盾,保認人:李登寶、張天恩。今欲再添限至銀 3000 盾,保認人李登寶依舊,以李端代張天恩。

二、葉振生住干織巷,懇入熾昌限至銀 2000 盾。

列台會議:勘得李派有及其保認人李登寶、李端,皆為鐵具店生意。細為酌量,此三人現時皆堪。至葉振生及其保認,雖各有所業,然經紀微小,現時未堪。即覆熾昌關都裁奪。

(瑪腰、甲必丹、雷珍蘭、朱葛礁爲本期記錄簽名:馬來文草書)

Lie Tjoe Hong(李子鳳) Tan Boen Peng(陳文炳)

Thio Tiauw Hok(張朝福) Lie A Njie(李亞二)

Tan Boen Kwil(陳文貴) Gouw Keng Loen(吳經綸)

Loa Tiong Hoeij(賴長輝)　　Sim Keng Koen(沈景坤)
Tjie Peng Tjiang(徐秉章)

和 1883 年 3 月 27 日,癸未二月十七日,拜貳

公堂會議。

大瑪腰李子鳳舍、甲必丹陳文炳舍、黃福章舍、雷珍蘭李亞二官、陳文貴舍、賴長輝官、沈景坤官、朱葛礁鄭宴祥官、徐秉章舍全在座。甲必丹陳亞誥官、許煥章官,雷珍蘭張朝福官,不到。

(陳福元、陳維慶懇入欠熾昌限至銀擔保案)

承熾昌關都於和 1883 年 3 月 22 日第 290 號、307 號遞到口詞字貳張,懇公堂查勘堪否?照常詳覆。

一、陳福元住新把殺,懇入欠熾昌限至銀 3000 盾,保認人:陳能水住八芝郎安又鄭德元住江東圩①。

二、陳維慶住廿六間,懇入欠熾昌限至銀 3000 盾,保認人:陳長華住廿六間,陳有能住甘光毛吠甲。

公堂會議:已勘陳福元為和蘭酒路及什貨生意,陳維慶為磁器盤碗生意,其保認陳能水為和蘭酒路及什貨生意,鄭德元油米生意,陳長華、陳有能酒路雜物及出稅車仔生意,

---

① 江東圩:即干冬圩,Meester Cornelis,吧城地名,位於吧城大南門郊外東南。

現時皆有利路,可以堪此。謹詳熾昌闞都裁奪。

(黃益謙甲懇伊其先慈式里陂墓前壙地買添12距為樹立石燭之用事)

大瑪腰(李子鳳)陳:“黃益謙甲懇伊其先慈式里陂墓前壙地買添12距,為樹立石燭之用。蓋其母墳後及左右,俱有別人墳塋,故其所懇止此耳。未審列台何以處之?”

公堂會議:可其所懇。然須從本堂所已定風水價例大小,次第還值,然後扣出原買舊墳價項,歸還黃益謙甲。又議自今以後,凡欲就舊墳添買曠地者,宜並舊墳合所添之地闊長幾許,如其闊或長過第四號者[①],價從第三號;過第三號者,價從第貳號。仍准扣出原買舊墳價項,歸還買主。特此存案,以便臨時處分。

(大瑪腰建議將公堂蓄積購買爪哇典當公司股份事)

據和1883年3月9日公堂會議。大瑪腰建議謂:本公堂蓄積櫃項,皆我唐人買風水之所由來也,本應別買地段廣埋葬之區,以唐人身前所得,備唐人身後所難。但此時物色未得其宜,招募典胎[②]未有其主,積年累月韞賣而藏,非策之良也。計不如買允妥股份,如爪鴉[③]當公班衙股份單收置之,既不測之無虞,亦堪期其獲息。是非可否,望寅僚共

---

① 第四號者:指風水墓地的第四等規格,即長24腳距、寬12腳距。

② 典胎:閩南話,以產業或房產作抵押的典當。

③ 爪鴉:亦作爪亞,亞地,爪哇(Java)之別譯。

為裁決。

公議齊云:瑪腰所言甚是。即宜上書大淡裁奪。

(大淡來文准依公堂所議將公堂蓄積購買股份事)

承大淡文於和 1883 年 3 月 24 日第 1901 號,准依公堂所議,將所存現銀 140000 盾置買爪鴉當股份單,或吧城熾昌關都大當單限至銀 100000 盾。仍仰值月司員董理其事。存案。

(公堂覆副淡文緞怒夫鄰要築室之地果屬公堂之地)

承副淡於和 1883 年 3 月 7 日第 1671 號遞到緞怒夫鄰口詞字,懇築一室在新塚巷。祈瑪腰查察其要起之地,係為公堂之地,或公班衙之地乎? 祈為詳覆。

公堂覆副淡文於和 3 月 17 日第 150 號,緞怒夫鄰要築室之地,已仰賴長輝甲到處勘驗。據云,果屬公堂之地,非公班衙地也。謹此申詳,並寄回緞怒夫鄰口詞字。

(公堂覆副淡文不能依緞怒夫鄰所懇在該地築室)

承副淡文於和 3 月 20 日第 2123 號已接閱公堂覆書矣。茲再請問,可否緞怒夫鄰在該地築室,抑或有無觸犯及公堂否? 祈為再覆。

公堂於和 3 月 27 日第 177 號覆副淡文云:本堂會議緞怒夫鄰該地築室之事,本堂不能依其所懇。蓋既有邱墳而雜之以屋宅,大有礙唐人風水之通義。謹此裁覆。

(黃福章甲大提請下半年允許貧家子弟充入義塾事)

甲必丹黃福章舍具陳：義塾本為教育貧家子弟而設，如有力堪酬學金者，原不少別處學館。竊願於此下半年，但許貧家子弟充入義塾，其有力能酬學金者，請勿以歸斯受論。

公議咸云：黃福章甲大所陳之事，實屬妥協。即仰裁處善後之規。

(甲必丹陳文炳舍提請公堂曉喻丹絨萬律邱枝頭二事)

甲必丹陳文炳舍具陳：懇曉喻丹絨萬律邱枝頭二事。一、若有人擇風水地，概不許在樹下築墳，倘其合選之地有樹木者，必預買其樹木而斬伐之，然後可許在所選之地買為墳塋。二、自今以始，凡傍墳有樹木，丹絨萬律當繳知公堂，以便公堂買而伐之，蓋恐一旦傾頹壓壞墳墓故也。又道路狹小者，亦不許賣人為墳，以便行路之人。

公議：即仰屬員陳文炳甲大理妥。存案。

(公堂回覆蘭直叻所問蔡森林遺業之事)

承蘭直叻[1]淡於和 1883 年 2 月 28 日第 107 號致書公堂云：有一唐人名蔡溪林為未成丁蔡金淮之父，經詩礁三個女子：蔡真娘、蔡春娘、蔡清娘之掛咄卜[2]其兄蔡火林也。

---

① 蘭直叻：亦作蘭得叻、蘭得力、蘭值力、蘭直力，荷蘭語 Landraad，荷印地方法院。

② 掛咄卜：亦作掛沙卜、掛咄勿刹，馬來語 Kuasa Besar，主要受委託人，主要代理人。

此三女子乃和 1880 年年 2 月 14 日故者蔡森林之女。初森林之卒也，其子蔡麒麟應承業。至和 1880 年 4 月 21 日麒麟身故時，未長成未有妻子。麒麟既歿，高禮義關都[①]即定其應承之業判歸其姊妹蔡真娘、蔡春娘、蔡清娘。而蘭直吻案奪，則以為高禮義關都不得擅專，將唐人死者家業判歸何人應承，蓋承業之人雖死無遺囑，而其權之不可泯者，荃(全)賴蘭直吻公平議斷，是不得不欲聞公堂之權衡，果以為孰可應承蔡麒麟之業乎？在溪林之見，則謂其子金淮當承麒麟遺業，因麒麟祇有姊妹，並無胞兄弟故也。

麒麟叔父有三：長蔡火林即為溪林所詩礁者是，次蔡木林，三蔡溪林，即詩礁蔡火林者是。

公堂於和 1883 年 3 月 21 日，覆蘭直吻所問蔡家承業之事略云：本堂為所問之事，經稽察蔡家得其關要，以資明斷。具陳如下：

鴉[②]、蔡森林於和 1880 年 2 月 14 日棄世，遺下一子三女於其妻，子名蔡麒麟，女名蔡真娘、蔡春娘、蔡清娘也。此四個兒皆在沖年[③]。當蔡森林之卒也，並無立書分業，而蔡麒麟又於和 1880 年 4 月 21 日殤。

迷[④]、蔡森林同胞有三：一曰蔡火林，有二子；二曰蔡木

---

① 高禮義關都：荷蘭語 College(van Boedelmeesteren)Kantoor，監護人董事會辦公室(辦事處)。

② 鴉：荷蘭語字母 A 的閩南話譯音。

③ 沖年：幼年。

④ 迷：荷蘭語字母 B 的閩南話譯音。

林，亦有二子；三曰蔡溪林，其子亦有二。然則蔡森林有其姪者矣。

棲[1]、蔡火林為故蔡森林之妻之掛沙卜，所以調護諸子女者也。

故本堂互為權衡，仍遵清朝律例，無子立嗣，先盡周親，及婦人夫亡願守者，合承夫分，須憑族長擇昭穆相當之姪為嗣等例。而蔡麒麟以年幼之故，合遵不得概為立嗣之例。況蔡森林周親尚多，昭穆相當之姪，可為立繼，自不必為未婚之子立繼焉。然欲為蔡森林立繼，當憑其妻與蔡火林擇賢擇愛，聽其自便，庶幾永如己出，無有後悔。若其三女，祇俟笄字之時，酌配妝奩而已。蓋戶未絕，無女子承業之條。至若蔡溪林，斷斷不得霸強，必以其子金淮勒令承繼。本堂所議如此，謹詳蘭直叻關都裁奪。

（瑪腰、甲必丹、雷珍蘭、朱葛礁爲本期記錄簽名：馬來文草書）

Lie Tjoe Hong（李子鳳） Tan Boen Peng（陳文炳）

Oeij Hok Tjiang（黃福章） Lie A Njie（李亞二）

Tan Boen Kwil（陳文貴） Gouw Keng Loen（吳經綸）

Loa Tiong Hoeij（賴長輝） Sim Keng Koen（沈景坤）

The Tjan Siang（鄭宴祥） Tjie Peng Tjiang（徐秉章）

---

① 棲：荷蘭語字母 C 的閩南話譯音。

和1883年4月26日,癸未三月二十日,拜四

公堂會議。

大瑪腰李子鳳舍,甲必丹張朝福官、雷珍蘭李亞二官、陳文貴舍、吳經綸舍、賴長輝官、沈景坤官、大朱鄭宴祥官、二朱徐秉章舍仝在座。甲必丹陳文炳舍、黃福章舍、陳亞詿官,不到。

(大瑪腰李子鳳舍告知公堂參議修理丹絨路之事)

大瑪腰李子鳳舍告知公堂:因丹絨路壞,故第四號界轄公勃壟承副淡之命,特來與弟參議修理之事。惟懇本堂出少許櫃項為費,衹修其有壞之處而已。

公堂咸議:此事當煩丹絨屬員到處預先巡閱,然後行文詳覆。

(副淡覆公堂准依開發公堂櫃項銀以為牛郎沙里及丹絨兩處祭費)

承副淡於和1883年3月30日第2026號覆公堂書,准依開發公堂櫃項銀捌佰盾,為牛郎沙里清明節,及丹絨中元普度兩處祭費。謹此存案。

(蔡梧速呈稟懇將伊房屋典借公堂銀項)

蔡梧速呈稟:懇將伊房屋計四間典借本堂銀5000盾,

願每年每盾納息六八先。即將其房屋契字標號及的價錄下：

一、房屋一間契用 117 號，的價銀 840 盾。

一、房屋一間契用 4041 號，的價銀 500 盾。

一、房屋一間契用 4443 號，的價銀 5000 盾。

一、房屋一間契用 4498 號，的價銀 500 盾。

合契四張，的價共銀 6840 盾。

公堂會議：已勘蔡梧速所稟，欲將房屋四間典借銀 5000 盾，而契字內的價之數尚不敷三分之二，故本堂不得從其所懇。特此存案。

（大淡案奪准公堂櫃項置買爪鴉當股份單）

承大淡於和 1883 年 3 月 24 日第 1901 號案奪，准公堂櫃項置買爪鴉當股份單。玆憑牙儈緞倫洛代採，計置爪鴉當股份單列在下，本堂茄實清。

（瑪腰、甲必丹、雷珍蘭、朱葛礁爲本期記錄簽名：馬來文草書）

Lie Tjoe Hong（李子鳳）　Khouw Wang Tjiang（許煥章）

Thio Tiauw Hok（張朝福）　Lie A Njie（李亞二）

Tan Boen Kwil（陳文貴）　Gouw Keng Loen（吳經綸）

The Tjan Siang（鄭宴祥）　Tjie Peng Tjiang（徐秉章）

和1883年5月4日，癸未三月廿八日，拜五

公堂會議。

大瑪腰李子鳳舍、甲必丹陳文炳舍、張朝福官、雷珍蘭李亞二官、吳經綸舍、賴長輝官、沈景坤官，仝大朱鄭宴祥官、二朱徐秉章舍在座。甲必丹黃福章舍、陳亞誥官、雷珍蘭陳文貴舍，不到。

（洪源順懇入欠熾昌限至銀擔保案）

承熾昌關都於和1883年4月30日第444號，附洪源順口詞字，懇入欠限至銀2000盾，保認人：鄭南生、鄭長水。祈公堂查勘否？照常詳覆。

公堂會議：已勘洪源順住結石珍為什貨生理，其保認鄭南生、鄭長水，二人皆住結石珍為什貨生理，現時俱各可堪。謹詳熾昌關都裁奪。

（公堂會議定自今以後諸默氏身故例賜葬地之款）

公堂會議定自今以後諸默氏身故例賜葬地之款。凡默氏告退，至減[1]必經任四年足額；又必有上司優准文憑，方可依例賜葬地闊拾貳腳距、長貳拾四腳距。如其不然，不得援例。特此存案。

---

① 至減：閩南話，至少。

(瑪腰、甲必丹、雷珍蘭、朱葛礁爲本期記錄簽名:馬來文草書)

Lie Tjoe Hong(李子鳳)　　Tan Boen Peng(陳文炳)

Khouw Wang Tjiang(許煥章)　　Thio Tiauw Hok(張朝福)

Lie A Njie(李亞二)　　Gouw Keng Loen(吳經綸)

Loa Tiong Hoeij(賴長輝)　　Sim Keng Koen(沈景坤)

The Tjan Siang(鄭宴祥)　　Tjie Peng Tjiang(徐秉章)

和 1883 年 5 月 11 日,癸未四月初五日,拜五

公堂會議。

大瑪腰李子鳳舍、甲必丹張朝福官、雷珍蘭陳文貴舍、吳經綸舍、賴長輝官、沈景坤官、大朱葛礁鄭宴祥官、二朱葛礁徐秉章舍仝在座。甲必丹陳文炳舍、黃福章舍、陳亞誥官,雷珍蘭李亞二官,不到。

(萬丹大淡致書公堂請據中國律例權衡黃開和告其子黃壬春不孝一案)

萬丹轄大淡於和 1883 年 5 月 2 日第 2662 號致書於公堂,並附西壟地黃開和告其子黃壬春不孝狀詞三紙;又附黃壬春訴狀二紙,明其父所行乖戾不法。特請公堂據中國律例,互為權衡,並冀指陳應受何刑,抑或如何勸解和息?具詞詳覆。

公堂會議:覆該大淡書云,閱黃開和、黃壬春兩造口詞,已詳悉矣。

鴉、據黃開和稱，有遣人向伊子黃壬春索回其所借用之厝，竟被黃壬春當所遣人面前，毀其父無教示。並云使他來這裡，吾教示之，吾毆辱之。

迷、據黃壬春書中口詞，有曰黃開和今將病狂矣，並其餘詞歷指其父隱惡，至使人不忍卒讀。

公堂細按《大清律例》，凡罵祖父母、父母，及妻妾罵夫之祖父母、父母者，並絞。須親告乃坐。仰鑒我大督堂總蒞燕地[①]，原無立章程，為敢讐父母者，置極刑之條。細審黃壬春必已早見及此，故敢以手書上呈該大淡，毀其父將患病狂，而又歷指其隱惡也。由此觀之，黃壬春無父之心明於列炬矣。夫是以本堂肅具此書，仰惟大淡本至公之心，神而明之以斷之而已。蓋黃壬春敢肆無忌憚於其父，是即傷風敗俗之人。但得大淡懲治施刑，俾國民中諸唐人有所警省，庶幾恪遵倫常，親其親而長其長矣。儻黃壬春不少加之刑焉，勢必愈熾其肆侮，而黃開和必且含恨在心，討尋別事出來，則其可慮者深矣。

（瑪腰、甲必丹、雷珍蘭、朱葛礁爲本期記錄簽名：馬來文草書）

Lie Tjoe Hong（李子鳳）

Thio Tiauw Hok（張朝福）

Gouw Keng Loen（吳經綸）

Sim Keng Koen（沈景坤）

Tjie Peng Tjiang（徐秉章）

Khouw Wang Tjiang（許煥章）

Tan Boen Kwil（陳文貴）

Loa Tiong Hoeij（賴長輝）

The Tjan Siang（鄭宴祥）

---

① 燕地：此指荷屬東印度。

和1883年5月21日,癸未四月十五日,拜壹

大瑪腰家[1]會議。

大瑪腰李子鳳舍、甲必丹張朝福官、雷珍蘭李亞二官、吳經綸舍、賴長輝官、沈景坤官、大朱葛礁鄭宴祥官、二朱葛礁徐秉章舍仝在座。甲必丹陳文炳舍、黃福章舍、陳亞詰官,雷珍蘭陳文貴舍,不到。

(楊宗璧懇入欠熾昌限至銀擔保案)

承熾昌關都於和1883年5月15日第495號,附楊宗璧口詞字,懇入欠限至銀20000盾,保認人:溫有良、賴亞郎。祈公堂審勘堪否?照常詳覆。

公堂會議:已勘楊宗璧住小南門為商,並其保認人溫有良住結石珍,賴亞郎住大港墘,俱係為商,但欲入欠限至銀20000盾。本堂酌議,此三人現時皆未可堪。謹詳熾昌關都裁奪。

(廖亞連懇入包白羅致幹於馬里那戰船擔保案)

承副淡諭於和1883年5月17日並附廖亞連口詞字二張,懇於和1883年6月2日在馬里那關都黎壟,他願入包

---

① 大瑪腰家:在大南门,即吧城南门。

白羅致幹①及白米色滑②，為該關都用在戰船，其保認人黃亞社住大南門為木匠廠，並馮亞球住大南門為商。祈如常詳覆。

公堂審勘廖亞連所懇，及其保認人黃亞社、馮亞球。此三人均未可堪。然本堂查廖亞連乃本年此物之安泥馬也。其所以可堪者，有緞那亞畢為其保認。今廖亞連不再用那亞畢為保認，是以不堪耳。謹詳副淡裁奪。

（瑪腰、甲必丹、雷珍蘭、朱葛礁爲本期記錄簽名：馬來文草書）

Lie Tjoe Hong（李子鳳）

Lie A Njie（李亞二）

Loa Tiong Hoeij（賴長輝）

The Tjan Siang（鄭宴祥）

Thio Tiauw Hok（張朝福）

Gouw Keng Loen（吳經綸）

Sim Keng Koen（沈景坤）

Tjie Peng Tjiang（徐秉章）

和 1883 年 5 月 31 日，拜四

公堂會議。

大瑪腰李子鳳舍、甲必丹張朝福官、李亞二官、雷珍蘭吳經綸舍、大朱鄭宴祥官、二朱徐秉章舍仝在座。甲必丹黃福章舍，雷珍蘭陳文貴舍、賴長輝官、沈景坤官，不到。

（許耀基、邱濬昌懇補公堂雷珍蘭之缺事）

---

① 白羅致幹：白麵包幹。

② 米色滑：英語 Mescal，龍舌蘭酒（麥斯卡爾酒）。

大瑪腰在公議前示二口詞字。壹、許耀基舍[1],貳、邱濬昌官[2]。懇補公堂雷珍蘭之缺,仰寅僚簽議堪否?然後具詞詳覆大淡裁奪。

公堂會議:已勘許耀基、邱濬昌,兩人營生則綽有餘裕,素行亦隙無可攻。且又不吸洋鴉,實堪署補缺任。宜即詳繳大淡吹薦[3]督堂,舉此兩人補授斯職。

(瑪腰、甲必丹、雷珍蘭、朱葛礁爲本期記錄簽名:馬來文草書)

Lie Tjoe Hong(李子鳳)　　Thio Tiauw Hok(張朝福)

Lie A Njie(李亞二)　　Gouw Keng Loen(吳經綸)

The Tjan Siang(鄭宴祥)　　Tjie Peng Tjiang(徐秉章)

和 1883 年 6 月 25 五日,拜一

公堂會議。

大瑪腰李子鳳舍、甲必丹張朝福官、李亞二官、雷珍蘭陳文貴舍、吳經綸舍、沈景坤官、二朱徐秉章舍全在座。甲

---

① 許耀基:Khouw Yaouw Kie,許清波甲之子。1883 年 8 月 18 日任雷珍蘭,1887 年 10 月 22 日陞任甲必丹。另據《婚簿》載,1879 年 8 月 18 日,住東基 19 歲許耀基,與 17 歲陳欣娘成婚。媒妁許吉娘,主婚人許清波(父)。陰曆七月初四日交寅。

② 邱濬昌:據 1883 年《公堂公文掛號簿》載:和 1883 年 6 月 2 日,懇瑪腰代為轉達此稟詞字。奉王上恩准,舉為客家籍雷珍蘭兼理公堂會議之職。和 1883 年 6 月 13 日第 388 號。

③ 吹薦:閩南話,推薦。

必丹黃福章舍、雷珍蘭賴長輝官、大朱鄭宴祥官,不到。

(陳有信、蔡景賢懇入欠爈昌限至銀擔保案)

承爈昌關都於和 1883 年 6 月 18 日第 609 號付二口詞字,仰公堂查勘堪否? 如常詳覆。

一、陳有信住峨羅落,懇入欠限至銀 1000 盾,援保認人陳北順住峨羅落,李光風住遮八。

二、蔡景賢住茂物,原入欠限至銀 8000 盾,保認人湯文成、蔡坐皆住茂物。今因蔡坐身故,懇以戴有生住亭仔腳代之。

公堂會議:已勘陳有信及其保認人陳北順、李光風,皆小經紀,現時未堪。至戴有生為貓澤生理,現時可堪。謹詳爈昌關都裁奪。

(鄭成服之妻高全娘入稟懇賜葬地事)

故默氏鄭成服之妻高全娘稟公堂:為其夫前經本堂依例給單賜葬地闊 12 距、長 24 距,懇準將此地葬其子鄭景興之妻新故蔡賢娘,為異日與其夫雙壙之墳。蓋成服在日,先有買過 16 距、32 距之地。臨終遺囑,願以此葬己,而以本堂所賜者,轉以其子景興為異日葬身之地。

公堂會議:據高全娘所稟,其夫鄭成服業已葬身於自買之地,而以公堂已賜之地留與其子景興。互為審勘,似無虧損公堂葬地,合應准依所懇。另給一書諭高全娘知悉。

(大瑪腰李子鳳建議上書大淡開公堂櫃項以補重修牛郎沙里緣項之不足)

大瑪腰李子鳳舍請公堂:所捐重修牛郎沙里緣項,及和1881年3月23日第1927號大淡案奪,准本堂櫃項發銀2500盾之外,尚欠銀270.75盾。宜更上書開本堂櫃項補足此數,以俟大淡案奪。

公堂列憲咸云:最妙。即日移文大淡裁奪。

(公堂會議明誠書院副師酌議每年脩金增加銀100盾)

公堂會議:義塾明誠書院副師,原經大淡於和1882年6月2日第3596號案奪,准開公堂櫃項,每年銀400盾為其脩金,為頗嫌菲薄。酌議每年增加銀100盾,共計每年銀500盾。即日同堂行文,懇大淡案奪。

(甲必丹陳文貴舍建議增加銀200盾為明誠書院正師每年春秋丁祭等費)

甲必丹陳文貴舍具陳:義塾明誠書院正師,前人已定每年開公堂櫃項銀1200盾為其脩金,春秋丁祭[1]費正師自理之例,相延雖久,原無提明在案。而本堂僚屬每丁祭日相率宴飲於此,則似乎師具筵邀我矣。竊願公堂另發櫃項,每年銀200盾存在司員,為每丁祭僚屬酒席之需,其餘剩項資,以獎賞學童,鼓勵其心神,不亦可乎?

---

① 春秋丁祭:每年于仲春及仲秋之上旬丁祭,祭奠先聖先師,謂之"丁祭"。即每年陰曆的二月和八月的丁日祭祀孔子、朱子。

公議:善之。宜以春秋丁祭等費為詞,詳文大淡為之案奪。

(瑪腰、甲必丹、雷珍蘭、朱葛礁爲本期記錄簽名:馬來文草書)

Lie Tjoe Hong(李子鳳)

Lie A Njie(李亞二)

Gouw Keng Loen(吳經綸)

Tjie Peng Tjiang(徐秉章)

Thio Tiauw Hok(張朝福)

Tan Boen Kwil(陳文貴)

Sim Keng Koen(沈景坤)

和1883年6月30日,癸未五月廿六日,拜六

公堂甲必丹陞任

大瑪腰李子鳳舍、甲必丹張朝福官、李亞二官、陳文貴舍,雷珍蘭吳經綸官、賴長輝官、沈景坤官、二朱徐秉章舍仝在座。甲必丹黃福章舍、大朱鄭宴祥官,不到。

(甲必丹許煥章官辭任,擢張朝福官陞授公堂甲必丹之職)

承大淡於和1883年6月2日第3554號,為遵燕地督憲於和1883年5月13日第24號案奪,准依公堂甲必丹許煥章官辭任,並優賞欽賜甲必丹之銜。即擢公堂特授雷珍蘭張朝福官陞授公堂甲必丹之職,參議公堂庶務。仰公堂為寄印紙一張,價銀三佰盾為新授甲必丹握治字。又仰公堂可獲銀1900盾於甲必丹許煥章官,宜納為施捨唐人病院

之在此地者，此蓋從和 1819 年第 32 號國報第一款第貳條。

(甲必丹陳文炳舍辭任，擢李亞二官陞授甲必丹之職)

承大淡於和 1883 年 5 月 31 日第 3472 號，為遵燕地督憲於和 1883 年 5 月 26 日第 12 號案奪，准依公堂甲必丹陳文炳舍辭任，並優賞欽賜甲必丹之銜。即擢公堂特授雷珍蘭李亞二官陞授甲必丹之職，參議公堂庶務。仰公堂為寄印紙一張，價銀三佰盾為新授甲必丹握治字。又仰公堂可獲銀 1900 盾於甲必丹陳文炳舍，宜納為施捨唐人病院之在此地者。此蓋從和 1819 年第 32 號國報第一款第貳條。

(甲必丹陳亞誥官辭任，擢陳文貴舍陞授甲必丹之職)

承大淡於和 1883 年 6 月 26 日第 4133 號，為遵燕地督憲於和 1883 年 6 月 13 日第 37 號，准依公堂甲必丹陳亞誥官辭任，第其所懇欽賜甲必丹之銜不蒙見納。即擢公堂特授雷珍蘭陳文貴舍陞授甲必丹之職，參議公堂庶務。仰公堂為寄印紙一張，價銀三佰盾為新授甲必丹握治字。

(瑪腰、甲必丹、雷珍蘭、朱葛礁爲本期記錄簽名：馬來文草書)

Lie Tjoe Hong(李子鳳)	Thio Tiauw Hok(張朝福)
Lie A Njie(李亞二)	Tan Boen Kwil(陳文貴)
Gouw Keng Loen(吳經綸)	Loa Tiong Hoeij(賴長輝)
Sim Keng Koen(沈景坤)	Tjie Peng Tjiang(徐秉章)

和 1883 年 7 月 6 日，癸未六月初三日，拜五

公堂會議。

大瑪腰李子鳳舍，甲必丹張朝福官、李亞二官、陳文貴舍、雷珍蘭吳經綸舍、賴長輝官、沈景坤官、二朱徐秉章舍仝在座。甲必丹黃福章舍、大朱鄭宴祥官，不到。

(陳菜布懇入欠熾昌限至銀擔保案)

承熾昌關都於和 1883 年 6 月 26 日第 652 號，付陳菜布口詞字一張，懇入欠限至銀 1000 盾，援保認人阮漳源、陳菜祿。祈公堂查勘堪否？具詞詳覆。

公堂會議：已勘陳菜布住結石珍為布路生意，其保認人阮漳源藥店生意，陳菜祿糖店生意，俱各有一定生涯。共為酌議，現時可堪。謹覆熾昌關都裁奪。

(公堂回覆大淡致問義塾明誠書院諸事)

承大淡文於和 1883 年 7 月 4 日第 4313 號諭云：本堂當未經案奪公堂所請於和 1883 年 6 月 26 日第 426 號之書。預仰公堂為指明有幾多學童在義塾肄業？有幾多師長在義塾教書？每月師長酧金幾多？並諸學童有無奉酧學金？抑或此內盡貧寒子弟學業而已。

公堂會議於和 1883 年 7 月 6 日第 459 號覆大淡書云：總計義塾明誠書院學童共有 44 子，並無學童自備脩金及酧還本堂之事。其師長有正副二位，正師每年脩金 1200 盾，

從大淡和1871年3月14日第1575號案奪;副師每年酧金銀400盾,從大淡和1882年6月2日第3596號案奪,概係公堂櫃項支出。謹詳大淡鑒察。

(鄭春色懇公堂雷珍蘭之職)

大瑪腰示鄭春色舍[①]口詞字一張,懇公堂雷珍蘭之職。祈諸寅僚互為權衡。

公堂會議:已勘鄭春色營生饒足,品行端良,且又不染洋鴉,允宜補授斯缺。合即申詳大淡吹噓[②]。

(瑪腰、甲必丹、雷珍蘭、朱葛礁爲本期記錄簽名:馬來文草書)

Lie Tjoe Hong(李子鳳) Thio Tiauw Hok(張朝福)
Lie A Njie(李亞二) Tan Boen Kwil(陳文貴)
Gouw Keng Loen(吳經綸) Loa Tiong Hoeij(賴長輝)
Sim Keng Koen(沈景坤) Tjie Peng Tjiang(徐秉章)

和1883年7月13日,癸未六月初十日,拜五

公堂會議。

大瑪腰李子鳳舍、甲必丹李亞二官,雷珍蘭賴長輝官、

---

① 鄭春色:The Tjoen Sek,亦作"鄭春錫"。據《公堂公文掛號簿》1883年8月28日載:1883年8月18日第9號擢舉為唐人雷珍蘭。1887年10月22日陞任甲必丹,1901年7月25日授欽賜甲必丹。

② 吹噓:閩南話,鼓吹。

沈景坤官,二朱徐秉章舍仝在座。甲必丹張朝福官、黃福章舍、陳文貴舍、雷珍蘭吳經綸舍、大朱鄭宴祥官,不到。

(吳文成懇入欠熾昌限至銀擔保案)

承熾昌關都於和 1883 年 7 月 11 日第 686 號,附吳文成住結石珍口詞字一張,懇入欠限至銀 3000 盾,援保認人吳香水住新巴殺,吳基發住結石珍。祈公堂查勘堪否?如常詳覆。

公堂會議:已勘吳文成為酒路生理,及其保認人吳香水、吳基發布路、酒路生理。所懇入欠限至銀 3000 盾,現時俱各可堪。即覆熾昌關都裁奪。

(雷珍蘭賴長輝官代甲必丹黃福章舍懇為蔭地風水事)

雷珍蘭賴長輝官代甲必丹黃福章舍向公堂陳請:為伊兄黃德章甲辭世,懇將伊例蔭該額風水壹穴,闊 24 距、長 48 距,先葬伊兄為雙壙之墳,後並自己亦在此為雙壙之墳。伊蓋據和 1878 年 2 月 21 日公議,已准李子昌甲懇將伊例蔭之風水,先葬其弟李子意其事同也。倘或公堂已更新規,抑或在座諸僚各有異議,伊亦不敢相強。惟聽公議主裁已耳。

公議:已權甲必丹黃福章舍所請之事,正與前任公堂雷珍蘭李子昌舍所懇前後同出一轍。況此後本堂亦未經改定奉行新規,理宜依懇。特給壹張與甲必丹黃福章舍執照。謹此存案。

（瑪腰、甲必丹、雷珍蘭、朱葛礁爲本期記錄簽名：馬來文草書）

Lie Tjoe Hong（李子鳳）　　Lie A Njie（李亞二）

Loa Tiong Hoeij（賴長輝）　　Sim Keng Koen（沈景坤）

Tjie Peng Tjiang（徐秉章）

和 1883 年 8 月 11 日，癸未七月初九日，拜六

公堂會議。

大瑪腰李子鳳舍、甲必丹黃福章舍、張朝福官、李亞二官、陳文貴舍，雷珍蘭賴長輝官、沈景坤官、二朱徐秉章舍仝在座。雷珍蘭吳經綸舍、沈景坤官，不到。

（賴長輝、沈景坤繳三人口詞字懇補已故守牛郎沙里廟事陳豹舍之缺）

掌牛郎沙里事司員賴（長輝）、沈（景坤）繳有三人呈口詞字，懇補已故守牛郎沙里廟事陳豹舍之缺。祈公堂細勘，擇其妥者而與之。

公堂會議：已閱三人稟書矣。但牛郎沙里之事既仗賴（長輝）、沈（景坤）二員總統，合憑二員主意，擇善而用。何俟公堂選取焉。仰賴（長輝）、沈（景坤）二位寅台裁奪就是。

（李派有懇入欠熾昌限至銀擔保案）

承熾昌關都於和 1883 年 8 月 6 日第 777 號，附李派有

住班芝蘭口詞字一張，懇入欠限至銀 3000 盾，援保認人緞葛沙亞里八住大南門都庫並李莡住小南門。祈查勘如常詳覆。

公堂會議：已勘李派有，及其保認人李莡，皆為鐵店生意。本堂酌量，現時可堪。即覆爈昌關都裁奪。

（陳開隄、陳源祿懇補公堂朱葛礁之缺事）

大瑪腰示公議前西字口詞二張：一、陳開隄[1]住吧觀音亭，為大朱鄭宴祥辭世，懇補朱缺。二、陳源祿住北茄浪[2]，懇如上事。

公堂會議：細勘此二人，均無可議。但開隄在唐生長，前又曾為和蘭翻譯官幕賓，亦嘗為教讀先生數年，學問閱歷較源祿似為稍優。今大朱鄭宴祥既沒，合薦二朱徐秉章舍陞補大朱，而擢陳開隄署補二朱。至源祿年紀尚富，後會有期。即寫西字繳呈大淡吹噓。甲必丹陳文貴舍避議，因與陳源祿襟兄弟故也。

（公堂回覆大淡致問公堂付義塾正教師每年脩金 1200 盾始於何時）

承大淡文於和 1883 年 8 月 4 日第 5007 號，據公堂和本年 7 月 6 日第 459 號所詳之書，殊與和 1871 年 3 月 14

---

① 陳開隄：Tan Kaij Tee，亦作“陳開堤”，在唐生長，來吧後為荷蘭通事及教讀。1883 年 9 月 11 日任公堂二朱，直到 1885 年。另據《婚簿》載，1884 年 9 月 25 日，住中港仔 23 歲陳開隄二朱，與 18 歲林淵濟娘成婚。媒妁郭作娘，男方主婚陳榮秀（父），女方主婚林永義（父）。陰曆八月十一日交寅。

② 北茄浪：亦作北加浪、北膠浪，Pekalongan，中爪哇北岸之北加浪岸。

日第1575號大淡案奪内所敘不相符合。蓋和1871年3月14日第1575號之案奪1200盾,乃兩個教師之學金。正教師依公堂所請,於和1871年2月22日第26號之書,衹得酬學金每年銀800盾。是以本堂仰公堂再為詳覆,實始何時公堂還正教師每年學金銀1200盾?

公堂會議覆大淡書云:本堂接和1883年8月4日第5007號所諭諸情,誠不謬也。先是和1778年義塾師,以兩人脩金每年1200盾,用費不敷,懇求退任。是以本堂會議,別擇一師,能以一人兼教群弟子者,此一師每年獲脩金1200盾所自始也,蓋和1878年也。至和1882年,職等觀義塾學童又益增多,故復公議再添副師每年酬金400盾,已蒙大淡和1882年6月2日第3596號案奪。謹此呈覽。

(瑪腰、甲必丹、雷珍蘭、朱葛礁爲本期記錄簽名:馬來文草書)

Lie Tjoe Hong(李子鳳) Oeij Hok Tjiang(黃福章)
Thio Tiauw Hok(張朝福) Lie A Njie(李亞二)
Tan Boen Kwil(陳文貴) Loa Tiong Hoeij(賴長輝)
Sim Keng Koen(沈景坤) Tjie Peng Tjiang(徐秉章)

和1883年8月17日,癸未七月十五日,拜五

公堂會議。

大瑪腰李子鳳舍、甲必丹張朝福官、李亞二官、陳文貴舍、雷珍蘭吳經綸舍、賴長輝官、沈景坤官、二朱徐秉章舍仝

在座。甲必丹黃福章舍，不到。

（公堂回覆高禮義致問《大清律例》居喪嫁娶之條）

承高禮義撫澤烈密實直[①]於和1883年7月25日第1535號文云：本堂接李寶興於和本年7月11日口詞字，內詳其已經於和1883年5月26日娶文登[②]林茂義甲之女林吟娘為妻，而接本堂參議員甲必丹高瓊瑤舍於和本年7月23日口詞字詳，李寶興於本年5月26日婚姻，其父李潭於和本年5月14日身故，此乃明犯《大清律例》居喪嫁娶之條，斷斷不得承受。故茲將李寶興口詞字，及婚字，並高瓊瑤甲之書一概寄到公堂。祈為詳查《清律》，具詞覆達。

公堂會議：覆高禮義書云：本堂閱所寄諸字，即檢《大清律例》居喪嫁娶之篇，果係載有凡男女居父母喪而嫁娶者，杖一百，並離異。但上截輯注又有云，若男女係親在之日訂婚於居喪之時，嫁娶則是有父母之命，祇坐罪不離異。謹此覆聞，並繳回所寄各字。

（二朱徐秉章繳報七月初七日秋祭丹絨諸費列單一紙）

二朱徐秉章繳報七月初七日秋祭丹絨諸費列單一紙。祈公堂列憲電鑒。

公堂會議：據本年和3月30日第2026號，已蒙大淡准

---

① 高禮義撫澤烈密實直：荷蘭語 College van Boedelmeesteren，監護人董事會。

② 文登：亦作文丁，Benteng，地名，位於在吧城西郊。原名 Tangerang，譯為丁腳蘭、當格郎，因該地建有大碉堡（Benteng）而名文丁。

開公堂櫃銀 800 盾，為春秋牛郎沙里並丹絨祭費。今春祭已開 400 盾，則宜再開 400 盾，交付二朱，支還其費。存案。

（公堂會議准大朱鄭宴祥懇依例蔭地風水事）

甲必丹張朝福官請曰：今大朱鄭宴祥辭世，依本堂常例，原有蔭穴闊 24 距、長 48 距之地為葬身。伏祈公堂准鄭宴祥依例賜地。

公堂會議：據張（朝福）甲大所請，為大朱鄭宴祥懇依例蔭穴闊 24 距、長 48 距，合應依懇。特給一單，付其長子鄭仲才舍執照。謹此存案。

（瑪腰、甲必丹、雷珍蘭、朱葛礁爲本期記錄簽名：馬來文草書）

Lie Tjoe Hong（李子鳳）	Thio Tiauw Hok（張朝福）
Lie A Njie（李亞二）	Tan Boen Kwil（陳文貴）
Gouw Keng Loen（吳經綸）	Loa Tiong Hoeij（賴長輝）
Sim Keng Koen（沈景坤）	Tjie Peng Tjiang（徐秉章）

和 1883 年 9 月 10 日，癸未八月初十日，拜一

公堂會議。

大瑪腰李子鳳舍、甲必丹張朝福官、李亞二官、陳文貴舍、雷珍蘭吳經綸舍、賴長輝官、沈景坤官、鄭春色舍、許耀基舍、二朱徐秉章舍俱在座。甲必丹黃福章舍雖在座，不預議。

(潘三立懇入欠熾昌限至銀擔保案)

承熾昌關都於和 1883 年 8 月 22 日,附潘三立住小南門口詞字一張,懇入欠限至銀 5000 盾,援保認人潘中立住小南門,甘長基住新巴殺。祈查勘可否? 具詞詳覆。

公堂會議:已勘潘三立,及其所援保認人潘中立為船中所用帆索等物生理,甘長基為米店生理。本堂酌量,現時俱各可堪。謹覆熾昌關都裁奪。

(默氏曾玉利入稟為懇恩賜蔭地事)

具稟人晚生曾玉利為懇恩蔭地事:切晚曾任惹呀蘭界內總甲已有四載。迨至本年四月間陞為原界內副默。竊謂天有風雲不測,人有旦夕禍福。近因拙妻韓氏名萬蘭忽染熱病症故,但家無物業,欲求蔭地。晚自揣任事尚淺,恐干公堂條例。然法雖有禁,例有開恩。晚為窮乏窘迫,故敢叩情上懇大瑪腰大人暨公堂列憲大人開格外之恩,賜晚蔭地一穴,闊 12 距、長 24 距,俾晚葬妻並為雙壙之穴,則生者戴德而沒者啣恩於靡涯矣! 須至稟者。

公堂會議:閱曾玉利稟詞懇蔭風水事,先葬其妻韓萬蘭,後並自己合為雙壙之墳,合應准懇。但須公堂值月司員先查婚簿,果係結髮給有婚字,方許援例賜葬地闊 12 距、長 24 距,並給單執照。存案。

(李新騰懇入欠熾昌限至銀擔保案)

承熾昌關都於和 1883 年 9 月 4 日,付李新騰住旗杆脚口詞字一張,懇入欠限至銀 2000 盾,援保認人鄭邦基、陳永慶住旗杆腳芝安恤。祈查勘其詞,詳覆。

公堂會議:已勘李新騰為文登轄嘮哇無亞野小地稅主,其保認人鄭邦基未有經紀,現時未堪。至陳永慶,遠方人氏,本堂未知其詳。謹覆燉昌關都裁奪。

(大淡公文特准逐年開公堂櫃項銀 200 盾為義塾明誠書院春秋丁祭之費)

承大淡公文於和 9 月 5 日第 5690 號覆公堂書,於和 6 月 26 日第 427 號所請,特准逐年開公堂櫃項銀 200 盾,為義塾明誠書院春秋丁祭之費。存案。

(義塾師黃鍾英黃鍾英暗地上書懇補公堂朱葛礁之缺事)

大瑪腰李子鳳舍請公堂曰:義塾明誠書院師黃鍾英,前經總管明誠書院屬員吳經綸舍諭伊若要辭義塾,或公堂要罷伊義塾之任,六個月前須先通知。詎知黃鍾英近因公堂朱葛礁開缺,潛入西字稟於大淡懇補此任,並無預知於弟及屬員。召訊鍾英,亦自供如所請。似此伎倆,但知利己不顧損人,苟聽其自便,將視公堂若髦毛矣。伏祈列位寅台議處。

公堂會議:審得黃鍾英暗地上書,絕無顧忌。獨不思身關教授之責,妄以義塾為狡兎之窟。同堂召訊,彼既吐實,過失已彰,勢難復挽,務宜革出義塾酬下半年兩月學金。即同堂宣諭黃鍾英。黃鍾英甘受而退。特此存案。

甲必丹陳文貴舍云:鍾英近雖與弟交疏,而遇公事必以平情為準。掌教雖有過失,縱欲斥革,亦當俟至年杪。因請先生時,原定一年為期,接待師儒,詎得等諸司事僕役,有過即可隨時斥逐。況巴中名儒絕少,一時實難中選以理書院也。

以上再添九十一字。此補。

(瑪腰、甲必丹、雷珍蘭、朱葛礁爲本期記錄簽名:馬來文草書)

Lie Tjoe Hong(李子鳳)
Lie A Njie(李亞二)
Gouw Keng Loen(吳經綸)
Sim Keng Koen(沈景坤)
Khouw Yaouw Kie(許耀基)
Thio Tiauw Hok(張朝福)
Tan Boen Kwil(陳文貴)
Loa Tiong Hoeij(賴長輝)
The Tjian Sek(鄭春色)
Tjie Peng Tjiang(徐秉章)

和 1883 年 9 月 28 日,癸未八月廿八日,拜五

公堂會議。

大瑪腰李子鳳舍、甲必丹張朝福官、李亞二官、陳文貴舍、吳經綸舍、雷珍蘭賴長輝官、沈景坤官、鄭春色舍、許耀基舍、大朱徐秉章舍仝在座。

(翁文達懇將其居宅一所典與公堂借銀事)

翁文達住小南門呈口詞字一張,懇將其居宅一所,坐址在小南門第 7973 號契字,的價 6000 盾,典借銀 4000 盾。

公堂會議:據翁文達口詞字,欲將其居宅典借銀 4000 盾。現本堂定奪,經不復掌諸人典契。即此致書覆翁文達知悉。

(大朱徐秉章繳入明誠書院秋期丁祭費用單一紙)

大朱徐秉章舍前委辦理義塾明誠書院秋期丁祭事,今奉單一紙,呈公堂列憲大人電鑒。

公堂會議:從大淡和 1883 年 9 月 5 日第 5690 號案奪,准公堂櫃項開發明誠書院春秋二祭之費銀 200 盾。今據大朱列單辦理秋祭費銀 100 盾,合應登記開出。存案。

(林本娘控告其夫許榮山西字狀一紙)

承副淡於和 1883 年 9 月 25 日第 9633 號,付女人林本娘西字狀,控告其夫許榮山①,譯如下:

賤婦林氏名本娘年 28 歲,住惹葛直嘮,夫名許榮山。切氏夫許榮山,經今七年棄氏如遺。絕不給薪水之費,至氏而今寄居於父林新藹之家。自念毫無過犯,而見絕於夫一至此也。氏守身七年,而夫終不悟。故今詣副淡公庭,伏懇將此事情委公堂審訊之餘,而後判氏與夫離異。

公堂會議:此事當仰公堂值月司員,召二比詳訊,另行判決為是。

(瑪腰、甲必丹、雷珍蘭、朱葛礁爲本期記錄簽名:馬來文草書)

Lie Tjoe Hong(李子鳳)　　Thio Tiauw Hok(張朝福)

Lie A Njie(李亞二)　　Tan Boen Kwil(陳文貴)

① 許榮山:據《婚簿》載,1873 年 12 月 3 日,住毛吠甲 22 歲許榮山,與 18 歲林本娘成婚。媒妁許吉娘,男方主婚許璿璣(父)女方主婚林新建(父)。陰曆十月十八日交寅。默氏陳亞二來單云係吧生。

Gouw Keng Loen(吳經綸)	Loa Tiong Hoeij(賴長輝)
Sim Keng Koen(沈景坤)	The Tjian Sek(鄭春色)
Khouw Yaouw Kie(許耀基)	Tjie Peng Tjiang(徐秉章)

和 1883 年 10 月 8 日,癸未九月初八日,拜一

公堂會議。

大瑪腰李子鳳舍、甲必丹張朝福官、李亞二官、吳經綸舍、雷珍蘭賴長輝官、沈景坤官、許耀基舍、大朱徐秉章舍仝在座。甲必丹陳文貴舍、雷珍蘭鄭春色舍,不到。

(公堂查勘林本娘告狀控其夫許榮山一案)

甲必丹張朝福官前承委細審林本娘之事。茲具以所訊供詞申詳公議案前。

已訊林本娘之夫許榮山年三十二歲,住洪溪,足見本娘狀詞概係實情。但據榮山云:"前既累次招本娘歸,怎奈本娘堅執不從。至許久不給薪水之需,因前此未有經紀之故。今榮山有經紀矣,月得辛金銀 50 盾,可與本娘圖聚以資生活。為此,故不願與妻離異。今惟憑本娘所安,欲從夫歸,抑或招夫同住岳家,榮山無不唯本娘是從。"

覆訊林本娘,供云:"氏夫許榮山所行無狀,偷竊岳家銀器,如帳鉤、香朴等類,是以無顏相見。不顧氏至七年之久,氏豈肯復為夫妻哉?惟懇判離異而已。"

公堂會議判云:審得林本娘告狀控其夫許榮山,業經七

年不給薪水，又未嘗歸會。在五年前，林本娘曾詣公堂告狀。是時情事未彰，是以公堂未判離異也。訊許榮山，據云，果係許久不給薪水，不歸會妻，緣未有生活計故也。今本娘再行告狀，始云二年前已有經紀，月得辛金銀 50 盾，並云曾一次寄與妻銀三拾盾，而其妻則云未嘗接此也。灼見許榮山故意相難，非真愛妻。合即公議案前判他離異，緣彼夫妻割恩斷義已經多時，情愛既無，強合何益。遂令二彼各押離簿，以示此後兩不相關。並即詳覆副淡知道，寄回林本娘狀詞一紙。存案。

（瑪腰、甲必丹、雷珍蘭、朱葛礁爲本期記錄簽名：馬來文草書）

Lie Tjoe Hong（李子鳳）	Thio Tiauw Hok（張朝福）
Lie A Njie（李亞二）	Gouw Keng Loen（吳經綸）
Loa Tiong Hoeij（賴長輝）	Sim Keng Koen（沈景坤）
Khouw Yaouw Kie（許耀基）	Tjie Peng Tjiang（徐秉章）

和 1883 年 10 月 15 日，癸未九月十五日，拜一

公堂會議。

大瑪腰李子鳳舍、甲必丹張朝福官、李亞二官、陳文貴舍、吳經綸舍，雷珍蘭賴長輝官、沈景坤官、許耀基舍、大朱徐秉章舍、二朱陳開堤官仝在座。雷珍蘭鄭春色舍，不到。

(二朱徐秉章陞為公堂大朱葛礁之職、陳開堤補公堂二朱葛礁之缺)

承大淡公文和 1883 年 10 月 5 日第 6092 號,為遵督憲於和 1883 年 9 月 11 日第 14 號案奪:一、舉公堂二朱葛礁徐秉章升為公堂大朱葛礁之職,每月俸銀 120 盾。二、舉舊為華字翻譯官幕賓陳開堤補公堂二朱葛礁之缺,每月俸銀 80 盾。祈公堂為付印紙貳張,每銀 50 盾,以書大二朱葛礁握治字。

(甲必丹黃福章從優辭任,擢雷珍蘭吳經綸陞授甲必丹之職)

承大淡於和 1883 年 10 月 12 日第 6513 號,為遵督憲於和 1883 年 9 月 23 日第 26 號案奪:一、准依公堂參議員甲必丹黃福章從優辭任,且恩賜甲必丹之銜。二、擢公堂參議員雷珍蘭吳經綸陞授甲必丹,仍參議公堂庶務。仰公堂為付印紙價銀 300 盾,以書該甲必丹握治字,並仰公堂可獲銀 1900 盾,為甲必丹黃福章所宜納以充唐人病院,從和 1819 年年第 32 號國報之第貳條款。

大瑪腰宣讀如上諭。即請甲必丹吳經綸舍、大朱葛礁徐秉章舍、二朱葛礁陳開堤官仝日陞任。

(甘金和、林元貞懇補公堂參議員雷珍蘭之職事)

大瑪腰請公堂曰:弟承有二位唐人口詞字,一、甘金和住新把殺，二、林元貞[1]住檳榔社，懇補公堂參議員雷珍蘭之職。統祈列位寅台互為別擇，然後詳文大淡。

公堂會議，眾口一詞，咸謂二人中懇補此位者，宜取林元貞為是。因林元貞較甘金和尤為適合斯選。請即移文大淡擢薦督堂拔用。存案。

（瑪腰、甲必丹、雷珍蘭、朱葛礁爲本期記錄簽名：馬來文草書）

Lie Tjoe Hong（李子鳳） Thio Tiauw Hok（張朝福）

Lie A Njie（李亞二） Tan Boen Kwil（陳文貴）

Gouw Keng Loen（吳經綸） Loa Tiong Hoeij（賴長輝）

Sim Keng Koen（沈景坤） Khouw Yaouw Kie（許耀基）

Tjie Peng Tjiang（徐秉章） Tan Kaij Tee（陳開堤）

和 1883 年 10 月 19 日，癸未九月十九日，拜五

公堂會議。

大瑪腰李子鳳舍、甲必丹張朝福官、李亞二官、陳文貴官、吳經綸舍，雷珍蘭賴長輝官、鄭春錫舍[2]、許耀基舍、大朱徐秉章舍、二朱陳開堤官仝在座。

---

① 林元貞：Liem Goan Tjeng，1883 年 11 月 18 日任雷珍蘭。1889 年 2 月 12 日從優告退。

② 鄭春錫舍：上文作“鄭春色舍”。

(蔡吾速懇入欠熾昌限至銀擔保案)

承熾昌關都於和 10 月 16 日第 1005 號,付蔡吾速住八茶礦口詞字,懇入欠限至銀 3000 盾,援保認人黄成道、呂添。

公堂會議:蔡吾速小可生意,呂添亦小可生意,黄成道因生意不遂,與都庫[1]取折逐月平還,尚未清楚。此三人現時皆不堪。即覆熾昌關都裁奪。

(大淡文諭准每年義塾正師脩金銀 1200 盾,義塾副師銀 500 盾)

承大淡文諭於和 1883 年 10 月 12 日第 6491 號,茲覆公堂和本 8 月 17 日第 588 號之書,特准公堂櫃項每年開發銀 100 盾,增加義塾副師本脩金 400 盾湊成 500 盾。仍准義塾正師酬脩金每年銀 1200 盾,依自和 1878 年至今公堂已行之例,並照本堂和 1871 年 3 月 14 日第 1575 號之文。

公堂會議:遵大淡案奪,可逐年發公堂櫃項為義塾正師脩金銀 1200 盾,義塾副師銀 500 盾。謹此存案。

(瑪腰、甲必丹、雷珍蘭、朱葛礁爲本期記錄簽名:馬來文草書)

Lie Tjoe Hong(李子鳳) Thio Tiauw Hok(張朝福)
Lie A Njie(李亞二) Tan Boen Kwil(陳文貴)
Gouw Keng Loen(吳經綸) Loa Tiong Hoeij(賴長輝)
The Tjian Sek(鄭春錫) Khouw Yaouw Kie(許耀基)

① 都庫:亦作土庫,閩南話,貨棧,倉庫。

Tjie Peng Tjiang(徐秉章)　　Tan Kaij Tee(陳開堤)

和 1883 年 10 月 26 日，癸未九月廿六日，拜五

公堂會議。

大瑪腰李子鳳舍、甲必丹張朝福官、李亞二官、陳文貴舍、吳經綸舍、雷珍蘭賴長輝官、沈景坤官、鄭春錫舍、許耀基舍、大朱徐秉章舍、二朱陳開堤官全在座。

(公堂查勘番人綿鄰懇建回教禮拜堂在牛郎沙里鐵門公堂之地事)

承副淡於和 1883 年 10 月 11 日第 7523 號諭，有一番人名綿鄰懇建回教禮拜堂為祀神之所，在牛郎沙里鐵門。因此屬公堂之地，請公堂查勘可否？具詞詳覆。

甲必丹張朝福官云：番綿鄰所懇建立禮拜堂，查其地本有舊厝之跡，若新立之禮拜堂，豎柱不入地，宜可准懇。然或異日公堂欲用此地，綿鄰當復還，無得異議。

甲必丹李亞二官云：番綿鄰所懇決不可許。因此處彌望皆邱塚，拜堂一立，勢必群番累累來往蹂躪，邱墳必有損傷。況番人之拜堂，猶唐人之廟宇，業已許他建立，豈異日容易令他折毀乎？

甲必丹陳文貴舍所論，與李(亞二)甲大同。且云：彼回教之禮拜堂，日日誦經念咒，教既不同，則鬼神亦所不安。

雷珍蘭賴長輝官所論亦同。且云：依公議於和 1883 年

3 月 27 日，和蘭人緞怒夫鄰懇築室尚不見准，況禮拜堂乎？

瑪腰所論亦同。且云：番綿鄰所懇之地又與完劫寺相近，最為不便。從我華人[1]常例，拜堂本不得與墳墓相錯。

甲必丹吳經綸舍、雷珍蘭沈景坤官、鄭春錫舍、許耀基舍所論意旨皆同。

公堂會議：列憲所論意旨皆同，惟張（朝福）甲大略異，宜從長裁處。具覆副淡詞云云。

（徐碧山呈稟懇築一第屋在牛郎沙里）

徐碧山呈稟，懇築一第屋在牛郎沙里。自云：赤貧無力賃居，若蒙恩得寄此地，亦可不時看顧諸墳。

公堂會議：據徐碧山所懇，不得許允。緣此地為墳墓而設，自不容人家雜處其間也。即委大朱致書覆徐碧山。存案。

（瑪腰、甲必丹、雷珍蘭、朱葛礁爲本期記錄簽名：馬來文草書）

Lie Tjoe Hong（李子鳳）
Thio Tiauw Hok（張朝福）
Lie A Njie（李亞二）
Tan Boen Kwil（陳文貴）
Gouw Keng Loen（吳經綸）
Loa Tiong Hoeij（賴長輝）
Sim Keng Koen（沈景坤）
The Tjian Sek（鄭春錫）
Khouw Yaouw Kie（許耀基）
Tjie Peng Tjiang（徐秉章）
Tan Kaij Tee（陳開堤）

① 華人：即“唐人”。此為《公案簿》檔案中首次出現“華人”稱呼。

和 1883 年 11 月 21 日，癸未十月廿二日，拜三

公堂會議。

大瑪腰李子鳳舍、甲必丹張朝福官、李亞二官、吳經綸舍，雷珍蘭賴長輝官、沈景坤官、許耀基舍、大朱徐秉章舍、二朱陳開堤官仝在座。甲必丹陳文貴舍、雷珍蘭鄭春錫舍，不到。

（陳維崧入稟為伊父陳有華甲懇蔭地事）

接陳維崧稟字如下：

具稟人晚生陳維崧為懇蔭地事：切崧家父雷珍蘭陳有華倏於本十月十九日暴疾捐館[①]，哀毀難名。統懇大瑪腰暨公堂列憲大人格外施恩，俯念家君効勞王室，為賜惹致地蔭墳一穴，以葬其身並為雙壙，則幽明均感於靡涯矣！

甲必丹張朝福官、李亞二官、雷珍蘭許耀基舍同云：如在前，除任理公堂事務外之職員曾有此蔭，宜可准陳維崧所懇。

甲必丹吳經綸舍、雷珍蘭賴長輝官、沈景坤官同云：陳有華甲雖任理江東圩界轄事務，然其卒在城，宜可從公堂職員蔭例。

瑪腰議云：弟曾記前日理望加寺雷珍蘭事雍仕元官曾蒙公堂蔭穴，陳有華甲與雍仕元亦同一例，宜可准懇。

公堂會議：查和 1867 年 7 月 5 日公堂會議，已准望加

---

① 捐館：舊時官員去世的委婉說法。

寺雷珍蘭之妻黃氏所懇，蔭伊夫雍仕元風水一穴，闊 24 距、長 48 距。按陳有華甲亦無異於雍仕元，合可准懇，仍依前例。謹此存案。

(公堂會議凡在任默氏身故或任期足額默氏准依例蔭穴事)

陳有華前懇風水事與雍仕元例同，准給(風)水，闊 12 距、長 24 距。存案。

公堂會議：定自今以後，在各任默氏，惟自己身故，不論任事久暫，合依常例蔭穴。他若其妻先故，必須經任四年足額。又必有上人優獎文憑，方准依例蔭穴，俾先葬妻，後併合伊雙壙之墳。如其不然，不得准懇。存案。

(瑪腰、甲必丹、雷珍蘭、朱葛礁爲本期記錄簽名：馬來文草書)

Lie Tjoe Hong(李子鳳)
Thio Tiauw Hok(張朝福)
Lie A Njie(李亞二)
Gouw Keng Loen(吳經綸)
Loa Tiong Hoeij(賴長輝)
Sim Keng Koen(沈景坤)
Khouw Yaouw Kie(許耀基)
Tjie Peng Tjiang(徐秉章)
Tan Kaij Tee(陳開堤)

和 1883 年 11 月 23 日，癸未十月廿四日，拜五

公堂會議。

大瑪腰李子鳳舍、甲必丹張朝福官、李亞二官、陳文貴

舍、吳經綸舍、雷珍蘭賴長輝官、沈景坤官、鄭春錫舍、許耀基舍、大朱徐秉章舍、二朱陳開堤官仝在座。

(甲必丹張朝福官等建議牛郎沙里塚地不許再興建宅厝事)

甲必丹張朝福官、李亞二官、雷珍蘭賴長輝官請公堂曰:夫牛郎沙里乃墳墓之所,係人家稠雜其中,未免歷久有被毀墳墓之虞。祈自今以後,凡已立家近墳墓者,若所居破壞,修理則可。若購兑別人,承買之人不許居住,秖得將所買之厝折(拆)去而已。

公堂會議:諸憲台所請之事,俟將牛郎沙里之地量畢,然後立定章程可也。

(甲必丹李亞二官請公堂上書上人懇增廣華人界轄事)

甲必丹李亞二官請公堂上書上人懇增廣華人界轄。蓋觀近來華人稅吧日眾,又且國例厲禁不許華人雜處番界,恐將來華人無地可居矣。

公堂會議:李甲大所請之事,此不可以已也。第當先懇甲必丹陳文貴舍、雷珍蘭賴長輝官揀擇何處較好,以增華人界轄。存案。

(甲必丹陳文貴舍建議公堂准立定規將公議案前列台論事記錄在案)

甲必丹陳文貴舍請公堂准立定規。凡公議案前列台論事,彼此不同,務須一一筆之於書,庶無遺言漏義之弊。

公堂會議：陳（文貴）甲台所請亦是妥帖。即令大、二朱，今後准此。存案。

（林木居懇入欠熾昌限至銀熾昌）

承熾昌闢都於和 1883 年 11 月 16 日第 1102 號，付林木居住結石珍，懇入欠限至銀 2000 盾，援保認人黃泰住甘光貓厘，林金元住結石珍。祈查勘堪否？具詞詳覆。

公堂會議：已勘林木居為酒路生理，黃泰亦為酒路生理，林金元為布商。所懇入欠銀 2000 盾，細為酌量，現時可堪。即覆熾昌闢都裁奪。

（方文標、蔡澄秋、林文塾、楊詒穀呈稟懇掌教義塾事）

接列位先生呈稟詞四張，懇掌教義塾。一、方文標，二、蔡澄秋，三、林文塾，四、楊詒穀。

甲必丹張朝福官云："此四人中，楊詒穀與蔡澄秋學問雖相等，然而楊詒穀年紀尚輕。至蔡澄秋，自本年九月公堂已用其權理義塾，至今亦無甚可嫌，當用蔡澄秋為是。"

甲必丹李亞二官意旨與張（朝福）甲大同，亦云："當仍舊用蔡澄秋。"

甲必丹陳文貴舍論云："至方文標已老耄矣，而林文塾係福州人氏，音語與我漳[1]大不同。唯蔡澄秋、楊詒穀學問皆堪取。"

甲必丹吳經綸舍所論與陳（文貴）甲大同，且云："楊詒

[1] 漳：福建省漳州府之簡稱。

穀、蔡澄秋，二人品第，弟未知其詳。然蔡澄秋公堂既前日用其權理義塾，即當依舊為妥。”

大瑪腰李子鳳舍、雷珍蘭賴長輝官、沈景坤官、鄭春錫舍、許耀基舍所論皆同。

公堂會議：諸憲台意旨既同。即定奪蔡澄秋為義塾正師。存案。

（瑪腰、甲必丹、雷珍蘭、朱葛礁爲本期記錄簽名：馬來文草書）

Lie Tjoe Hong（李子鳳）
Lie A Njie（李亞二）
Gouw Keng Loen（吳經綸）
Sim Keng Koen（沈景坤）
Khouw Yaouw Kie（許耀基）
Tan Kaij Tee（陳開堤）
Thio Tiauw Hok（張朝福）
Tan Boen Kwil（陳文貴）
Loa Tiong Hoeij（賴長輝）
The Tjian Sek（鄭春錫）
Tjie Peng Tjiang（徐秉章）

和 1883 年 11 月 28 日，癸未十月廿九日，拜三

公堂列憲蟒服齊集。

大瑪腰李子鳳舍、甲必丹張朝福官、李亞二官、陳文貴舍、吳經綸舍，雷珍蘭賴長輝官、沈景坤官、許耀基舍、大朱徐秉章舍、二朱陳開堤官俱在座。雷珍蘭鄭春錫舍，不到。

（擢舉林元貞舍為吧城公堂雷珍蘭之職）

承大淡公文，為遵督憲於和 1883 年 11 月 18 日第 13

號案奪，擢舉林元貞舍為吧城公堂雷珍蘭之職，參議公堂庶務。祈公堂為附印紙壹張，價銀 15 盾以書雷珍蘭握治字。

大瑪腰宣讀公文。即日，接雷珍蘭林元貞舍在公堂榮任。謹此存案。

（瑪腰、甲必丹、雷珍蘭、朱葛礁爲本期記錄簽名：馬來文草書）

Lie Tjoe Hong（李子鳳）

Lie A Njie（李亞二）

Gouw Keng Loen（吳經綸）

Sim Keng Koen（沈景坤）

Tjie Peng Tjiang（徐秉章）

Thio Tiauw Hok（張朝福）

Tan Boen Kwil（陳文貴）

Loa Tiong Hoeij（賴長輝）

Khouw Yaouw Kie（許耀基）

Tan Kaij Tee（陳開堤）

和 1883 年 12 月 3 日，癸未十一月初四日，拜一

公堂會議。

大瑪腰李子鳳舍、甲必丹張朝福官、李亞二官、陳文貴舍，雷珍蘭賴長輝官、沈景坤官、鄭春錫舍、許耀基舍、林元貞舍、二朱陳開堤官仝在座。甲必丹吳經綸舍、大朱徐秉章舍，不到。

（邱元保懇入欠熾昌限至銀擔保案）

承熾昌關都於和 1883 年 11 月 28 日第 1131 號，付邱元保住結石珍口詞字，懇入欠限至銀 1000 盾，援保認人陳金喜住結石珍，邱江海住五腳橋。

公堂會議：據邱元保口詞字懇入欠限至1000盾，援陳金喜、邱江海為保認。但邱江海現時不在吧，已往比加浪[1]。而邱元保欲以陳啓住新巴殺代之，當令再入口詞為是。即覆熾昌鬮都裁奪。

(甲必丹張朝福官提請須查究外揚案前會議或機密事)

甲必丹張朝福官請公堂曰：凡案前會議或有機密事[2]，外人遂知此事，亦須查究，不可以置之。

公堂會議：張甲台所請之事，亦屬有關係。即召公堂之掌書記及達氏[3]諭，自今後倘外揚機密事，不論誰人，一經察出，必申詳大淡，決不姑寬。存案。

(瑪腰、甲必丹、雷珍蘭、朱葛礁爲本期記錄簽名：馬來文草書)

Lie Tjoe Hong(李子鳳)

Lie A Njie(李亞二)

Loa Tiong Hoeij(賴長輝)

The Tjian Sek(鄭春錫)

Tan Kaij Tee(陳開堤)

Thio Tiauw Hok(張朝福)

Tan Boen Kwil(陳文貴)

Sim Keng Koen(沈景坤)

Khouw Yaouw Kie(許耀基)

---

① 比加浪：亦作北加浪、北膠浪，Pekalongan，中爪哇北岸之北加浪岸。

② 機密事：《公堂通息簿》1881年11月2日瑪腰李子鳳制定的"公堂規例五則"中有云："會議機密事，關係國務。凡我同寅，無非同志，各宜慎重，不可外揚。或者有所外揚，一經察出，勢必申詳大淡，莫怪余言不早。"

③ 達氏：荷蘭語Soldaat，兵卒、衙役。公堂之設達氏，始於1633年。據許雲樵校注《開吧歷代史記》1633年條記載，明崇禎五年(1633)壬申，甲必丹大"請立唐人爲雷珍蘭，及達氏之職，參理公班牙(衙)事"；"爲達氏者，公班牙(衙)給其祿"。

和1883年12月6日,癸未十一月初七日,拜四

瑪腰府上公議。

大瑪腰李子鳳舍、甲必丹張朝福官、李亞二官、陳文貴舍、吳經綸舍、雷珍蘭沈景坤官、鄭春錫舍、許耀基舍、林元貞舍、大朱徐秉章舍、二朱陳開堤官俱在座。

(賴長輝懇入欠熾昌限至銀擔保案)

承熾昌關都於和1883年12月3日第1202號,付賴長輝甲口詞字一張,原入欠限至銀5000盾,保認人賴保生、趙清水。今懇再添10000盾,湊足15000盾,仍用賴保生、趙清水為保認。祈查勘詳覆。

列憲會議:據賴長輝甲所懇入欠至15000盾,仍用原保認人賴保生、趙清水。此二人俱是大商,列憲酌量,現時可堪。謹此詳覆熾昌關都裁奪。

(瑪腰、甲必丹、雷珍蘭、朱葛礁爲本期記錄簽名:馬來文草書)

Lie Tjoe Hong(李子鳳)　Thio Tiauw Hok(張朝福)

Lie A Njie(李亞二)　Tan Boen Kwil(陳文貴)

Gouw Keng Loen(吳經綸)　Loa Tiong Hoeij(賴長輝)

Sim Keng Koen(沈景坤)　The Tjian Sek(鄭春錫)

Khouw Yaouw Kie(許耀基)　Tjie Peng Tjiang(徐秉章)

Tan Kaij Tee(陳開堤)

和 1883 年 12 月 28 日，拜五，癸未十一月廿九日

公堂會議。

大瑪腰李子鳳舍、甲必丹張朝福官、陳文貴舍、吳經綸舍，雷珍蘭賴長輝官、鄭春錫舍、許耀基舍、林元貞舍、大朱徐秉章舍、二朱陳開堤官仝在座。甲必丹李亞二官、雷珍蘭沈景坤官，不到。

（林斗懇入欠熾昌限至銀擔保案）

承熾昌闕都於和 1883 年 12 月 26 日第 1230 號，付林斗住大港墘口詞字一張，原入欠限至銀 6000 盾，保認人：林朝生、謝文準。玆懇以林長英住江東圩代謝文準。祈查勘可否？

公堂會議：據林長英係住江東圩，當先祈江東圩之甲必丹細查可否，然後定奪。

（公堂回覆副淡致問西醫所陳有關唐人清潔衛生及喪葬之事）

承副淡於和 1883 年 11 月 22 日第 8788 號，依各西醫所詳，在吧城時常每多疾病，其故有五：一、由各污穢什物臭氣所致，遇有雨至，雨水停滯不流，因居人不以時清溝竇。二、華人村落居者過滿。三、華人居宅彼此太密，至無間隙之地可通氣納涼。四、賈肆多蓄貨物，有能以其臭氣觸人致病。五、華人居肆置貨過滿，其穢雜又不以時掃清或洗淨，

其第宅惟每年祇掃洗一次。又遇死喪,停屍家內過久。為此,本堂切仰瑪腰勉力照料,並發令本界各人,宜時時洗淨其第宅,及其庭除閒曠之處。此乃自保身家驅疾病,使不相侵而得平安也。各溝竇又宜時時清其穢濁,勿使滯蓄,雨水不流。其一切所拾起污穢,或畀去或燒化,亦為各人身家怡神爽氣之事也。又本堂仰瑪腰在公堂會議,凡有可以安頓妥貼在瑪腰轄內之謀者,祈一一具詞報知。各居民其肯釀金助整頓之費否?又或可能設法使喪家死屍,一如西人及番人就緊出葬,毋得停柩在家,或者未便速葬,或可將棺移置神廟近塚者,以待葬期否?又其能鳩集富家公助資費買瘧疾藥,當瘧疾盛時,發藥以資貧病乎?最仰瑪腰於既集列位參議員公議之後覆息。

公堂會議意旨皆同。即覆副淡之書云:據諸西醫所陳五事,暨係實情。蓋因尚有糞掃窟之時,各人俱將掃拾穢濁棄擲於此。今糞掃窟暨經徹毀,各家糞掃有令權置門前,斯臭氣之所致而不雅觀也。又多雨之時,滯水不流,此因敖文明填塞各港,當大竇未開時之故。若大竇告竣,自必雨水暢流矣。又本公堂業經勘驗相議安頓各保之事,宜俾共沐脒祥,而且整所議如下:一廁池,二糞掃窟,三浴池,四自來水井,五各港水淺,務須濬深,並不時照視。此五者所當設立,以其大益於本堡之人,並為別堡人來者之所甚便也。至若唐人喪葬之事,本公堂仰副淡大人為之扶持,俾無更立新例,此其故。一、唐人之禮所宜然,二、唐人有力者其棺有異於西人,唐人之棺其木板厚,且屍未入棺,先以松膠及蚋匝注棺內。屍既入棺，又以四大釘錠棺上四隅，棺接合處及其間隙，俱以桐油灰敷補，又以紙掠之，而後過漆，至數次之多。雖在家停柩多日，亦不聞其臭。三、唐人貧家用薄棺者，有即日出葬，有至翌日出葬，伊自家懼屍臭之四達。四、遵美色甘和 1828 年第 46 號規例第 64 條款黎字[1]，內載唐人殯葬事，胡勃實[2]朱葛礁准停柩三十日，平民准停柩二十五日。欲過限期者，方須納銀。五、自古至今，唐人一遵古禮，遂為其心之所安也，若夫唐人貧乏有患瘧者，原有唐人病院可為他醫疾。肅呈副淡大人鈞鑒。

（瑪腰、甲必丹、雷珍蘭、朱葛礁爲本期記錄簽名：馬來文草書）

Lie Tjoe Hong（李子鳳）　Thio Tiauw Hok（張朝福）
Tan Boen Kwil（陳文貴）　Gouw Keng Loen（吳經綸）
Loa Tiong Hoeij（賴長輝）　The Tjian Sek（鄭春錫）
Khouw Yaouw Kie（許耀基）　Tjie Peng Tjiang（徐秉章）
Tan Kaij Tee（陳開堤）

和 1884 年 1 月 11 日，拜五，癸未十二月十四日

公堂會議。

大瑪腰李子鳳舍、甲必丹張朝福官、李亞二官、陳文貴

---

① 黎字：荷蘭文字母 D 的閩南話譯音。

② 胡勃實：亦作"胡孛實"，馬來語 Opsir，源自荷蘭語 Officier，意爲官員、首領、頭人。此指有官階品位之華人，諸如甲必丹、雷珍蘭、朱葛礁、武直迷等。

舍、吳經綸舍，雷珍蘭賴長輝官、沈景坤官、鄭春錫舍、林元貞舍、大朱徐秉章舍、二朱陳開堤官全在座。雷珍蘭許耀基舍，不到。

（許德章懇入欠熾昌限至銀擔保案）

承熾昌鬮都於和1883年12月28日第1288號，付許德章住新巴殺口詞字一張，懇入欠限至銀1000盾，援保認翁文福住小南門，葉田住新巴殺。

公堂會議：已勘許德章為布商，及其保認人翁文福、葉田亦為布商。所懇入欠限至銀1000盾，現時俱各可堪。即覆熾昌鬮都裁奪。

（陳順福、沈新娘求離一案）

值月司員雷珍蘭賴長輝官詳。

沈新娘年26歲，住茹勃蘭，成婚八年，未有生養。控其夫陳順福[①]云："為夫言氏與鄭成德行姦，因此順福要與氏離異。然夫所云通姦，此事實謬。蓋成德係乃為鄰，素時常與坐談，因習慣故不拘禮法耳。茲夫既厭棄，欲乞判離，氏固願從。"

召訊陳順福年27歲，住觀音亭，供其妻沈新娘與成德通

---

① 陳順福：據《婚簿》載，1877年3月13日，住廿六間21歲陳順福（吧生），與19歲沈新娘成婚。媒妁王英娘，男方主婚陳千秉（父），女方主婚沈長壽（父）。陰曆二月初八日交寅。

姦，蓋係實情。經於和1883年2月間，蒙大瑪腰將情申詳保黎司[1]闕都，而沈氏與成德姦情難掩，保黎司斷罪，各受徒役六越天，醜行既彰，總乞離異。

列台再詰沈新娘云："爾若無與鄭成德行姦，為何當日保黎司斷爾與成德各受徒役六天？"新娘供云："彼時保黎司經決案矣，氏不得已，含冤受罪而已。"列台知新娘詐不吐實，乃厲聲曰："爾與成德果無姦情乎？"於是新娘悚懼，始供曰："有。"

公堂會議：審得沈新娘與鄭成德行姦一案，經保黎司判令徒役，盤詰數四，始肯實供。灼見夫婦情絕，潑水難收。即令陳順福、沈新娘各押離簿，任從別合。存案。

（瑪腰、甲必丹、雷珍蘭、朱葛礁爲本期記錄簽名：馬來文草書）

Lie Tjoe Hong（李子鳳）　Thio Tiauw Hok（張朝福）
Lie A Njie（李亞二）　Tan Boen Kwil（陳文貴）
Gouw Keng Loen（吳經綸）　Loa Tiong Hoeij（賴長輝）
Sim Keng Koen（沈景坤）　The Tjian Sek（鄭春錫）
Tjie Peng Tjiang（徐秉章）　Tan Kaij Tee（陳開堤）

和1884年1月17日，癸未十二月二十日

大瑪腰是日有疾，甲必丹張朝福官權篆。甲必丹吳經

① 保黎司：亦作褒黎司、褒厘司、婆黎司、婆厘司、婆司，馬來語 Polisi，源自荷蘭語 Politie，意爲警察局、員警。

綸舍、雷珍蘭賴長輝官、沈景坤官、鄭春色舍、大朱徐秉章舍、二朱陳開堤官仝在座。甲必丹李亞二官、陳文貴舍、雷珍蘭林元貞舍,不到。

公堂封印大吉

風調雨順,國泰民安。

謹依常年奉行。

(瑪腰、甲必丹、雷珍蘭、朱葛礁爲本期記錄簽名:馬來文草書)

Thio Tiauw Hok(張朝福)

Gouw Keng Loen(吳經綸)

Loa Tiong Hoeij(賴長輝)

Sim Keng Koen(沈景坤)

The Tjian Sek(鄭春色)

Tjie Peng Tjiang(徐秉章)

Tan Kaij Tee(陳開堤)

和 1884 年 2 月 16 日,甲申正月二十日,拜六

甲必丹張朝福官、陳文貴舍、雷珍蘭沈景坤官、鄭春錫舍、許耀基舍、林元貞舍、大朱徐秉章舍、二朱陳開堤官仝在座。大瑪腰李子鳳舍、甲必丹李亞二官、吳經綸舍、雷珍蘭賴長輝官,俱不到。

公堂開印

風調雨順,國泰民安。

(公堂僉議取量進為金德院住持,文德為首座)

公堂會議:因金德院住持僧麟鏗辭出,薦三個和尚以自代。經僉議取僧名量進為住持,文德為首座。特此存案。

甲必丹陳文貴舍論云:住持乃董理院内,固當擇一些有才能兼文墨者。而三和尚之中,惟此嘉應[1]頗有文墨,且均是出家人。即嘉應、福建[2],又何論焉?

(瑪腰、甲必丹、雷珍蘭、朱葛礁爲本期記錄簽名:馬來文草書)

Thio Tiauw Hok(張朝福) Tan Boen Kwil(陳文貴)
Sim Keng Koen(沈景坤) The Tjian Sek(鄭春錫)
Khouw Yaouw Kie(許耀基) Liem Goan Tjang(林元貞)
Tjie Peng Tjiang(徐秉章) Tan Kaij Tee(陳開堤)

和1884年3月7日,甲申二月初十日,拜五

公堂會議。

大瑪腰李子鳳舍、甲必丹張朝福官、李亞二官、陳文貴舍、吳經綸舍,雷珍蘭賴長輝官、沈景坤官、鄭春錫舍、許耀基舍、林元貞舍、大朱徐秉章舍、二朱陳開堤官仝在座。

(陳保祿懇入欠熾昌限至銀擔保案)

承熾昌關都於和1884年2月25日第174號,附陳保

① 嘉應:廣東省嘉應州之簡稱。此指嘉應州人。
② 福建:此指福建漳泉人。

祿住結石珍為商,懇入欠限至銀 1500 盾,援保認陳然、古藍碗仝住結石珍。

公堂會議:已勘陳保祿及其保認人,皆係為商,各有生計,所懇入欠 1500 盾,現時可堪。謹覆燉昌閣都裁奪。

(大瑪腰建議增設廣屬人在義塾為師教事)

大瑪腰請曰:近廣屬[1]貧家諸人開具子弟姓名,願就義塾讀書。經弟懇李亞二甲大細覈家數,果係貧寒無力酬師。鄙意謂合增廣屬人在義塾為師教之,列台以為何如?

公堂列台齊聲稱善。以義塾正師為長,酌議脩金,皆曰每年須開 600 盾。合即詳文大淡裁奪。

(甲必丹張朝福官建议開公堂櫃項修葺公館後護厝牆壁事)

甲必丹張朝福官請曰:近公館後護厝牆壁微裂,楹桷朽壞,兼地勢窊下,一遇淋雨,被水浸漬。合開公堂櫃項修葺之。

公堂會議甚以為然。即舉甲必丹張朝福官、雷珍蘭林元貞舍共董其事。若何經營,計費幾多,請知公堂更行定奪。

(瑪腰、甲必丹、雷珍蘭、朱葛礁爲本期記錄簽名:馬來文草書)

Lie Tjoe Hong(李子鳳)　　Thio Tiauw Hok(張朝福)

---

① 廣屬:廣東省廣州府、肇慶府所屬地區。

Lie A Njie(李亞二) Tan Boen Kwil(陳文貴)
Gouw Keng Loen(吳經綸) Loa Tiong Hoeij(賴長輝)
Sim Keng Koen(沈景坤) The Tjian Sek(鄭春錫)
Khouw Yaouw Kie(許耀基) Liem Goan Tjang(林元貞)
Tjie Peng Tjiang(徐秉章) Tan Kaij Tee(陳開堤)

和 1884 年 3 月 21 日,甲申二月廿四日,拜五

公堂會議。

大瑪腰李子鳳舍、甲必丹李亞二官、陳文貴舍、吳經綸舍,雷珍蘭賴長輝官、鄭春錫舍、許耀基舍、林元貞舍、大朱徐秉章舍、二朱陳開堤官仝在座。甲必丹張朝福官、雷珍蘭沈景坤官,不到。

(詹懷瓊懇入欠熾昌限至銀擔保案)

承熾昌關都和 1884 年 3 月 10 日第 236 號,遞到詹懷瓊住結石珍口詞,懇入欠限至銀 1000 盾,援保認人詹啓昌、詹懷珍仝住結石珍。

公堂會議:已勘詹懷瓊為布商,詹啓昌為地頭稅主,詹懷珍有和蘭什貨店。但查詹懷瓊年方二十,未有娶室,尚屬童年,然其保認各有生意,現時可堪。謹詳熾昌關都裁奪。

(朱德海懇入欠熾昌限至銀擔保案)

又承熾昌關都和 3 月 10 日第 237 號,遞到朱德海住結

石珍口詞，懇入欠限至銀 10000 盾，援保認人朱青龍、朱青麟仝住結石珍。

公堂會議：已勘朱德海及其保認，皆係為商。但朱青麟年二十二，未有娶室，尚屬童年。據朱德海云，欲以朱對揚住大港墘為刻印生意代之。本堂酌議，現時可堪。即覆熾昌閣都裁奪。

（藍金兎、賴染物娘夫婦求離一案）

公堂值月屬員雷珍蘭林元貞舍申詳公議案前：為賴氏名染物娘，與其夫藍金兎[1]兩不相睦，互有是非。業經勸喻，和團卒難為功。不得已錄將兩造口詞，呈公議裁決。

賴氏名染物娘住倫達巷，控伊夫藍金兎："已納別婦，攜之而歸。氏歸夫家，被夫斥逐，見絕情深。乞判離異。"

召訊藍金兎，妻賴氏歸其母家，累次召之不回。晚不耐中饋無主之久，不得已更納別婦。納後妻始歸，故晚辭之。彼願離異，晚亦如此。

公堂會議：審得藍（金兎）、賴（染物娘）夫婦求離一案。在賴氏當歸不歸，以外為內，固屬婦道有乖；而金兎有婦娶婦，棄舊戀新，亦屬夫綱不振。兩家累次登堂乞離，不由勸解，足見恩愛無存，強合何益？遂即案前判他離異，各押離簿，任從其便。存案。

---

① 藍金兎：據《婚簿》載，1880 年 3 月 13 日，住丹那實連 26 歲藍金兎（吧生），與 18 歲賴密娘成婚。媒妁李八娘，男方主婚藍柒淵（父），女方主婚賴俊秀（父）。

(大淡公文特准公堂逐年開出櫃項銀牛郎沙里及丹絨各祭費)

承大淡公文於和1884年3月17日第1705號覆公堂和本月7日第207號之書,特准公堂逐年開出櫃項銀捌佰盾,為清明牛郎沙里,及七月半丹絨普度各祭費。謹此存案。

(大淡公文准開用公堂櫃項銀600盾為另延廣屬人在義塾為貳師脩金)

承大淡公文於和1884年3月18日第1752號覆公堂和本月7日第238號之書,准依公堂所請,逐年開用公堂櫃項銀600盾,為另延廣屬人在義塾為貳師脩金。謹此存案。

(大淡公文准開用公堂櫃項銀600盾為義塾貳師脩金)

承大淡公文於和1884年3月18日第1754號覆公堂和本月7日第239號之書,准依公堂所請,逐年開用公堂櫃項銀600盾,為義塾貳師脩金。謹此存案。

(甲必丹張朝福奉書公堂懇將伊例蔭葬地先葬夫人事)

甲必丹張朝福官奉書公堂:為其令正[①]陳淑人仙遊,懇將伊例蔭葬地闊貳拾肆腳距、長肆拾捌腳距,先葬淑人後並

---

① 令正:舊時對某人嫡妻的尊稱。此指張朝福夫人。據《丹絨義塚平安簿》(檔案號:61118號)載,1884年2月27日拜四,住廿六間陳和雅娘於25日身故,終年38歲。理事人張朝福甲。

自己合為雙壙之墳，並出葬日用達氏一名。伏乞公堂塵念僚誼，恩准所請，存歿均感。

公堂會議：已勘甲必丹張朝福官所請諸事，合依常例給風水單。出葬之日，准用達氏一名。謹此存案。

（瑪腰、甲必丹、雷珍蘭、朱葛礁爲本期記錄簽名：馬來文草書）

Lie Tjoe Hong（李子鳳）　Lie A Njie（李亞二）
Tan Boen Kwil（陳文貴）　Gouw Keng Loen（吳經綸）
Loa Tiong Hoeij（賴長輝）　The Tjian Sek（鄭春錫）
Khouw Yaouw Kie（許耀基）　Liem Goan Tjang（林元貞）
Tjie Peng Tjiang（徐秉章）　Tan Kaij Tee（陳開堤）

和 1884 年 4 月 18 日，甲申三月廿三日，拜五

公堂會議。

大瑪腰李子鳳舍、甲必丹李亞二官、陳文貴舍，雷珍蘭賴長輝官、沈景坤官、許耀基舍、大朱徐秉章舍、二朱陳開堤官仝在座。甲必丹張朝福官、吳經綸舍、雷珍蘭鄭春錫舍、林元貞舍四位，不到。

（大淡公文仰公堂按熾昌關都冊詳查諸唐人入欠並保認人事）

承大淡公文於和 1884 年 3 月 15 日第 281 號，附到熾昌關都一冊，内載諸唐人入欠並保認人姓名，及限欠許多。

仰公堂按冊詳查正名及保認，現今依舊無恙否？一一指明畢後，具詞覆達。

公堂會議：據公堂值月屬員雷珍蘭林元貞舍繳呈公議案前。經將燭昌關都入欠正名及其保認人一冊，各於名後一一注明告竣。宜即繳還燭昌關都觀閱。

（大朱徐秉章舍繳呈所辦祭清明牛郎沙里之費一單）

大朱徐秉章舍繳呈所辦祭清明牛郎沙里之費一單，祈公議案前查閱。

公議已閱大朱徐秉章舍所呈代辦清明致祭牛郎沙里之費，合即開出公堂櫃項銀 400 盾。謹此存案。

（黃長順懇入欠燭昌限至銀擔保案）

承燭昌關都於和 1884 年 4 月 15 日第 411 號，附黃長順住結石珍，懇入欠限至銀 1000 盾，援保認人蔣承祐住結石珍，葉登岸住貓由蘭[①]。祈查勘依常詳覆。

公堂召訊黃長順，供云：為傭薛文秀店中，月金銀 50 盾，有瓦屋一所。蔣承祐為傭結石珍亞片廊，月金銀 25 盾，亦有瓦厝一所。

甲必丹陳文貴舍所論，如黃長順稱伊現為傭於薛文秀，自己亦有瓦厝一所。其保認人蔣承祐亦云有瓦厝一所，葉登岸雖無第宅，然其生意興旺，每年的巴酌[②]至銀 50 盾左

① 貓由蘭：亦作"媽腰蘭"、"瑪腰蘭"、"茄瑪腰蘭"，Kamajoran，吧城地名。

② 巴酌：亦作"吧酌"，馬來語 pajak，稅收。

右。鄙意以為現時可堪。

雷珍蘭沈景坤官、許耀基舍所論與上相符。

雷珍蘭賴長輝官所論,黃長順為傭於人祇得月金銀 50 盾,蔣承祐為傭祇得月金銀 25 盾,自己並無營商,至葉登岸雖自己營商,又無業胎[1]在。鄙意即以為現時未堪。

甲必丹李亞二官所論同。

公議判曰:黃長順、蔣承祐雖入傭於人,以月金為活,而有業胎可據。葉登岸即無業胎而生意興旺亦可憑。本堂從中酌議,此三人現時可堪。宜即詳覆燦昌關都裁處。

(戴有生擔保蔡景賢入欠燦昌限至銀案)

承燦昌關都於和 1884 年 4 月 15 日第 428 號之書,詢戴有生住亭仔腳堪否保認茂物 蔡景賢入欠限至銀 8000 盾之多? 祈查勘詳覆。

公堂會議:勘戴有生住吧城 亭仔腳為褸仔生意,亦有業胎可據,現時可堪。即覆燦昌關都裁奪。

(黃茄壟娘、林義勇求離一案)

承萬丹大淡和 1884 年 3 月 27 日第 2526 號,寄女人黃茄壟娘告其夫林義勇,並其夫供詞在彼處服若沙[2]案前質訊。仰公堂查勘詳覆,並寄回原告狀。

唐人婦女名娘仔黃茄壟年約 31 歲,住邨中丹那嘮界西壟

---

① 業胎:閩南話,產業或房產。

② 若沙:亦作"喏咄"、"惹撒"、"若些",馬來語 Jaksa,檢察官。

轄下，生業從夫。

若沙訊："汝為何因到公庭？"供云："氏前來公庭，為有不平於夫唐人名林義勇住丹那嘮。初與夫成婚，一依唐人之禮，經十五年夫婦，產有五子，其三不育，其二尚在。忽於本年新正，氏見逐於林義勇，並被毆打。因疑氏有鍾情於人，實則氏未嘗有鍾情別人也。氏遂即出其家如裸身者，並不給與一物件。故氏今懇上人鑒察，若果林義勇不以氏為念，而果欲離異也，氏必欲追回自己服飾如下：金簪一枝、碻耳穿一對、碻襟簪一枝、金盆領一個、碻手指一、匙環一、金鍊仔一。若林義勇將諸物件見還，氏不更多事矣。"

唐人林義勇年31歲，住邺中丹仔嘮界西壟轄為商。

若沙訊："娘仔黃茄壟果係汝妻乎？"供云："然。"訊："汝與黃茄壟娘明婚乎？野合乎？"供云："晚明婚，依唐人婚禮。"訊："汝果係逐出並毆打黃茄壟娘乎？"供云："逐出事實，毆打則無。晚所以逐他者，因晚自己知他曾私合於唐人名黃氓落。"訊："汝果係絕不與黃茄壟娘一物件乎？"供云："諸物件為伊應得者，晚經將付與如下：耳穿一、襟簪一、金手指一對、金盆領一、銀一，並衣褸，計有三包袱。為何黃茄壟娘今反云伊物件未有分發？"又供云："此晚所不解，惟懇上人衡鑒。"

公堂會議：審得黃茄壟娘與其夫林義勇兩造供詞，並無叩求離異之語。黃茄壟供夫毆打，及林義勇供妻私情，皆無着實明證，何以判決。宜即致書該大淡，云本堂承委查勘黃茄壟娘與其夫林義勇爭端一案，經在公議案前將兩造口詞細詳查勘，殊無明證可據。謹覆萬丹轄大淡電鑒。

(吴繡娘控番人溫怒思擅伐其瓦汝樹一案)

吴繡娘住牛郎沙里公堂之地,控一番人名溫怒思在火車作工:擅伐其瓦汝樹[1]三叢,經掌牛郎沙里屬員賴長輝甲委牛郎沙里胡勃實驗視,果係不誣。而番人溫怒思謂,此三樹乃伊所栽,與繡娘無涉。

公堂會議:宜將情具細繳詳,並原、被告交副淡明斷。

(瑪腰、甲必丹、雷珍蘭、朱葛礁爲本期記錄簽名:馬來文草書)

Lie Tjoe Hong(李子鳳)　　Lie A Njie(李亞二)

Tan Boen Kwil(陳文貴)　　Loa Tiong Hoeij(賴長輝)

Sim Keng Koen(沈景坤)　　Khouw Yaouw Kie(許耀基)

Tjie Peng Tjiang(徐秉章)　　Tan Kaij Tee(陳開堤)

和1884年5月2日,甲申四月初八日,拜五

公堂會議。

大瑪腰李子鳳舍、甲必丹張朝福官、李亞二官、吴經綸舍,雷珍蘭賴長輝官、沈景坤官、林元貞舍、大朱徐秉章舍、二朱陳開堤官全在座。甲必丹陳文貴舍、雷珍蘭鄭春錫舍、許耀基舍三位,不到。

---

① 瓦汝樹:Waru(Baru),黄槿,别称黄木槿,一种常绿大乔木,高可達4至7米。

(陳維衡入稟為伊父雷珍蘭陳光華懇蔭地事)

接陳維衡稟如下：

具稟人晚生陳維衡為懇蔭地事：切衡父雷珍蘭（陳）光華倏於本三月廿四日詎意捐館，哀毀難名。統懇大瑪腰暨公堂列憲大人格外施恩，俯念家君昔日効勞王室，為賜惹致蔭壙一穴，以葬其身並後日為雙壙，則幽明均感於靡涯矣！切稟。

公堂會議：依本堂規例，原應准懇。謹此存案。

(大淡准雷珍蘭林元貞往錦色會親事)

承大淡和 1884 年 4 月 26 日第 2633 號，閱瑪腰書於和本月 22 日第 411 號，遵國例於和 1872 年第 91 號，茲雷珍蘭林元貞舍要會親[①]往錦色[②]地一個月之久，始於和 5 月 5 五日。特達知公堂准依所懇。謹此存案。

（瑪腰、甲必丹、雷珍蘭、朱葛礁爲本期記錄簽名：馬來文草書）

Lie Tjoe Hong（李子鳳）

Lie A Njie（李亞二）

Loa Tiong Hoeij（賴長輝）

Liem Goan Tjang（林元貞）

Tan Kaij Tee（陳開堤）

Thio Tiauw Hok（張朝福）

Gouw Keng Loen（吳經綸）

Sim Keng Koen（沈景坤）

Tjie Peng Tjiang（徐秉章）

① 會親：閩南話，探親。

② 錦色：亦作“錦石”，Gresik，位於東爪哇省 馬都拉海峽西岸。

和 1884 年 5 月 15 日，甲申四月廿一日，拜四

公堂會議。

大瑪腰李子鳳舍、甲必丹張朝福官、李亞二官、陳文貴舍，雷珍蘭鄭春錫舍、許耀基舍、大朱徐秉章舍、二朱陳開堤官仝在座。甲必丹吳經綸舍、雷珍蘭賴長輝官、沈景坤官、林元貞舍四位，不到。

（高保全懇入欠熾昌限至銀擔保案）

承熾昌關都於和 1884 年 4 月 29 日第 501 號，付高保全住新厝仔，懇入欠限至銀 4000 盾，援保認人高西川甲、高地，祈查勘詳覆。

公堂會議：已勘高保全為布商，高地亦為布商，高西川甲自己有物業。所懇入欠 4000 盾，現時可堪。謹覆熾昌關都裁奪。

（瑪腰、甲必丹、雷珍蘭、朱葛礁爲本期記錄簽名：馬來文草書）

Lie Tjoe Hong（李子鳳）

Thio Tiauw Hok（張朝福）

Lie A Njie（李亞二）

Tan Boen Kwil（陳文貴）

The Tjian Sek（鄭春錫）

Khouw Yaouw Kie（許耀基）

Tjie Peng Tjiang（徐秉章）

Tan Kaij Tee（陳開堤）

和1884年5月30日，甲申五月初六日，拜五

公堂會議。

大瑪腰告假上廍[①]。甲必丹張朝福官權篆。甲必丹李亞二官、陳文貴舍、吳經綸舍，雷珍蘭沈景坤官、鄭春錫舍、林元貞舍、大朱徐秉章舍、二朱陳開堤官仝在座。雷珍蘭賴長輝官、許耀基舍二位，不到。

（梁淡松懇入欠熾昌限至銀擔保案）

承熾昌闆都於和1884年5月19日第660號，付梁淡松住甘光美色近，懇入欠限至銀2000盾，援保認人施清華、王百端仝住文登轄馬惡[②]。祈查勘可否？詳覆。

公堂會議：已勘梁淡松所援保認人施清華、王百端，現時未堪。即覆熾昌闆都裁奪。

（康陛榮懇入欠熾昌限至銀擔保案）

承熾昌闆都於和1884年5月19日第611號，付康陛榮住結石珍，懇入欠限至銀1500盾，援保認人鍾崇山住結石珍，林毛金住烏鬼巷[③]。祈查勘可否？具詞詳覆。

---

① 上廍：廍，亦作“蔀”，為蔗廍或蔗蔀之簡稱。所謂上廍，即前往蔗廍。彼時蔗廍多在吧城郊外。

② 馬惡：Mauk，地名。文登(Tangerang)轄下一區。

③ 烏鬼巷：Gang Ribald，吧城地名。

公堂會議：已勘康陛榮為商，其保認人鍾崇山、林毛金皆有生業。所懇入欠至銀[1] 1500 盾，現時可堪。即覆熾昌關都裁奪。

（陳心懇入欠熾昌至銀擔保案）

承熾昌關都於和 1884 年 5 月 27 日第 684 號，付陳心住結石珍，原入欠至銀 3000 盾，保認人陳森林、陳采。今陳采回唐，懇以陳烏仙代之，秖要入欠至銀 2000 盾。祈查勘詳覆。

公堂會議：已勘陳心及保認人陳森林、陳烏仙，秖要入欠至銀 2000 盾，現時可堪。即覆熾昌關都裁奪。

（張思香欲以子過與卜亞進為養子一案）

承副淡和 1884 年 5 月 15 日連比附一號界公勃壟之字云：有一唐人婦女名張思香，有一男兒名邱富生，年六歲，為伊所生，與其野合之夫而今已離異者名邱素仁。經張思香立有梁礁字，將其男兒過與現時伊所從之夫名卜亞進，並無告知其生父邱素仁，而邱素仁弗肯與。若卜亞進肯酬邱素仁養子之費，計共四年，每月銀 25 盾，他則願從以子與之。祈公堂審訊此事情，並即案前定奪。

公堂會議：判將此子邱富生仍歸其生父邱素仁，而張思香不得擅以子過與卜亞進也。謹覆副淡大人鈞鑒。

---

① 至銀：限至銀之簡稱。

（瑪腰、甲必丹、雷珍蘭、朱葛礁爲本期記錄簽名：馬來文草書）

Lie Tjoe Hong（李子鳳）
Lie A Njie（李亞二）
Gouw Keng Loen（吳經綸）
The Tjian Sek（鄭春錫）
Tjie Peng Tjiang（徐秉章）
Thio Tiauw Hok（張朝福）
Tan Boen Kwil（陳文貴）
Sim Keng Koen（沈景坤）
Liem Goan Tjang（林元貞）
Tan Kaij Tee（陳開堤）

和 1884 年 6 月 13 日，甲申五月二十日，拜五

公堂會議。

大瑪腰李子鳳舍、甲必丹李亞二官、陳文貴舍、吳經綸舍、雷珍蘭賴長輝官、沈景坤官、鄭春錫舍、許耀基舍、大朱徐秉章舍、二朱陳開堤官仝在座。甲必丹張朝福官、雷珍蘭林元貞舍二位，不到。

（梁連三懇入欠熾昌至銀擔保案）

承熾昌關都於和 1884 年 5 月 19 日第 609 號，付梁連三住大港墘，懇入欠限至銀 5000 盾，保認人李亞三住洪溪，溫亞進住結石珍。祈查勘具詞詳覆。

公堂會議：已（勘）梁連三開鐵店，其保認人李亞三有第宅，溫亞進開油米店。所懇入欠至銀 5000 盾，現時可堪。謹覆熾昌關都裁奪。

(鍾華郎懇入欠熾昌至銀擔保案)

承熾昌關都和 1884 年 5 月 19 日第 679 號,付鍾華郎原入欠至銀 2000 盾,保認人鍾亞標、鍾順龍。今要問鍾亞標堪否? 祈查勘詳覆。

公堂會議:已勘鍾亞標為油米生意,亦有二三所瓦屋,現時可堪。即覆熾昌關都裁奪。

(劉水生懇入欠熾昌至銀擔保案)

承熾昌關都於和 1884 年 5 月 19 日第 662 號,劉水生原入欠至銀 1500 盾,保認人陳松山、溫其新。今溫其新回唐,懇以朱亞瑞住江東圩代之。經公堂致書江東圩甲必丹問其堪否? 而該甲必丹覆書謂朱亞瑞衹堪保認 1000 盾。祈公堂權衡,方好詳覆熾昌關都。

公堂會議:據江東圩甲必丹來書既云朱亞瑞衹堪 1000 盾,熾昌所問 1500 盾,即是現時朱亞瑞不能堪此。宜即覆熾昌關都裁奪。

(大瑪腰提請公館官員推薦人選以補一位公堂雷珍蘭之缺)

大瑪腰請公堂曰:本堂尚有雷珍蘭缺一位,為時既久,未有補者。蓋因鄉親諸人甚難合選,請上書大淡或可更例,不必拘定鄉親,但求其能合選者補之,不亦可乎?

甲必丹李亞二曰:此事請暫停一二個月,弟當覓一妥者補缺。如不可得,然後依瑪腰所請而行。

（瑪腰、甲必丹、雷珍蘭、朱葛礁爲本期記錄簽名：馬來文草書）

Lie Tjoe Hong（李子鳳） Lie A Njie（李亞二）

Tan Boen Kwil（陳文貴） Gouw Keng Loen（吳經綸）

Loa Tiong Hoeij（賴長輝） Sim Keng Koen（沈景坤）

The Tjian Sek（鄭春錫） Khouw Yaouw Kie（許耀基）

Tjie Peng Tjiang（徐秉章） Tan Kaij Tee（陳開堤）

和 1884 年 7 月 4 日，甲申閏五月十二日，拜五

公堂會議。

大瑪腰李子鳳舍、甲必丹張朝福官、李亞二官、吳經綸舍、雷珍蘭沈景坤官、鄭春錫舍、林元貞舍、大朱徐秉章舍、二朱陳開堤官仝在座。甲必丹陳文貴舍、雷珍蘭賴長輝官、許耀基舍三位，不到。

（洪錦良懇入欠熾昌至銀擔保案）

承熾昌關都於和 1884 年 6 月 30 日第 860 號，付洪錦良住班芝蘭，懇入欠至銀 5000 盾，援保認人許金池、林永祥。祈查勘可否？詳覆。

公堂會議：已勘洪錦良及保認人許金池、林永祥，所懇入欠至銀 5000 盾，現時可堪。然必須張朝福甲大先問該保認人，果係情願保認否？然後詳覆。

（原任雷珍蘭鄭肇基懇壽域事）

接雷珍蘭鄭肇基[1]呈稟如下：

具啓原任雷珍蘭鄭勤侯年六十六歲，自和1854年濫同協理公館事務，計十有二年。迨和1866年，衹因眼疾退位，蒙上人錫其帶職回家。兹因目眩耳聾，衰年驟至，老邁日征，中懷惶懼，宛履虎尾。鄙意欲懇丹絨地一穴以為壽域，伏冀大瑪腰大人暨公堂列憲大人，俯念老邁恩准。銘佩不忘！

公堂會議：鄭肇基甲所懇壽域之事，查和1858年12月24日公議已經定奪，不許買賣壽域。至今此禁尚未開准，宜委大朱以華文覆達該稟人以此意，而大朱花押用公堂名目。

（瑪腰、甲必丹、雷珍蘭、朱葛礁爲本期記錄簽名：馬來文草書）

Lie Tjoe Hong（李子鳳）
Thio Tiauw Hok（張朝福）
Lie A Njie（李亞二）
Gouw Keng Loen（吳經綸）
Sim Keng Koen（沈景坤）
The Tjian Sek（鄭春錫）
Liem Goan Tjang（林元貞）
Tjie Peng Tjiang（徐秉章）
Tan Kaij Tee（陳開堤）

---

① 鄭肇基：The Thiauw Kie，亦作鄭兆基，字勤侯，1817年生，住廿六間，原爲地頭主。1854年11月7日以名譽雷珍蘭署理公堂事務，1860年7月9日實授雷珍蘭。1866年11月7日授欽賜雷珍蘭。1896年10月4日身故於廿六間，終年79歲。葬丹絨，理事人鄭春錫甲。

和 1884 年 7 月 11 日，甲申閏五月十九日，拜五

公堂會議。

大瑪腰李子鳳舍、甲必丹張朝福官、李亞二官、陳文貴舍、吳經綸舍、雷珍蘭賴長輝官、沈景坤官、鄭春錫舍、大朱徐秉章舍、二朱陳開堤官仝在座。雷珍蘭許耀基舍、林元貞舍二位，不到。

(沈順興懇入欠熾昌至銀擔保案)

承熾昌關都於和 1884 年 6 月 28 日第 890 號，問沈順興前入欠熾昌，保認人林昆良、洪江水現今何如?

公堂會議：已勘此三人，皆無生業，況林昆良現今又在爪亞[①]地之南望[②]界轄。謹覆熾昌關都。

(楊長水懇入欠熾昌至銀擔保案)

承熾昌關都於和 1884 年 7 月 7 日第 894 號，付楊長水住新巴虱[③]，懇入欠限至銀 3000 盾，援保認人楊長和、楊長西仝住新巴虱。祈查勘可否？具詞詳覆。

公堂會議：已勘楊長水有應得都庫之份額在新巴虱，其保認人楊長和、楊長西皆有應得份額在江東圩 賴保生公司

---

① 爪亞：亦作爪鵶，爪哇(Java)之別譯。

② 南望：Rembang，今印尼 中爪哇省 南望市。

③ 新巴虱：亦作新巴殺、新把殺，Kampong Pasar Baru，吧城地名。

都庫。所懇入欠至銀 3000 盾,現時可堪。謹覆織昌關都裁奪。

(賴長輝懇入欠織昌至銀擔保案)

承織昌關都和 1884 年 7 月 7 日第 833 號,付賴長輝甲口詞,原入欠至銀 15000 盾,保認人賴保生、趙清水。茲因趙清水身故,懇以賴長興代之。祈查勘可否?

公堂會議:已勘賴長輝甲及其保認人賴保生、賴長興,皆開都庫。此三人現時可堪。謹覆織昌關都裁奪。

(王文信懇入欠織昌至銀擔保案)

承織昌關都於和 1884 年 7 月 8 日第 916 號,付王文信住惹呀蘭口詞,原入欠至銀 3000 盾。茲懇添至銀 10000 盾,援保認人李亞二甲、王長生。祈查勘具詞詳覆。

公堂會議:已勘王文信有酒竈,保認人李亞二甲地頭稅主,王長生亦地頭稅主。所懇再添至銀 10000 盾,現時可堪。謹覆織昌關都裁奪。

(大淡來文要公堂為照常年推唐人來年節氣參入和 1885 年和蘭圖事)

大瑪腰請曰:承大淡和 1884 年 6 月 30 日第 4164 號來文,要公堂為照常年推唐人來年逐月朔日,參入和 1885 年之日子,以及大小月份節氣。因來文囑令就緊,是以晚弟未及會議,即委大朱製成一圖繳呈大淡電鑒。今將其稿呈公議案前仝閱。

公堂列憲齊聲云：存案就是。

錄大朱所制和蘭圖如下：

光緒乙酉年[①]正月初一日，即和 1885 年 2 月 15 日，月大；二月初一日，即和 3 月 17 日，月小；三月初一日，即和 4 月 15 日，月小；四月初一日，即和 5 月 14 日，月大；五月初一日，即和 6 月 13 日，月小；六月初一日，即和 7 月 12 日，月小；七月初一日，即和 8 月 10 日，月大；八月初一日，即和 9 月 9 日，月小；九月初一日，即和 10 月 8 日，月大；十月初一日，即和 11 月 7 日，月小；十一月初一日，即和 12 月 6 日，月大；十二月初一日，即和 1886 年 1 月 5 日，月大。

和 1885 年 2 月 12 日，夜市；和 2 月 15 日，新年；和 3 月 1 日，元宵；和 4 月 4 日，乙酉二月十九日清明；和 6 月 17 日，端午；和 8 月 24 日，中元；和 12 月 21 日，乙酉十一月十六日，冬至。

（瑪腰、甲必丹、雷珍蘭、朱葛礁爲本期記錄簽名：馬來文草書）

Lie Tjoe Hong（李子鳳）	Thio Tiauw Hok（張朝福）
Lie A Njie（李亞二）	Tan Boen Kwil（陳文貴）
Gouw Keng Loen（吳經綸）	Loa Tiong Hoeij（賴長輝）
Sim Keng Koen（沈景坤）	The Tjian Sek（鄭春錫）
Tjie Peng Tjiang（徐秉章）	Tan Kaij Tee（陳開堤）

① 光緒乙酉年：清 光緒十一年乙酉，西元 1885 年。

和1884年7月18日，甲申閏五月廿六日，拜五

公堂會議。

大瑪腰李子鳳舍、甲必丹張朝福官、李亞二官、陳文貴舍、吳經綸舍、雷珍蘭賴長輝官、沈景坤官、鄭春錫舍、許耀基舍、大朱徐秉章舍、二朱陳開堤官仝在座。雷珍蘭林元貞舍一位，不到。

（紀益順懇入欠爈昌至銀擔保案）

承爈昌關都於和1884年7月14日第962號，付紀益順住結石珍，懇入欠限至銀4000盾，援保認人李永文、黃佐山仝住結石珍。祈查勘詳覆。

公堂會議：已勘紀益順開雜貨店，其保認人李永文為商，黃佐山開盤碗店。所懇入欠至銀4000盾，現時可堪。謹覆爈昌關都裁奪。

（陳和率懇入欠爈昌至銀擔保案）

承爈昌關都於和1884年7月14日第942號，付陳和率住結石珍口詞，懇入欠至銀3000盾，援保認人陳傳臚、陳志仁仝住結石珍。祈查勘如常詳覆。

公堂會議：已勘陳和率為酒路生意，其保認人陳傳臚亦為酒路生意，陳志仁為商。所懇入欠至銀3000盾，現時可堪。即覆爈昌關都裁奪。

（瑪腰、甲必丹、雷珍蘭、朱葛礁爲本期記錄簽名：馬來文草書）

Lie Tjoe Hong（李子鳳）
Lie A Njie（李亞二）
Gouw Keng Loen（吳經綸）
Sim Keng Koen（沈景坤）
Khouw Yaouw Kie（許耀基）
Tan Kaij Tee（陳開堤）
Thio Tiauw Hok（張朝福）
Tan Boen Kwil（陳文貴）
Loa Tiong Hoeij（賴長輝）
The Tjian Sek（鄭春錫）
Tjie Peng Tjiang（徐秉章）

和1884年7月25日，甲申六月初四日，拜五

公堂會議。

大瑪腰李子鳳舍、甲必丹張朝福官、李亞二官、陳文貴舍、吳經綸舍、雷珍蘭賴長輝官、沈景坤官、鄭春錫舍、許耀基舍、大朱徐秉章舍、二朱陳開堤官仝在座。雷珍蘭林元貞舍一位，不到。

（廣屬人李振郎懇補公堂雷珍蘭之職事）

承副淡和1884年7月11日第6805號文，特附到廣屬人李振郎口詞字一張，懇補公堂雷珍蘭之職。祈瑪腰查勘具詞詳覆。

瑪腰云："副淡此文本求晚弟查勘，但思一人之獨斷，不若公論之周詳。故晚弟之意，仍以公議參酌為是。祈列位寅台各抒聞見，以定去取。"

甲必丹張朝福官云："此李振郎他卻無可議，祇是前有

弄獅[①]犯嫌而已。又為新客時，曾挑戈丕擔遊販村落中。”

甲必丹陳文貴舍云：“李振郎其家資平淡，現時祇有十千八千而已。晚弟之意，以為不堪此職。”

甲必丹吳經綸舍云：“李振郎生理事常敢貪進，不顧蚶本，大約在五六折而已。”

雷珍蘭賴長輝官、沈景坤官、鄭春錫舍，所議與陳文貴甲大仝。

雷珍蘭許耀基舍所議，與張朝福甲大仝。

公堂會議：據列憲所議，李振郎家資平澹，不堪為雷。又弄獅遊街獻技，無異優人，更屬可嫌。宜以此意委大朱修詞詳覆。

謹即所覆副淡西字書譯下：

承諭委勘李振郎懇補公堂雷珍蘭口詞字。據公堂會議，皆云李振郎家資平澹，且其素行亦欠妥洽。謹將原口詞字奉回，即祈副淡裁處。和 1884 年 7 月 30 日第 798 號書。

甲必丹李亞二官，因親避議。

（瑪腰、甲必丹、雷珍蘭、朱葛礁爲本期記錄簽名：馬來文草書）

Lie Tjoe Hong（李子鳳）	Thio Tiauw Hok（張朝福）
Lie A Njie（李亞二）	Tan Boen Kwil（陳文貴）
Gouw Keng Loen（吳經綸）	Loa Tiong Hoeij（賴長輝）
Sim Keng Koen（沈景坤）	The Tjian Sek（鄭春錫）

① 弄獅：閩南話，舞獅。

Khouw Yaouw Kie(許耀基)　Tjie Peng Tjiang(徐秉章)
Tan Kaij Tee(陳開堤)

和1884年8月8日,甲申六月十八日,拜五

公堂會議。

大瑪腰李子鳳舍、甲必丹張朝福官、李亞二官、陳文貴舍、吳經綸舍、雷珍蘭沈景坤官、鄭春錫舍、大朱徐秉章舍、二朱陳開堤官仝在座。雷珍蘭賴長輝官、許耀基舍、林元貞舍三位,不到。

(李亞琨懇入欠熾昌至銀擔保案)

承熾昌關都和1884年8月2日第1152號,付李亞琨住八廚沃干,原入欠銀6000盾,保認李新連、李亞珠。今李新連回唐,懇以李亞監代之。祈查勘詳覆。

公堂會議:已勘李亞監為三盛[①]當事,現時可堪。即覆熾昌關都裁奪。

(陳清娘與其夫蔡澄淵離異一案)

公堂會議:前據陳清娘呈西字稟懇與其夫蔡澄淵離異之事,其詞曰:"敬稟者,陳清娘故雷珍蘭陳有華[②]之女,蔡

---

① 三盛:吧城華人典當行商號名。

② 雷珍蘭陳有華:即雷珍蘭陳光華。

澄淵之結髮妻。為籲懇公堂列憲大人鈞衡勘察，斷氏與夫蔡澄淵離異，庶不至纏罣多時，致氏久蒙苦楚事。切氏一年少女流，既遭失怙，又同寡婦，謂氏有夫，不知何在？謂氏無夫，則尚有婚字，誠苦楚也。若欲身自蹤跡，又不知夫去向？氏已等他今近兩年，渺無影響，或者函致一書，詢氏生活，以見蔡澄淵尚存宇內尚有妻室乎？未也。寄與錢銀，他在艱危之中或不能措。若寄一封書，自不庸多費。況他亦可暗地投來，明其尚有夫妻之愛，或敘伊要氏相待，或因氏失怙，要氏相從，抑或別敘寒暄，皆不難藉書言情，而他無有也。竊念似此情形，等他亦成畫餅也。且氏亦不能逆知蔡澄淵何時得返焉。若一歲二週，尚可相待。倘五年六載，而未見其歸，則氏何以為生乎？蓋氏一女流，既無父又無子，更無家資飲食衣服，氏將誰仰也？又者，氏幾經篤疾，家人告蔡澄淵親長，而其親長絕遣介相視，或詢氏存沒。為此，故膽敢冒罪上瀆公堂列憲大人，籲懇垂憐，公平裁決，拯氏於蒙難之中，庶不至氏擔憂太久。和 1884 年 7 月 9 日稟。”

經公堂值月司員張朝福甲大面訊，陳清娘供云：“氏年 23 歲，住甘光爪鴉。氏與夫蔡澄淵結髮四年左右，未有所出。初成婚約十個月，澄淵生理不遂，入獄七八個月。此時適氏歸自吉浪吃黎，承夫一函云欲往外埠，正乏路費。氏即將銀 120 盾附書中交番人帶去，而當付書時，氏詢蔡澄淵於番人，乃答氏云：僕經與蔡澄淵指誓，故不敢告實。及後，氏仝父往山頂訪聞夫在二覽末地。氏遂致書於澄淵，亦順懇父代鼎力其生理事，而父乃囑氏詢澄淵之下落於翁姑。倘有定處，夫婦得以聚首，氏父即要擔支其事。而翁姑諭氏，俟至新年或能知消息。乃竟延至今，未聞影響，並未嘗有翁姑給氏薪水費。故敢懇公堂判離。”

召訊蔡清仰，云：“晚之子蔡澄淵前三年入贅陳有華。素時澄淵夫婦原罕歸晚家，況淵自生理不遂，入獄許久。及蘭直叻決案後，小商要召訊，即查無影跡。乃今媳婦清娘既求離異，晚固知無水何能養魚。”

瑪腰論云：“依鄙見，何若詳文副淡，懇代致蔡澄淵詣公堂候訊。因其妻陳清娘入稟，乞判離異故也。”

公堂列台齊聲稱善。即裁書呈副淡電照。

（瑪腰、甲必丹、雷珍蘭、朱葛礁爲本期記錄簽名：馬來文草書）

Lie Tjoe Hong（李子鳳）

Lie A Njie（李亞二）

Gouw Keng Loen（吳經綸）

The Tjian Sek（鄭春錫）

Tan Kaij Tee（陳開堤）

Thio Tiauw Hok（張朝福）

Tan Boen Kwil（陳文貴）

Sim Keng Koen（沈景坤）

Tjie Peng Tjiang（徐秉章）

和 1884 年 8 月 15 日，甲申六月廿五日，拜五

公堂會議。

大瑪腰李子鳳舍、甲必丹張朝福官、李亞二官、陳文貴舍、吳經綸舍、雷珍蘭賴長輝官、沈景坤官、鄭春錫舍、大朱徐秉章舍、二朱陳開堤官仝在座。雷珍蘭許耀基舍、林元貞

舍二位，不到。

（甘明懇入欠熾昌至銀擔保案）

承熾昌關都和 1884 年 8 月 2 日第 1174 號，付甘明住新巴虱，原入欠 10000 盾，保認人甘祐、甘金和。今甘祐已逝，懇以甘碧山代之。祈查勘詳覆。

公堂會議：已勘甘碧山為商，現時可堪。即覆熾昌關都裁奪。

（續：陳清娘與其夫蔡澄淵離異一案）

承副淡和 6 月 30 日第 5454 號覆公堂和本月 29 日之書，特達公堂知悉："本司經今將及兩年遣人緝拿唐人蔡澄淵為陳清娘之夫，尚未知所居何處。依本司所聞，他現時當必在暹[1]或中國也。此外，依本司意見，若陳清娘得與其夫脫離，最為合理。"

瑪腰論云："依我《大清律例》，當俟三年之外，明告官司為之判理。且蔡澄淵未必故意與妻絕情，蓋為生理不遂，恐人擒掠故也。況清娘已能俟夫至二年之久，如何不能俟至三年？"

甲必丹張朝福官云："晚弟之意，總從副淡之臆見，以判離為合理。"

甲必丹李亞二官、吳經綸舍、陳文貴舍、雷珍蘭沈景坤官所議與瑪腰仝。

---

① 暹：Siam，暹羅國之簡稱，今泰國。

雷珍蘭賴長輝官云："大凡公堂者，必須公正論事，有人來告必有被告之人，方可審勘是非。今陳清娘入稟，云其夫蔡澄淵蹤跡無聞者近二年，是有原告、無被告也。公堂合應支費登諸日報查尋蔡澄淵，並唱明其妻陳清娘要與離婚。若經三次，蔡澄淵依然未有影響，然後再加判理，不亦可乎？"

雷珍蘭鄭春錫舍、許耀基舍云："若不判離，至使擅自從人作諸醜事，實有恥辱於公堂。況現今其父已亡，又無夫，誰人能代給資費？"

公堂會議：依賴(長輝)甲所云，亦屬有理。今宜詳文大淡，懇出公堂櫃項開支登報三次之費為是。

(續：大淡來文要公堂為照常年推唐人來年節氣參入和1885年和蘭圖事)

承大淡和1884年8月6日第5025號閱公堂和1884年7月7日第709號，依公堂和1883年7月27日第514號之書，所寄和1884即清光緒十年甲申歲日圖[①]所載，華之十一月初一日在和1884年12月18日，其月有30日，是即居首之月，於十一月之後者，即十二月也。此當在和1885年1月17日，其月亦30日。若果推算無訛，即十二月之後，正月初一日當在和1885年2月16日，非如所寄日圖在和1885年2月15日明甚。或者本年十二月是29日，然於和1885年之日圖未嘗提及。茲將所寄和1884年、

① 日圖：閩南話，日曆。

1885 年之日圖寄回,祈公堂再加細察,然後具詞詳覆,並將原圖寄回。切切。

大瑪腰云:此事不須再覆。經晚弟親見大淡陳明,去年造日圖之時,未有新曆大小月建①,衹依《百年經》。其所差者,《百年經》三月大建,《曆書》三月小建。故四月初一日,依《百年經》則和 1884 年 4 月 26 日。依《曆書》即和 1884 年 4 月 25 日。延至本年大朱造日圖,從甲申年《曆書》和 1885 年推之,2 月 15 日為乙酉正月初一日。若依去年照《百年經》所造日圖而推,即乙酉正月初一日,當在和 1885 年 2 月 16 日。大淡聞言,業已詳矣。

公堂會議:合應存案。

(瑪腰、甲必丹、雷珍蘭、朱葛礁爲本期記錄簽名:馬來文草書)

Lie Tjoe Hong(李子鳳)	Thio Tiauw Hok(張朝福)
Lie A Njie(李亞二)	Tan Boen Kwil(陳文貴)
Gouw Keng Loen(吳經綸)	Loa Tiong Hoeij(賴長輝)
Sim Keng Koen(沈景坤)	The Tjian Sek(鄭春錫)
Tjie Peng Tjiang(徐秉章)	Tan Kaij Tee(陳開堤)

和 1884 年 8 月 22 日,甲申七月初二日,拜五

公堂會議。

① 大小月建:中國農曆的大小月。大月 30 日,小月 29 日。

大瑪腰李子鳳舍、甲必丹張朝福官、李亞二官、陳文貴舍、吳經綸舍、雷珍蘭賴長輝官、沈景坤官、鄭春錫舍、許耀基舍、林元貞舍、大朱徐秉章舍、二朱陳開堤官仝在座。

(劉清水懇入欠熾昌至銀擔保案)

承熾昌關都於和 1884 年 8 月 9 日第 1232 號,付劉清水住丹仔望,懇入欠至銀 4000 盾,保認人:高大謀、鍾西山仝住丹仔望。祈查勘詳覆。

公堂會議:已勘劉清水為白布及峇澤生意,其保認人高大謀為布商,鍾西山為羅緞生意。所懇入欠 4000 盾,現時可堪。即覆熾昌關都裁奪。

(李晉郎懇入欠熾昌至銀擔保案)

承熾昌關都和 1884 年 8 月 16 日第 1262 號,付李晉郎住亭仔腳,懇入欠 5000 盾,保認人:高梓盛住甘光毛吖甲,邱春昌住小南門。祈查勘詳覆。

公堂會議:已勘李晉郎料理磘並安尼馬,保認人高梓盛為商,邱春昌開馬九交[①]。所懇入欠 5000 盾,現時可堪。即覆熾昌關都裁奪。

(續:陳清娘與其夫蔡澄淵離異一案)

承大淡和 1884 年 8 月 19 日第 5342 號文,覆公堂和本

---

① 馬九交:馬九,亦作馬狗、傌九、傌狗、嗎狡,均為 Macau 的閩南話音譯,澳門的別譯。所謂馬九交,指的是從事與澳門貿易相關的行業。

月15日第878號之書，茲特諭公堂，依本司臆見如來書所陳一切開費，合應受益於此者肩任，即呈稟之婦女陳清娘是也。

甲必丹張朝福官云："據大淡臆見，既不肯開公堂櫃項支清娘之費，茲當先問陳清娘肯自支此費以登日報否？若他不肯者，當俟三年之外，然後判理。"

甲必丹李亞二官、陳文貴舍、吳經綸舍、雷珍蘭賴長輝官、沈景坤官、鄭春錫舍、許耀基舍、林元貞舍所議，與張(朝福)甲大仝。

公堂會議：依張(朝福)甲大所云，亦屬妥當。宜委值月司員召問陳清娘肯自支登報費否？

(瑪腰、甲必丹、雷珍蘭、朱葛礁爲本期記錄簽名：馬來文草書)

Lie Tjoe Hong(李子鳳)
Lie A Njie(李亞二)
Gouw Keng Loen(吳經綸)
Sim Keng Koen(沈景坤)
Khouw Yaouw Kie(許耀基)
Tjie Peng Tjiang(徐秉章)
Thio Tiauw Hok(張朝福)
Tan Boen Kwil(陳文貴)
Loa Tiong Hoeij(賴長輝)
The Tjian Sek(鄭春錫)
Liem Goan Tjang(林元貞)
Tan Kaij Tee(陳開堤)

和1884年8月29日，甲申七月初九日，拜五

公堂會議。

大瑪腰李子鳳舍、甲必丹張朝福官、李亞二官、李文貴

舍、吴經綸舍、雷珍蘭賴長輝官、沈景坤官、鄭春錫舍、許耀基舍、大朱徐秉章舍、二朱陳開堤官仝在座。雷珍蘭林元貞舍一位,不到。

(紀秉隆懇入欠熾昌至銀擔保案)

承熾昌闞都和 1884 年 8 月 18 日第 1685 號,付紀秉隆住質寧貞,懇入欠至銀 1000 盾,保認人:紀秉均、蔡陸山住仝質寧貞。祈查勘詳覆。

經公堂致書江東圩甲必丹詢其堪否?而該甲必丹覆書,謂此三人現時可堪。

公堂會議:據江東圩甲必丹來書,云此三人所懇入欠至銀 1000 盾,現時可堪。宜即覆熾昌闞都裁奪。

(趙德山懇入欠熾昌至銀擔保案)

承熾昌闞都和 1884 年 8 月 25 日第 1307 號,付趙德山住新巴虱,懇入欠至銀 3000 盾,保認人:饒何郎、趙德海。祈查勘詳覆。

公堂會議:已勘趙德山及其保認人饒何郎、趙德海,皆有生業。所懇入欠 3000 盾,現時可堪。即覆熾昌闞都裁奪。

(瑪腰、甲必丹、雷珍蘭、朱葛礁爲本期記錄簽名:馬來文草書)

Lie Tjoe Hong(李子鳳)	Thio Tiauw Hok(張朝福)
Lie A Njie(李亞二)	Tan Boen Kwil(陳文貴)
Gouw Keng Loen(吴經綸)	Loa Tiong Hoeij(賴長輝)

Sim Keng Koen(沈景坤)　The Tjian Sek(鄭春錫)
Khouw Yaouw Kie(許耀基)　Tjie Peng Tjiang(徐秉章)
Tan Kaij Tee(陳開堤)

和1884年9月5日,甲申七月十六日,拜五

公堂會議。

大瑪腰李子鳳舍、甲必丹張朝福官、李亞二官、陳文貴舍、吳經綸舍、雷珍蘭鄭春錫舍、林元貞舍、大朱徐秉章舍、二朱陳開堤官仝在座。雷珍蘭賴長輝官、沈景坤官、許耀基舍三位,不到。

(陳維衡舍呈一稟懇借伊故父陳光華甲所典公堂之厝契)

顧(故)陳光華甲之子陳維衡舍呈一稟詞,要借伊故父所典本堂之厝契①。

公堂會議:即准所懇,將厝契交屬員甲必丹陳文貴舍付維衡舍。

(瑪腰、甲必丹、雷珍蘭、朱葛礁爲本期記錄簽名:馬來文草書)
Lie Tjoe Hong(李子鳳)　Thio Tiauw Hok(張朝福)
Lie A Njie(李亞二)　Tan Boen Kwil(陳文貴)

① 厝契:閩南話,房契。

Gouw Keng Loen(吳經綸)　　The Tjian Sek(鄭春錫)

Liem Goan Tjang(林元貞)　　Tjie Peng Tjiang(徐秉章)

Tan Kaij Tee(陳開堤)

和1884年9月12日，甲申七月廿三日，拜五

公堂會議。

大瑪腰李子鳳舍、甲必丹張朝福官、李亞二官、陳文貴舍、吳經綸舍、雷珍蘭沈景坤官、鄭春錫舍、許耀基合、林元貞舍、大朱徐秉章舍、二朱陳開堤官仝在座。雷珍蘭賴長輝官一位，不到。

(洪錦良懇入欠熾昌至銀擔保案)

承熾昌關都和1884年9月6日1405號，付洪錦良住班芝蘭口詞，原入欠至銀5000盾，保認人：林永祥、許金池。今許金池身故，懇以許金山代之，並再添欠至銀6000盾。祈查勘詳覆。

公堂會議：已勘洪錦良及保認人林永祥、許金山，三人皆有物業。所懇入欠至6000盾，現時可堪。即覆熾昌關都裁奪。

(瑪腰、甲必丹、雷珍蘭、朱葛礁爲本期記錄簽名：馬來文草書)

Lie Tjoe Hong(李子鳳)　　Thio Tiauw Hok(張朝福)

Lie A Njie(李亞二)　　Tan Boen Kwil(陳文貴)

Gouw Keng Loen(吳經綸)　Sim Keng Koen(沈景坤)
The Tjian Sek(鄭春錫)　Khouw Yaouw Kie(許耀基)
Liem Goan Tjang(林元貞)　Tjie Peng Tjiang(徐秉章)
Tan Kaij Tee(陳開堤)

和1884年9月19日，甲申八月初一日，拜五

公堂會議。

大瑪腰李子鳳舍、甲必丹張朝福官、陳文貴舍、吳經綸舍，雷珍蘭賴長輝官、沈景坤官、鄭春錫舍、許耀基舍、二朱陳開堤官仝在座。甲必丹李亞二官、雷珍蘭林元貞舍、大朱徐秉章舍三位，不到。

(查勘詳覆黃珍娘控其夫劉春德一案)

承萬丹大淡和1884年9月13日第722號，付女人黃珍娘住葛汝老茄年約22歲，控其夫劉春德。在彼處經已審訊，祈公堂查勘詳覆。

女人黃珍娘供詞譯如下：

訊："汝何姓氏？居住何處？"供云："氏名黃珍娘住葛汝老茄。"(訊：)"汝為何到公庭？"供云："氏到公庭，為要與夫劉春德離異，而春德現住吧城。""汝為何事故要乞離異？"供云："為見棄於夫，經今兩年有半矣，並不給薪水費，抑或寄一封書。"訊："何時成婚，在何處？"供云："成婚至今已四載

矣，係在嘮務安[①]。"訊："有何證據汝見棄於夫，已兩年半絕不給薪水費，亦未嘗寄一函？"供云："有證人李榮生及王連生。"

即訊證人李榮生："汝果知黃珍娘見棄於夫已兩年半，絕不給資費，並未嘗寄書相問？"供云："其見棄於夫者，此即知詳。至於不給資費並未嘗寄書，此即不知。"訊："汝與黃珍娘同處而居乎？與其親戚熟識乎？"供云："昔日在嘮務安固共居一處，現乃異所而居。然與其表弟素固熟識。"

又訊證人王連生："汝果知黃珍娘已兩年半見棄於夫，亦不給資費並不寄書？"供云："然。"訊："汝與黃珍娘同居一處乎？與其親戚相識乎？"供云："昔日在嘮務安固同居一所，現乃異所而居。然素本熟識於其表弟。"

公堂會議：據萬丹大淡所付衹黃珍娘之口詞，並無其夫劉春德質訊之供詞。既無兩造之詞，將何以判斷其是非？宜以此覆萬丹大淡電鑒。

(瑪腰、甲必丹、雷珍蘭、朱葛礁爲本期記錄簽名：馬來文草書)

Lie Tjoe Hong(李子鳳)
Tan Boen Kwil(陳文貴)
Loa Tiong Hoeij(賴長輝)
The Tjian Sek(鄭春錫)
Tjie Peng Tjiang(徐秉章)
Thio Tiauw Hok(張朝福)
Gouw Keng Loen(吳經綸)
Sim Keng Koen(沈景坤)
Khouw Yaouw Kie(許耀基)
Tan Kaij Tee(陳開堤)

---

① 嘮務安：Labuan，位於西爪哇 萬丹省西部。

(惹呀蘭副默曾玉利懇恩賜蔭穴)

（以下缺頁）

月初十日，惹呀蘭副默曾玉利所懇蔭穴，先葬其妻，後自己合為雙壙之墳。經公堂會議，若有婚字，宜可准懇。

今黃添福獻有結婚字矣，合無依例賜葬地闊 12 距、長 24 距。存案。

(陳章元呈稟為伊兄默氏陳章順乞賜葬地事)

陳章元呈稟：為伊兄默氏陳章順在任身故，乞賜葬地。

公堂會議：據陳章元所稱，伊兄陳章順身故。查所獻副案奪字，果係和 18□□年，至今尚理默事。合應依例□□

(新厝仔默氏葉金山呈稟懇援例蔭穴先葬其妻)

新厝仔默氏葉金山呈稟，懇援例蔭穴先葬其妻，後自己合為雙壙之墳。

公堂會議：查葉金山任默多年，其故妻雖無婚字，然已二十餘年結為夫婦，兼生產子女亦多。准情酌理合依常例，賜他風水闊 12 距、長 24 距。存案。

(大使廟默氏黃添福呈稟懇援例蔭穴先葬其妻事)

大使廟默氏黃添福呈稟：懇援例蔭穴先葬其妻，後並自己合為雙壙之墳。

公堂會議：查黃添福任默未足四年之久。然據

（以下缺頁）

图书在版编目(CIP)数据

公案簿. 第13辑/聂德宁，吴凤斌，包乐史校注. —厦门：厦门大学出版社，2014.12
(吧城华人公馆(吧国公堂)档案丛书)
ISBN 978-7-5615-5227-8

I. ①公… II. ①聂… ②吴… ③包… III. ①华人－民事纠纷－档案资料－印度尼西亚 IV. ①D934.29

中国版本图书馆CIP数据核字(2014)第236292号

厦门大学出版社出版发行
(地址:厦门市软件园二期望海路39号 邮编:361008)
总编办电话:0592-2182177 传真:0592-2181253
营销中心电话:0592-2184458 传真:0592-2181365
网址:http://www.xmupress.com
邮箱:xmup@xmupress.com
厦门集大印刷厂印刷
2014年12月第1版 2014年12月第1次印刷
开本:889×1194 1/32 印张:16.75 插页:4
字数:480千字 印数:1～1 000册
定价:50.00元